2018年
中国水利人才发展研究报告

Research Report on the Development of China Water Conservancy Talents in 2018

王济干　樊传浩　张　龙
邓玉林　张雪洁　朱婵玲　等◎编著

河海大学出版社
HOHAI UNIVERSITY PRESS
·南京·

内容提要

人才资源是第一资源，是水利发展之要、事业之基、活力之源。为了进一步加大水利人才工作的力度，构建一个适应新时代要求的水利人才发展体系，就必须回答和解决一系列人才工作的基础性问题，针对水利人才的现状、水利人才工作的基本情况和水利人才发展等问题开展专题研究。正是基于对新时代水利人才发展的若干基本问题的思考和研究之上，我们编撰了《2018 年中国水利人才发展研究报告》。

该研究着力于以下几个方面：构建数据收集、挖掘、分析、展示于一体的水利人才大数据挖掘可视化综合服务平台，建立水利人才发展的数据库和人事管理信息系统，并对水利人才发展数据进行结构化的组合和进一步分析与预测，使数据的剖析具有针对性和可预测性；在政策层面准确理解和把握水利人才政策要点与变迁特征，推动水利人才政策制度体系建设，为水利改革发展提供保障；勾勒我国水利行业人才发展理论研究和实践探索的总格局和鲜明特色。

图书在版编目(CIP)数据

2018 年中国水利人才发展研究报告 / 王济干等编著. —南京：河海大学出版社，2019.9
ISBN 978-7-5630-5485-5

Ⅰ. ①2… Ⅱ. ①王… Ⅲ. ①水利系统－人才管理－研究报告－中国－2018 Ⅳ. ①F426.9

中国版本图书馆 CIP 数据核字(2018)第 299457 号

书　　名　2018 年中国水利人才发展研究报告
　　　　　　2018NIAN ZHONGGUO SHUILI RENCAI FAZHAN YANJIU BAOGAO
书　　号　ISBN 978-7-5630-5485-5
责任编辑　陈丽茹　齐　岩
特约校对　吴　春　王春兰
装帧设计　徐娟娟　潘安琪
出版发行　河海大学出版社
地　　址　南京市西康路 1 号(邮编：210098)
电　　话　(025)83737852(总编室)　(025)83722833(营销部)
经　　销　江苏省新华发行集团有限公司
排　　版　南京布克文化发展有限公司
印　　刷　虎彩印艺股份有限公司
开　　本　787 毫米×1092 毫米　1/16
印　　张　23
字　　数　516 千字
版　　次　2019 年 9 月第 1 版
印　　次　2019 年 9 月第 1 次印刷
定　　价　168.00 元

《2018年中国水利人才发展研究报告》

编审委员会

前　言

人才资源是第一资源，是水利发展之要、事业之基、活力之源。党的十九大报告提出要“坚定实施人才强国战略”“培养造就一大批具有国际水平的战略科技人才、科技领军人才、青年科技人才和高水平创新团队”，这对新时代人才工作提出了更高要求。全面加强对人才工作的统领，着力营造人才成长的良好环境，培养造就一大批高层次创新人才，是人才兴业、人才强国的必由之路。水利部党组历来高度重视人才工作，尤其近年来将实施水利人才战略作为推动水利发展的重大战略举措，统筹推动人才队伍建设，成效显著，为水利改革发展提供了有力支撑。

随着中国特色社会主义进入新时代，水利事业发展也进入了新的时代。新时代治水要从改变自然、征服自然转向调整人的行为、纠正人的错误行为，水利工作的重心将转到“水利工程补短板、水利行业强监管”的总基调上来。在步入决胜全面小康、共襄复兴伟业的冲刺阶段，水利事业更应确立“创新、协调、绿色、开放、共享”五大发展理念，在人才队伍建设方面，着力解决高层次领军人才不足、人才创造力欠缺，基层、贫困地区水利人才的素质和能力有待提升等问题。为了进一步加大水利人才工作的力度，构建一个适应新时代要求的水利人才发展体系，就必须回答和解决一系列人才工作的基础性问题，针对水利人才的现状、水利人才工作的基本情况和水利人才发展等问题开展专题研究。正是基于对新时代水利人才发展的若干基本问题的思考和研究之上，我们编撰了《2018 年中国水利人才发展研究报告》。

《国家中长期人才发展纲要(2010—2020 年)》中对人才的定义是“具有一定的专业知识或专门技能，进行创造性劳动，并对社会做出贡献的人，是人力资源中能力和素质较高的劳动者”。人才发展从微观层面来看，是人才个体在知识、技能和创新方面的进一步增长提升，对社会持续作出贡献的动态过程；是人才个体在社会角色认知、知识学习、创新创造等内在动力与良好外部环境之耦合的相互作用过程。从宏观层面来看，人才发展指特定组织(群体、地域)中的人才在组织提供支持、个体自我提升、人才相互作用的人才知识技能素质总体提升的过程；是在组织(群体、地域)提供的人才政策制度指导影响下，以及个体之间相互作用下，所呈现的特有的人才知识、技能、素质不断提升和为组织、社会不断作出创造性贡献的总体趋势。人才发展研究应关注：特定组织(群体、地域)的人才总量、结构；人才群体的工作状况;个体成长总体趋势;人才对组织发展总体贡献研判;组织对人才群体的支撑政策和制度体系;人才工作的体制机制等。

新时代水利人才工作与人力资源管理亟须研究:① 构建数据收集、挖掘、分析、展示于一体的水利人才大数据挖掘可视化综合服务平台,建立水利人才发展的数据库和人事管理信息系统,并对水利人才发展数据进行结构化的组合和进一步分析与预测,使数据的剖析具有针对性和可预测性;② 在政策层面准确理解和把握水利人才政策要点与变迁特征,推动水利人才队伍建设,为水利改革发展提供全方位、强有力的人才保证和智力支撑;③ 勾勒我国水利行业人才发展理论研究和实践探索的总体状况。

水利部人力资源研究院成立于 2011 年,依托和利用河海大学学科及师资优势,汇聚了水利系统相关单位人员,组建了一支专兼结合的研究队伍。研究院的功能主要是为水利行业的人才管理与规划提供政策建议和决策咨询,开展学历教育,为水利单位培养人力资源管理人才,为国内外水利人力资源的合作交流提供平台,推动水利人事管理队伍建设和能力建设,为国家水利事业的可持续发展提供人才支撑。科学研究、教育培训、决策咨询、合作交流是水利部人力资源研究院的四大职能。研究院的使命是研究水利问题、提出水利观点、构建水利模式。

人才发展是水利行业发展的基础,对促进水利行业的发展具有强大的推动作用、引领作用和保障作用。人才发展通过水利行业发展战略牵引,是行业发展战略的重要体现;人才发展与行业人才政策之间形成相互关联、相互映照的关系,即在人才发展进程中有符合人才发展规律的好政策,会进一步保障和促进人才发展;人才发展也反映了一地区或组织具有好的和合适的人才政策和环境。人才发展研究中,对人才数据的统计是从整体上把握水利人才队伍的基本情况,通过数据分析,考察人才队伍的结构与变化;在人才发展研究中,关注人才政策的研究能反映人才政策的长期性效应,以及政策对人才发展的方向性影响。人才理论研究是将理论与实践相关联,从人才工作实践中提炼理论,又从理论中汲取指导实践的营养。在人才发展研究中,充分学习借鉴现代信息技术的发展成果十分必要,构建基于大数据挖掘的水利人才发展情况可视化综合服务平台,是对实现行业人力资源管理智能化的体现,能全面提升水利行业的管理水平。这是我们对水利行业人才发展研究的总思路和主要内容的总体设计。

水利部人力资源研究院于 2018 年 10 月专门成立《2018 年中国水利人才发展研究报告》编撰课题组,历时 6 个月,完成了研究报告初稿,并于 2019 年 4 月 12 日在南京召开《2018 年中国水利人才发展研究报告》编撰研究成果审议会议,审议组专家认为,编撰《2018 年中国水利人才发展研究报告》正当其时、适得其势;认为研究报告目标明确、内容翔实、思路清晰、技术路线可行、结构比较合理。并认为项目研究视角与新时代水利事业发展和人才工作新要求紧密结合,研究方法具有创新性,研究成果符合合同要求,具有借鉴意义和参考价值。专家组同时也提出了进一步完善研究报告的意见。根据专家组意见,课题组对研究报告做了进一步修改。经过多次讨论研究,历时 3 个月时间完成了《2018 年中国水利人才发展研究报告》初稿修改工作。修改后的研究报告由总报告和分报告组成,分报告是总报告的基础和支撑，总报告是分报告的总结和提炼。总报告由“2018 年中国水利人才发展的基本情况”“中国水利人才政策与措施变迁研究”“中国水利人才发展的理论研究和实践探索”三部分内容构成。《分报告(一)：中国水利人才资源变化情况》、《分报告(二)：中国水利从业人员变化情况》和《分报告(六)：水利人才大数据挖掘可视化综合服务平台开发研究》与总报告的第一部分“2018 年中国水利人才发展的基本情况”对应；《分报告(三)：中国水利人才政策变迁分析》和《分报告(五)：人才发展理论研究与政策热点》中的“水利人才政策热点主题分析”是总报告的第二部分“中国水利人才政策与措施变迁研究”的基础和支撑；《分报告(四)：中国水利人才政策变迁分析》和《分报告(五)：人才发展理论研究与政策热点》中的“人才发展理论研究热点选编”是总报告第三部分“中国水利人才发展的理论研究和实践探索”的典型例证和具体案例。

本研究报告的主要结论和观点有：

(1) 全国水利系统现有人才资源总量约为 70 万人。2011 年至 2017 年期间，全国水利系统人才资源总量在 70 万人上下浮动。报告总结描述了中国水利人才队伍中党政人才、专业技术人才、经管人才、高技能人才情况的数据统计与分析，特别关注水利特需人才资源：高层次人才资源和贫困地区人才资源；并分析总结了中国水利行业从业人员的变化情况，主要包括人员总量、人员结构、人员分布和工勤技能从业人员的情况。

(2) 依据人才发展的指导思想和主要特征，将十五年以来我国水利人才政策发展划分为四个阶段。在对 2003—2018 年期间党中央、国务院、中组部、财政部、水利部、人社部发布的人才政策进行系统研究梳理基础上，着重对水利人才政策中的目标要求，以及各年人才政策关注的问题及其指导思想进行对比研究，对水利人才政策作样本收集与整理，依据关键历史事件、标志性政策文件研究等对人才政策的发展进行阶段划分，运用人才管理理论对人才政策进行内容维度的划分，以及运用政策工具理论进行政策工具维度的划分。将四个阶段划分为：继承发展(2003—2007 年)、积极推进(2008—2012 年)、深入推进(2013—2017 年)、全面创新治理(2018 年)四个阶段。

(3) 在对水利人才政策系统研究的基础上，提出我国水利人才政策具有五大特征。通过对我国水利人才政策的变迁状况的梳理分析，发现我国水利人才政策主要是通过制度微调实现，即针对不同时期的政策问题，提出相应政策目标，在人才总量、分布、结构、素质和机制五个方面进行制度微调。五大特征具体体现为：水利人才总量类政策微调式变迁显著依赖数量路径；人才分布政策从强调重规模与区域分布到强调关注薄弱环节；水利人才政策的覆盖对象日益全面；从强调文化业务素质到关注综合素质的提升；人才管理体制机制的政策调整革故鼎新。

(4) 提出水利人才政策的发展方向和进步空间。包括：创新培养手段，完善水利人才培养机制；注重创新型、监管类人才培养，进一步优化人才结构；构建人才现代化评价体系，促进水利人才队伍建设；全方位招才引智，壮大基层、贫困地区水利人才队伍；加强人才信息化平台建设。为加强水利人才队伍和推进新时代水利现代化建设提供人才保障。人才政策的发展为加强水利人才队伍建设和推进新时代水利现代化建设提供人才保障。为此，需要在政策层面准确理解和把握水利人才政策要点与变迁特征，推动水利人才队伍建设，为水利改革发展提供全方位、强有力的人才保证和智力支撑。

(5) 在对水利人才理论和实践研究梳理基础上，总结提出我国水利行业人才发展理论研究和实践探索具有七个特点。具体如下：人才发展理念强调开放、创新，具有鲜明的时代特征；人才发展以水利业务为出发点，重视提高水利人才工作能力；人才发展方式相对传统，人才发展工作的影响力有待提升；人才基础数据不断积累，如何充分发挥人才数据的价值亟待探索；人才发展研究方式以调查为主，强调人才发展方案的本地适用性；人才发展研究成果覆盖面广，形成了系列成果；重视人才发展现象的描述和问题的识别，但解决方案的科学性有待提高。

(6) 提出水利行业人才发展面临四方面挑战和三大机遇。面临的挑战包括：环境的变化对水利人才发展形成了变革压力；水利业务转型要求人才管理创造价值；高质量人才补给量相对不足对水利人才队伍更新和升级形成了挑战；人才管理专业队伍(团队)素质制约水利人才发展。与此同时，水利行业人才发展理论研究和实践探索也享有三大机遇：人才管理理论和实践的积累为水利人才发展提供了条件和支撑；水利业务转型为人才发展提供契机；信息技术的进步为水利人才发展提供了手段。

(7) 构建数据收集、挖掘、分析、展示于一体的水利人才大数据可视化综合服务平台。水利人才数据的管理和利用离不开技术的支撑，服务质量的提高更离不开技术的保障。为此，构建的水利人才大数据挖掘可视化综合服务平台以数据挖掘流程为主线，在每一个模块中以 Web 界面的形式与用户进行交互，并提供了多种数据分析方法和丰富的数据可视化展现形式。

(8) 提出推进水利人才发展研究的三点建议：①加强行业人才战略与重大水利工程的对接力度，努力形成战略引导、人才建设先行的人才发展思路。②强化行业人才工作“试点”、“培育”和“创新改革”，将先进的理论与丰富的实践结合。③加强行业人才基础数据建设，能够为人才发展不断提供多一点数据支撑。

《2018 年中国水利人才发展研究报告》由水利部人力资源研究院负责组织研究和编撰工作，河海大学王济干教授等编著。樊传浩、张雪洁、朱婵玲、李娜、何凯元、张家婷、孙沐芸、孙婷婷、汤思洁等同志参加了第一部分“2018 年中国水利人才发展的基本情况”的研究和编写工作；邓玉林、徐宏枫、吴洁等同志参加了第二部分“中国水利人才政策与措施变迁研究”的研究和编写工作；张龙、朱明明、黄乐、葛秋利、耿鑫鑫、林虹、周思佳等同志参加了第三部分“中国水利人才发展的理论研究和实践探索”的研究和编写工作。本书出版得到水利部人才资源开发中心和河海大学“中央高校基本科研业务费专项资金”(2018B38414、2018B38514 和 2018B38614)资助，也是水利部人力资源研究院的 2019 年度的重点工作成果。

《2018 年中国水利人才发展研究报告》第一次对我国水利行业人才发展情况进行总体的调查研究，旨在搭建水利行业人才发展研究的基本框架，作出水利行业人才队伍现状及管理的基本总结，给出水利人才发展管理体制、政策制度体系的基本评价，提供水利人才发展理论研究和实践探索的基本阐述。编撰水利人才发展研究报告也是对行业人才工作研究的一次探索和实践。我们也计划多做此方面的专题研究，特别期待各位专家和同行给予支持，进一步发挥水利部人力资源研究院科学研究、教育培训、决策咨询、合作交流的职能作用，为新时代水利发展作出应有的贡献。另外，由于我们在行业认知和人才研究方面的局限，以及受数据、资料来源多方面因素限制，研究报告可能有许多不足之处，敬请读者谅解和指正。

特别感谢水利部人事司、河海大学、水利部人才资源开发中心、南京水利科学研究院、黄河水利科学研究院和有关司局领导和专家的大力支持。感谢赵永乐、汪群、孙斐等专家对本书提出宝贵意见。

水利部人力资源研究院院长　王济干

2019 年 9 月

目 录

总报告:2018 年中国水利人才发展研究

分报告(一):中国水利人才资源变化情况

分报告(二):中国水利从业人员变化情况

分报告(三):中国水利人才政策变迁分析

分报告(四):水利行业人才发展实践与理论研究成果选编

分报告(五):人才发展理论研究与政策热点

分报告(六):水利人才大数据挖掘可视化综合服务平台开发研究

总报告

2018年中国水利人才发展研究

第一部分

2018年中国水利人才发展的基本情况[①]

人才是指具有一定的专业知识或专门技能，进行创造性劳动，并对社会做出贡献的人，是人力资源中能力和素质较高的劳动者。《国家中长期人才发展纲要(2010—2020年)》将人才资源划分为党政、企业经营管理、专业技术、高技能、农村实用、社会工作六大类。本研究统计分析的中国水利人才是截至当年12月31日在职的全国水利系统从业人员中的显性人才，主要由全国水利系统从业人员中的党政人才、专业技术人才、企业经营管理人才和高技能人才构成，其中高技能人才包括高级技师、技师和高级工人。另外随着时代发展，高层次水利人才和贫困地区水利人才在国家建设和转型发展中的作用日益突出，本研究对中国水利人才中的此类人才资源也做了独立的统计分析，并统称为水利特需人才资源。

第一部分内容立足国家发展战略和“补短板、强监管”对水利人才的需求，依托开发的水利人才大数据挖掘可视化综合服务平台，分析了10年来有统计数据的中国水利人才资源和从业人员总体发展、结构和分布的变化情况，并对未来3年水利人才资源的变化进行了预测。

一、中国水利人才资源的变化情况

(一) 中国水利人才资源总量

2011年至2017年期间，全国水利系统人才资源总量在70万人上下浮动，人才资源总量整体上呈现出波动下降的趋势，全国水利系统人才资源占从业人员比例由2011年的69.75%上升为2017年的76.87%，年均增长1.19个百分点。其中，水利部直属系统人才资源总量为6万人左右，人才资源总量整体上呈现出下降趋势，水利部直属系统人才资源占从业人员比例变化不大，占比基本稳定在82.46%～84.15%；地方水利系统人才资源总量在65万人上下浮动，人才资源总量整体上呈现出波动下降的趋势，地方水利系统人才资源占

① 本部分的人才资源数量和从业人员数量均以“万人”为单位，所涉及的数据小数点后按“四舍五入”原则统一保留两位有效数字，其精确值详见分报告(一)和分报告(二)中的相关表格。

未来3年中国水利经营管理人才资源总量总体上平稳，略有增长。至2020年底全国水利系统经营管理人才资源约为8.65万人，其中水利部直属系统经营管理人才资源约为0.55万人，地方水利系统经营管理人才资源约为8.15万人。

4. 高技能人才资源

2011年至2017年期间，全国水利系统高技能人才资源总量呈波动下降趋势，2017年底为16.81万人，全国水利系统高技能人才资源占水利人才资源的比例、占水利从业人员的比例均逐年下降，占工勤技能从业人员的比例逐年增长，2017年底的占比分别为24.2%、18.6%和44.6%。其中，水利部直属系统高技能人才资源总量逐年下降，2017年底为1.28万人，水利部直属系统高技能人才资源占水利人才资源的比例、占水利从业人员的比例、占工勤技能从业人员的比例均呈下降趋势，2017年底的占比分别为23.8%、20.1%和55.9%；地方水利系统高技能人才资源总量呈波动下降趋势，2017年底为15.53万人，地方水利系统高技能人才资源占水利人才资源的比例、占水利从业人员的比例均呈下降趋势，占工勤技能从业人员的比例逐年增长，2017年底的占比分别为24.2%、18.5%和43.8%。

全国水利系统技师及以上职称的高技能人才资源数量逐年增长，技师及以上职称的高技能人才占高技能人才资源比例由2011年的16.5%增长为2017年的25.0%，年均增长1.4个百分点。其中，水利部直属系统技师及以上职称的高技能人才资源数量逐年下降，技师及以上职称的高技能人才占高技能人才资源比例由2011年的31.6%增长为2017年的38.7%，年均增长1.2个百分点；地方水利系统技师及以上职称的高技能人才资源数量逐年增长，技师及以上职称的高技能人才占高技能人才资源比例由2011年的14.9%增长为2017年的23.8%，年均增长1.5个百分点。

未来3年中国水利高技能人才资源总量总体呈下降趋势。至2020年底全国水利系统高技能人才资源约为14.76万人，其中水利部直属系统高技能人才资源约为0.92万人，地方水利系统高技能人才资源约为13.91万人。

（三）中国水利特需人才资源

1. 高层次人才资源

全国水利类两院院士27名，其中，中国工程院土木、水利与建筑工程学部院士20名，农业学部2名；中国科学院院士5名。截至2017年底水利部直属系统共有国家级高层次人才20人，其中两院院士10人，全国勘测设计大师8人，获中华技能大奖2人。

水利部直属系统国家级人才平均年龄54.3岁，省部级人才平均年龄51.8岁，整体年龄偏大；在省部级以上人才中，60岁以上的占73%，40岁以下的仅占7%，35岁以下的没有，呈逐年老化趋势。

地方水利系统共有500名省部级高层次人才，拥有省部级高层次人才数量排名前五的省份分别是浙江、湖北、江苏、江西和河北。

2. 贫困地区人才资源

2015年至2017年期间，中国贫困地区水利人才资源总量逐年下降，从2015年的15.07

万人下降到 2017 年的 14.75 万人，中国贫困地区水利人才资源占水利人才总量的比例、占水利从业人员的比例均呈先增长后下降的波动变化趋势，占水利人才比例的波动区间为(21.2%～22.5%)，占水利从业人员比例的波动区间为(15.9%～17.0%)。

中国贫困地区本科及以上学历的水利人才资源数量逐年增长，本科及以上学历的水利人才资源占贫困地区水利人才的比例逐年增长，从 2015 年的 15.3%增长为 2017 年的 19.8%，年均增长 2.3 个百分点。

二、中国水利从业人员的变化情况

(一) 中国水利从业人员总量

2007 年至 2017 年期间，全国水利系统从业人员总量呈先波动下降后逐年快速下降趋势，先由 2007 年的 106.72 万人波动下降为 2012 年的 103.41 万人，随后逐年快速下降为 2017 年的 90.38 万人，5 年年均下降 2.61 万人。其中，水利部直属系统从业人员总量呈先波动增长后逐年下降趋势，先由 2007 年的 7.11 万人波动增长为 2011 年的 7.51 万人，随后逐年下降为 2017 年的 6.38 万人，6 年年均下降 0.19 万人；地方水利系统人才资源总量呈先波动下降后逐年快速下降趋势，先由 2007 年的 99.61 万人波动下降为 2012 年的 96.00 万人，随后逐年快速下降为 2017 年的 84.01 万人，5 年年均下降 2.40 万人。

未来 3 年中国水利从业人员总量总体上呈下降趋势。至 2020 年底全国水利系统从业人员约为 85.47 万人，其中水利部直属系统从业人员约为 5.06 万人，地方水利系统从业人员约为 79.33 万人。

(二) 中国水利从业人员结构

1. 学历结构

(1) 总量变化情况

2007 年至 2017 年期间，全国水利系统本科生及以上学历从业人员总量呈快速增长趋势，由 2007 年的 13.92 万人快速增长为 2017 年的 28.86 万人，年平均增长 1.49 万人；本科生以下学历从业人员总量快速下降，由 2007 年的 92.80 万人下降为 2017 年的 61.53 万人，年平均下降 3.13 万人。

其中，水利部直属系统本科生及以上学历从业人员总量逐年快速增长，由 2007 年的 2.17 万人增长为 2017 年的 3.56 万人，年平均增长 0.14 万人；本科生以下学历从业人员总量呈先波动下降后逐年快速下降趋势，先由 2007 年的 4.94 万人波动下降到 2011 年的 4.61 万人，后逐年快速下降到 2017 年的 2.81 万人，6 年年均下降 0.30 万人。

地方水利系统本科生及以上学历从业人员总量快速增长，由 2007 年的 11.75 万人增长为 2017 年的 25.29 万人，年平均增长 1.35 万人；本科生以下学历从业人员总量快速下降，由 2007 年的 87.86 万人下降为 2017 年的 58.71 万人，年平均下降 2.92 万人。

(2) 本科生及以上从业人员占比变化情况

全国水利系统本科生及以上人员占水利从业人员的比例呈快速增长趋势，由2007年的13.0%增长为2017年的31.9%。其中，研究生学历人员占水利从业人员比例逐年增长，由2007年的0.8%增长为2017年的3.2%；本科生学历人员占水利从业人员比例快速增长，由2007年的12.2%增长为2017年的28.7%。

水利部直属系统本科生及以上人员占水利从业人员的比例逐年快速增长，由2007年的30.6%增长为2017年的55.9%。其中，研究生学历人员占水利从业人员比例逐年快速增长，由2007年的4.4%增长为2017年的14.6%；本科生学历人员占水利从业人员比例逐年快速增长，由2007年的26.1%增长为2017年的41.3%。

地方水利系统本科生及以上人员占水利从业人员的比例呈快速增长趋势，由2007年的11.8%增长为2017年的30.1%。其中，研究生学历人员占水利从业人员比例逐年增长，由2007年的0.6%增长为2017年的2.3%；本科生学历人员占水利从业人员比例快速增长，由2007年的11.2%增长为2017年的27.8%。

(3) 本科生以下从业人员占比变化情况

全国水利系统本科生以下人员占水利从业人员的比例呈快速下降趋势，由2007年的86.9%下降为2017年的68.1%。其中，专科生学历人员占水利从业人员比例呈波动增长趋势，由2007年的23.2%增长为2017年的28.3%；中专生学历人员占水利从业人员比例逐年下降，由2007年的19.0%下降为2017年的12.8%；高中生及以下学历人员占水利从业人员比例快速下降，由2007年的44.8%下降为2017年的27.0%。

水利部直属系统本科生以下人员占水利从业人员的比例呈逐年快速下降趋势，由2007年的69.40%逐年快速下降为2017年的44.1%。其中，专科生学历人员占水利从业人员比例呈先波动增长后逐年下降趋势，先由2007年的22.3%波动增长为2012年的24.6%，后逐年下降为2017年的21.5%；中专生学历人员占水利从业人员比例逐年下降，由2007年的11.3%逐年下降为2017年的6.3%；高中生及以下学历人员占水利从业人员比例逐年快速下降，由2007年的35.8%下降为2017年的16.3%。

地方水利系统本科生以下人员占水利从业人员的比例呈快速下降趋势，由2007年的88.2%下降为2017年的69.9%。其中，专科生学历人员占水利从业人员比例呈波动增长趋势，由2007年的23.3%增长为2017年的28.8%；中专生学历人员占水利从业人员比例逐年下降，由2007年的19.5%下降为2017年的13.3%；高中生及以下学历人员占水利从业人员比例快速下降，由2007年的45.4%下降为2017年的27.8%。

(4) 学历分布变化趋势

截至2017年底，全国水利系统的本科生学历从业人员总量和占水利从业人员比例超过专科生学历从业人员、高中生及以下学历从业人员，达到10年来的峰值，且呈快速增长趋势。未来3年全国水利系统本科生及以上学历从业人员呈快速增长趋势，本科生以下学历从业人员呈快速下降趋势。至2020年底全国水利系统本科生及以上学历从业人员约为33.34万人，其中研究生学历从业人员约为3.41万人，本科生学历从业人员约为29.83万人;本科生以下学历从业人员约为 53.55 万人,其中专科生学历从业人员约为 24.22 万人,中专生学历从业人员约为 9.16 万人,高中生及以下学历从业人员约为 17.53 万人。

截至 2010 年底,水利部直属系统的本科生学历从业人员总量和占水利从业人员比例超过高中生及以下学历从业人员,成为人数最多的学历段;水利部直属事业单位本科生及以上学历从业人员数量于 2015 年首次超过本科以下学历从业人员,且逐年快速增长。未来 3 年水利部直属系统本科生及以上学历从业人员呈快速增长趋势,本科生以下学历从业人员呈快速下降趋势。至 2020 年底水利部直属系统本科生及以上学历从业人员约为 3.92 万人,其中研究生学历从业人员约为 1.07 万人,本科生学历从业人员约为 2.81 万人;本科生以下学历从业人员约为 2.17 万人,其中专科生学历从业人员约为 1.23 万人,中专生学历从业人员约为 0.28 万人,高中生及以下学历从业人员约为 0.59 万人。

地方水利系统专科生学历从业人员数量在 2017 年首次超过高中生及以下从业人员数量。未来 3 年地方水利系统本科生及以上学历从业人员呈快速增长趋势,本科生以下学历从业人员呈快速下降趋势。至 2020 年底地方水利系统本科生及以上学历从业人员约为 29.35 万人,其中研究生学历从业人员约为 2.30 万人,本科生学历从业人员约为 26.97 万人;本科生以下学历从业人员约为 51.37 万人,其中专科生学历从业人员约为 24.19 万人,中专生学历从业人员约为 8.66 万人,高中生及以下学历从业人员约为 17.00 万人。

2. 年龄结构

(1) 总量变化情况

2007 年至 2017 年期间,全国水利系统 45 岁以上从业人员总量呈波动变化趋势,先由 2007 年的 31.03 万人逐年增长为 2012 年的 36.91 万人,5 年年平均增长 1.18 万人,再 1 年下降了 1.17 万人,随后的 4 年变化不大,至 2017 年底 45 岁以上从业人员为 35.63 万人;45 岁及以下从业人员总量先逐年快速下降再稍有增长后又快速下降,先由 2007 年的 75.69 万人逐年快速下降为 2011 年的 65.95 万人,4 年年平均下降 2.44 万人,再 1 年增长了 0.56 万人,随后 5 年又逐年下降,至 2017 年的 54.76 万人,5 年年平均下降 2.35 万人。

水利部直属系统 45 岁以上从业人员总量呈先逐年增长再逐年下降后稍有波动的变化趋势,先由 2007 年的 2.09 万人逐年增长为 2011 年的 2.81 万人,再 2 年逐年下降至 2013 年的 2.54 万人,随后的 4 年变化不大,至 2017 年底 45 岁以上从业人员为 2.45 万人;45 岁及以下从业人员总量波动下降,由 2007 年的 5.02 万人下降为 2017 年的 3.93 万人,年平均下降 0.11 万人。

地方水利系统 45 岁以上从业人员总量呈先逐年增长再下降后稍有波动的变化趋势,先由 2007 年的 28.94 万人逐年增长为 2012 年的 34.17 万人,5 年年平均增长 1.05 万人,再 1 年下降了 0.97 万人,随后的 4 年变化不大,至 2017 年底 45 岁以上从业人员为 33.18 万人;45 岁及以下从业人员总量呈先逐年快速下降再稍有增长后又快速下降趋势,先由 2007 年的 70.67 万人逐年快速下降为 2011 年的 61.25 万人,4 年年平均下降 2.36 万人,再 1 年增长了 0.58 万人,随后又逐年下降至 2017 年的 50.83 万人,5 年年平均下降 2.20 万人。

(2) 45岁以上从业人员占比变化情况

全国水利系统45岁以上人员占水利从业人员的比例呈快速增长趋势，由2007年的29.1%增长为2017年的39.4%。其中，55岁及以上人员占水利从业人员比例先逐年增长后趋于稳定，先由2007年的5.7%逐年增长为2013年的8.6%，随后4年占比波动中略有下降，至2017年底占比为8.5%；46岁至54岁人员占水利从业人员比例先快速逐年增长再逐年稍有下降后又逐年快速增长，先由2007年的23.4%逐年快速增长为2011年的27.4%，再2年逐年稍有下降至2013年的27.0%，随后的4年又逐年快速增长至2017年的31.0%。

水利部直属系统45岁以上人员占水利从业人员的比例呈波动增长趋势，由2007年的29.4%增长为2017年的38.4%。其中，55岁及以上人员占水利从业人员比例先逐年增长后趋于稳定，先由2007年的2.9%逐年增长为2013年的8.3%，随后4年占比波动中略有增长，至2017年底占比为8.5%；46岁至54岁人员占水利从业人员比例先快速逐年增长后稍有下降，先由2007年的26.5%逐年快速增长为2009年的30.7%，2年年平均增长2.1个百分点，随后的8年仅稍有波动，至2017年波动下降为29.9%。

地方水利系统45岁以上人员占水利从业人员的比例呈快速增长趋势，由2007年的29.1%增长为2017年的39.5%。其中，55岁及以上人员占水利从业人员比例先逐年增长后趋于稳定，先由2007年的5.9%逐年增长为2013年的8.6%，随后4年占比稍有波动，至2017年底占比为8.5%；46岁至54岁人员占水利从业人员比例先快速逐年增长再逐年稍有下降后又逐年快速增长，先由2007年的23.1%逐年快速增长为2011年的27.2%，再2年逐年稍有下降至2013年的26.9%，随后的4年又逐年快速增长至2017年的31.0%。

(3) 45岁及以下从业人员占比变化情况

全国水利系统45岁及以下人员占水利从业人员的比例呈波动下降趋势，由2007年的70.9%下降为2017年的60.6%。其中，36岁至45岁人员占水利从业人员比例呈先波动增长后逐年下降趋势，先由2007年的36.8%波动增长为2013年的38.9%，随后逐年下降至2017年的36.6%；35岁及以下人员占水利从业人员比例快速下降，先由2007年的34.2%逐年下降为2016年的23.9%，随后的2017年增长为24.0%。

水利部直属系统45岁及以下人员占水利从业人员的比例呈波动下降趋势，由2007年的70.6%下降为2017年的61.6%。其中，36岁至45岁人员占水利从业人员比例呈波动下降趋势，由2007年的37.8%波动下降为2017年的26.9%；35岁及以下人员占水利从业人员比例呈波动增长趋势，由2007年的32.8%波动增长为2017年的34.7%。

地方水利系统45岁及以下人员占水利从业人员的比例呈波动下降趋势，由2007年的70.9%下降为2017年的60.5%。其中，36岁至45岁人员占水利从业人员比例呈先波动增长后逐年下降趋势，先由2007年的36.7%波动增长为2013年的39.5%，随后逐年下降至2017年的37.3%；35岁及以下人员占水利从业人员比例快速下降，先由2007年的34.3%逐年下降为2016年的23.2%，随后的2017年没有变化，仍为23.2%。

(4) 学历分布变化趋势

未来3年全国水利系统45岁以上从业人员呈快速增长趋势，45岁及以下从业人员呈快速下降趋势。至 2020 年底全国水利系统 45 岁以上从业人员约为 36.73 万人,其中 55 岁及以上从业人员约为 7.83 万人,46 岁至 54 岁从业人员约为 28.90 万人;45 岁及以下从业人员约为 48.93 万人,其中 36 岁至 45 岁从业人员约为 28.64 万人,35 岁及以下从业人员约为 17.28 万人。

未来 3 年水利部直属系统 45 岁以上从业人员将稍有增长,45 岁及以下从业人员将稍有下降。至 2020 年底水利部直属系统 45 岁以上从业人员约为 2.39 万人,其中 55 岁及以上从业人员约为 0.60 万人,46 岁至 54 岁从业人员约为 1.77 万人;45 岁及以下从业人员约为 3.57 万人,其中 36 岁至 45 岁从业人员约为 1.35 万人,35 岁及以下从业人员约为 2.21 万人。

未来 3 年地方水利系统 45 岁以上从业人员呈增长趋势,45 岁及以下从业人员呈快速下降趋势。至 2020 年底地方水利系统 45 岁以上从业人员约为 33.24 万人,其中 55 岁及以上从业人员约为 7.20 万人,46 岁至 54 岁从业人员约为 26.98 万人;45 岁及以下从业人员约为 45.36 万人,其中 36 岁至 45 岁从业人员约为 27.02 万人,35 岁及以下从业人员约为 15.10 万人。

中国水利从业人员的学历结构、年龄结构及其分布预测情况详见分报告(二):《中国水利从业人员变化情况》的第二章和第三章。

(三) 中国水利从业人员分布

1. 按行业分布

按照国民经济行业分类的国家标准(GB/T 4754—2017),中国水利从业人员主要分布在制造业(机械修造,C3597/C439)等 10 个门类的行业。本研究结合水利行业的特点和分布,从涉水支撑行业、涉水辅助支撑行业和涉水辅助行业 3 个维度进行区分。其中涉水支撑行业包括 S 公共管理/社会保障和社会组织(各级水利厅局机关、水行政管理 S922/S9226)、N 水利/环境和公共设施管理业(水利工程管理、水资源保护/基层水利水保站、水文、水土保持,N761/N762/N764/N7711)、D 电力/热力/燃气及水生产和供应业(电力生产、水电,D441/D4413)3 个门类的行业;涉水辅助支撑行业包括 C 制造业(机械修造,C3597/C439)、E 建筑业(工程施工,E482/E487)、I 信息传输/软件和信息技术服务业(通信,I65/I6531)、M 科学研究和技术服务业(科研、规划勘测设计,M73/M748)4 个门类的行业;涉水辅助行业包括 L 租赁和商务服务业(后勤、物资供销,L72)、P 教育(教育,P83)、Q 卫生和社会工作(卫生,Q84)3 个门类以及其他的行业。

(1) 总量变化情况

2007 年至 2017 年期间,全国水利系统涉水支撑行业从业人员总量呈波动下降趋势,先由 2007 年的 74.64 万人逐年快速下降为 2010 年的 70.52 万人,3 年年均下降 1.37 万人,随后 3 年稍有波动,至 2013 年为 69.73 万人,之后又逐年快速下降为 2017 年的 61.87 万人,4 年年均下降 1.97 万人;涉水辅助支撑行业从业人员总量呈波动下降趋势,先由 2007 年的 15.37 万人波动下降为 2016 年的 12.74 万人,9 年年平均下降 0.29 万人,随后 1 年增长了

0.65 万人，至 2017 年底为 13.39 万人；涉水辅助行业从业人员总量呈先波动增长后逐年下降趋势，先由 2007 年的 16.75 万人波动增长为 2012 年的 19.14 万人，5 年年平均增长 0.48 万人，随后逐年下降为 2017 年的 15.12 万人，5 年年平均下降 0.80 万人。

水利部直属系统涉水支撑行业从业人员总量呈先逐年增长再稍有波动后逐年下降趋势，先由 2007 年的 3.47 万人逐年增长为 2011 年的 3.74 万人，4 年年平均增长 0.07 万人，再波动变化为 2013 年的 3.73 万人，随后逐年下降为 2017 年的 3.27 万人，4 年年均下降 0.12 万人；涉水辅助支撑行业从业人员总量呈先稍有波动再快速下降后稍有下降趋势，先由 2007 年的 2.15 万人波动变化为 2014 年的 2.07 万人，再 1 年下降了 0.14 万人，随后 2 年稍有下降，至 2017 年底为 1.89 万人；涉水辅助行业从业人员总量呈先稍有波动再快速下降后又稍有波动趋势，先由 2007 年的 1.53 万人波动变化为 2012 年的 1.66 万人，随后的 2013 年下降了 0.42 万人，之后的 4 年又稍有波动，至 2017 年底为 1.21 万人。

地方水利系统涉水支撑行业从业人员总量呈波动下降趋势，先由 2007 年的 71.17 万人逐年快速下降为 2010 年的 66.83 万人，3 年年均下降 1.45 万人，随后 3 年稍有波动，至 2013 年为 66.00 万人，之后又逐年快速下降为 2017 年的 58.6 万人，4 年年均下降 1.85 万人；涉水辅助支撑行业从业人员总量呈波动下降趋势，先由 2007 年的 13.22 万人波动下降为 2016 年的 10.83 万人，9 年年平均下降 0.27 万人，随后 1 年增长了 0.67 万人，至 2017 年底为 11.50 万人；涉水辅助行业从业人员总量呈先波动增长后逐年下降趋势，先由 2007 年的 15.22 万人波动增长为 2012 年的 17.47 万人，5 年年平均增长 0.45 万人，随后逐年下降为 2017 年的 13.90 万人，5 年年平均下降 0.71 万人。

（2）涉水支撑行业从业人员占比变化情况

全国水利系统涉水支撑行业人员占水利从业人员的比例在（68.1%～69.9%）区间稍有波动，平均占比为 68.7%。其中，水行政管理行业、水利工程管理行业人员占从业人员比例均稍有波动变化，2017 年底的占比分别为 6.9%和 43.1%；水资源保护行业、水文行业、水土保持行业人员占从业人员比例稍有增长，2017 年底的占比分别为 6.8%、3.0%和 2.2%；电力生产行业人员占从业人员比例呈波动下降趋势，由 2007 年的 9.7%波动下降为 2017 年的 6.4%。

水利部直属系统涉水支撑行业人员占水利从业人员的比例在（48.0%～53.6%）区间稍有波动，平均占比为 68.7%，近 4 年稳定的占比在 51%左右。其中，水行政管理行业、水利工程管理行业、水资源保护行业、水文行业、水土保持行业人员占从业人员比例均稍有波动增长，2017 年底的占比分别为 7.8%、27.8%、1.2%、7.6%和 1.5%；电力生产行业人员占从业人员比例呈先稍有波动再快速下降后又稍有波动趋势，占比先由 2007 年的 7.0%波动变化为 2013 年的 7.2%，再 1 年快速下降 1.9 个百分点，随后稍有波动至 2017 年的 5.3%。

地方水利系统涉水支撑行业人员占水利从业人员的比例在（69.4%～71.6%）区间稍有波动，平均占比为 70.1%。其中，各级水利厅局机关行业、水利工程管理行业人员占从业人员比例均稍有波动变化，2017 年底的占比分别为 6.9%和 43.3%；基层水利水保站行业、水文行业、水土保持行业人员占从业人员比例稍有增长，2017 年底的占比分别为 7.2%、2.6%

和 2.3%;水电行业人员占从业人员比例呈波动下降趋势,由 2007 年的 9.9%波动下降为 2017 年的 6.5%。

(3) 涉水辅助支撑行业从业人员占比变化情况

全国水利系统涉水辅助支撑行业人员占水利从业人员的比例在(13.3%~14.8%)区间稍有波动,平均占比为 13.9%。其中,机械修造行业人员占从业人员比例呈波动下降趋势,由 2007 年的 0.7%波动下降为 2017 年的 0.2%;工程施工行业人员占从业人员比例呈先波动下降后波动增长趋势,先由 2007 年的 8.0%波动下降为 2013 年的 6.9%,后波动增长为 2017 年的 8.8%;通信行业、科研行业、规划勘测设计行业人员占从业人员比例均稍有波动变化,2017 年底的占比分别为 0.1%、1.1%和 4.6%。

水利部直属系统涉水辅助支撑行业人员占水利从业人员的比例在(28.6%~30.7%)区间稍有波动,平均占比为 29.4%。其中,机械修造行业人员占从业人员比例呈波动下降趋势,由 2007 年的 3.6%波动下降为 2017 年的 2.0%;工程施工行业、通信行业和科研行业人员占从业人员比例均稍有波动变化,2017 年底的占比分别为 6.5%、1.1%和 7.1%;规划勘测设计行业人员占从业人员比例呈先稍有波动下降后波动增长趋势,先由 2007 年的 11.6%波动下降为 2012 年的 11.2%,随后波动增长为 2017 年的 13.1%。

地方水利系统涉水辅助支撑行业人员占水利从业人员的比例在(11.9%~13.7%)区间稍有波动,平均占比为 12.8%。其中,机械修造行业人员占从业人员比例呈波动下降趋势,由 2007 年的 0.5%波动下降为 2017 年的 0.1%;工程施工行业人员占从业人员比例呈先波动下降后波动增长趋势,先由 2007 年的 8.1%波动下降为 2013 年的 6.9%,随后波动增长为 2017 年的 9.0%;科研行业、规划勘测设计行业人员占从业人员比例均稍有波动变化,2017 年底的占比分别为 0.6%和 4.0%。

(4) 涉水辅助行业从业人员占比变化情况

全国水利系统涉水辅助行业人员占水利从业人员的比例在(15.7%~18.5%)区间稍有波动,平均占比为 17.5%。其中,后勤行业人员占从业人员比例呈波动下降趋势,由 2007 年的 0.9%波动下降为 2017 年的 0.6%;教育行业、卫生行业人员占从业人员比例均稍有波动变化,2017 年底的占比分别为 0.8%和 0.2%;其他行业人员占从业人员比例呈先波动增长后逐年下降趋势,先由 2007 年的 13.7%波动增长为 2015 年的 16.4%,后逐年下降为 2017 年的 15.1%。

水利部直属系统涉水辅助行业人员占水利从业人员的比例在(17.9%~23.1%)区间稍有波动,平均占比为 20.4%。其中,后勤行业人员占从业人员比例呈波动下降趋势,由 2007 年的 3.3%波动下降为 2017 年的 2.4%;教育行业人员占从业人员比例呈波动下降趋势,由 2007 年的 1.1%波动下降为 2017 年的 0.5%;卫生行业人员占从业人员比例呈波动增长趋势,由 2007 年的 1.8%波动增长为 2017 年的 2.4%;其他行业人员占从业人员比例呈先波动增长再快速下降后稍有波动增长趋势,先由 2007 年的 15.2%波动增长为 2012 年的 17.2%,随后的 2013 年下降了 4.5 个百分点,之后波动增长为 2017 年的 13.7%。

地方水利系统涉水辅助行业人员占水利从业人员的比例在(15.3%~18.2%)区间稍有

波动，平均占比为17.2%。其中，物资供销行业人员占从业人员比例呈逐年下降趋势，由2007年的0.8%波动下降为2017年的0.4%；教育行业、卫生行业人员占从业人员比例均稍有波动变化，2017年底的占比分别为0.8%和0.1%；其他行业人员占从业人员比例呈先波动增长后波动下降趋势，先由2007年的13.6%波动增长为2012年的16.7%，随后波动下降为2017年的15.2%。

2. 按单位属性分布

(1) 总量变化情况

2014年至2017年期间，全国水利系统机关单位从业人员总量逐年下降，自2014年的6.43万人下降到2017年的5.79万人，平均每年减少0.21万人；事业单位从业人员总量逐年下降，从2014年的70.93万人下降到2017年的65.15万人，平均每年减少1.93万人；企业单位从业人员总量波动下降，从2014年的19.79万人波动下降到2017年的19.44万人，平均每年减少0.12万人。

水利部直属系统机关单位从业人员总量稍有波动增长，从2014年的313人波动增长为2017年的350人；事业单位从业人员总量逐年下降，从2014年的3.13万人下降到2017年的3.07万人；企业单位从业人员总量逐年下降，从2014年的3.57万人波动下降到2017年的3.27万人，平均每年减少0.10万人。

地方水利系统机关单位从业人员总量逐年下降，从2014年的6.39万人下降到2017年的5.76万人，平均每年减少0.21万人；事业单位从业人员总量逐年下降，从2014年的67.80万人下降到2017年的62.08万人，平均每年减少1.91万人；企业单位从业人员总量稍有波动，至2017年底为16.17万人。

(2) 机关单位从业人员占比变化情况

全国水利系统机关单位人员占从业人员的比例稍有下降，至2017年底的占比为6.4%。其中，水利部直属系统机关单位人员占从业人员的比例稍有变化，至2017年底的占比为0.5%；地方水利系统机关单位人员占从业人员的比例稍有下降，至2017年底的占比为6.9%。

(3) 事业单位从业人员占比变化情况

全国水利系统事业单位人员占从业人员的比例逐年下降，由2014年的73.0%下降为2017年的72.1%。其中，水利部直属系统事业单位人员占从业人员的比例波动增长，由2014年的46.5%增长为2017年的48.2%；地方水利系统事业单位人员占从业人员的比例逐年下降，由2014年的75.0%下降为2017年的73.9%。

(4) 企业单位从业人员占比变化情况

全国水利系统企业单位人员占从业人员的比例逐年增长，由2014年的20.4%增长为2017年的21.5%。其中，水利部直属系统企业单位人员占从业人员的比例波动下降，由2014年的53.1%波动下降为2017年的51.2%；地方水利系统企业单位人员占从业人员的比例逐年增长，由2014年的17.9%增长为2017年的19.2%。

中国水利从业人员按行业分布和按单位属性分布的具体情况详见分报告(二)：《中国水

利从业人员变化情况》的第四章和第五章。

(四) 工勤技能从业人员情况

2011 年至 2017 年期间,全国水利系统工勤技能从业人员总量呈先波动增长后逐年快速下降趋势,先由 2011 年的 51.77 万人波动增长为 2012 年的 51.86 万人,随后 5 年逐年快速下降为 2017 年的 37.71 万人,5 年年均下降 2.83 万人,全国水利系统工勤技能从业人员占水利从业人员的比例较高,但是逐年下降,由 2011 年的 50.5%下降为 2017 年的 41.7%。其中,水利部直属系统工勤技能从业人员总量逐年下降,由 2011 年的 3.2 万人下降为 2017 年的 2.29 万人,年均下降 0.15 万人。工勤技能从业人员占水利从业人员的比例较高,但是呈波动下降趋势,由 2011 年的 42.6%下降为 2017 年的 35.9%;地方水利系统工勤技能从业人员总量呈先波动增长后逐年快速下降趋势,先由 2011 年的 48.57 万人波动增长为 2012 年的 48.63 万人,随后 5 年逐年快速下降为 2017 年的 35.42 万人,5 年年均下降 2.64 万人,地方水利系统工勤技能从业人员占水利从业人员的比例较高,但是逐年下降,由 2011 年的 51.1%下降为 2017 年的 42.2%。

全国水利系统本科及以上学历的工勤技能从业人员总量呈波动增长趋势,本科及以上学历人员占工勤技能从业人员比例逐年增长,由 2011 年的 3.5%增长为 2017 年的 5.0%。其中,水利部直属系统本科及以上学历的工勤技能从业人员数量逐年增长,本科及以上学历人员占工勤技能从业人员比例逐年增长,由 2011 年的 7.7%增长为 2017 年的 15.7%;地方水利系统本科及以上学历的工勤技能从业人员总量呈波动变化,波动区间为(1.47 万人~1.62 万人),本科及以上学历人员占工勤技能从业人员比例逐年增长,由 2011 年的 3.2%增长为 2017 年的 4.3%。

未来 3 年中国水利工勤技能从业人员总量呈下降趋势。至 2020 年底全国水利系统工勤技能从业人员约为 30.19 万人,其中水利部直属系统工勤技能从业人员约为 1.75 万人,地方水利系统工勤技能从业人员约为 28.44 万人。

(五) 基层从业人员情况

2015 年至 2017 年期间,全国水利系统基层从业人员总量逐年下降,自 2015 年的 66.99 万人下降到 2017 年的 63.82 万人,全国水利系统基层从业人员占水利从业人员的比例基本稳定,约占 70.6%。其中,水利部直属系统基层从业人员总量基本稳定在 1.6 万人左右,水利部直属系统基层从业人员占水利从业人员总量的比例呈波动增长趋势,2017 年底的占比为 23.6%;地方水利系统基层从业人员总量逐年下降,自 2015 年的 65.35 万人下降到 2017 年的 62.18 万人,地方水利系统基层从业人员占水利从业人员的比例基本稳定,约占 74%。

全国水利系统本科及以上学历基层从业人员数量逐年增长,本科及以上学历基层人员占基层从业人员比例由 2015 年的 20.3%增长为 2017 年的 24.5%,年均增长 2.1 个百分点。其中,水利部直属系统本科及以上学历基层从业人员数量逐年增长,本科及以上学历基层人员占基层人才资源比例由 2015 年的 35.5%增长为 2017 年的 40.6%,年均增长 2.6 个

（三）水利人才政策发展阶段划分

在政策文本收集的基础上，采用关键历史事件、标志性政策文件出台为时间节点展开对人才政策演进脉络进行划分，依托“第十六次党代会、第十七次党代会、第十八次党代会、第十九次党代会”关键历史事件进行确定，结合水利人才发展五年规划标志性政策文件，对人才政策发展历程进行阶段划分。

第一阶段始于十六大后的 2003 年，大致处于迈入新世纪的“十五”期间，此阶段强调经济发展、结构调整与改革开放，要求把握加入世界贸易组织的机会，发展社会主义市场经济。为满足经济发展的需要，国家于 2002 年正式提出人才强国战略，并在 2003 年《中共中央国务院关于进一步加强人才工作的决定》中指出实施人才强国战略是党和国家一项重大而紧迫的任务，要在继承 20 世纪人才工作基础上促进人才事业新发展。第二阶段始于十七大后的 2008 年，处于“十一五”期间，该阶段转变经济增长方式和经济结构调整的要求日益迫切，对人才要求进一步提高。为此，2007 年人才强国战略作为发展中国特色社会主义的三大基本战略之一，写进了中国共产党党章和党的十七大报告，要求积极推进人才工作。第三阶段始于十八大后的 2013 年，处于“十二五”期间，该阶段是中国全面建设小康社会的关键时期，是提高自主创新能力、建设创新型国家的攻坚阶段。因此，在 2012 年底召开的“十八大”明确提出“科技创新是提高社会生产力和综合国力的战略支撑，必须摆在国家发展全局的核心位置”，强调要坚持走中国特色自主创新道路、实施创新驱动发展战略，深入推进人才事业发展。第四阶段始于十九大后的 2018 年，处于“十三五”期间，该阶段经济发展进入新阶段，要求在提高经济发展平衡性、包容性、可持续性的基础上重点推进供给侧结构性改革，促进经济提质增效、转型升级。为此，党和国家发布了一系列政策，如中共中央办公厅、国务院办公厅印发《关于深化项目评审、人才评价、机构评估改革的意见》《国务院关于印发积极牵头组织国际大科学计划和大科学工程方案的通知》等，以期推动人才工作的全面创新治理。

依据上述分析，结合各阶段的具体要求，本研究将人才政策发展历程划分为继承发展（2003—2007 年）、积极推进（2008—2012 年）、深入推进（2013—2017 年）、全面创新治理（2018 年）四个阶段。

（四）基于关键词的水利人才政策关切点简析

为深入探讨我国水利人才政策的变迁特征以及关注重点，本研究首先设计了水利人才政策关切点的词频分析，提炼 2003 年以来各阶段的关键词和关切点，为后续政策范式、政策内容和政策工具三维度的分析提供方向性指导。

1. 2003—2017 年水利人才政策关切点分析

（1）水利人才政策样本概况

本研究从 132 条政策中遴选出 8 条水利人才的综合性、规划性政策进行词频统计分析，具体政策见表 2-1。

表 2-1　重点水利人才政策一览表

文件名称	类别	发布时间	发布部门
《关于深入实施水利人才战略,进一步加强人才工作的意见》	规划	2005 年 10 月 8 日	水利部
《国家发展改革委、水利部、建设部关于印发水利发展“十一五”规划的通知》	规划	2007 年 5 月 31 日	国家发展和改革委员会、水利部、建设部
《中共中央 国务院关于加快水利改革发展的决定》	规划	2010 年 12 月 31 日	中共中央、国务院
《印发关于实施基层水利人才文化和专业素质提升工程的意见的通知》	规划	2011 年 11 月 21 日	水利部
《关于印发全国水利人才队伍建设“十二五”规划的通知》	规划	2011 年 11 月 23 日	水利部
《国家发展改革委、水利部、住房城乡建设部印发水利发展规划(2011—2015 年)的通知》	规划	2012 年 6 月 6 日	国家发改委、水利部、住房和城乡建设部
《水利部关于推进贫困地区水利人才队伍建设的指导意见》	规划	2014 年 7 月 7 日	水利部
《水利部关于印发全国水利人才队伍建设“十三五”规划的通知》	规划	2016 年 6 月 2 日	水利部

为了更好地展示水利人才政策的发展趋势和关注重点,我们根据各关键词在政策文本中的词频,从 8 条重点综合性水利人才政策中选取了“水利、人才、建设、培养、培训、队伍”6 个关切点进行综合性分析,具体情况见表 2-2。

表 2-2　重点水利人才政策关切点

关切点	年份		
	2003—2007	2008—2012	2013—2017
水利	269	682	326
人才	149	448	433
建设	186	68	112
培养	33	76	94
培训	46	65	33
队伍	32	68	112

(2) 关切点分析

关切点“水利”与“人才”的词频和占比一直保持着最高水平,与水利人才政策内容主题保持了一致;其他的关切点在三个阶段中,一直保持着相对稳定的增长,且在积极推进(2008—2012 年)、深入推进(2013—2017 年)两个阶段增长速度较快,反映了在人才政策进入积极推进与深入推进阶段时,水利部与时俱进,出台了与之对应的政策措施,对水利人才队伍进行系统的体系建设。具体情况见图 2-1。

2. 2018 年水利人才政策关切点分析

(1) 水利人才政策样本概况

2018 年水利人才政策以政策的稳定延续替代了新政策的出台,在党的十九大和十三届人大的审核通过下,对水利部进行了机构的调整与改革,着眼优化协同高效,以推动水利治理体系和治理能力现代化的深刻变革。因此,政策的延续性和水利机构改革使得 2018 年水

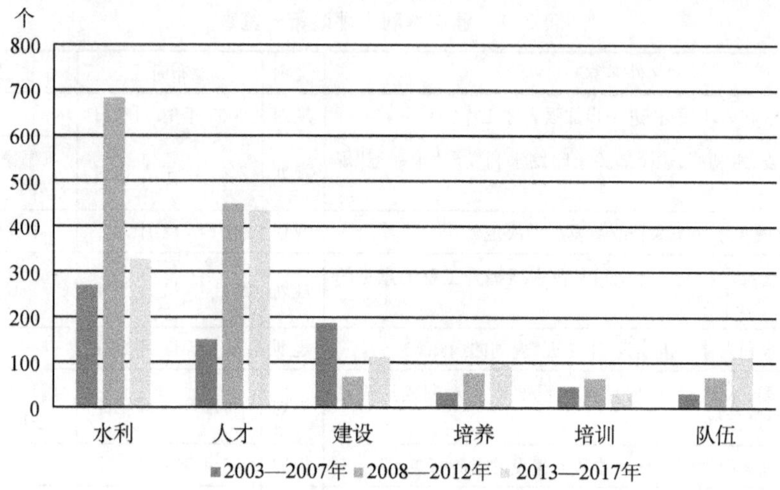

图 2-1　重点水利人才政策关切点频数图

利人才政策的数量有所减少，本研究在此基础上选取了两条重点人才政策进行词频统计，具体政策见表 2-3。

表 2-3　2018 年水利人才相关重点政策一览表

文件名称	发布时间	类别	发布部门
《水利部关于印发加快推进新时代水利现代化的指导意见的通知》	2018 年 2 月 12 日	规划	水利部
《水利部关于印发水利扶贫行动三年(2018—2020 年)实施方案的通知》	2018 年 8 月 10 日	规划	水利部

最终我们通过词频统计与分析在 2018 年重点水利人才政策样本中挑选出 8 个关切点："水利""建设""水利工程""农村""安全""强化""保障""技术"，但这些关切点与 2003 年以来在国家水利人才政策中分析得出的关切点有不一致的情况，2003—2017 年政策内容维度研究所得出的关切点直接体现了水利人才培养的方向，而 2018 年水利人才政策中的关切点更多体现对水利事业发展的关注。具体情况见表 2-4 与图 2-2。

表 2-4　重点水利人才政策关切点

关切点	文件	
	《水利部关于印发加快推进新时代水利现代化的指导意见的通知》	《水利部关于印发水利扶贫行动三年(2018—2020 年)实施方案的通知》
水利	123	99
建设	68	43
水利工程	24	17
农村	17	20
安全	21	18
强化	18	12
保障	22	12
技术	11	7

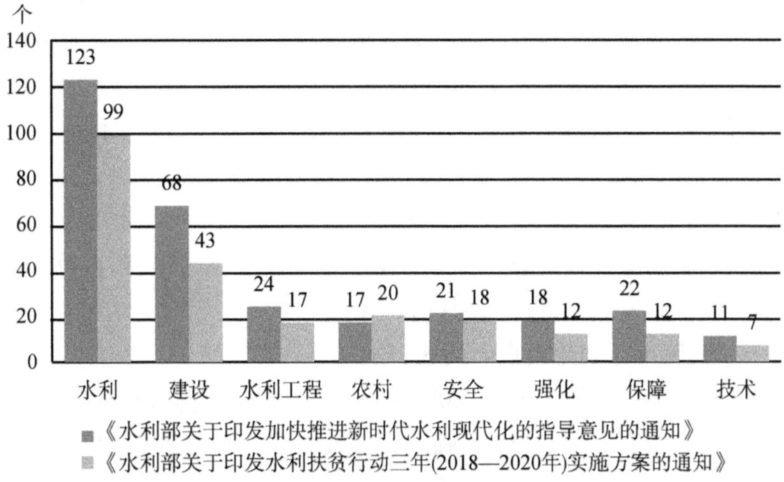

图 2-2　重点水利人才政策关切点频数图

(2) 关切点分析

虽然重点文件得出的关切点更多的是对水利事业发展的反映，但我们仍可从中挖掘水利人才政策的发展方向。《水利部关于印发加快推进新时代水利现代化的指导意见的通知》(水规计〔2018〕39 号)和《水利部关于印发水利扶贫行动三年(2018—2020 年)实施方案的通知》(水扶贫〔2018〕200 号)这两个文件指导着未来水利事业重点工作方向和工作内容，而水利人才作为水利政策实施的重要支撑力量，要贯彻落实水利政策，则要对水利人才队伍和人才结构提出新要求。由“水利”“建设”“水利工程”“农村”“安全”“强化”“保障”“技术”8 个关切点分析可知，农村水利发展以及加快推进新时代水利现代化是今后的工作重点，要实现对农村水利工程的技术升级，着力解决水利改革发展不平衡不充分问题，要求加强水利创新人才、科技人才队伍建设，实施水利人才创新行动计划，面向全国建立部级统一创新人才库，精准开展水利创新团队建设，培养具有国际水平的创新人才和创新团队，从而为推进水利现代化提供重要的人才保障。

二、水利人才政策变迁特征

(一) 水利人才政策范式的变迁特征

1. 2003—2017 年政策范式的变迁特征

(1) 水利人才政策问题表述由表象向机制深入

自 2003 年开始的第一阶段(2003—2007 年)：该阶段《关于深入实施水利人才战略，进一步加强人才工作的意见》(水人教〔2005〕378 号)、《“十一五”水利人才规划纲要》(水人教〔2006〕582 号)等人才政策文本的描述多涉及表象问题，如水利人才数量不足，人才素质、能力较低，体制机制不完善，但关于人才引进文件数量较少且未涉及高层次人才。

自2008年开始的第二阶段(2008—2012年):《关于印发全国水利人才队伍建设“十二五”规划的通知》(水人事〔2011〕611号)等人才政策文本描述开始涉及人才结构和分布问题,如人才结构畸形、人才分布不均和人才整体素质问题日益突出。

自2013年开始的第三阶段(2013—2017年):《水利部关于印发全国水利人才队伍建设“十三五”规划的通知》(水人事〔2016〕208号)和《水利部关于推进贫困地区水利人才队伍建设的指导意见》(水人事〔2014〕227号)等人才政策中有关专门性人才以及对专门性人才的管理不足,如高层次创新型人才、基层人才、贫困地区人才等薄弱环节,以及细节性深层次的机制体制问题逐渐暴露,专门人才的管理机制不健全。

(2) 水利人才政策目标表述由点向面逐步发展

自2003年开始的第一阶段(2003—2007年):《关于深入实施水利人才战略,进一步加强人才工作的意见》(水人教〔2005〕378号)强调人才政策要追求培养造就一支规模宏大的、高素质的水利人才队伍。

自2008年开始的第二阶段(2008—2012年):《关于印发全国水利人才队伍建设“十二五”规划的通知》(水人事〔2011〕611号)指出人才政策进一步要求建设一支适应水利事业发展需要的数量充足、门类齐全、结构合理、素质精良的人才队伍,形成水利人才工作与水利事业发展良性互动的格局。

自2013年开始的第三阶段(2013—2017年):《水利部关于印发全国水利人才队伍建设“十三五”规划的通知》(水人事〔2016〕208号)指出人才政策更加强调培养和造就一支具有“献身、负责、求实”的水利行业精神,规模宏大、结构优化、分布合理、素质优良的水利人才队伍。

(3) 水利人才政策指导思想贯彻党的人才理念、契合水利发展形势

自2003年开始的第一阶段(2003—2007年):《关于深入实施水利人才战略,进一步加强人才工作的意见》(水人教〔2005〕378号)指出人才政策的指导思想紧跟十六大,以邓小平理论和“三个代表”重要思想为指导,并在水利发展的背景下,深入实施水利人才战略。

自2008年开始的第二阶段(2008—2012年):《关于印发全国水利人才队伍建设“十二五”规划的通知》(水人事〔2011〕611号)指出人才政策的指导进一步汲取十七大精神,以邓小平理论和“三个代表”重要思想为指导,深入贯彻落实科学发展观,树立科学的人才观,尊重劳动、尊重知识、尊重人才、尊重创造。在水利跨越式发展的背景下,坚持实施水利人才战略,确立水利人才优先发展的战略布局。

自2013年开始的第三阶段(2013—2017年):《水利部关于推进贫困地区水利人才队伍建设的指导意见》(水人事〔2014〕227号)、《水利部关于印发全国水利人才队伍建设“十三五”规划的通知》(水人事〔2016〕208号)等人才政策指导思想深入贯彻党的十八大,十八届三中、四中、五中全会精神和习近平总书记系列重要讲话精神,紧紧围绕“四个全面”战略布局,牢固树立“五大发展理念”,在水利改革发展的背景下,加快实施水利人才优先发展战略。

2. 2018 年水利人才政策范式特征

经过前三阶段发展,水利人才政策进入全面创新治理阶段,强调基于新时代新理念的指导,加强创新人才和高技能人才的培养。延续上述分析框架,对 2018 年水利人才政策仍从政策问题、政策目标与政策指导思想三方面介绍其特征。

(1) 政策问题特征

《水利部关于印发水利扶贫行动三年(2018—2020 年)实施方案的通知》(水扶贫〔2018〕200 号)人才政策指出水利人才队伍尤其是基层和贫困地区整体素质仍存在不足,人才结构不合理,同时基层和贫困地区人才、创新型人才、高技能人才短缺,水利人才评价机制不完善。

(2) 政策目标特征

《水利部关于印发加快推进新时代水利现代化的指导意见的通知》(水规计〔2018〕39 号)人才政策强调要进一步加强水利人才培养与队伍建设,大力培养创新型与高技能水利人才以提升水利人才整体素质,并优化水利人才队伍结构,完善水利人才评价机制。

(3) 指导思想特征

《水利部关于印发加快推进新时代水利现代化的指导意见的通知》(水规计〔2018〕39 号)人才政策强调要进一步加强水利人才培养与队伍建设,大力培养创新型与高技能水利人才以提升水利人才整体素质,并优化水利人才队伍结构,完善水利人才评价机制。

(二) 水利人才政策内容维度的变迁特征

1. 2003—2017 年水利人才政策内容变迁特征

(1) 人才规划涉及的人才对象趋于具体

自 2003 年开始的第一阶段(2003—2007 年):《关于深入实施水利人才战略,进一步加强人才工作的意见》(水人教〔2005〕378 号)等政策中的人才规划着重于对整体水利人才的宏观性规划,政策指出为适应新时期水利事业改革与发展,需要培养和造就一支规模宏大的、高素质的水利人才队伍,以全面推进现代水利和可持续发展水利。

自 2008 年开始的第二阶段(2008—2012 年):《印发关于实施基层水利人才文化和专业素质提升工程的意见的通知》(办人事〔2011〕441 号)、《全国水利人才队伍建设"十二五"规划》和《水利发展规划(2011—2015 年)的通知》等人才规划政策的人才对象及其政策规划更加具体,如政策开始关注基层人才的培养,并对基层人才的结构、数量和质量三方面提出要求。

自 2013 年开始的第三阶段(2013—2017 年):《水利部教育部关于进一步推进水利职业教育改革发展的意见》(水人事〔2013〕121 号)、《水利部关于推进贫困地区水利人才队伍建设的指导意见》(水人事〔2014〕227 号)和《水利部关于印发全国水利人才队伍建设"十三五"规划的通知》(水人事〔2016〕208 号)等水利人才政策中人才规划的对象进一步精细化,针对基层人才(水人事〔2013〕121 号)、贫困地区人才(水人事〔2014〕227 号)和创新人才(水人事〔2016〕208 号)分门别类制定规划政策。

(2) 人才引进政策逐步完善

自2003年开始的第一阶段(2003—2007年)的水利人才引进政策如《关于贯彻落实〈事业单位公开招聘人员暂行规定〉的实施意见》(水人教〔2006〕231号)等注重建立健全党政干部、专业技术人才、企业管理人才的选拔引进制度,如实施水利事业单位人员聘用制度,规范事业单位人员招聘行为等。

自2008年开始的第二阶段(2008—2012年)的水利人才引进政策如《水利发展规划(2011—2015年)》(发改农经〔2012〕1618号)等文件开始强调创新人才选拔引进制度,在观念、手段、方式、保障措施等方面加大了改革创新力度。

自2013年开始的第三阶段(2013—2017年)的水利人才引进政策进一步完善,《水利部关于推进贫困地区水利人才队伍建设的指导意见》(水人事〔2014〕227号)等政策提出在中央扶贫攻坚战略和水利部党组水利扶贫工作部署的指导下,引导人才向基层、西部、贫困地区流动。

(3) 政策中人才培养对象日益多元化、学风建设要求逐步加强

自2003年开始的第一阶段(2003—2007年)中以《干部教育培训工作条例(试行)》(水党〔2006〕8号)和《水利部关于印发"十一五"水利人才规划纲要和干部教育培训规划的通知》(水人教〔2006〕582号)为代表的水利人才政策指出人才教育培训投入严重不足,培训的供给还不能满足广大干部的培训需求。

自2008年开始的第二阶段(2008—2012年),结合第一阶段关于人才培训的一系列要求,《水利部关于做好新一轮大规模培训干部工作的实施意见》(水人事〔2009〕350号)和《水利部关于在干部教育培训中进一步加强学风建设的实施意见》(水人事〔2009〕351号)等政策把提高水利干部教育培训质量和效益摆在更加突出的位置,注重加强学风建设和培训的监督管理。

自2013年开始的第三阶段(2013—2017年)中《水利部、教育部关于进一步推进水利职业教育改革发展的意见》(水人事〔2013〕121号)、《水利部关于推进贫困地区水利人才队伍建设的指导意见》(水人事〔2014〕227号)、《水利部办公厅关于举办水利专业技术人才安全生产知识更新高级研修培训班的通知》(办安监函〔2014〕1142号)等政策指出人才培养要注重推进各级各类干部的教育培训和培训管理,教育培训的针对性和实效性不断加强,出台了针对基层人才(水人事〔2013〕121号),青年人才、贫困地区人才(水人事〔2014〕227号),专业技术人才(办安监函〔2014〕1142号)和高技能人才(办人事〔2017〕59号)的人才培养政策。

(4) 逐步完善人才评价机制

自2003年开始的第一阶段(2003—2007年),《水利部关于2003年度专业技术人员职称考试工作有关事项的通知》(〔2003〕职改办函字第22号)、《关于深入实施水利人才战略,进一步加强人才工作的意见》(水人教〔2005〕378号)等政策强调水利人才评价对象多元化和内容体系的完善,指出要完善干部考核制度、深化专业技术人员职称制度改革(〔2003〕职改办函字第22号),建立健全符合企业特点,以绩效为核心的经营管理人才考核评价制度和有效的监督制约机制(水人教〔2005〕378号)。

自 2008 年开始的第二阶段(2008—2012 年),以《全国水利人才队伍建设“十二五”规划》(水人事〔2011〕611 号)为代表的人才评价政策进一步改革评价方式,建立和完善评价标准,规范评价程序。如进一步建立完善水利专业技术人才评价标准、高技能人才评价体系和水利企业负责人考核评价办法。

自 2013 年开始的第三阶段(2013—2017 年),人才评价政策如《水利部关于印发全国水利人才队伍建设“十三五”规划的通知》(水人事〔2016〕208 号)针对性进一步增强,强调完善专业技术人才、高层次人才、急需紧缺人才、基层人才的评价机制。

(5) 政策给定的激励机制趋于灵活

自 2003 年开始的第一阶段(2003—2007 年)《关于深入实施水利人才战略,进一步加强人才工作的意见》(水人教〔2005〕378 号)等政策提出要逐步建立重公平、重实绩、重贡献、向优秀人才、关键岗位和基层倾斜的分配制度,建立体检、休假和安全等人才保障制度。

自 2008 年开始的第二阶段(2008—2012 年)《全国水利人才队伍建设“十二五”规划》(水人事〔2011〕611 号)、《水利部机关事业单位贯彻落实〈职工带薪年休假条例〉的实施意见》(人事综〔2008〕40 号)等政策对一线人才、水利专业技术人才、技能人才的晋升制度更加灵活(水人事〔2011〕611 号),完善休假、体检和风险防范等人才保障制度(人事综〔2008〕40 号)。

自 2013 年开始的第三阶段(2013—2017 年),政策《水利部关于印发全国水利人才队伍建设“十三五”规划的通知》(水人事〔2016〕208 号)针对高层次人才、急需紧缺人才、基层一线的选拔晋升制度更加灵活。

2. 2018 年水利人才政策内容特征

(1) 强调水利人才培养要关注时效性与目的性

《水利部关于印发加快推进新时代水利现代化的指导意见的通知》(水规计〔2018〕39 号)等人才政策强调为实现新时代水利现代化,要以高层次创新型人才、急需紧缺人才、基层人才、贫困地区人才以及监管类人才为重点,并以着力提升水利人才队伍素质和能力,协调推进各类人才队伍建设为目标,为水利改革发展提供强有力的人才保障和智力支持。

(2) 强调人才规划要注重队伍结构的完整性、人才引进要发挥主体的积极性

《水利部关于印发加快推进新时代水利现代化的指导意见的通知》(水规计〔2018〕39 号)等人才政策指出要着力打造党政人才、专业技术人才、高技能人才、基层人才、经营管理人才的“五位一体”的水利人才队伍结构,补强基层水利人才、贫困地区水利人才、急需紧缺人才等薄弱环节。

并要求进一步健全完善人才引进机制,充分发挥用人主体在人才培养、吸引和使用中的主导作用,畅通机关、企事业单位人才流动渠道,引导人才向基层一线、中西部、艰苦边远地区流动。

(3) 明确水利人才激励和评价要以激发创造活力为目标

《水利部关于印发加快推进新时代水利现代化的指导意见的通知》(水规计〔2018〕39 号)等人才政策明确指出要充分发挥用人主体在人才评价激励中的主导作用,改进事业单

位岗位管理模式，注重发挥经济利益和社会荣誉价值的双重激励作用，进一步实现激励方式的多元化，多方位满足人才的需求，调动人才创新创造的积极性；要求加强水利人才评价体系建设，健全以能力为导向、以工作业绩为重点、注重职业道德和职业素质的人才评价体系。

（三）水利人才政策工具维度的变迁特征

1. 2003—2017 年水利人才政策工具维度变迁特征

① 供给型政策工具中，人才资金投入政策工具频数逐年提高，体现了国家对水利人才的重视逐步提高，人才信息支持维度的数量出现递减趋势，应得到更多重视。

② 环境型政策工具中，人才目标规划和人才法规管制政策工具的占比较高，但金融支持和税收优惠政策工具编码的数量较低，未能充分发挥环境型政策工具提供良好政策环境和经济环境的作用。

③ 需求型政策工具在三个政策工具维度中数量最少、占比最低，整体使用呈先减后增的趋势，且服务外包维度的政策工具编码几乎缺失，因此增加需求型政策工具将是未来水利人才政策的重要关注点。具体情况见图 2-3。

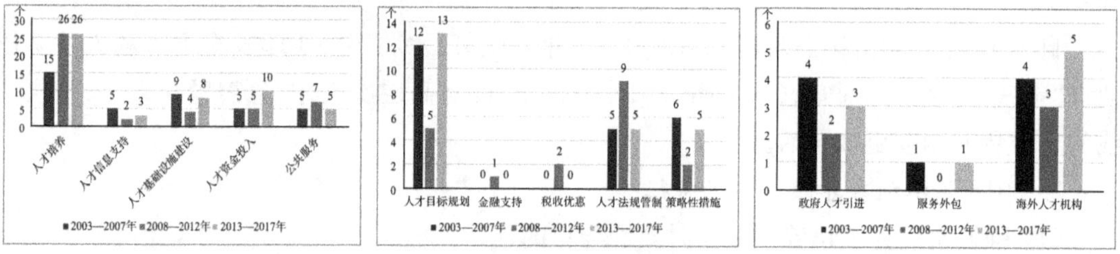

供给型政策工具分析
（人才培养工具使用逐步加强）

环境型政策工具分析
（不同工具此消彼长、波动式增长）

需求型政策工具分析
（工具整体使用先减后增）

图 2-3　2003—2007 年政策工具维度频数统计图

2. 2018 年水利人才政策工具维度特征

① 供给型政策工具更加强调人才培养和人才基础设施建设政策工具的使用，通过依托国家重点工程、重大科研项目、重点实验室、工程技术中心、研发中心等形式以及专业拓展、教育培训、实践锻炼等途径，推进各类人才队伍建设。

② 环境型政策工具中，人才目标规划政策工具占比最大达 38.47%，体现了水利部门对水利人才规划工作的重视，而税收优惠、金融支持、人才法规管制以及策略性措施政策工具的使用率较低，影响了其作用的发挥。

③ 需求型政策工具在 2018 年水利人才政策中使用不足，尤其是在人才引进、服务外包和海外人才机构政策工具上存在使用缺失，未能充分利用需求型政策工具的拉力作用。具体情况见图 2-4。

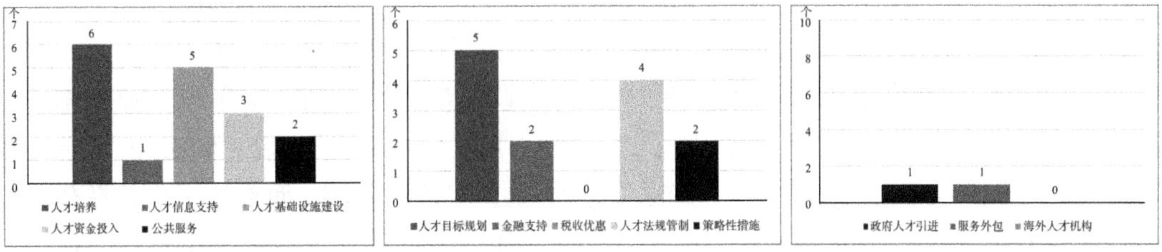

水利人才供给型政策工具分析（以人才培养与人才基础设施建设为重点）

水利人才环境型政策工具分析（重规划、轻支持）

水利人才需求型政策工具分析（使用不足）

图 2-4　2018 年政策工具维度频数统计图

(四) 水利人才政策变迁特征总结

1. 水利人才总量类政策微调式变迁显著依赖数量路径

自 2003 年开始的继承发展阶段关于水利人才总量的政策描述表现为水利人才资源总量不足，这一阶段，水利系统须应对干旱缺水、洪涝灾害、水土流失、水污染四大挑战，全国水利系统人才资源面临着总量不足的问题。

自 2008 年开始的积极推进阶段中政策描述逐步转变为水利人才总量稳步提升，进入该阶段即“十一五”期间，水利部门落实国家人才战略，将水利人才工作纳入水利事业发展的总体规划和布局，水利人才队伍建设取得了显著成就，水利人才总量稳步提升，各类水利人才规模不断发展壮大。

自 2013 年开始的深入推进阶段中政策描述开始出现水利人才总量进一步增长这一趋势，在国家创新驱动发展战略和人才优先发展战略的指引下，水利部党组高度重视人才工作，在“十二五”期间大力实施水利人才优先发展战略，统筹推进各类水利人才队伍建设，实现水利人才总量进一步增长，其中“十二五”时期末党政人才 9.1 万人，专业技术人才 36 万人，高技能人才 18.3 万人，经营管理人才 6.8 万人。

2. 人才分布政策从强调重规模与区域分布到强调关注薄弱环节

自 2003 年开始的继承发展阶段，水利人才区域分布与水利事业发展要求不一致，人才规模和区域分布均不合理，第一阶段(继承发展阶段)水利系统须应对干旱缺水、洪涝灾害、水土流失、水污染四大挑战，水利人才在该阶段的主要问题是人才总量不足和职工队伍总体上文化业务素质还不高，人才分布不合理的问题尚未成为影响水利事业发展的主要问题。

自 2008 年开始的积极推进阶段，水利人才队伍规模分布有所改善，但结构分布仍不合理，水利部所属单位人才分布密度大，平均每百人中有 36 人为本科以上学历、33 人具有中级以上专业技术职务；地方水利系统每百人中仅 17 人为本科以上学历、15 人具有中级以上专业技术职务(水人教〔2006〕582 号)；从区域分布来看，经济发达的东部地区人才密度相对较大，经济欠发达的西部地区人才密度相对较小。《水利部关于印发“十一五”水利人才规划纲要和干部教育培训规划的通知》(水人教〔2006〕582号)特别指出在“十一五”时期末要力争使每个县以下水利基层单位至少有一名大专以上学历层次的水利专业技术人才。

自2013年开始的深入推进阶段,着力解决中、西部地区和水利基层单位专业技术人才缺乏的问题,《全国水利人才队伍建设“十二五”规划》提出“十二五”应着力解决中、西部地区和水利基层单位专业技术人才缺乏的问题。到“十二五”时期末,中、西部地区人才队伍素质大幅度提高,具有高级专业技术职务的水利专业技术人员占专业队伍比例由“十一五”时期末的8%提高到10%,具有高级工以上职业资格的高技能人才占技能人才总量的比例基本达到全国平均水平。

3. 水利人才政策的覆盖对象日益全面

自2003年开始的继承发展阶段的水利人才政策多以高层次人才培养为重点。第一阶段(继承发展阶段)水利人才发展在队伍结构上总体面临着人才队伍结构不合理,高层次人才缺乏,高技能、创新型、复合型人才紧缺,基层单位人才短缺等问题。该阶段的水利人才政策以人才结构调整为主线,以高层次人才培养为重点,进一步加强水利专业技术人才队伍建设。其中水利部依据《水利部5151人才工程实施意见》制定实施了“5151人才工程”,以及依据《专业技术人才知识更新工程(“653工程”)实施方案》制定实施了水利专业技术人才知识更新工程(国人部发〔2005〕73号)等重点人才工程项目,围绕水利重点工程和科技攻关项目,引进紧缺专家和技术骨干,解决高层次专业技术人才结构性短缺问题。通过联合培养、项目合作研究和传、帮、带等多种形式,充分发挥高校和科研机构以及老专家在水利高层次人才培养中的作用,不断扩大高层次人才的培养规模,提高人才培养质量。

自2008年开始的第二阶段,水利人才政策呈现出突出重点、整体开发的阶段特征,以高层次专业技术人才、高技能人才和基层人才为重点,统筹推进各类水利人才队伍建设。该阶段水利人才发展存在着高层次专业技术人才、高技能人才、创新型人才偏少;基层单位水利人才匮乏、流失严重等问题。该阶段通过一系列的重点工程项目培养遴选了一批两院院士、全国工程勘察设计大师、新世纪百千万人才工程国家级人选、省部级学术技术带头人、全国技术能手、优秀党政人才和经营管理人才等水利领军人才。2010年12月31日由中共中央与国务院联合发布的、首次以中央名义出台的综合性水利政策文件《中共中央 国务院关于加快水利改革发展的决定》,提出要大力引进、培养、选拔各类管理人才、专业技术人才、高技能人才并加强基层人才的培养投入。

自2013年开始的深入推进阶段人才结构进一步优化,水利人才政策的侧重点转化为各级各类人才协调发展。《水利人才“十二五”规划》中提出按照人岗相宜的原则,进一步优化水利人才队伍能级结构、专业结构的政策目标。在此基础上,水利高层次专业技术人才、高技能人才的比例明显提高,高、中、初级人才协调发展,合理的人才梯队逐步建立;水利人才专业结构趋于合理,水利勘测设计、建设管理、水行政执法、水旱灾害应急管理、水资源管理与水生态保护、水文水资源分析评价、水利信息化等急需紧缺专业和领域的人才规模稳步增长,法律、环境、经济等非水利专业人才规模进一步增加,门类更加齐全,基本满足水利发展的需要。

4. 从强调文化业务素质到关注综合素质的提升

自 2003 年开始的继承发展阶段政策的关注点是人才文化素质。第一阶段人才素质总体面临着职工队伍文化业务素质不高的问题,为此《关于深入实施水利人才战略,进一步加强人才工作的意见》(水人教〔2005〕378 号)提出了以人才资源能力建设为核心,加强教育培训,构建符合行业特点的终身教育体系,提高人才队伍素质。

自 2008 年开始的积极推进阶段政策的关注点是水利人才队伍文化和专业素质的大幅度提高。"十一五"期间,水利部坚持以能力建设为核心,以中国特色社会主义理论体系和职责所需的各类科学文化知识为主要内容,大力实施部管领导干部和公务员培训工程、地方水利领导干部专业能力建设工程、干部初任培训、任职培训制度,完善干部教育培训激励约束机制,积极推动干部教育培训改革创新,形成了大规模培训水利干部职工的新格局,整体素质明显提高,为水利事业发展提供有力保障。

自 2013 年开始的深入推进阶段政策的关注点是人才各项素质的全面提升。该阶段水利人才的政治素质、能力素质、文化素质、心理素质得到全面提升,学历结构、能级结构、专业结构进一步优化。"十二五"时期末,学历层次、等级结构不断优化,具有中专及以上学历的人员、副高级以上专业技术人才和高技能人才比例明显提高。领军人才数量显著增加,国家级高级专家数量较"十一五"时期末增长近 8%,达到 1 020 人。

5. 人才管理体制机制的政策调整革故鼎新

自 2003 年开始的继承发展阶段,是人才体制机制的继承建立阶段。在 2006 年全国水利人事劳动教育会(2006,广州)提出水利人才工作不同程度存在着人事人才管理的机制不活,管理体制改革、人事制度综合配套改革与事业发展的速度不匹配等问题,因此第一阶段发布了一系列如《关于贯彻落实〈事业单位公开招聘人员暂行规定〉的实施意见》(水人教〔2006〕231 号)等政策,重点在于建立健全各类水利人才的引进政策,完善人才评价机制,建立健全水利人才激励和保障机制。

自 2008 年开始的积极推进阶段,是人才管理体制机制的完善创新阶段。第二阶段发布了《水利部机关事业单位贯彻落实〈职工带薪年休假条例〉的实施意见》(人事综〔2008〕40 号)、《关于进一步完善干部教育培训激励约束机制的意见》(水人事〔2011〕116 号)等政策,重点完善各类人才的培养开发机制、人才评价方式、各类人才选拔使用方式,完善符合水利特点、激发人才创新创造活力的激励机制;在人才引进观念、激励手段、引进方式、保障措施等方面,加大完善力度。

自 2013 年开始的深入推进阶段,人才体制机制建设进入改进提升阶段。第三阶段发布了《水利部教育部关于进一步推进水利职业教育改革发展的意见》(水人事〔2013〕121 号)、《水利部办公厅关于印发〈进一步加强和改进培训办班工作的意见〉的通知》(办人事〔2014〕157 号)等政策,进一步创新人才教育和培养机制,加大培训内容、方式、考核激励等方面的改革,探索建立以创新创业为导向的人才教育培训新机制;进一步改进人才评价和激励机制,深化职称制度改革。

三、水利人才政策的发展空间

基于上述水利人才政策变迁特征总结与 2018 年水利人才政策特征，进一步展望未来水利人才政策的发展空间，以期为加快推进水利人才队伍建设和推进新时代水利现代化提供人才保障。

（一）创新培养手段，完善水利人才培养机制

① 人才政策要进一步创新人才教育培训机制，加大培训内容、方式、考核激励等方面的改革，探索建立以创新创业为导向的人才教育培训新机制，不断强化人才的创新意识和创新能力；

② 同时政策上可以采取与国内外知名水利机构、科研院所、大学等合作的方式，积极引进国内外智力，有计划地选派优秀水利人才进行深造，培养高层次人才。

（二）注重创新型、监管类人才培养，进一步优化人才结构

① 人才政策应通过解放监管思想、提高监管标准、提升监管能力等措施培养高素质监管人才队伍，确保水利人才依照政府规则和市场规律办事；

② 政策上加强水利创新人才队伍建设，如实施水利人才创新行动计划；

③ 政策应支持实施水利领军人才培养计划，加强水利行业后备人才培养，加大水利青年科技人才培养选拔力度，以造就一支高层次的中青年学术技术带头人梯队；

④ 同时人才政策应促进全面提升技能人才的职业能力和素质，加强高技能人才选拔培养，推进高技能人才培养基地建设，引领高技能人才培养。

（三）构建人才现代化评价体系，促进水利人才队伍建设

① 人才政策上应该健全以职业能力为导向、以工作业绩为重点、注重职业道德和职业素质的技能人才评价体系，完善职业资格评价、职业技能等级认定、专项职业能力考核等多元化评价方式，深化水利职称制度改革，完善专业技术人才评价办法和评价标准，推行职业技能鉴定与综合评审相结合的技师、高级技师评价方法；

② 政策上要大力促进构建国家职业标准、水利行业工种岗位要求、专项职业能力考核规范等多层次职业标准，加快形成导向明确、精准科学、规范有序、竞争择优的科学化社会化市场化人才评价机制。

（四）全方位招才引智，壮大基层、贫困地区水利人才队伍

① 鼓励和引导人才向边远贫困地区、边疆民族地区、革命老区和基层一线流动，提高这些地区的人才保障水平；

② 指导贫困地区加强水利人才队伍建设，以提高贫困地区水利管理人才、专业技术人才、技能人才的业务能力和综合素质为重点，对贫困地区水利人才开发与培养精准发力，做

到智力帮扶精准、技术支持精准、人才培训精准;

③ 组织制定贫困地区素质好、潜力大的水利人才培养清单,有计划、有针对性地选派到各级水利部门和相关单位学习研修、交流锻炼。

(五) 加强人才信息化平台建设

① 水利人才政策应要求水利人才工作部门要不断加强人才引进、培训、评价等方面信息化建设,加大对人才信息的支持力度,建立和完善水利人才统计和人才状况定期发布制度以及水利高层次专业人才、高技能人才等各类人才信息库,系统地整理发布人才发展所需的相关信息,为水利人才队伍提供完善的信息支持服务;

② 人才政策要强调人事部门基础资料积累、基本制度建设,以提高水利人才工作者的基本管理技能,建设高素质的水利人才工作者队伍,促进水利人才管理信息化建设,提高人才管理工作信息化水平。

第三部分

中国水利人才发展的理论研究和实践探索

人才发展,狭义上说,特指人才培训与开发,是组织人力资源管理职能的一个核心组成部分;广义上说,指的是组织根据组织发展战略和人力资源战略,对于符合一定条件的员工或员工队伍,通过人才盘点、胜任力模型构建、职业生涯管理、培训和开发等策略和方法提供支持和激励,增强员工的工作动力,改善员工工作态度和行为,最终提高员工、团队和组织的适应能力和发展能力。人才发展至少有三个特征:一是受个人意愿和组织需求的共同驱动;二是有助于提高个人和组织的适应能力和发展能力;三是应用各种人才发展技术。

这一部分试图展现水利行业人才发展理论研究和实践探索的总体状况。为此,我们开展了三项基础工作:① 对来自水利部人事司、中国水利学会人力资源和社会保障专业委员会和水利部人力资源研究院的57项水利人才发展理论研究和实践探索成果(表3-1)进行主题编码、对比和归纳。可以发现,部分成果在主题上(比如,部门职责管理和组织变革)超出了人才发展的传统范畴。之所以纳入这些成果,原因在于,它们是组织人才发展环境不可或缺的组成部分,因而对于深入认识和理解人才发展大有裨益。② 对《中国水利报》和《中国水利》杂志2009—2018年期间所刊文献的主题进行检索和分析。这两个刊物在水利行业内具有内容权威、覆盖面广的特点。③ 针对2016—2018年间《管理世界》《中国行政管理》《哈佛商业评论》《中国人力资源开发》《商业评论》这五种高水平专业刊物发表的论文和部分人力资源/人才管理著作,通过主题专家判断,将人力资源管理研究热点/前沿文献按照其核心关注点(即人、工作、组织和基础体系)分成四类,并列出了若干项代表性论著(表3-2)。有必要注意到,这些论述在主题上突破了传统的人力资源管理范畴,广泛涉及了领导力和组织发展这两个广义上的人力资源管理范畴。

表3-1 水利行业人才发展理论研究和实践探索成果列表和主题编码

成果名称(报送单位)[a]	分析范围/对象	核心主题
1. 淮委创新团队建设模式探讨(水利部人力资源研究院)	淮委;专业技术人才(创新团队)	团队管理;绩效;激励
2. 浙江省水利现代化人才需求趋势及队伍建设动态研究报告(河海大学)	浙江省	人力资源规划(需求);培训与开发

续表

成果名称(报送单位)[a]	分析范围/对象	核心主题
3. 加强水利信息化人才队伍建设的思考(水利部水利水电规划设计总院)	水利行业;专业技术人才(信息化人才)	人力资源规划(需求);培训与开发
4. 浅谈如何利用激励机制调动人员积极性的思考(黄河养护集团)	黄河养护集团	激励;薪酬与福利;培训与开发
5. 黄委"十三五"人才需求规划调研报告(黄委人劳局)	黄河水利委员会	人力资源规划(需求)
6. 新形势下水行政管理职责研究(水利部发展研究中心)	水利行业	组织设计(管理职责)
7. 分类改革背景下水利事业单位养老保险制度研究(中国水利水电科学院人事处)	水利事业单位	薪酬与福利(养老保险)
8. 水文局年轻干部选拔培养情况调研(长江水利委员会水文局)	长江委水文局;年轻干部	培训与开发
9. 尼尔基公司薪酬改革成果研究报告(嫩江尼尔基水利水电有限责任公司)	嫩江尼尔基水利水电有限责任公司	薪酬与福利
10. 高职院校绩效工资的实践与思考(湖北水利水电职业技术学院)	高职院校	薪酬与福利(绩效工资);绩效管理
11. 水利科研单位人事管理向人力资源管理转变探析(长江水利委员会)	水利科研单位	管理变革
12. 四川基层水利人才队伍建设存在的困难及对策研究(四川省水利厅)	四川;基层人才	培训与开发
13. 海委干部教育培训现状及对策(水利部海河委员会)	水利部海河水利委员会;干部	培训与开发
14. 陕西河务局高技能人才队伍建设的调查报告(水利部人力资源研究院)	陕西河务局;高技能人才	培训与开发;激励
15. 集团公司子公司经营绩效评价和薪酬分配研究[三门峡黄河明珠(集团)有限公司]	集团公司及其子公司	组织绩效评价;薪酬与福利
16. 水利水电勘测设计单位人事管理调研报告(水利部水利水电规划设计总院)	水利部水利水电规划设计总院	绩效考核;培训与开发;薪酬与福利
17. 江西水利高层次专业技术人才队伍情况分析(江西省水利厅人事处)	江西省;专业技术人才(高层次专业技术人才)	人力资源规划;培训与开发
18. 养护企业薪酬制度的实践与思考(焦作黄河水利工程维修养护有限公司)	焦作黄河水利工程维修养护有限公司	薪酬与福利(薪酬变革)
19. 关于海委开展岗位练兵比武活动的实践与思考(水利部海河水利委员会)	水利部海河水利委员会;技能人才	培训与开发
20. 关于聘用制背景下水利行业基层事业单位管理岗位的一点思考(长江水利委员会水文局、长江口水文水资源勘测局)	长江口水文水资源勘测局;基层人才(管理岗)	工作设计(岗位设置);人才安置
21. 浅谈如何创新基层干部职工人事培训机制(济源黄河河务局)	水利行业基层单位;基层人才	培训与开发
22. 以年度考核为杠杆激发干部职工队伍活力(长江科学院人事处)	长江科学院	绩效管理(考核)
23. 加强技能人才培养,促进治黄事业发展(黄委河南黄河河务局)	黄委河南黄河河务局;技能人才	培训与开发
24. 基层水利单位青年人才培养研究(温县河务局)	温县河务局;年轻人才	培训与开发

续表

成果名称(报送单位)[a]	分析范围/对象	核心主题
25. 黄河施工企业人力资源管理初探(东平湖管理局东平管理局)	黄河施工企业	人力资源管理(配置、选拔、培养、激励、评价)
26. 浅谈年轻干部培养(东平湖管理局梁山管理局)	基层单位;年轻人才	培训与开发
27. 大数据时代下对河南黄河企业人力资源管理的探索(河南黄河河务局人才资源开发中心)	河南黄河企业	大数据;人力资源管理变革
28. 浅谈引滦局复合型人才培养的方式与途径(水利部海委引滦局水文水质中心)	引滦局;复合型人才	培训与开发
29. 关于开展分类推进事业单位改革的调研报告(四川省都江堰人民渠第二管理处)	四川省;水利事业单位	组织变革
30. 人才是兴院之路(江西省水利科学研究院)	江西省水利科学研究院	人力资源管理
31. 焦作河务局基层专业技术人才队伍建设调研报告(焦作河务局基层专业技术人才队伍)	焦作河务局;基层人才;专业技术人才	培训与开发
32. 第二批首席技师工作室建设情况的调研报告(黄委山东黄河河务局东平湖管理局梁山管理局)	东平湖管理局梁山管理局;技能人才(首席技师)	培训与开发
33. 关于新乡河务局加强机构编制和人员规范管理的调研报告(黄委河南黄河河务局新乡河务局)	新乡河务局	岗位(编制)设置;人员安置
34. 新形势下如何做好青年职工思想工作的调研报告(黄委山东黄河河务局菏泽黄河河务局鄄城黄河河务局)	鄄城黄河河务局;年轻人才	培训与开发(思想工作)
35. 建立企业转制后离退休人员待遇机制(黄河水利委员会人劳局)	黄委下属企业	离职管理(退休管理);薪酬与福利
36. 创新人才培养机制,推动黄河持续发展(黄河水利委员会河南黄河河务局)	黄委河南黄河河务局	培训与开发
37. 基层单位人才流失原因分析及对策研究(黄委山东黄河河务局东平湖管理局东平管理局)	黄委基层单位	人才保留;离职管理
38. 海委人才队伍建设现状分析及对策研究(海河水利委员会)	海河水利委员会	培训与开发
39. 四川省水利厅加强事业单位领导人员队伍建设主要经验做法(四川省水利厅)	四川省水利行业;事业单位领导人	培训与开发(组织高级管理者)
40. 基层河务局职工队伍建设的思考与对策(黄委山东黄河河务局济南河务局)	黄委山东黄河河务局济南河务局;基层人才	培训与开发
41. 黄河基层纪检体制改革探索与实践(黄委山东黄河河务局菏泽黄河河务局)	菏泽黄河河务局	组织变革(监察体制改革)
42. 水利科研单位培训需求调研及培训方法研究(长江水利委员会长江科学院)	水利科研单位	培训与开发(规划、方法)
43. 关于基层事业单位人才管理机制存在的问题及对策研究(黄委山东黄河河务局菏泽黄河河务局)	基层事业单位;基层人才	人力资源管理(人才管理)
44. 完善机制,规范管理,开创人事劳动工作新局面(黄委山东黄河河务局德州黄河河务局)	黄委山东黄河河务局德州黄河河务局;基层人才	人事管理
45. 劳动竞赛促发展,提升行业竞争力(长江委水文局长江下游水文水资源勘测局)	长江委水文局长江下游水文水资源勘测局	培训与开发
46. 公务员考核制度之我见(黄河水利委员会河南黄河河务局)	公务员	绩效管理(考核)

续表

成果名称（报送单位）[a]	分析范围/对象	核心主题
47. 基层水利单位人事档案管理问题与对策（黄河水利委员会河南黄河河务局）	基层水利单位；基层人才	人事档案管理
48. 新时期加强基层技能人才情况调查与思考（黄河水利委员会河南黄河河务局）	基层人才；技能人才	培训与开发；激励
49. 对事业单位人力资源管理的探讨（黄河水利委员会河南黄河河务局）	水利事业单位	人力资源管理
50. 加强领导干部监督的实践与思考（甘肃省水利厅）	领导干部	组织控制（人员监督）
51. 水利事业单位绩效工资改革之我见（海河水利委员会）	水利事业单位	薪酬与福利（绩效工资）；绩效管理
52. 江西省赣州市水文局机构设置现状及优化建议（江西省赣州市水文局）	江西省赣州市水文局	组织设计（机构设置）
53. 探索人性化管理，构建和谐的人事信访环境（黄委山东黄河河务局菏泽黄河河务局）	黄委山东黄河河务局菏泽黄河河务局	公共关系管理/组织社会责任（人事信访）
54. 浅谈事业单位水土保持科技人才培养机制（江西省水土保持科学研究院）	事业单位；专业技术人才（科技人才）	培训与开发
55. “订单式”水利人才培养（水利部人力资源研究院）	水利行业；基层人才	培训与开发
56. 防汛防旱抢险专业队伍能力评价（水利部人力资源研究院）	专业技术人才（防汛防旱抢险）；专业团队	团队能力评价
57. 水利部关于优化干部成长路径课题研究报告（水利部人事司）	水利干部	人才队伍规划；培训与开发

a：第 1～54 项来源于中国水利学会人力资源和社会保障专业委员会的《水利人事工作优秀研究成果汇编》（2018 年 11 月结集，收录的是“十二五”以来水利人事工作研究成果）；第 55～56 项来源于水利部人力资源研究院的 2018 年研究成果；第 57 项来源于水利部人事司的 2016 年研究报告。

表 3-2 人力资源管理研究热点文献

关注类别	文献题目	核心主题
人	1. 好奇心的商业价值	激励
	2. 全方位领导力	领导力
	3. 工匠精神	胜任力
	4. 员工绿色行为	绩效管理
工作	5. 应急管理专业人才胜任力模型	胜任力
	6. 是什么让工作有意义	工作设计
	7. 设计思维	绩效管理
	8. 思维定势影响创意质量	绩效管理；培训与开发
组织	9. 人力资源三支柱转型	组织设计
	10. HR 大变革：由三支柱模式到钻石型模式	组织设计
	11. 组织形态变革与雇佣关系	组织变革；雇佣关系
	12. 建立使命型组织	组织变革
	13. 赋能：创智时代的组织原则	组织变革

续表

关注类别	文献题目	核心主题
基础体系（哲学、技术、战略）	14. “互联网＋”与人力资源服务业创新	技术
	15. 大数据在人才评价中的应用	技术
	16. 人力资源管理的投行逻辑	管理哲学
	17. 廉实力与利益冲突管理	管理哲学
	18. 构建人才强国战略的人才管理基础设施	人才管理基础设施
	19. 国外公职人员行为及道德准则比较	职业伦理
	20. 新时代干部队伍建设的行动指南	制度建设

这些工作虽然无法穷尽水利行业人才发展实践与研究的所有枝节，但是，结合相关材料进行整合性思考，可以大致勾勒出水利单位人才发展实践与探索取得了哪些成果，在哪些方面可以进一步发展，发展环境如何，面临哪些机遇。图 3-1 给出了这一部分分析水利行业人才发展理论研究与实践探索的 SWOT 框架。

<table>
<tr><td colspan="2">现状（优势＋劣势）
1. 人才发展理念强调开放、创新，具有鲜明的时代特征
2. 人才发展以水利业务为出发点，重视提高水利人才工作能力
3. 人才发展方式相对传统，人才发展工作影响力有待提升
4. 人才基础数据不断积累，如何充分发挥人才数据的价值亟待探索
5. 人才发展研究方式以调查为主，强调人才发展方案的本地适用性
6. 人才发展研究成果覆盖面广，形成了系列成果
7. 重视人才发展现象的描述和问题的识别，但解决方案的科学性有待提高</td></tr>
<tr><td>挑战
8. 环境的变化对水利人才发展形成了变革压力
9. 水利业务转型要求人才管理创造价值
10. 高质量人才补给量相对不足对水利人才队伍更新和升级形成了挑战
11. 人才发展专业队伍素质制约水利人才发展</td><td>机遇
12. 人才管理理论和实践的积累为水利人才发展提供了条件和支撑
13. 水利业务转型为人才发展提供契机
14. 信息技术的进步为水利人才发展提供了手段</td></tr>
</table>

说明：“现状”格中第 1～4 项主要和人才发展实践有关，第 5～7 项主要和人才发展研究有关。

图 3-1 水利行业人才发展理论研究与实践探索分析框架

一、水利行业人才发展实践与研究现状

（一）人才发展理念强调开放、创新，具有鲜明的时代特征

在理念上强调开放、创新，是水利单位在人才发展工作中形成的一个基本特征。从表 3-1 涵盖的水利人才发展实践和研究来看，水利单位不管级别高低、体量大小，都注意根据组织运营环境进行适应性调整；表现在人才发展领域，它们的人才实践和研究往往发端于超越自身的政策或要求。以表 3-1 所列的研究成果为例，水利单位关注的人才发展背景至少包括以下几类：① 国家规划或政策（例如，成果 5：“十三五”规划；成果 7：事业单位分类改

革);② 行业政策(例如,成果 6:水行政管理;成果 13:水利干部教育培训规划);③ 行业人才工作热点、难点(例如,成果 8:年轻人才;成果 21:基层人才);④ 地方发展要求(例如,成果 2:浙江省水利现代化;成果 12:四川省脱贫攻坚);⑤ 上级单位要求(例如,成果 14:黄委的技能人才工作政策;成果 18:黄委的工程管理政策);⑥ 社会、技术发展(例如,成果 3:信息化;成果 19:技术创新和科技成果转化);⑦ 理论研究进展(例如,成果 11:人力资源管理研究进展;成果 20:聘用制)。

(二) 人才发展以水利业务为出发点,重视提高水利人才工作能力

在我们考察的 57 项人才发展实践和研究成果(表 3-1)中,最受关注的五种人才分别为基层人才(10 项,18%)、干部(7 项,12%)、专业技术人才(6 项,11%)、高技能人才(5 项,9%)和年轻人才(4 项,7%)。从数量上看,这些种类的人才代表了水利人才队伍的大部分(比如,基层人才和水利干部);就质量而言,他们是水利人才队伍的中坚力量(比如,技能人才和专业技术人才)。因此,至少从这两个角度看,当前水利行业人才发展在服务对象上定位精准,有助于积极回应水利业务工作的需求。

根据美国培训与开发协会(The American Society of Training and Development)的人力资源轮盘(Human Resource Wheel),人力资源管理职能主要包括组织发展、组织/工作设计、人力资源规划、选拔和配置、培训与开发、薪酬与福利、员工帮助、工会/劳资关系、人力资源研究和信息系统等组成部分。表 3-1 根据这一分类方法对各项人才发展成果涉及的主题进行了编码。可以发现,最受关注的五个主题是培训与开发(28 项,49%)、薪酬与福利(9 项,16%)、人力资源规划(6 项,11%)、绩效管理(5 项,9%)和激励(5 项,9%)。有必要注意到,这五项中的前四项直接聚焦于为水利人才提供工作支持——或者提高工作能力,或者提供工作资源,或者提供有效反馈。这在一定程度上反映出,水利业务对于从业人员能力和胜任力的要求有效地传递给了人才发展团队——水利人才发展部门及其人员以提高水利业务人员的能力和胜任力为工作重点。

(三) 人才发展方式相对传统,人才发展工作影响力有待提升

相比于竞争性行业乃至电力这样的垄断行业,水利行业的人才发展方式显得较为传统。这至少体现在以下三个方面。第一,水利组织中负责人才发展的部门仍然习惯于沿用“人事处”“人劳局”等传统名称。另外,如果用“人事”作为主题词检索 2009—2018 年间的《中国水利报》和《中国水利》杂志,那么能够得到 25 篇文献;但是,如果主题词改为“人力资源”或“人力资本”,那么分别只能检索到 2 篇和 1 篇文献。① 这两个现象可能暗示,在水利行业,人事管理仍然占据主导地位,人力资源管理作为一种相对现代的管理方式尚未深入人心。秉持人事管理而非人力资源管理方式的一个直接后果是,人才发展工作被降级为事务性工作,而非战略性、发展性工作。

① 2019 年 6 月 9 日从中国知网检索得到的数据。

第二，与上一点紧密相关，可能由于长期处于需要按照行政管理的要求执行上级部门政策的环境，一些水利单位的内部管理带有行政色彩，在人才发展中缺乏活力。比如，对于大量的水利单位来说，人才发展活动主要源于上级部门的政策或要求，并且主要聚焦于本单位的具体情况。从我们掌握的资料来看，水利单位，特别是基层单位，很少针对人才发展的新想法、新方法主动开展试点，进而推广。另外，从表 3-1 所列出的 57 项成果看，来自水利业务单位的人才发展研究倾向于聚焦本单位当下的需求，对于行业乃至更高层次的一般性问题的关注明显不足。

第三，在人才发展技术方面，水利单位总体上显然没有充分利用信息技术来开展人才发展活动。举例来说，很少有水利单位给每位员工分配唯一的信息系统账号，更不用说利用该账号开展一系列的人才发展活动，比如，收集和更新人才信息，推送人才活动项目，开展人才评估等。

人才发展方式的落后不但会阻碍人才发展工作为水利业务提供价值，而且容易限制人才发展工作形成影响力。支撑这一观点的一个证据是，2009—2018 年间《中国水利报》和《中国水利》杂志合计刊文 11 874 篇，主题词为“人才”、“人事”、“人力资源”或“人力资本”的文献共计 131 篇，占比仅为 1.10%。① 为此，充分、有效地利用各种适用的人才发展方式是提高水利单位人才发展效能的一个重要途径。试想，如果在人才发展工作中放弃信息技术，那么，人才发展工作的效率和效果必定大打折扣；而针对人才发展的新思想、新技术进行试点和推广则可以极大限度地提高人才工作的可见度和影响力。

（四）人才基础数据不断积累，如何充分发挥人才数据的价值亟待探索

在长期的人才发展实践和探索中，水利单位积累了大量人才（发展）数据。这些数据涉及各类人才，也覆盖了人事管理工作的方方面面。但是，如何充分发挥这些数据的价值仍然面临重重困难。结合《2018 年中国水利人才发展研究报告》的编制工作，我们认为，至少有如下三方面的困难：第一，各水利单位的人才（发展）数据在一定程度上处于孤立的状态，且在流动、共享上存在技术和制度障碍，不利于形成行业整合性解决方案；第二，人才（发展）数据在很大程度上局限于原始的人口特征，缺乏反映态度、行为、职业经历等技能清单数据，因而对于有效的人员选拔、开发和流动决策价值有限；第三，人才（发展）数据的管理（收集、存储、更新、利用等）理念相对滞后，手段在一定程度上仍然依赖于手工或简单的电子辅助方式（如电子表格），对于数据库、大数据、云数据等较为先进的数据组织和管理方式的利用程度很低。

（五）人才发展研究方式以调查为主，强调人才发展方案的本地适用性

水利行业人才发展研究的总体策略可以分为两类：一是思辨式理论分析；二是基于调查进行的归纳总结。从中国水利学会人力资源和社会保障专业委员会 2018 年评选的 28 项水

① 2019 年 6 月 9 日从中国知网检索得到的数据。

利人事工作优秀研究成果(一、二、三等奖;表 3-1 第 1～28 项)来看,属于前者的有 6 项(21%),属于后者的多达 22 项(79%)。在这些调查研究采用的定量数据中,最为常见的是人口统计特征(12 项,55%),主要用于描述员工队伍在性别、年龄、学历、职称等方面的总体水平和结构;个别研究将它们用于更加深入的分析,比如,与可比单位进行比较(比如,表 3-1 中成果 17)和说明人才发展成效(比如,表 3-1 中成果 16)。除了人口特征统计数据之外,其他类型的定量数据极为罕见:在考察的 28 项研究成果中,只有 1 项(表 3-1 中成果 14)报告了员工态度数据及其相关性。由此可见,至少从此处考察的人才发展研究成果来看,定量数据在水利人才发展研究中只发挥了极为有限的作用:主要用于描述人才队伍概况或者为相关研究提供背景资料。

另外,对于制定人才发展解决方案,起实质性作用的主要是定性数据,包括从国家、行业、上级组织到本单位等各层级的政策、组织历史沿革、相关实践的来龙去脉、组织传统和管理,乃至长期积累得来的对于本单位人才(队伍)的总体认知,等等。基于这些数据取得的研究成果,往往具有深刻的"本土"烙印,被认为能够较好地指导、适应本单位的人才发展实践。

在未来的人才发展中,为了进一步发挥调查研究的作用,水利单位可以从以下几方面入手:第一,更加广泛、深入地搜集本单位的个人、团队和组织信息,特别是个人观念、团队结构等影响组织效能的深层次信息,从而能够真正把握本单位人才管理工作的独特性。第二,加强单位间的比较研究,比如,借助敬业度问卷、高绩效工作系统量表、人力资源指数等工具评价不同水利单位的人才发展产出,识别各单位表现优秀和落后之处,以之为基础进一步发展适用于水利组织的人才发展最佳实践。当然,进行跨行业对比研究能够获取行业内研究无法获得的启示,因而也是非常值得鼓励的。第三,在调查方法的选择和应用上应强调科学性。具体说来,调查方法应有助于获得可靠而有效的人才发展信息,比如,在获取敏感信息时,不应采用会议或小组访谈的形式;当组织的机构分布于不同的地域时,可以考虑采用微信、QQ 等信息采集数据。

(六) 人才发展研究成果覆盖面广,形成了系列成果

如果从人事管理的视角看,表 3-1 包含的水利人才发展研究成果具有覆盖面广的特点。所谓人事管理,指的是国家或某一部门为实现一定的目标,对所属工作人员进行选拔、培养、使用、考核、奖惩等一系列的管理活动。具体说来,这些人才发展实践和研究涉及的人事管理活动包括组织(例如,表 3-1 中成果 2、6)、计划(例如,表 3-1 中成果 5、17)、人员配备和使用(例如,表 3-1 中成果 25、57)、培训(例如,表 3-1 中成果 13、32)、工资福利(例如,表 3-1 中成果 9、35)、思想政治工作(例如,表 3-1 中成果 34)和人事管理研究(例如,表 3-1 中成果 11、44)。此外,相关研究还涉及了一些在中国的社会、体制背景下特有的人事工作,比如,人事信访(表 3-1 中成果 53)和人事档案管理(表 3-1 中成果 47)。

类似地,对《中国水利报》和《中国水利》杂志 2009—2018 年间刊文主题的检索结果表明:虽然这两份刊物刊发的人事管理相关文献数量不多,但是对人事管理的主要领域多少有所涉及。

三、水利人才发展面临的机遇

（一）人才管理理论和实践的积累为水利人才发展提供了条件和支撑

在水利人才发展中，如果能够针对薄弱点奋力赶超，实现弯道超车，那么水利人才发展的劣势是有可能转变成后发优势的。在这一点上，水利人才“订单式”培养是一个典型的例子。国内的“订单式”人才培养理念可以追溯到 2003 年的一篇学术论文①和 2004 年教育部第三次全国高职高专产学研结合经验交流会。之后，这种人才培养模式很快在商贸、制造业、煤炭、电力、通信等诸多行业和领域获得了关注和推广②。水利行业直到 2012 年才开始采用这种人才培养模式③，将其作为一种行之有效的人才培养模式加以大力宣传和推广则是最近的事（2016 年、2017 年和 2018 年分别在青海玉树州、果洛州和黄南州水利系统进行了试点）。可见，水利人才“订单式”培养有两个基本特点：一是起步晚，二是成为全国范围内颇具影响力的“订单式”人才培养实践。之所以能够取得这样的成效，一个重要的原因在于，水利部门基于过去十多年“订单式”人才培养实践和理论成果，结合水利基层人才需求的特点精心开展了顶层设计，包括设定了务实的目标，明确了具有操作性的培养原则，并精准控制了培养过程。

对于水利人才发展，“订单式”人才培养案例至少有三个重要启示：其一，“外来”的人才管理理念和方法有潜力为水利行业的人才发展提供创新性解决方案，因此，识别、跟踪、解读人力资源/人才管理领域的研究进展和最佳实践对于提升水利行业的人才管理具有现实意义。其二，外来的“订单式”培养模式之所以成效卓著，一个重要的原因在于其成功的“本地化”——考虑了适用的人才类别、当地的社会发展水平、参与者的家庭经济状况，等等。这启发我们在人才发展中要重视人才“分类”理念——不仅仅是按照专业、年龄、性别进行分类，还可能需要按照地域、经济发展水平、家庭经济状况、个人社会地位等进行分类，只要这些分类对于有效进行人才选拔、使用、激励具有切实意义。其三，对于有潜力的人力资源/人才管理研究成果和最佳实践，如何建立一套科学而行之有效的试点和推广流程来加以应用，是值得水利人才发展部门探索的一个问题。

（二）水利业务转型为人才发展提供契机

在 2018 年的国务院机构改革中，水利部职能发生了变化。相应地，水利部及水利行业的机构出现了调整，一些水利单位的工作内容发生了变化。所有这些转变，最终都会对水利人才提出新的要求。换句话说，水利行业及其业务转型为水利人才发展提供了契机和动力。

---

① 董贵胜：《校企联合办学“订单式”培养社会急需人才》，《潍坊教育学院学报》2003 年第 3 期。

② 相关资料来源于在中国知网以“订单式培养”为主题进行检索的结果。

③ （湖南）省水文局和湖南水利水电职院携手订单培养基层水文人才。https://hn.rednet.cn/c/2014/11/22/3529133.htm

这至少体现在三个方面：第一，水利行业和业务转型能够促使水利行业和组织中原有的一些传统和惯例发生改变，减弱这些传统和惯例的惯性，从而使得人才管理变革更加容易发生；第二，水利部职能经过这次调整变得更为精简和聚焦，这一变化本身对水利组织和员工高质高效履行剩余职能形成了压力；第三，履行新职能对水利人才提出了新的要求，在新的职能领域（比如，信息化）也便于按照高标准将最新的理论和实践成果应用于水利人才发展。

（三）信息技术的进步为水利人才发展提供了手段

信息技术对于水利人才发展的促进作用体现在多个方面。首先，信息技术有助于降低水利人才发展工作的成本。比如，水利部人力资源研究院曾经依托河海大学开办了几期水利人力资源工程硕士班，但是迄今毕业率并不理想。原因之一是高昂的学习成本——这些成本来源于从全国各地来南京学习的时间和差旅费用、因工作与学习冲突导致的生产力损失等。借助远程教学、网络教学等教学手段可以在一定程度上降低学习成本。与此相关联，慕课、微课、道课等依托现代信息技术发展起来的新型课程可以极大地提高学习资源的可获得性和学习的便利性。此外，信息技术也能够降低水利人才实践和探索的难度。借助网络、手机等具有高度渗透性的信息工具，从水利员工、组织收集和追踪人才（发展）数据的难度大大降低。这对于采取整合方式研究水利行业的人才发展问题，发展系统性的水利人才发展方案大有裨益。

分报告(一)

中国水利人才资源变化情况

第一章　中国水利人才资源总量变化情况（2011—2017 年）

人才是指具有一定的专业知识或专门技能，进行创造性劳动，并对社会做出贡献的人，是人力资源中能力和素质较高的劳动者。《国家中长期人才发展纲要(2010—2020 年)》将人才资源划分为党政、企业经营管理、专业技术、高技能、农村实用、社会工作六大类。本报告所统计的水利人才主要由党政人才、专业技术人才、经管人才和高技能人才构成，其中高技能人才包括高级技师、技师和高级工人。

本章首先从全国水利系统人才资源总量、水利部直属系统人才资源总量和地方水利系统人才资源总量 3 个方面，分析 2011 年至 2017 年期间中国水利人才资源总量及其趋势变化；其次，基于自 2011 年以来 6 年期间的中国水利人才资源总量趋势变化，构建预测模型，并预测出未来 3 年的中国水利人才资源总量变化区间。

一、全国水利系统人才资源总量的发展情况

2011 年至 2017 年期间，全国水利系统人才资源总量在 70 万人上下浮动，人才资源总量整体上呈现出波动下降的趋势，仅 2012 年人才资源总量较 2011 年有所增长。截至 2017 年底，全国水利系统人才资源总量为 69.48 万人，相对于 2011 年的 71.48 万人，减少了 2.00 万人，平均每年减少 0.33 万人。具体情况如表 1-1 和图 1-1 所示。

表 1-1　全国水利系统人才资源总量统计表(2011—2017 年)

年份	2011	2012	2013	2014	2015	2016	2017
全国水利系统人才资源总量(万人)	71.480 5	72.337 0	71.859 1	70.725 7	70.131 2	69.870 9	69.481 3
全国水利系统从业人员总量(万人)	102.475 6	103.414 2	100.509 1	97.142 3	94.709 1	92.492 8	90.382 4
人才资源占从业人员比例(%)	69.75	69.95	71.50	72.81	74.05	75.54	76.87

如表 1-1 所示，全国水利系统人才资源占从业人员比例由 2011 年的 69.75%上升为 2017 年的 76.87%，年均增长 1.19 个百分点。

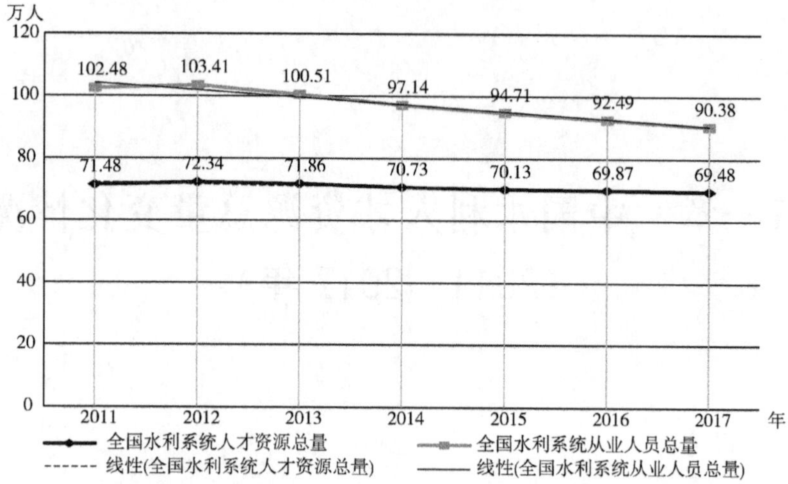

图 1-1　全国水利系统人才资源总量与趋势变化图(2011—2017 年)

二、水利部直属系统人才资源总量的发展情况

2011 年至 2017 年期间,水利部直属系统人才资源总量为 6 万人左右,人才资源总量整体上呈现出下降趋势。截至 2017 年底,水利部直属系统人才资源总量为 5.37 万人,相对于 2011 年的 6.30 万人,减少了 0.93 万人,平均每年减少 0.16 万人。具体情况如表 1-2 和图 1-2 所示。

表 1-2　水利部直属系统人才资源总量统计表(2011—2017 年)

年份	2011	2012	2013	2014	2015	2016	2017
水利部直属系统人才资源总量(万人)	6.298 1	6.133 4	5.797 5	5.552 4	5.478 7	5.399 2	5.365 8
水利部直属系统从业人员总量(万人)	7.512 6	7.417 0	6.959 9	6.733 8	6.625 1	6.423 8	6.376 5
人才资源占从业人员比例(%)	83.83	82.69	83.30	82.46	82.70	84.05	84.15

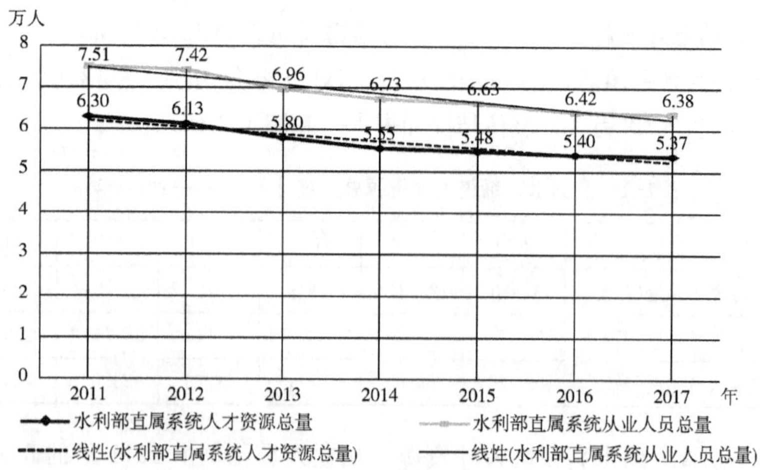

图 1-2　水利部直属系统人才资源总量与趋势变化图(2011—2017 年)

如表 1-2 所示,水利部直属系统人才资源占从业人员比例变化不大,占比基本稳定在 82.46%～84.15%。

三、地方水利系统人才资源总量的发展情况

2011 年至 2017 年期间,地方水利系统人才资源总量在 65 万人上下浮动,人才资源总量整体上呈现出波动下降的趋势,仅 2012 年人才资源总量较 2011 年有所增长。截至 2017 年底,地方水利系统人才资源总量为 64.12 万人,相对于 2011 年的 65.18 万人,减少了 1.06 万人,平均每年减少 0.18 万人。具体情况如表 1-3 和图 1-3 所示。

表 1-3　地方水利系统人才资源总量统计表(2011—2017 年)

年份	2011	2012	2013	2014	2015	2016	2017
地方水利系统人才资源总量(万人)	65.182 4	66.203 6	66.061 6	65.173 3	64.652 5	64.471 7	64.115 5
地方水利系统从业人员总量(万人)	94.963 0	95.997 2	93.549 2	90.408 5	88.084 0	86.069 0	84.005 9
人才资源占从业人员比例(%)	68.64	68.96	70.62	72.09	73.40	74.91	76.32

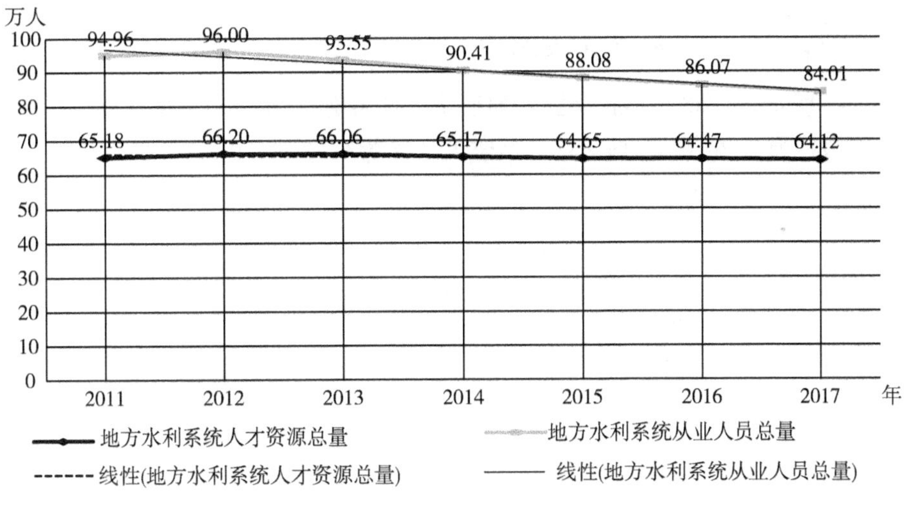

图 1-3　地方水利系统人才资源总量与趋势变化图(2011—2017 年)

如表 1-3 所示,地方水利系统人才资源占从业人员比例由 2011 年的 68.64%上升为 2017 年的 76.32%,年均增长 1.28 个百分点。

四、中国水利人才资源总量的变化趋势

根据 2011 年至 2017 年的中国水利人才资源总量及其变化来预测 2018 年至 2020 年间水利人才资源总量变化趋势。从 2018—2020 年 3 年的预测值来看,中国水利人才资源总量总体上平稳,略有减少。详见表 1-4。

表 1-4　中国水利人才资源总量统计与预测表(2011—2020年)

统计和预测	年份	全国水利系统人才资源总量(万人)			水利部直属系统人才资源总量(万人)			地方水利系统人才资源总量(万人)		
		统计值(或预测值)	上限	下限	统计值(或预测值)	上限	下限	统计值(或预测值)	上限	下限
统计[a]	2011	71.48	/	/	6.30	/	/	65.18	/	/
	2012	72.34	/	/	6.13	/	/	66.20	/	/
	2013	71.86	/	/	5.80	/	/	66.06	/	/
	2014	70.73	/	/	5.55	/	/	65.17	/	/
	2015	70.13	/	/	5.48	/	/	64.65	/	/
	2016	69.87	/	/	5.40	/	/	64.47	/	/
	2017	69.48	/	/	5.37	/	/	64.12	/	/
预测[b]	2018	69.04	70.48	67.61	5.33	5.59	5.07	64.07	65.48	62.65
	2019	68.59	70.05	67.13	5.30	5.88	4.71	63.78	65.19	62.36
	2020	68.14	69.63	66.65	5.26	6.23	4.29	63.49	64.90	62.07
预测模型类型		Holt			Brown			Holt		

a:由于本类型研究中数据以“万人”为单位,小数点后按“四舍五入”原则统一保留两位有效数字,部分数据加总后可能总体有轻微出入。下同。

b:预测值是根据2011—2017年的统计值直接计算所得。下同。

如表1-4所示,至2020年底全国水利系统人才资源约为68.14万人,其中水利部直属系统人才资源约为5.26万人,地方水利系统人才资源约为63.49万人。

第二章　中国水利党政人才资源(2011—2017年)

本章主要分析全国水利系统党政人才资源、水利部直属系统党政人才资源和地方水利系统党政人才资源总量和学历分布情况，其中的学历分布从本科及以上和本科以下两个维度进行区分。

一、全国水利系统党政人才资源总量和学历分布情况

2011年至2017年期间，全国水利系统党政人才资源总量为9万人左右，党政人才资源总量稍有下降。截至2017年底，全国水利系统党政人才资源总量为8.77万人，相对于2011年的9.71万人，减少了0.94万人，平均每年减少0.16万人。具体情况如表1-5和图1-4所示。

表1-5　全国水利系统党政人才资源总量及其学历结构统计表(2011—2017年)

年份	2011	2012	2013	2014	2015	2016	2017
全国水利系统党政人才资源总量(万人)	9.714 5	9.730 8	9.786 6	9.584 1	9.092 3	8.980 3	8.766 2
全国水利系统本科及以上党政人才资源总量(万人)	4.890 0	4.946 3	5.262 3	5.345 9	5.281 2	5.434 3	5.516 9
全国水利系统本科以下党政人才资源总量(万人)	4.824 5	4.784 5	4.524 3	4.238 2	3.811 1	3.546 0	3.249 3
全国水利系统人才资源总量(万人)	71.480 5	72.337 0	71.859 1	70.725 7	70.131 2	69.870 9	69.481 3
全国水利系统从业人员总量(万人)	102.475 6	103.414 2	100.509 1	97.142 3	94.709 1	92.492 8	90.382 4
党政人才占水利人才资源比例(%)	13.6	13.5	13.6	13.6	13.0	12.9	12.6
党政人才占从业人员比例(%)	9.5	9.4	9.7	9.9	9.6	9.7	9.7
本科及以上党政人才占党政人才资源比例(%)	50.3	50.8	53.8	55.8	58.1	60.5	62.9

如表1-5所示，全国水利系统党政人才资源占水利人才总量的比例有所下降、占水利从业人员的比例较为稳定。全国水利系统党政人才资源占水利人才的比例由2011年的13.6%下降为2017年的12.6%，年均下降0.17个百分点；全国水利系统党政人才资源占水利从业人员的比例，2011—2017年略有增长，6年增长了0.2个百分点，2017年底的占比为9.7%。

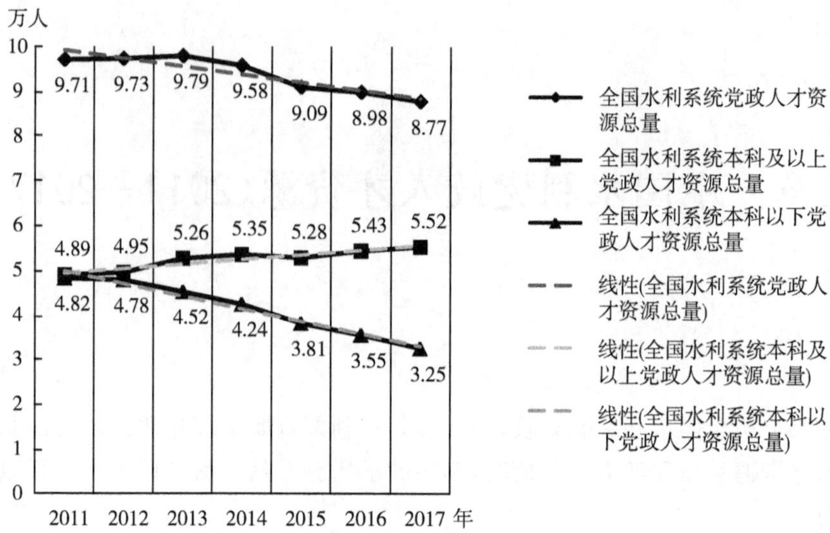

图 1-4　全国水利系统党政人才资源总量、学历结构及其趋势变化图(2011—2017 年)

全国水利系统本科及以上学历党政人才资源数量逐年增长，由 2011 年的 4.89 万人增长到 2017 年的 5.52 万人，年均增长 0.11 万人。全国水利系统本科及以上学历党政人才占党政人才资源比例由 2011 年的 50.3%增长为 2017 年的 62.9%，年均增长 2.1 个百分点。

二、水利部直属系统党政人才资源总量和学历分布情况

2011 年至 2017 年期间，水利部直属系统党政人才资源总量为 0.51 万人左右，党政人才资源总量较稳定。截至 2017 年底，水利部直属系统党政人才资源总量为 0.51 万人，2011—2017 年期间年均变化不大。具体情况如表 1-6 和图 1-5 所示。

表 1-6　水利部直属系统党政人才资源总量及其学历结构统计表(2011—2017 年)

年份	2011	2012	2013	2014	2015	2016	2017
水利部直属系统党政人才资源总量(万人)	0.509 9	0.509 4	0.510 7	0.514 7	0.517 6	0.519 3	0.513 2
水利部直属系统本科及以上党政人才资源总量(万人)	0.392 9	0.404 2	0.417 4	0.433 5	0.446 7	0.458 0	0.462 8
水利部直属系统本科以下党政人才资源总量(万人)	0.117 0	0.105 2	0.093 3	0.081 2	0.070 9	0.061 3	0.050 4
水利部直属系统人才资源总量(万人)	6.298 1	6.133 4	5.797 5	5.552 4	5.478 7	5.399 2	5.365 8
水利部直属系统从业人员总量(万人)	7.512 6	7.417 0	6.959 9	6.733 8	6.625 1	6.423 8	6.376 5
党政人才占水利人才资源比例(%)	8.1	8.3	8.8	9.3	9.4	9.6	9.5
党政人才占从业人员比例(%)	6.8	6.9	7.3	7.6	7.8	8.1	8.0
本科及以上党政人才占党政人才资源比例(%)	77.1	79.3	81.7	84.2	86.3	88.2	90.2

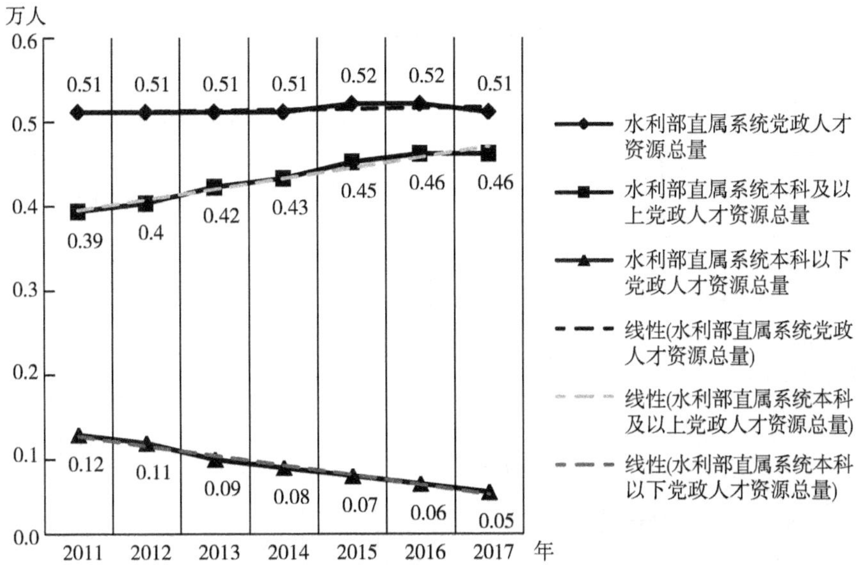

图 1-5　水利部直属系统党政人才资源总量、学历结构及其趋势变化图(2011—2017 年)

如表 1-6 所示,水利部直属系统党政人才资源占水利人才总量、占水利从业人员的比例均有所上升。水利部直属系统党政人才资源占水利人才的比例由 2011 年的 8.1%上升为 2017 年的 9.5%,年均上升 0.2 个百分点;水利部直属党政人才资源占水利从业人员的比例由 2011 年的 6.8%上升为 2017 年的 8.0%,年均上升 0.2 个百分点。

水利部直属系统本科及以上学历党政人才资源数量逐年增长,由 2011 年的 0.39 万人增长到 2017 年的 0.46 万人,年均增长 100 多人。水利部直属系统本科及以上学历党政人才占党政人才资源比例由 2011 年的 77.1%增长为 2017 年的 90.2%,年均增长 2.2 个百分点。

三、地方水利系统党政人才资源总量和学历分布情况

2011 年至 2017 年期间,地方水利系统党政人才资源总量在(8.25 万人~9.28 万人)的区间波动,党政人才资源总量整体上呈现出先增后降的波动变化趋势,2013 年底地方水利系统党政人才资源总量达到顶峰 9.28 万人,之后逐年下降,截至 2017 年底,地方水利系统党政人才资源总量下降为 8.25 万人,4 年年均减少 0.26 万人。具体情况如表 1-7 和图 1-6 所示。

表 1-7　地方水利系统党政人才资源总量及其学历结构统计表(2011—2017 年)

年份	2011	2012	2013	2014	2015	2016	2017
地方水利系统党政人才资源总量(万人)	9.204 6	9.221 4	9.275 9	9.069 4	8.574 7	8.461 0	8.253 0
地方水利系统本科及以上党政人才资源总量(万人)	4.407 1	4.542 1	4.044 9	4.912 4	4.834 5	4.976 3	5.054 1

续表

年份	2011	2012	2013	2014	2015	2016	2017
地方水利系统本科以下党政人才资源总量(万人)	4.707 5	4.679 3	4.431 0	4.157 0	3.740 2	3.484 7	3.198 9
地方水利系统人才资源总量(万人)	65.182 4	66.203 6	66.061 6	65.173 3	64.652 5	64.471 7	64.111 5
地方水利系统从业人员总量(万人)	94.963 0	95.997 2	93.549 2	90.408 5	88.084 0	86.069 0	84.005 9
党政人才占水利人才资源比例(%)	14.1	13.9	14.0	13.9	13.3	13.1	12.9
党政人才占从业人员比例(%)	9.7	9.6	9.9	10.0	9.7	9.8	9.8
本科及以上党政人才占党政人才资源比例(%)	48.9	49.3	52.2	54.2	56.4	58.8	61.2

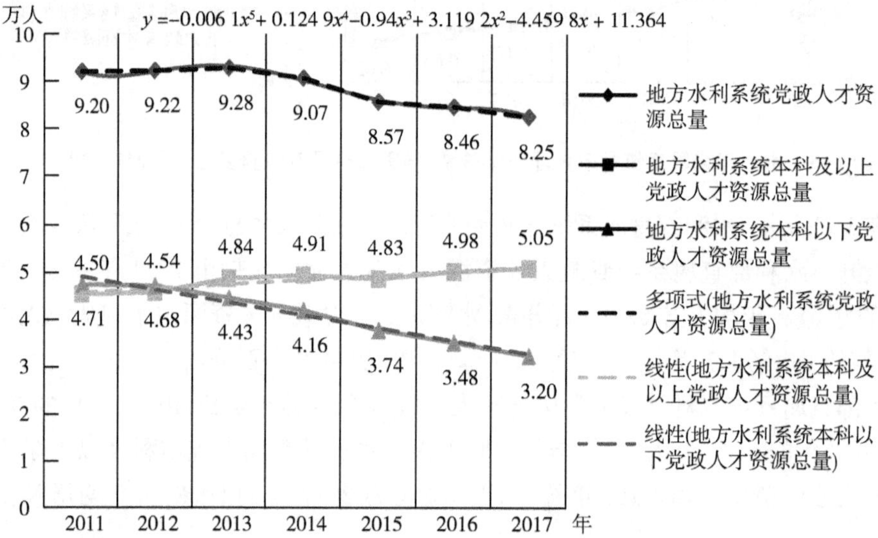

图 1-6 地方水利系统党政人才资源总量、学历结构及其趋势变化图(2011—2017 年)

如表 1-7 所示,地方水利系统党政人才资源占水利人才总量的比例有所下降、占水利从业人员的比例较为稳定。地方水利系统党政人才资源占水利人才的比例由 2011 年的 14.1%下降为 2017 年的 12.9%,年均下降 0.2 个百分点;地方水利系统党政人才资源占水利从业人员的比例,2011—2017 年期间略有增长,6 年增长了 0.1 个百分点,2017 年底的占比为 9.8%。

地方水利系统本科及以上学历党政人才资源数量逐年增长,由 2011 年的 4.50 万人增长到 2017 年的 5.05 万人,年均增长 0.09 万人。地方水利系统本科及以上学历党政人才占党政人才资源比例由 2011 年的 48.9%增长为 2017 年的 61.2%,年均增长 2.1 个百分点。

四、中国水利党政人才资源总量的变化趋势

根据 2011 年至 2017 年的中国水利党政人才资源总量及其变化来预测 2018 年至 2020 年期间水利人才资源总量变化趋势。从 2018—2020 年 3 年的预测值来看,中国水利党政人

才资源总量总体上平稳,略有减少。详见表 1-8。

表 1-8 中国水利党政人才资源总量统计与预测表(2011—2020 年)

统计和预测	年份	全国水利系统党政人才资源总量(万人)			水利部直属系统党政人才资源总量(万人)			地方水利系统党政人才资源总量(万人)		
		统计值(或预测值)	上限	下限	统计值(或预测值)	上限	下限	统计值(或预测值)	上限	下限
统计	2011	9.71	/	/	0.51	/	/	9.20	/	/
	2012	9.73	/	/	0.51	/	/	9.22	/	/
	2013	9.79	/	/	0.51	/	/	9.28	/	/
	2014	9.58	/	/	0.51	/	/	9.07	/	/
	2015	9.09	/	/	0.52	/	/	8.57	/	/
	2016	8.98	/	/	0.52	/	/	8.46	/	/
	2017	8.77	/	/	0.51	/	/	8.25	/	/
预测	2018	8.61	9.12	8.10	0.51	0.52	0.51	8.09	8.60	7.59
	2019	8.45	9.17	7.73	0.51	0.52	0.50	7.94	8.66	7.22
	2020	8.29	9.17	7.41	0.51	0.53	0.50	7.78	8.66	6.90
预测模型类型		ARIMA(0,1,0)			简单移动平均			ARIMA(0,1,0)		

如表 1-8 所示,至 2020 年底全国水利系统党政人才资源约为 8.29 万人,其中水利部直属系统党政人才资源约为 0.51 万人,地方水利系统党政人才资源约为 7.78 万人。

第三章　中国水利专业技术人才资源（2011—2017 年）

本章主要分析全国水利系统专业技术人才资源、水利部直属系统专业技术人才资源和地方水利系统专业技术人才资源总量和学历分布情况，其中的学历分布从本科及以上和本科以下两个维度进行区分。

一、全国水利系统专业技术人才资源总量和学历分布情况

2011 年至 2017 年期间，全国水利系统专业技术人才资源总量在(33.04 万人～36.19 万人)的区间波动，专业技术人才资源总量在波动中稍有增长，2013 年度增长最多，1 年期间增长了 2.14 万人。截至 2017 年底，全国水利系统专业技术人才资源总量为 35.93 万人，相对于 2011 年的 33.04 万人，增长了 2.89 万人，平均每年增长 0.48 万人。具体情况如表 1-9 和图 1-7 所示。

表 1-9　全国水利系统专业技术人才资源总量及其学历结构统计表(2011—2017 年)

年份	2011	2012	2013	2014	2015	2016	2017
全国水利系统专业技术人才资源总量(万人)	33.035 8	33.393 4	35.533 0	35.447 5	35.972 3	36.190 5	35.930 2
全国水利系统本科及以上专业技术人才资源总量(万人)	13.950 0	13.957 2	15.247 9	15.848 7	16.800 1	17.652 2	18.496 4
全国水利系统本科以下专业技术人才资源总量(万人)	19.085 8	19.436 2	20.285 1	19.598 8	19.172 2	18.538 3	17.433 8
全国水利系统人才资源总量(万人)	71.480 5	72.337 0	71.859 1	70.725 7	70.131 2	69.870 9	69.481 3
全国水利系统从业人员总量(万人)	102.475 6	103.414 2	100.509 1	97.142 3	94.709 1	92.492 8	90.382 4
专业技术人才占水利人才资源比例(%)	46.2	46.2	49.4	50.1	51.3	51.8	51.7
专业技术人才占从业人员比例(%)	32.2	32.3	35.4	36.5	38.0	39.1	39.8
本科及以上专业技术人才占专业技术人才资源比例(%)	42.2	41.8	42.9	44.7	46.7	48.8	51.5

如表 1-9 所示，全国水利系统专业技术人才资源占水利人才总量的比例有所下降，全国

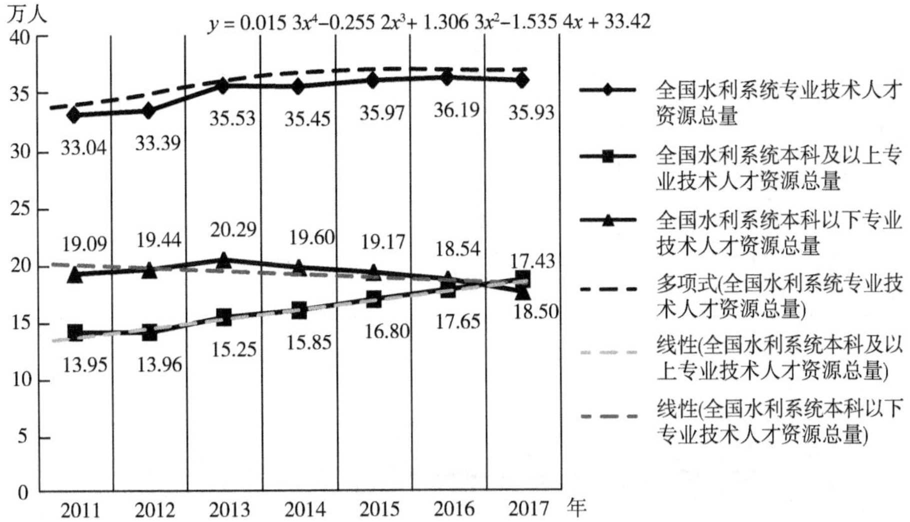

图 1-7 全国水利系统专业技术人才资源总量、学历结构及其趋势变化图(2011—2017 年)

水利系统专业技术人才资源占水利从业人员的比例均有所增长。全国水利系统专业技术人才资源占水利人才的比例由 2011 年的 46.2%增长为 2017 年的 51.7%,年均增长 0.9 个百分点;全国水利系统专业技术人才资源占水利从业人员的比例由 2011 年的 32.2%增长为 2017 年的 39.8%,年均增长 1.3 个百分点。

全国水利系统本科及以上学历专业技术人才资源数量逐年增长,由 2011 年的 13.95 万人增长到 2017 年的 18.50 万人,年均增长 0.76 万人。全国水利系统本科及以上学历专业技术人才占专业技术人才资源比例由 2011 年的 42.2%增长为 2017 年的 51.5%,年均增长 1.6 个百分点。

二、水利部直属系统专业技术人才资源总量和学历分布情况

2011 年至 2017 年期间,水利部直属系统专业技术人才资源总量为 2.9 万人左右,专业技术人才资源总量较稳定、稍有波动。截至 2017 年底,水利部直属系统专业技术人才资源总量为 2.97 万人,相对于 2011 年的 2.85 万人,年均增长约 205 人。具体情况如表 1-10 和图 1-8 所示。

表 1-10 水利部直属系统专业技术人才资源总量及其学历结构统计表(2011—2017 年)

年份	2011	2012	2013	2014	2015	2016	2017
水利部直属系统专业技术人才资源总量(万人)	2.848 3	2.931 7	2.908 1	2.841 6	2.876 1	2.905 1	2.971 4
水利部直属系统本科及以上专业技术人才资源总量(万人)	1.800 0	1.896 5	1.986 8	2.034 7	2.114 5	2.197 4	2.289 6
水利部直属系统本科以下专业技术人才资源总量(万人)	1.048 3	1.035 2	0.921 3	0.806 9	0.761 6	0.707 7	0.681 8

续表

年份	2011	2012	2013	2014	2015	2016	2017
水利部直属系统人才资源总量(万人)	6.298 1	6.133 4	5.797 5	5.552 4	5.478 7	5.399 2	5.365 8
水利部直属系统从业人员总量(万人)	7.512 6	7.417 0	6.959 9	6.733 8	6.625 1	6.423 8	6.376 5
专业技术人才占水利人才资源比例(%)	45.2	47.8	50.2	51.2	52.5	53.8	55.4
专业技术人才占从业人员比例(%)	37.9	39.5	41.8	42.2	43.4	45.2	46.6
本科及以上专业技术人才占专业技术人才资源比例(%)	63.2	64.7	68.3	71.6	73.5	75.6	77.1

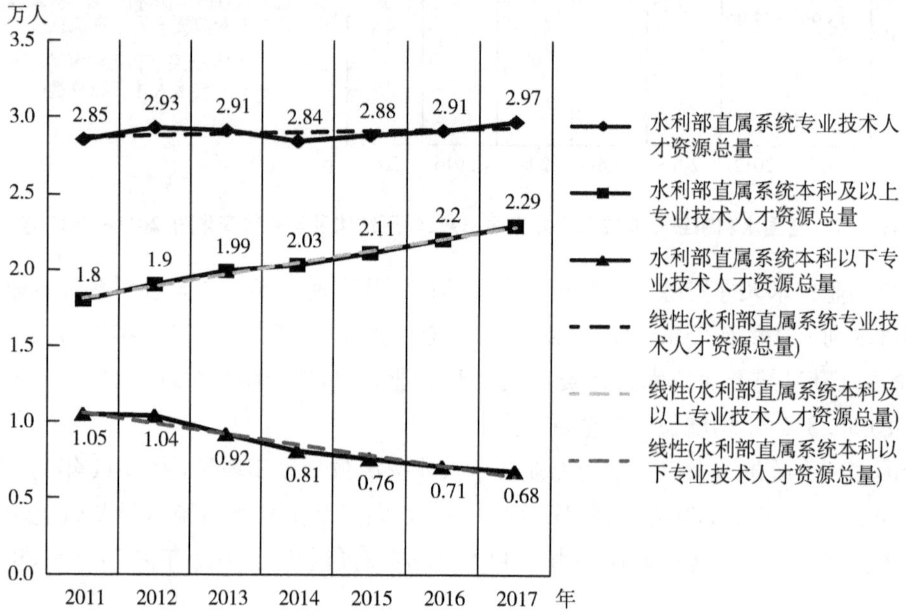

图 1-8　水利部直属系统专业技术人才资源总量、学历结构及其趋势变化图(2011—2017 年)

如表 1-10 所示，水利部直属系统专业技术人才资源占水利人才总量、占水利从业人员的比例较高且逐年上升。水利部直属系统专业技术人才资源占水利人才的比例由 2011 年的 45.2%上升为 2017 年的 55.4%，年均上升 1.7 个百分点；水利部直属专业技术人才资源占水利从业人员的比例由 2011 年的 37.9%上升为 2017 年的 46.6%，年均上升 1.5 个百分点。

水利部直属系统本科及以上学历专业技术人才资源数量逐年增长，由 2011 年的 1.80 万人增长到 2017 年的 2.29 万人，年均增长约 815 人。水利部直属系统本科及以上学历专业技术人才占专业技术人才资源比例由 2011 年的 63.2%增长为 2017 年的 77.1%，年均增长 2.3 个百分点。

三、地方水利系统专业技术人才资源总量和学历分布情况

2011 年至 2017 年期间，地方水利系统专业技术人才资源总量在(30.19 万人～33.29 万人)的区间浮动，人才资源总量整体上呈现出先增后波动变化趋势，2013 年底地方水利系统

专业技术人才资源总量达到 32.62 万人,之后呈波动变化,截至 2017 年底,地方水利系统专业技术人才资源总量为 32.96 万人,相较于 2011 年,年均增长 0.46 万人。具体情况如表 1-11 和图 1-9 所示。

表 1-11　地方水利系统专业技术人才资源总量及其学历结构统计表(2011—2017 年)

年份	2011	2012	2013	2014	2015	2016	2017
地方水利系统专业技术人才资源总量(万人)	30.187 5	30.461 7	32.624 9	32.605 9	33.096 2	33.285 4	32.958 8
地方水利系统本科及以上专业技术人才资源总量(万人)	12.150 0	12.060 7	13.261 1	13.814 0	14.685 6	15.454 8	16.206 8
地方水利系统本科以下专业技术人才资源总量(万人)	18.037 5	18.401 0	19.363 8	18.791 9	18.410 6	17.830 6	16.752 0
地方水利系统人才资源总量(万人)	65.182 4	66.203 6	66.061 6	65.173 3	64.652 5	64.471 7	64.111 5
地方水利系统从业人员总量(万人)	94.963 0	95.997 2	93.549 2	90.408 5	88.084 0	86.069 0	84.005 9
专业技术人才占水利人才资源比例(%)	46.3	46.0	49.4	50.0	51.2	51.6	51.4
专业技术人才占从业人员比例(%)	31.8	31.7	34.9	36.1	37.6	38.7	39.2
本科及以上专业技术人才占专业技术人才资源比例(%)	40.2	39.6	40.6	42.4	44.4	46.4	49.2

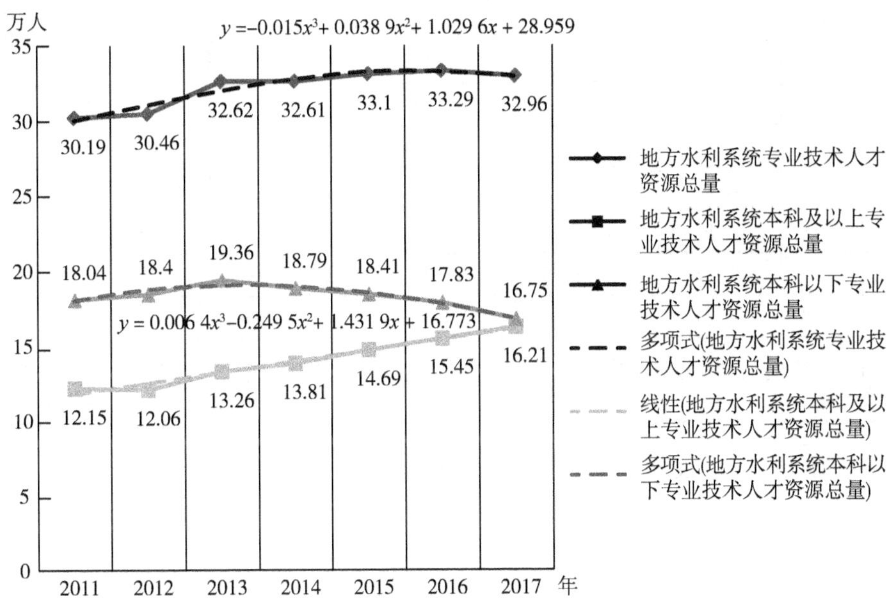

图 1-9　地方水利系统专业技术人才资源总量、学历结构及其趋势变化图(2011—2017 年)

如表 1-11 所示,地方水利系统专业技术人才资源占水利人才总量的比例较高、逐年呈波动式增长,占水利从业人员的比例逐年增长。地方水利系统专业技术人才资源占水利人才的比例由 2011 年的 46.3%增长为 2017 年的 51.4%,年均增长 0.9 个百分点;地方水利系统专业技术人才资源占水利从业人员的比例由 2011 年的 31.8%逐年增长为 2017 年的

39.2%，年均增长1.2个百分点。

地方水利系统本科及以上学历专业技术人才资源数量自2012年底开始逐年增长，由2012年的12.06万人增长到2017年的16.21万人，5年年均增长0.83万人。地方水利系统本科及以上学历专业技术人才占专业技术人才资源比例由2011年的40.2%增长为2017年的49.2%，年均增长1.5个百分点。

四、中国水利专业技术人才资源总量的变化趋势

根据2011年至2017年的中国水利专业技术人才资源总量及其变化来预测2018年至2020年期间水利人才资源总量变化趋势。从2018—2020年3年的预测值来看，中国水利专业技术人才资源总量总体呈逐年增长趋势。详见表1-12。

表1-12　中国水利专业技术人才资源总量统计与预测表(2011—2020年)

统计和预测	年份	全国水利系统专业技术人才资源总量(万人)			水利部直属系统专业技术人才资源总量(万人)			地方水利系统专业技术人才资源总量(万人)		
		统计值(或预测值)	上限	下限	统计值(或预测值)	上限	下限	统计值(或预测值)	上限	下限
统计	2011	33.04	/	/	2.85	/	/	30.19	/	/
	2012	33.39	/	/	2.93	/	/	30.46	/	/
	2013	35.53	/	/	2.91	/	/	32.62	/	/
	2014	35.45	/	/	2.84	/	/	32.61	/	/
	2015	35.97	/	/	2.88	/	/	33.10	/	/
	2016	36.19	/	/	2.91	/	/	33.29	/	/
	2017	35.93	/	/	2.97	/	/	32.96	/	/
预测	2018	37.08	39.07	35.09	3.00	3.07	2.93	34.14	36.19	32.09
	2019	37.61	39.64	35.58	3.05	3.12	2.97	34.66	36.75	32.56
	2020	38.13	40.20	36.06	3.09	3.17	3.00	35.17	37.31	33.04
预测模型类型		Holt			Holt			Holt		

如表1-12所示，至2020年底全国水利系统专业技术人才资源约为38.13万人，其中水利部直属系统专业技术人才资源约为3.09万人，地方水利系统专业技术人才资源约为35.17万人。

第四章 中国水利经营管理人才资源(2011—2017 年)

本章主要分析全国水利系统经营管理人才资源、水利部直属系统经营管理人才资源和地方水利系统经营管理人才资源总量和学历分布情况,其中的学历分布从本科及以上和本科以下两个维度进行区分。

一、全国水利系统经营管理人才资源总量和学历分布情况

2011 年至 2017 年期间,全国水利系统经营管理人才资源总量在(6.43 万人~8.43 万人)的区间波动,人才资源总量整体上呈现出先增长后下降再逐年增长的波动式变化趋势。截至 2012 年底,全国水利系统经营管理人才资源总量达到顶峰为 8.43 万人,相对于 2013 年底的 6.43 万人,减少了 2.00 万人。具体情况如表 1-13 和图 1-10 所示。

表 1-13 全国水利系统经营管理人才资源总量及其学历结构统计表(2011—2017 年)

年份	2011	2012	2013	2014	2015	2016	2017
全国水利系统经营管理人才资源总量(万人)	7.955 5	8.428 8	6.429 2	6.781 4	6.780 7	7.087 7	7.973 6
全国水利系统本科及以上经营管理人才资源总量(万人)	2.413 7	2.190 3	1.843 6	2.107 3	2.141 3	2.219 1	2.951 5
全国水利系统本科以下经营管理人才资源总量(万人)	5.541 8	6.238 5	4.585 6	4.674 1	4.639 4	4.868 6	5.022 1
全国水利系统人才资源总量(万人)	71.480 5	72.337 0	71.859 1	70.725 7	70.131 2	69.870 9	69.481 3
全国水利系统从业人员总量(万人)	102.475 6	103.414 2	100.509 1	97.142 3	94.709 1	92.492 8	90.382 4
经营管理人才占水利人才资源比例(%)	11.1	11.7	8.9	9.6	9.7	10.1	11.5
经营管理人才占从业人员比例(%)	7.8	8.2	6.4	7.0	7.2	7.7	8.8
本科及以上经营管理人才占经营管理人才资源比例(%)	30.3	26.0	28.7	31.1	31.6	31.3	37.0

如表 1-13 所示,2011—2017 年间全国水利系统经营管理人才资源占水利人才总量的比例、占水利从业人员的比例呈先增长再下降后逐年增长的波动变化趋势。全国水利系统

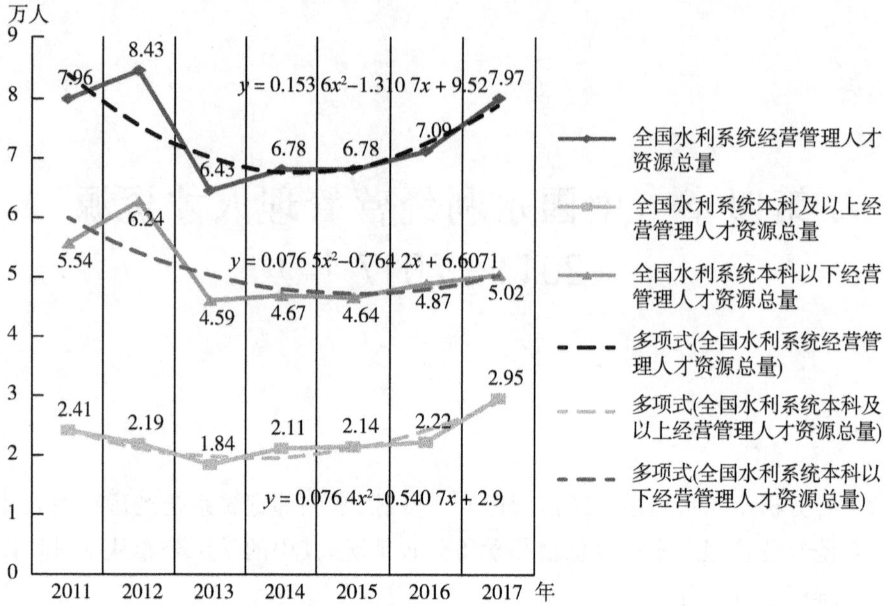

图 1-10　全国水利系统经营管理人才资源总量、学历结构及其趋势变化图(2011—2017 年)

经营管理人才资源占水利人才比例的顶峰为 2012 年底的 11.7%，谷底为 2013 年的 8.9%，相差 2.8 个百分点；全国水利系统经营管理人才资源占水利从业人员比例的顶峰为 2017 年底的 8.8%，谷底为 2013 年的 6.4%，相差 2.4 个百分点。

全国水利系统本科及以上学历经营管理人才资源数量先逐年减少后逐年增长。先由 2011 年的 2.41 万人逐年减少为 2013 年的 1.84 万人，2 年年均减少 0.29 万人；后又逐年增长为 2017 年的 2.95 万人，4 年年均增长 0.28 万人。6 年间全国水利系统本科及以上学历经营管理人才占经营管理人才资源比例在(26.0%～37.0%)的区间波动。

二、水利部直属系统经营管理人才资源总量和学历分布情况

2011 年至 2017 年期间，水利部直属系统经营管理人才资源总量呈逐年下降的趋势变化。截至 2017 年底，水利部直属系统经营管理人才资源总量为 0.60 万人，相较于 2011 年的 0.95 万人，减少了 0.35 万人。具体情况如表 1-14 和图 1-11 所示。

表 1-14　水利部直属系统经营管理人才资源总量及其学历结构统计表(2011—2017 年)

年份	2011	2012	2013	2014	2015	2016	2017
水利部直属系统经营管理人才资源总量(万人)	0.950 4	0.746 2	0.697 3	0.653 5	0.647 4	0.618 5	0.602 4
水利部直属系统本科及以上经营管理人才资源总量(万人)	0.465 9	0.449 6	0.441 3	0.433 8	0.447 8	0.448 3	0.452 6
水利部直属系统本科以下经营管理人才资源总量(万人)	0.484 5	0.296 6	0.256 0	0.219 7	0.199 6	0.170 2	0.149 8

续表

年份	2011	2012	2013	2014	2015	2016	2017
水利部直属系统人才资源总量(万人)	6.298 1	6.133 4	5.797 5	5.552 4	5.478 7	5.399 2	5.365 8
水利部直属系统从业人员总量(万人)	7.512 6	7.417 0	6.959 9	6.733 8	6.625 1	6.423 8	6.376 5
经营管理人才占水利人才资源比例(%)	15.1	12.2	12.0	11.8	11.8	11.5	11.2
经营管理人才占从业人员比例(%)	12.7	10.1	10.0	9.7	9.8	9.6	9.4
本科及以上经营管理人才占经营管理人才资源比例(%)	49.0	60.3	63.3	66.4	69.2	72.5	75.1

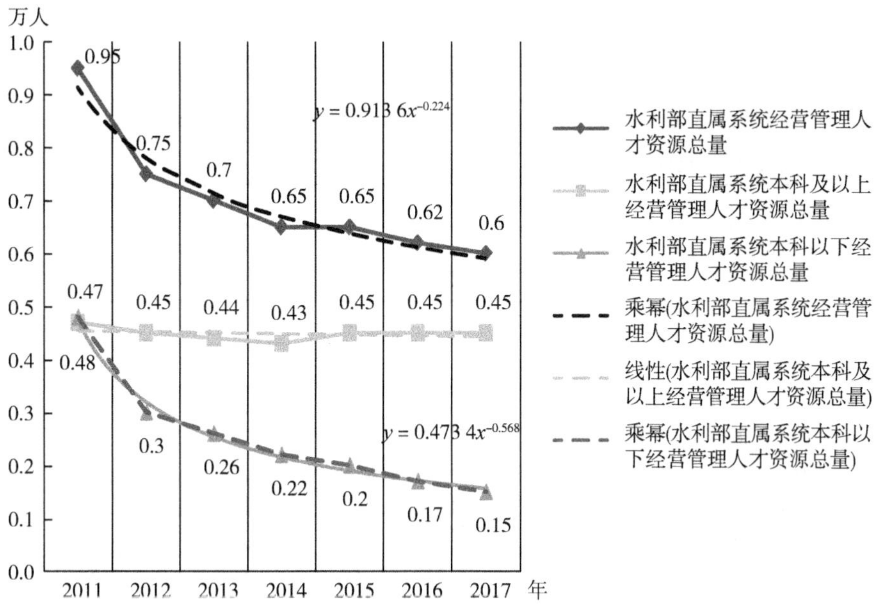

图 1-11 水利部直属系统经营管理人才资源总量、学历结构及其趋势变化图(2011—2017 年)

如表 1-14 所示,2011 年至 2017 年间,水利部直属系统经营管理人才资源占水利人才总量、占水利从业人员的比例均有所下降。水利部直属系统经营管理人才资源占水利人才的比例由 2011 年的 15.1%下降为 2017 年的 11.2%,其中 2012 年的下降幅度最大,下降了 2.9 个百分点;水利部直属经营管理人才资源占水利从业人员的比例由 2011 年的 12.7%下降为 2017 年的 9.4%,其中 2012 年的下降幅度最大,下降了 2.6 个百分点。

水利部直属系统本科及以上学历经营管理人才资源数量基本稳定在 0.45 万人。水利部直属系统本科及以上学历经营管理人才占经营管理人才资源比例由 2011 年的 49.0%增长为 2017 年的 75.1%,年均增长 4.4 个百分点。

三、地方水利系统经营管理人才资源总量和学历分布情况

2011 年至 2017 年期间,地方水利系统经营管理人才资源总量在(5.73 万人~7.68 万人)的区间浮动,人才资源总量整体上呈现出先增长后下降再逐年增长的波动变化趋势。截

第五章　中国水利高技能人才资源（2007—2017 年）

本章主要分析全国水利系统高技能人才资源、水利部直属系统高技能人才资源和地方水利系统高技能人才资源总量和职称分布情况，其中的职称分布从技师及以上和高级工两个维度进行区分。

一、全国水利系统高技能人才资源总量和职称分布情况

2011 年至 2017 年期间，全国水利系统高技能人才资源总量呈波动下降趋势。截至 2017 年底，全国水利系统高技能人才资源总量为 16.81 万人，相对于 2011 年的 20.77 万人，减少了 3.96 万人，平均每年减少 0.66 万人。具体情况如表 1-17 和图 1-13 所示。

表 1-17　全国水利系统高技能人才资源总量及其职称结构统计表（2011—2017 年）

年份	2011	2012	2013	2014	2015	2016	2017
全国水利系统高技能人才资源总量（万人）	20.774 7	20.784 0	20.110 3	18.912 7	18.285 9	17.612 4	16.811 3
全国水利系统技师及以上高技能人才资源总量（万人）	3.430 9	3.837 8	3.975 8	4.093 5	4.101 3	4.164 0	4.196 9
全国水利系统高级工总量（万人）	17.343 8	16.946 2	16.134 5	14.819 2	14.184 6	13.448 4	12.614 4
全国水利系统工勤技能从业人员总量（万人）	51.769 8	51.861 2	48.760 3	45.329 3	42.863 8	40.234 3	37.712 4
全国水利系统人才资源总量（万人）	71.480 5	72.337 0	71.859 1	70.725 7	70.131 2	69.870 9	69.481 3
全国水利系统从业人员总量（万人）	102.475 6	103.414 2	100.509 1	97.142 3	94.709 1	92.492 8	90.382 4
高技能人才占水利人才资源比例（%）	29.1	28.7	28.0	26.7	26.1	25.2	24.2
高技能人才占水利工勤技能从业人员比例（%）	40.1	40.1	41.2	41.7	42.7	43.8	44.6
高技能人才占水利从业人员比例（%）	20.3	20.1	20.0	19.5	19.3	19.0	18.6
技师及以上占高技能人才资源比例（%）	16.5	18.5	19.8	21.6	22.4	23.6	25.0

如表 1-17 所示，全国水利系统高技能人才资源占水利人才资源的比例、占水利从业人员的比例均逐年下降，占工勤技能从业人员的比例逐年增长。全国水利系统高技能人才资

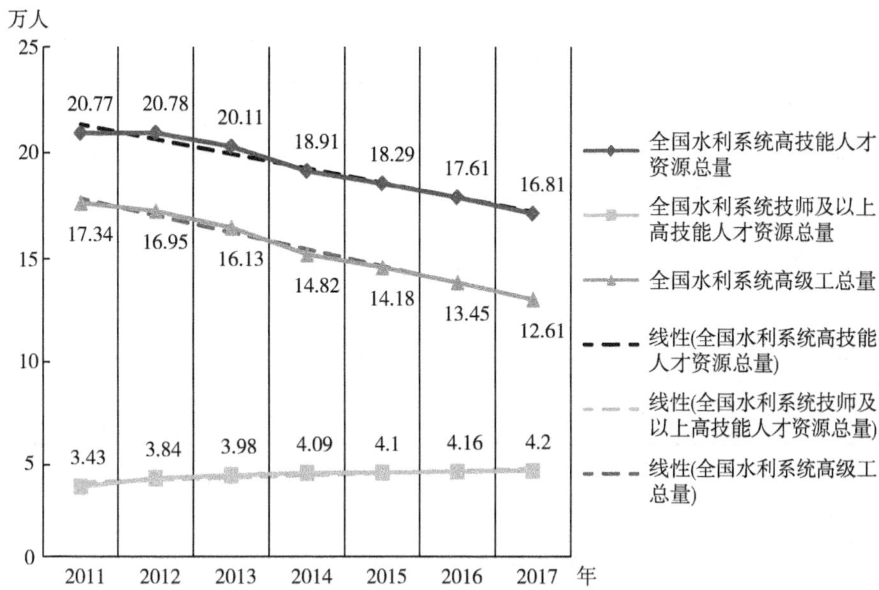

图 1-13　全国水利系统高技能人才资源总量、职称结构及其趋势变化图(2011—2017 年)

源占水利人才资源的比例由 2011 年的 29.1%降低为 2017 年的 24.2%,年均降低 0.8 个百分点;全国水利系统高技能人才资源占水利从业人员的比例由 2011 年的 20.3%降低为 2017 年的 18.6%,年均降低 0.3 个百分点;全国水利系统高技能人才资源占工勤技能从业人员的比例由 2011 年的 40.1%增长为 2017 年的 44.6%,年均增长 0.75 个百分点。

全国水利系统技师及以上职称的高技能人才资源数量逐年增长,由 2011 年的 3.43 万人增长到 2017 年的 4.20 万人,年均增长 0.13 万人。全国水利系统技师及以上职称的高技能人才占高技能人才资源比例由 2011 年的 16.5%增长为 2017 年的 25.0%,年均增长 1.4 个百分点。

二、水利部直属系统高技能人才资源总量和职称分布情况

2011 年至 2017 年期间,水利部直属系统高技能人才资源总量逐年下降。截至 2017 年底,水利部直属系统高技能人才资源总量为 1.28 万人,相对于 2011 年的 1.99 万人,下降了 0.71 万人,年均下降 0.12 万人。具体情况如表 1-18 和图 1-14 所示。

表 1-18　水利部直属系统高技能人才资源总量及其职称结构统计表(2011—2017 年)

年份	2011	2012	2013	2014	2015	2016	2017
水利部直属系统高技能人才资源总量(万人)	1.989 5	1.946 1	1.681 4	1.542 6	1.437 6	1.356 3	1.278 8
水利部直属系统技师及以上高技能人才资源总量(万人)	0.629 6	0.626 1	0.583 1	0.568 7	0.553 5	0.523 7	0.494 4
水利部直属系统高级工总量(万人)	1.359 9	1.320 0	1.098 3	0.973 9	0.884 1	0.832 6	0.784 4

续表

年份	2011	2012	2013	2014	2015	2016	2017
水利部直属系统工勤技能从业人员总量(万人)	3.2040	3.2297	2.8438	2.7240	2.5840	2.3809	2.2895
水利部直属系统人才资源总量(万人)	6.2981	6.1334	5.7975	5.5524	5.4787	5.3992	5.3658
水利部直属系统从业人员总量(万人)	7.5126	7.4170	6.9599	6.7338	6.6251	6.4238	6.3765
高技能人才占水利人才资源比例(%)	31.6	31.7	29.0	27.8	26.2	25.1	23.8
高技能人才占水利工勤技能从业人员比例(%)	62.1	60.3	59.1	56.6	55.6	57.0	55.9
高技能人才占水利从业人员比例(%)	26.5	26.2	24.2	22.9	21.7	21.1	20.1
技师及以上占高技能人才资源比例(%)	31.6	32.2	34.7	36.9	38.5	38.6	38.7

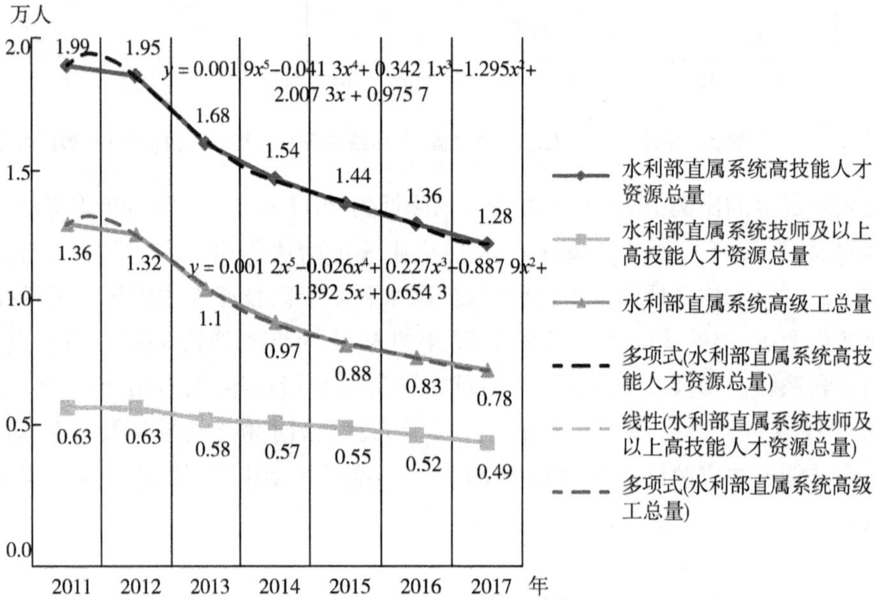

图 1-14　水利部直属系统高技能人才资源总量、职称结构及其趋势变化图(2011—2017 年)

如表 1-18 所示,水利部直属系统高技能人才资源占水利人才资源的比例、占水利从业人员的比例、占工勤技能从业人员的比例均呈下降趋势。水利部直属系统高技能人才资源占水利人才资源的比例由 2011 年的 31.6%降低为 2017 年的 23.8%,年均降低 1.3 个百分点;水利部直属系统高技能人才资源占水利从业人员的比例由 2011 年的 26.5%降低为 2017 年的 20.1%,年均降低 1.1 个百分点;水利部直属系统高技能人才资源占工勤技能从业人员的比例由 2011 年的 62.1%降低为 2017 年的 55.9%,年均降低 1.1 个百分点。

水利部直属系统技师及以上职称的高技能人才资源数量逐年下降,由 2011 年的 0.63 万人下降到 2017 年的 0.49 万人,年均下降约 230 人。水利部直属系统技师及以上职称的高技能人才占高技能人才资源比例由 2011 年的 31.6%增长为 2017 年的 38.7%,年均增长 1.2 个百分点。

三、地方水利系统高技能人才资源总量和职称分布情况

2011 年至 2017 年期间,地方水利系统高技能人才资源总量呈波动下降趋势。截至 2017 年底,地方水利系统高技能人才资源总量为 15.53 万人,相对于 2011 年的 18.79 万人,减少了 3.26 万人,平均每年减少 0.54 万人。具体情况如表 1-19 和图 1-15 所示。

表 1-19 地方水利系统高技能人才资源总量及其职称结构统计表(2011—2017 年)

年份	2011	2012	2013	2014	2015	2016	2017
地方水利系统高技能人才资源总量(万人)	18.785 2	18.837 9	18.428 9	17.370 1	16.848 3	16.256 1	15.532 5
地方水利系统技师及以上高技能人才资源总量(万人)	2.801 3	3.211 7	3.392 7	3.524 8	3.547 8	3.640 3	3.702 5
地方水利系统高级工总量(万人)	15.983 9	15.626 2	15.036 2	13.845 3	13.300 5	12.615 8	11.830 0
地方水利系统工勤技能从业人员总量(万人)	48.565 8	48.631 5	45.916 5	42.605 3	40.279 8	37.853 4	35.422 9
地方水利系统人才资源总量(万人)	65.182 4	66.203 6	66.061 6	65.173 3	64.652 5	64.471 7	64.111 5
地方水利系统从业人员总量(万人)	94.963 0	95.997 2	93.549 2	90.408 5	88.084 0	86.069 0	84.005 9
高技能人才占水利人才资源比例(%)	28.8	28.5	27.9	26.7	26.1	25.2	24.2
高技能人才占水利工勤技能从业人员比例(%)	38.7	38.7	40.1	40.8	41.8	42.9	43.8
高技能人才占水利从业人员比例(%)	19.8	19.6	19.7	19.2	19.1	18.9	18.5
技师及以上占高技能人才资源比例(%)	14.9	17.0	18.4	20.3	21.1	22.4	23.8

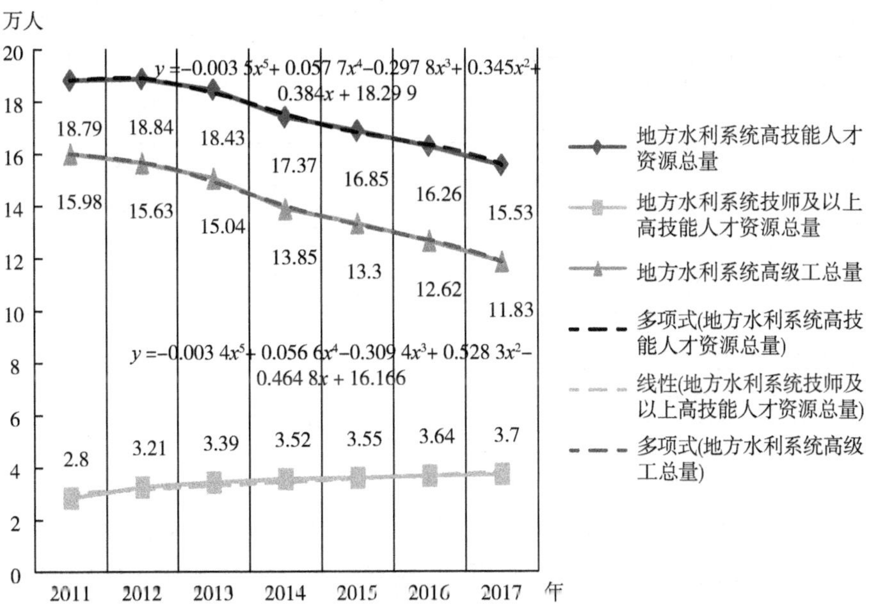

图 1-15 地方水利系统高技能人才资源总量、职称结构及其趋势变化图(2011—2017 年)

如表 1-19 所示，地方水利系统高技能人才资源占水利人才资源的比例、占水利从业人员的比例均呈下降趋势，占工勤技能从业人员的比例逐年增长。地方水利系统高技能人才资源占水利人才资源的比例由 2011 年的 28.8%降低为 2017 年的 24.2%，年均降低 0.8 个百分点；地方水利系统高技能人才资源占水利从业人员的比例由 2011 年的 19.8%降低为 2017 年的 18.5%，波动下降，年均降低 0.2 个百分点；地方水利系统高技能人才资源占工勤技能从业人员的比例由 2011 年的 38.7%增长为 2017 年的 43.8%，逐年增长，年均增长 0.9 个百分点。

地方水利系统技师及以上职称的高技能人才资源数量逐年增长，由 2011 年的 2.8 万人增长到 2017 年的 3.7 万人，年均增长 0.15 万人。地方水利系统技师及以上职称的高技能人才占高技能人才资源比例由 2011 年的 14.9%增长为 2017 年的 23.8%，年均增长 1.5 个百分点。

四、中国水利高技能人才资源总量的变化趋势

根据 2011 年至 2017 年的中国水利高技能人才资源总量及其变化来预测 2018 年至 2020 年间水利人才资源总量变化趋势。从 2018—2020 年 3 年的预测值来看，中国水利高技能人才资源总量总体呈下降趋势。详见表 1-20。

表 1-20　中国水利高技能人才资源总量统计与预测表(2011—2020 年)

统计和预测	年份	全国水利系统高技能人才资源总量(万人)			水利部直属系统高技能人才资源总量(万人)			地方水利系统高技能人才资源总量(万人)		
		统计值(或预测值)	上限	下限	统计值(或预测值)	上限	下限	统计值(或预测值)	上限	下限
统计	2011	20.77	/	/	1.99	/	/	18.79	/	/
	2012	20.78	/	/	1.95	/	/	18.84	/	/
	2013	20.11	/	/	1.68	/	/	18.43	/	/
	2014	18.91	/	/	1.54	/	/	17.37	/	/
	2015	18.29	/	/	1.44	/	/	16.85	/	/
	2016	17.61	/	/	1.36	/	/	16.26	/	/
	2017	16.81	/	/	1.28	/	/	15.53	/	/
预测	2018	16.19	17.04	15.34	1.16	1.36	0.96	15.09	15.92	14.26
	2019	15.47	16.35	14.60	1.04	1.33	0.76	14.50	15.34	13.65
	2020	14.76	15.65	13.87	0.92	1.27	0.57	13.91	14.77	13.05
预测模型类型		Holt			ARIMA(0,1,0)			Holt		

如表 1-20 所示，至 2020 年底全国水利系统高技能人才资源约为 14.76 万人，其中水利部直属系统高技能人才资源约为 0.92 万人，地方水利系统高技能人才资源约为 13.91 万人。

第六章 中国水利特需人才资源

本章主要分析中国水利高层次人才资源和贫困地区人才资源总量及学历分布情况,贫困地区人才资源的学历分布从本科及以上和本科以下两个维度进行区分。

一、中国水利高层次人才资源

(一) 水利部直属系统高层次人才情况

全国水利类两院院士 27 名,其中,中国工程院土木、水利与建筑工程学部院士 20 名,农业学部 2 名;中国科学院院士 5 名。截至 2017 年底水利部直属系统共有国家级高层次人才 20 人,其中两院院士 10 人,全国勘测设计大师 8 人,中华技能大奖获得者 2 人。具体情况详见表 1-21。

表 1-21 水利部直属系统国家级高层次人才资源统计表(截至 2017 年底)

项目		数量	比例(%)	项目		数量	比例(%)
所属人才类别	工程院院士	9	45	性别	男	20	100
	科学院院士	1	5		女	0	0
	全国勘察设计大师	8	40	专业类别	水电工程	5	25
	中华技能大奖获得者	2	10		规划设计	4	20
年龄	55 岁以下	1	5		河流泥沙	2	10
	55 岁至 59 岁	7	35		水文水资源	2	10
	60 岁至 69 岁	2	10		地质	1	5
	70 岁至 79 岁	3	15		工程抗震	1	5
	80 岁至 89 岁	4	20		岩土工程	1	5
	90 岁及以上	3	15		结构材料	1	5
获评时年龄	49 岁及以下	3	15		水工结构	1	5
	50 岁至 59 岁	9	45		水文勘测工	1	5
	60 岁及以上	8	40		河道修防工	1	5

从高层次人才年龄结构来看，水利部直属系统国家级人才平均年龄 54.3 岁，省部级人才平均年龄 51.8 岁，整体年龄偏大；在省部级以上人才中，60 岁以上的占 73%，40 岁以下的仅占 7%，35 岁以下的没有，呈逐年老化趋势。

（二）地方水利系统高层次人才情况

表 1-22　地方水利系统省部级高层次人才资源统计表（截至 2017 年底）

省（区、市）	北京	天津	河北	山西	内蒙古	辽宁	吉林	黑龙江	上海	江苏	浙江	安徽	福建	江西	山东	河南
省部级高层次人才	12	7	25	17	12	7	18	12	8	26	92	16	23	25	19	18
省（区、市）	湖北	湖南	广东	广西	海南	重庆	四川	贵州	云南	西藏	陕西	甘肃	青海	宁夏	新疆	兵团
省部级高层次人才	33	9	10	5	0	1	5	9	2	6	16	9	11	10	35	2
合计	省部级高层次人才 500 名															

如表 1-22 所示，地方水利系统共有 500 名省部级高层次人才，拥有省部级高层次人才前五的省（区、市）分别是浙江、湖北、江苏、江西和河北。

二、中国贫困地区水利人才资源（2015—2017 年）

2015 年至 2017 年期间，中国贫困地区水利人才资源总量逐年下降，自 2015 年的 15.07 万人下降到 2017 年的 14.75 万人，减少了 0.32 万人，平均每年减少 0.16 万人。具体情况如表 1-23 和图 1-16 所示。

表 1-23　中国贫困地区水利人才资源总量及其学历结构统计表（2015—2017 年）

年份	2015	2016	2017
中国贫困地区水利人才资源总量（万人）	15.067 0	15.696 3	14.751 8
中国贫困地区本科及以上水利人才资源总量（万人）	2.308 3	2.832 9	2.922 9
中国贫困地区本科以下水利人才资源总量（万人）	12.758 7	12.863 4	11.828 9
全国水利系统人才资源总量（万人）	70.131 2	69.870 9	69.481 3
全国水利系统从业人员总量（万人）	94.709 1	92.492 8	90.382 4
中国贫困地区水利人才占全国水利系统人才资源比例（%）	21.5	22.5	21.2
中国贫困地区水利人才占全国水利系统从业人员比例（%）	15.9	17.0	16.3
本科及以上水利人才占贫困地区水利人才资源比例（%）	15.3	18.0	19.8

如表 1-23 所示，2015—2017 年间中国贫困地区水利人才资源占水利人才总量的比例、占水利从业人员的比例均呈先增长后下降的波动变化趋势。中国贫困地区水利人才资源占水利人才比例的波动区间为（21.2%～22.5%）；中国贫困地区水利人才资源占水利从业人员比例的波动区间为（15.9%～17.0%）。

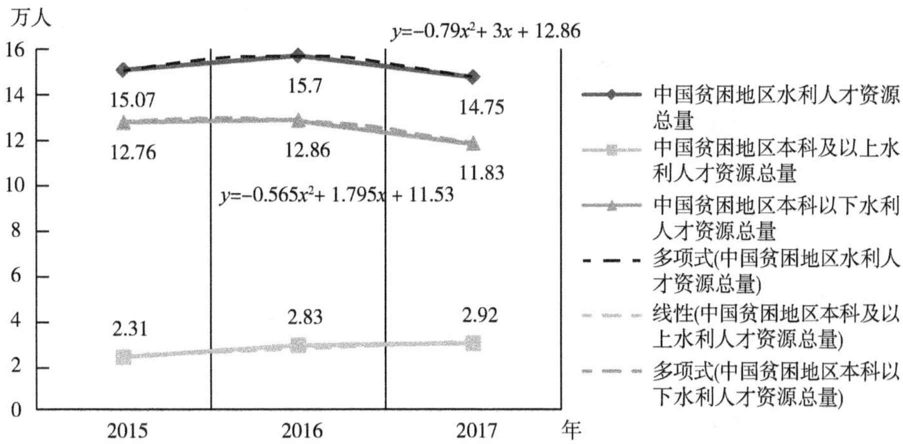

图 1-16　中国贫困地区水利人才资源总量、学历结构及其趋势变化图(2015—2017 年)

中国贫困地区本科及以上学历的水利人才资源数量逐年增长。由 2015 年的 2.31 万人逐年增长为 2017 年的 2.92 万人,年均增长 0.31 万人。中国贫困地区本科及以上学历的水利人才资源占贫困地区水利人才的比例逐年增长,自 2015 年的 15.3%增长为 2017 年的 19.8%,年均增长 2.3 个百分点。

分报告（二）

中国水利从业人员变化情况

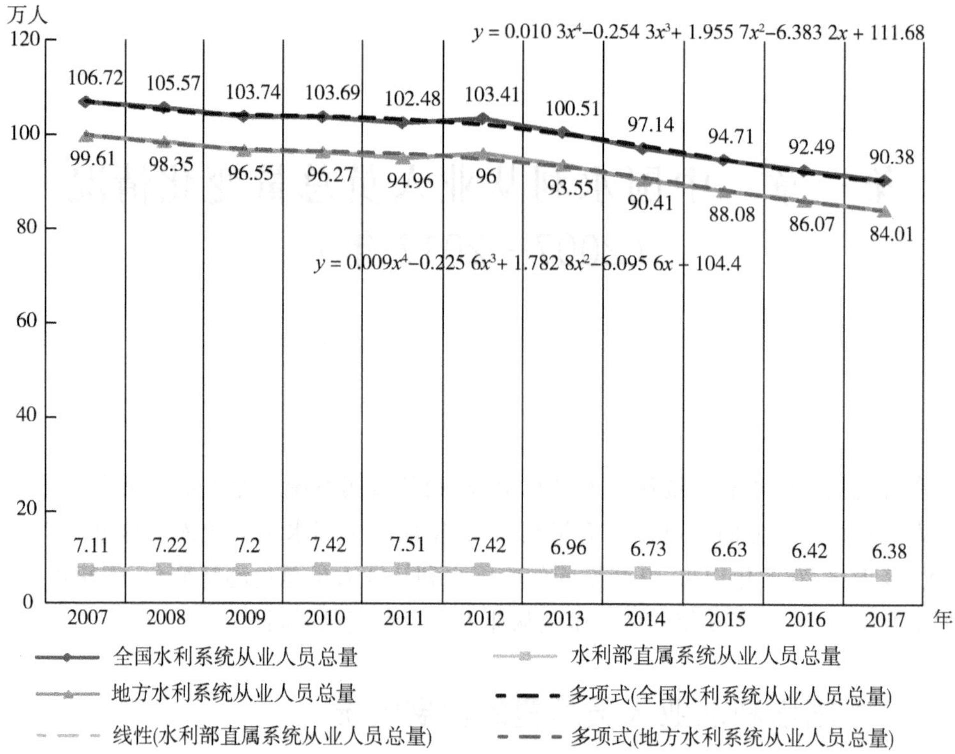

图 2-1　中国水利从业人员总量与趋势变化图(2007—2017 年)

如表 2-1 所示,2007 年至 2017 年期间,全国水利系统从业人员总量呈先波动下降后逐年快速下降趋势,先由 2007 年的 106.72 万人波动下降为 2012 年的 103.41 万人,5 年年均下降 0.66 万人,随后逐年快速下降为 2017 年的 90.38 万人,5 年年均下降 2.61 万人。

水利部直属系统从业人员总量呈先波动增长后逐年下降趋势,先由 2007 年的 7.11 万人波动增长为 2011 年的 7.51 万人,4 年年均增长 0.10 万人,随后逐年下降为 2017 年的 6.38 万人,6 年年均下降 0.19 万人。

地方水利系统从业人员总量呈先波动下降后逐年快速下降趋势,先由 2007 年的 99.61 万人波动下降为 2012 年的 96.00 万人,5 年年均下降 0.72 万人,随后逐年快速下降为 2017 年的 84.01 万人,5 年年均下降 2.40 万人。

水利部直属系统从业人员占全国水利系统从业人员比例呈先波动增长后波动下降趋势,先由 2007 年的 6.67% 波动增长为 2012 年的 7.17%,随后波动下降为 2017 年的 7.06%。

二、中国水利从业人员总量的变化趋势

根据 2007 年至 2017 年的中国水利从业人员总量及其变化来预测 2018 年至 2020 年间中国水利从业人员总量变化趋势。从 2018—2020 年 3 年的预测值来看,中国水利从业人员

总量总体上呈下降趋势。详见表 2-2。

表 2-2　中国水利从业人员总量统计与预测表(2007—2020 年)

统计和预测	年份	全国水利系统从业人员总量(万人)			水利部直属系统从业人员总量(万人)			地方水利系统从业人员总量(万人)		
		统计值(或预测值)	上限	下限	统计值(或预测值)	上限	下限	统计值(或预测值)	上限	下限
统计	2007	106.72	/	/	7.11	/	/	99.61	/	/
	2008	105.57	/	/	7.22	/	/	98.35	/	/
	2009	103.74	/	/	7.20	/	/	96.55	/	/
	2010	103.69	/	/	7.42	/	/	96.27	/	/
	2011	102.48	/	/	7.51	/	/	94.96	/	/
	2012	103.41	/	/	7.42	/	/	96.00	/	/
	2013	100.51	/	/	6.96	/	/	93.55	/	/
	2014	97.14	/	/	6.73	/	/	90.41	/	/
	2015	94.71	/	/	6.63	/	/	88.08	/	/
	2016	92.49	/	/	6.42	/	/	86.07	/	/
	2017	90.38	/	/	6.38	/	/	84.01	/	/
预测	2018	88.74	91.70	85.79	5.86	6.43	5.29	82.45	85.16	79.74
	2019	87.11	91.29	82.93	5.48	6.18	4.79	80.89	84.72	77.05
	2020	85.47	90.59	80.35	5.06	5.93	4.2	79.33	84.02	74.63
预测模型类型		ARIMA(0,1,0)			二次曲线估计			ARIMA(0,1,0)		

如表 2-2 所示,至 2020 年底全国水利系统从业人员约为 85.47 万人,其中水利部直属系统从业人员约为 5.06 万人,地方水利系统从业人员约为 79.33 万人。

第二章　中国水利从业人员的学历结构（2007—2017年）

本章从全国水利系统从业人员、水利部直属系统从业人员和地方水利系统从业人员3个方面，首先分析2007年至2017年期间中国水利从业人员的学历变化情况；其次，基于自2007年以来10年期间的中国水利从业人员学历的趋势变化，构建预测模型，并预测出2018—2020年3年的中国水利从业人员的学历结构。

一、全国水利系统从业人员的学历分布情况及其变化趋势

2007年至2017年期间，全国水利系统本科生及以上学历从业人员总量呈快速增长趋势，本科生以下学历从业人员总量呈快速下降趋势。具体情况如表2-3和图2-2所示。

表2-3　全国水利系统从业人员的学历分布统计表(2007—2017年)

年份	2007	2008	2009	2010	2011	2012	2013	2014	2015	2016	2017
全国水利系统本科生及以上学历从业人员（万人）	13.920 4	16.413 3	17.173 6	18.926 5	23.040 7	22.991 1	24.180 0	25.074 2	26.011 8	27.132 8	28.856 5
全国水利系统本科生以下学历从业人员(万人)	92.802 8	89.159 2	86.571 0	84.763 8	79.434 9	80.423 1	76.329 1	72.068 1	68.697 3	65.360 0	61.525 9
全国水利系统研究生学历从业人员(万人)	0.866 5	1.194 2	1.233 7	1.457 6	1.656 1	1.863 6	2.051 6	2.214 2	2.368 9	2.642 3	2.899 3
全国水利系统本科生学历从业人员(万人)	13.053 9	15.219 1	15.939 9	17.468 9	21.384 6	21.127 5	22.128 4	22.860 0	23.642 9	24.490 5	25.957 2

续表

年份	2007	2008	2009	2010	2011	2012	2013	2014	2015	2016	2017
全国水利系统专科生学历从业人员(万人)	24.783 9	25.604 0	26.029 0	26.790 1	27.715 9	27.351 8	28.168 3	27.150 0	26.152 3	26.096 1	25.563 7
全国水利系统中专生学历从业人员(万人)	20.256 0	19.386 8	17.893 4	17.281 7	16.373 8	15.907 6	14.891 0	14.197 1	13.552 8	12.556 0	11.551 0
全国水利系统高中生及以下学历从业人员(万人)	47.762 9	44.168 4	42.648 6	40.692 0	35.345 2	37.163 7	33.269 8	30.721 0	28.992 2	26.707 9	24.411 2
全国水利系统本科生及以上学历人员占水利从业人员比例(%)	13.0	15.5	16.6	18.3	22.5	22.2	24.1	25.8	27.5	29.3	31.9
全国水利系统本科生以下学历人员占水利从业人员比例(%)	86.9	84.5	83.5	81.8	77.5	77.8	75.9	74.2	72.5	70.7	68.1
全国水利系统研究生学历人员占水利从业人员比例(%)	0.8	1.1	1.2	1.4	1.6	1.8	2.0	2.3	2.5	2.9	3.2
全国水利系统本科生学历人员占水利从业人员比例(%)	12.2	14.4	15.4	16.9	20.9	20.4	22.0	23.5	25.0	26.5	28.7
全国水利系统专科生学历人员占水利从业人员比例(%)	23.2	24.3	25.1	25.8	27.0	26.4	28.0	27.9	27.6	28.2	28.3

续表

年份	2007	2008	2009	2010	2011	2012	2013	2014	2015	2016	2017
全国水利系统中专生学历人员占水利从业人员比例(%)	19.0	18.4	17.2	16.7	16.0	15.4	14.8	14.6	14.3	13.6	12.8
全国水利系统高中生及以下学历人员占水利从业人员比例(%)	44.8	41.8	41.1	39.2	34.5	35.9	33.1	31.6	30.6	28.9	27.0

（一）本科生及以上从业人员的学历分布情况

2007 年至 2017 年，全国水利系统本科生及以上学历从业人员总量快速增长，由 2007 年的 13.92 万人，增长到 2017 年的 28.86 万人，增长了 14.94 万人，年平均增长 1.49 万人。其中，研究生学历从业人员由 2007 年的 0.87 万人逐年增长为 2017 年的 2.90 万人，年均增长 0.20 万人；本科生学历从业人员由 2007 年的 13.05 万人增长为 2017 年的 25.96 万人，年均增长 1.29 万人。具体情况如图 2-2 和图 2-3 所示。

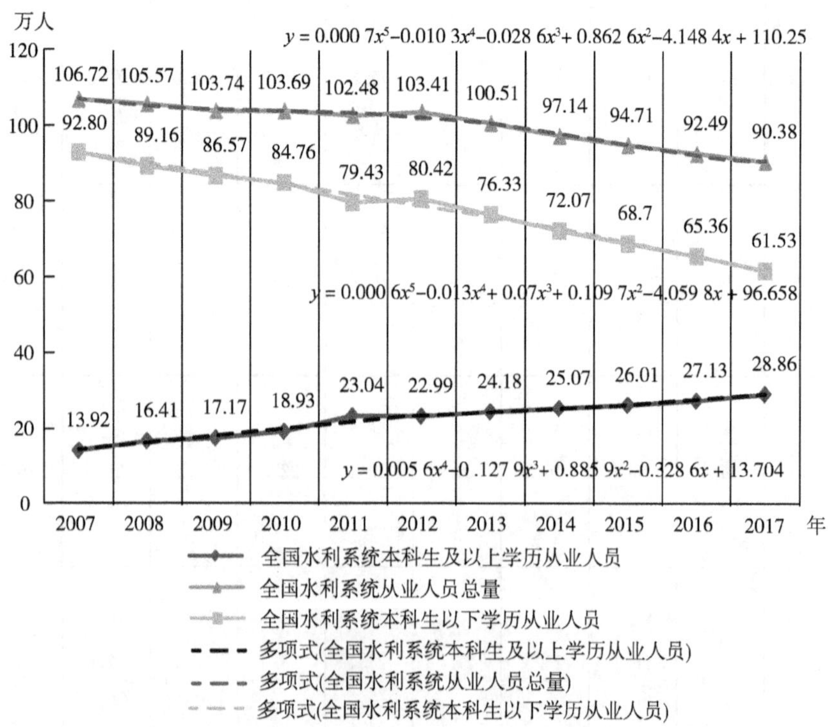

图 2-2　全国水利系统从业人员学历分布趋势变化图(2007—2017 年)

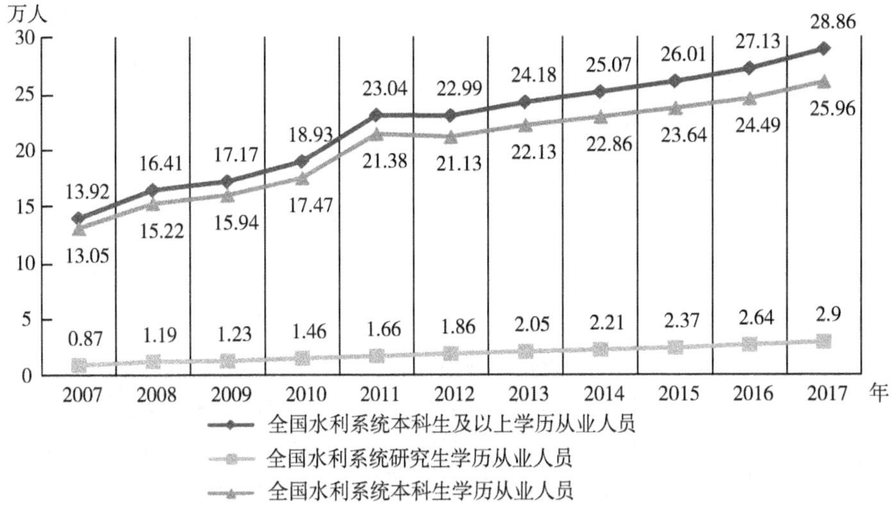

图 2-3　全国水利系统本科生及以上从业人员学历分布趋势变化图(2007—2017 年)

如表 2-3 和图 2-3 所示,全国水利系统本科生及以上学历人员占水利从业人员的比例呈快速增长趋势,由 2007 年的 13.0%增长为 2017 年的 31.9%,年均增长 1.9 个百分点。其中,研究生学历人员占水利从业人员比例逐年增长,由 2007 年的 0.8%增长为 2017 年的 3.2%,年均增长 0.24 个百分点;本科生学历人员占水利从业人员比例快速增长,由 2007 年的 12.2%增长为 2017 年的 28.7%,年均增长 1.7 个百分点。截至 2017 年底,全国水利系统的本科生学历从业人员总量和占水利从业人员比例超过专科生学历从业人员、高中生及以下学历从业人员,达到 10 年来的峰值,且呈快速增长趋势。

(二) 本科生以下从业人员的学历分布情况

2007 年至 2017 年,全国水利系统本科生以下学历从业人员总量快速下降,由 2007 年的 92.80 万人,下降到 2017 年的 61.53 万人,下降了 31.27 万人,年平均下降 3.13 万人。其中,专科生学历从业人员在(24.78 万人～28.17 万人)的区间波动,总体呈先增后降的变化趋势,2013 年增长为峰值,截至 2017 年底专科生学历从业人员下降为 25.56 万人;中专生学历从业人员由 2007 年的 20.26 万人逐年下降为 2017 年的 11.55 万人,年均下降 0.87 万人;高中生及以下学历从业人员由 2007 年的 47.76 万人下降为 2017 年的 24.41 万人,年均下降 2.34 万人。具体情况如图 2-2 和图 2-4 所示。

如表 2-3 和图 2-4 所示,全国水利系统本科生以下学历人员占水利从业人员的比例呈快速下降趋势,由 2007 年的 86.9%下降为 2017 年的 68.1%,年均下降 1.9 个百分点。其中,专科生学历人员占水利从业人员比例呈波动增长趋势,由 2007 年的 23.2%增长为 2017 年的 28.3%,年均增长 0.51 个百分点;中专生学历人员占水利从业人员比例逐年下降,由 2007 年的 19.0%下降为 2017 年的 12.8%,年均下降 0.62 个百分点;高中生及以下学历人员占水利从业人员比例快速下降,由 2007 年的 44.8%下降为 2017 年的 27.0%,年均下降

1.8 个百分点。

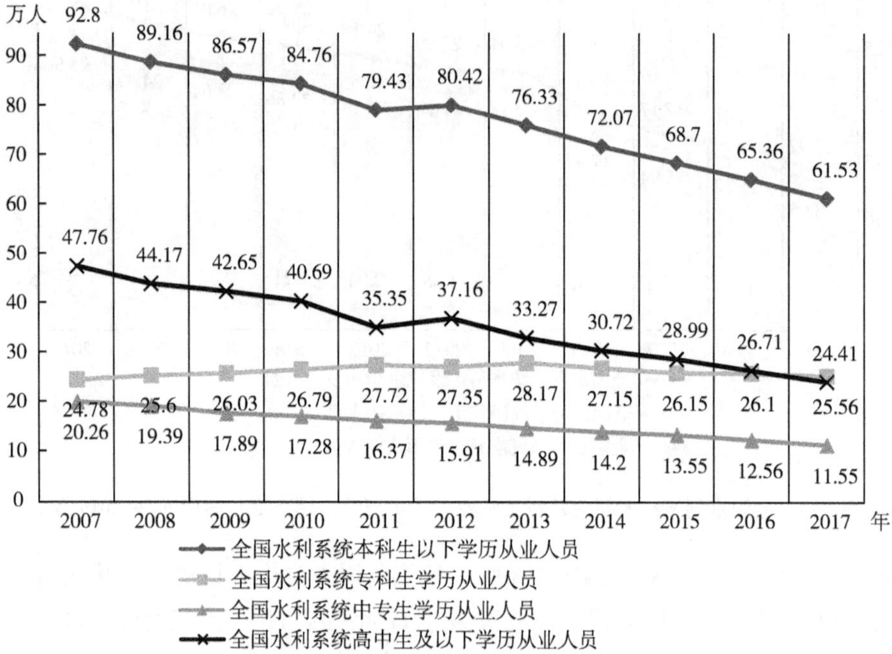

图 2-4　全国水利系统本科生以下从业人员学历分布趋势变化图(2007—2017 年)

(三) 全国水利系统从业人员学历分布的变化趋势

根据 2007 年至 2017 年的全国水利系统从业人员学历分布及其变化来预测 2018 年至 2020 年间学历分布的变化趋势。从 2018—2020 年 3 年的预测值来看,全国水利系统本科生及以上学历从业人员呈快速增长趋势,本科生以下学历从业人员呈快速下降趋势。详见表 2-4。

表 2-4　全国水利系统从业人员学历分布及变化趋势(2007—2020 年)

统计和预测	年份	本科及以上(万人)									本科以下(万人)											
		总量			研究生			本科生			总量			专科生			中专生			高中生及以下		
		数量	上限	下限	数量	上限	下限	数量	上限	下限	数量	上限	下限	数量	上限	下限	数量	上限	下限	数量	上限	下限
统计	2007	13.92	/	/	0.87	/	/	13.05	/	/	92.80	/	/	24.78	/	/	20.26	/	/	47.76	/	/
	2008	16.41	/	/	1.19	/	/	15.22	/	/	89.16	/	/	25.60	/	/	19.39	/	/	44.17	/	/
	2009	17.17	/	/	1.23	/	/	15.94	/	/	86.57	/	/	26.03	/	/	17.89	/	/	42.65	/	/
	2010	18.93	/	/	1.46	/	/	17.47	/	/	84.76	/	/	26.79	/	/	17.28	/	/	40.69	/	/
	2011	23.04	/	/	1.66	/	/	21.38	/	/	79.43	/	/	27.72	/	/	16.37	/	/	35.35	/	/
	2012	22.99	/	/	1.86	/	/	21.13	/	/	80.42	/	/	27.35	/	/	15.91	/	/	37.16	/	/
	2013	24.18	/	/	2.05	/	/	22.13	/	/	76.33	/	/	28.17	/	/	14.89	/	/	33.27	/	/
	2014	25.07	/	/	2.21	/	/	22.86	/	/	72.07	/	/	27.15	/	/	14.20	/	/	30.72	/	/
	2015	26.01	/	/	2.37	/	/	23.64	/	/	68.70	/	/	26.15	/	/	13.55	/	/	28.99	/	/

续表

统计和预测	年份	本科及以上(万人)									本科以下(万人)											
		总量			研究生			本科生			总量			专科生			中专生			高中生及以下		
		数量	上限	下限	数量	上限	下限	数量	上限	下限	数量	上限	下限	数量	上限	下限	数量	上限	下限	数量	上限	下限
统计	2016	27.13	/	/	2.64	/	/	24.49	/	/	65.36	/	/	26.10	/	/	12.56	/	/	26.71	/	/
	2017	28.86	/	/	2.90	/	/	25.96	/	/	61.53	/	/	25.56	/	/	11.55	/	/	24.41	/	/
预测	2018	30.35	32.94	27.76	3.02	3.15	2.89	27.25	29.78	24.72	59.62	62.68	56.55	25.12	26.75	23.48	10.83	11.43	10.23	22.06	24.74	19.39
	2019	31.85	35.51	28.19	3.21	3.35	3.08	28.54	32.12	24.96	56.58	59.71	53.46	24.67	27.51	21.83	10.00	10.61	9.39	19.79	22.52	17.07
	2020	33.34	37.83	28.86	3.41	3.54	3.27	29.83	34.22	25.45	53.55	56.73	50.37	24.22	28.46	19.98	9.16	9.78	8.54	17.53	20.30	14.75
预测模型类型		ARIMA(0,1,0)			Holt			ARIMA(0,1,0)			Holt			Holt			Holt			Holt		

如表 2-4 所示,至 2020 年底全国水利系统本科生及以上学历从业人员约为 33.34 万人,其中研究生学历从业人员约为 3.41 万人,本科生学历从业人员约为 29.83 万人;本科生以下学历从业人员约为 53.55 万人,其中专科生学历从业人员约为 24.22 万人,中专生学历从业人员约为 9.16 万人,高中生及以下学历从业人员约为 17.53 万人。

二、水利部直属系统从业人员的学历分布情况及其变化趋势

2007 年至 2017 年期间,水利部直属系统本科生及以上学历从业人员总量逐年快速增长,本科生以下学历从业人员总量逐年快速下降。具体情况如表 2-5 和图 2-5 所示。

表 2-5　水利部直属系统从业人员的学历分布统计表(2007—2017 年)

年份	2007	2008	2009	2010	2011	2012	2013	2014	2015	2016	2017
水利部直属系统本科生及以上学历从业人员(万人)	2.174 8	2.355 9	2.509 0	2.700 0	2.904 4	3.028 7	3.126 4	3.206 6	3.331 8	3.435 9	3.563 7
水利部直属系统本科生以下学历从业人员(万人)	4.939 6	4.866 3	4.690 4	4.724 2	4.608 2	4.388 3	3.833 5	3.527 2	3.293 3	2.987 9	2.812 8
水利部直属系统研究生学历从业人员(万人)	0.316 0	0.376 4	0.435 6	0.477 0	0.545 8	0.603 3	0.677 0	0.721 8	0.794 3	0.862 0	0.932 6

续表

年份	2007	2008	2009	2010	2011	2012	2013	2014	2015	2016	2017
水利部直属系统本科生学历从业人员（万人）	1.858 8	1.979 5	2.073 4	2.223 0	2.358 6	2.425 4	2.449 4	2.484 8	2.537 5	2.573 9	2.631 1
水利部直属系统专科生学历从业人员（万人）	1.587 6	1.672 5	1.665 2	1.707 2	1.783 0	1.823 7	1.676 5	1.564 6	1.498 2	1.408 0	1.370 8
水利部直属系统中专生学历从业人员（万人）	0.804 9	0.791 9	0.766 9	0.798 4	0.797 4	0.689 2	0.630 1	0.529 5	0.485 0	0.439 4	0.402 5
水利部直属系统高中生及以下学历从业人员（万人）	2.547 1	2.401 9	2.258 3	2.218 6	2.027 8	1.875 4	1.526 9	1.433 1	1.310 1	1.140 5	1.039 5
水利部直属系统本科生及以上学历人员占水利从业人员比例（%）	30.6	32.6	34.9	36.4	38.7	40.8	44.9	47.6	50.3	53.5	55.9
水利部直属系统本科生以下学历人员占水利从业人员比例（%）	69.4	67.4	65.2	63.6	61.3	59.2	55.1	52.4	49.7	46.5	44.1
水利部直属系统研究生学历人员占水利从业人员比例（%）	4.4	5.2	6.1	6.4	7.3	8.1	9.7	10.7	12.0	13.4	14.6
水利部直属系统本科生学历人员占水利从业人员比例（%）	26.1	27.4	28.8	29.9	31.4	32.7	35.2	36.9	38.3	40.1	41.3

续表

年份	2007	2008	2009	2010	2011	2012	2013	2014	2015	2016	2017
水利部直属系统专科生学历人员占水利从业人员比例(%)	22.3	23.2	23.1	23.0	23.7	24.6	24.1	23.2	22.6	21.9	21.5
水利部直属系统中专生学历人员占水利从业人员比例(%)	11.3	11.0	10.7	10.8	10.6	9.3	9.1	7.9	7.3	6.8	6.3
水利部直属系统高中生及以下学历人员占水利从业人员比例(%)	35.8	33.3	31.4	29.9	27.0	25.3	21.9	21.3	19.8	17.8	16.3

(一)本科生及以上从业人员的学历分布情况

2007年至2017年,水利部直属系统本科生及以上学历从业人员总量逐年快速增长,由2007年的2.17万人,增长到2017年的3.56万人,增长了1.39万人,年平均增长0.14万人。其中,研究生学历从业人员由2007年的0.32万人逐年增长为2017年的0.93万人,年均增长0.06万人;本科生学历从业人员由2007年的1.86万人增长为2017年的2.63万人,年均增长0.08万人,具体情况如图2-5和图2-6所示。

如表2-5和图2-6所示,水利部直属系统本科生及以上人员占水利从业人员的比例逐年快速增长,由2007年的30.6%增长为2017年的55.9%,年均增长2.5个百分点。其中,研究生学历人员占水利从业人员比例逐年快速增长,由2007年的4.4%增长为2017年的14.6%,年均增长1.0个百分点;本科生学历人员占水利从业人员比例逐年快速增长,由2007年的26.1%增长为2017年的41.3%,年均增长1.5个百分点。截至2010年底,水利部直属系统的本科生学历从业人员总量和占水利从业人员比例超过高中生及以下学历从业人员,成为人数最多的学历段;水利部直属事业单位本科生及以上学历从业人员数量于2015年首次超过本科以下学历从业人员,且逐年快速增长。

(二)本科生以下从业人员的学历分布情况

2007年至2017年,水利部直属系统本科生以下学历从业人员总量呈先波动下降后逐年快速下降趋势,先由2007年的4.94万人波动下降到2011年的4.61万人,后逐年快速下降

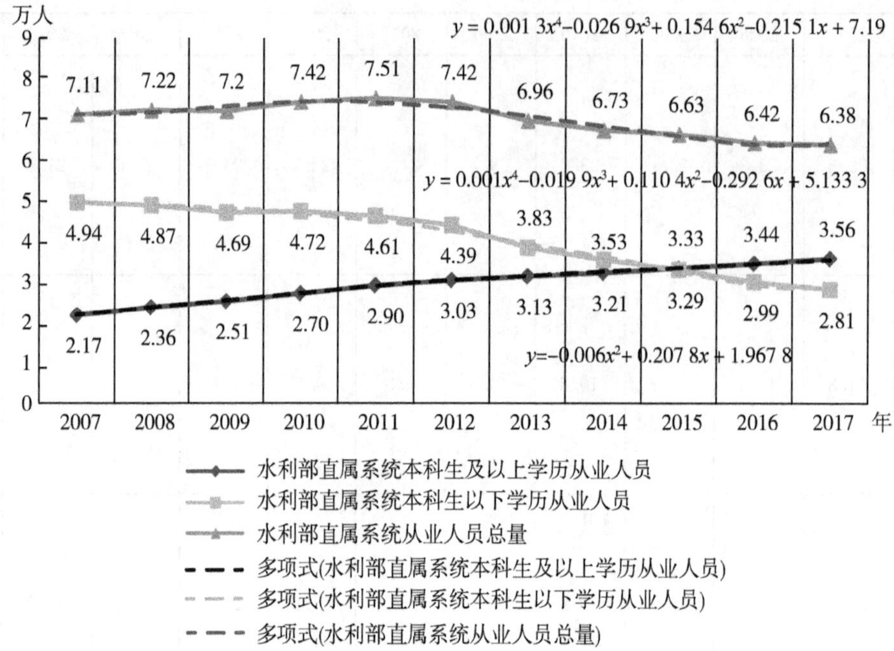

图 2-5　水利部直属系统从业人员学历分布趋势变化图(2007—2017 年)

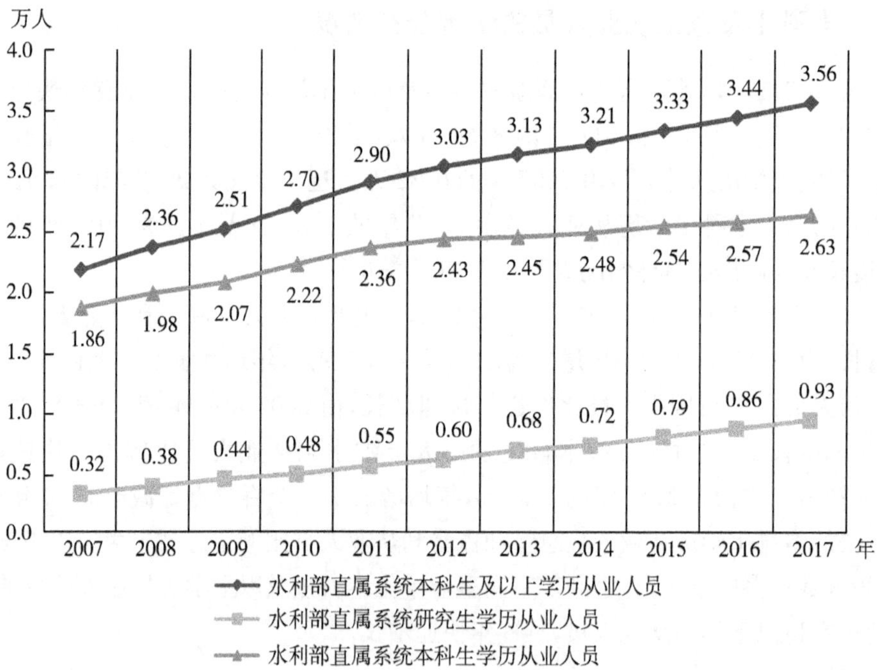

图 2-6　水利部直属系统本科生及以上从业人员学历分布趋势变化图(2007—2017 年)

到 2017 年的 2.81 万人，6 年间下降了 1.8 万人，6 年间年平均下降 0.3 万人。其中，专科生学历从业人员在(1.37 万人～1.82 万人)的区间波动,总体呈先逐年增长后逐年下降的变化趋势,先由 2007 年的 1.59 万人逐年增长到 2012 年的 1.82 万人,后逐年下降到 2017 年的 1.37 万人;中专生学历从业人员呈先波动变化后快速下降趋势,2007 年至 2011 年的 4 年间在(0.77 万人～0.8 万人)的区间波动,后由 2011 年的 0.8 万人逐年快速下降为 2017 年的 0.4 万人,6 年年均下降 0.07 万人;高中生及以下学历从业人员呈逐年快速下降趋势,由 2007 年的 2.55 万人逐年快速下降为 2017 年的 1.04 万人,年均下降 0.15 万人,具体情况如图 2-5 和图 2-7 所示。

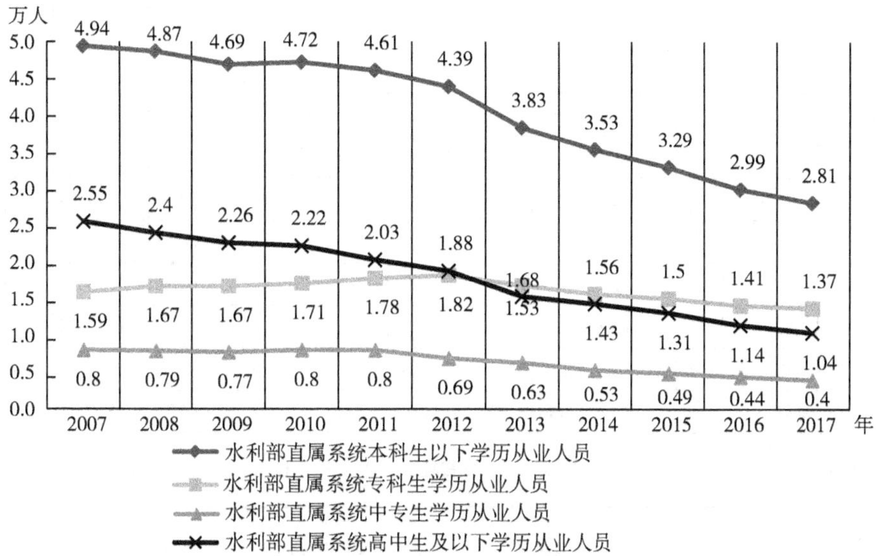

图 2-7　水利部直属系统本科生以下从业人员学历分布趋势变化图(2007—2017 年)

如表 2-5 和图 2-7 所示,水利部直属系统本科生以下学历人员占水利从业人员的比例呈逐年快速下降趋势,由 2007 年的 69.4%逐年快速下降为 2017 年的 44.1%,年均下降 2.5 个百分点。其中,专科生学历人员占水利从业人员比例呈先波动增长后逐年下降趋势,先由 2007 年的 22.3%波动增长为 2012 年的 24.6%,后逐年下降为 2017 年的 21.5%,5 年年均下降 0.6 个百分点;中专生学历人员占水利从业人员比例逐年下降,由 2007 年的 11.3%逐年下降为 2017 年的 6.3%,年均下降 0.5 个百分点;高中生及以下学历人员占水利从业人员比例逐年快速下降,由 2007 年的 35.8%下降为 2017 年的 16.3%,年均下降 1.95 个百分点。

(三) 水利部直属系统从业人员学历分布的变化趋势

根据 2007 年至 2017 年的水利部直属系统从业人员学历分布及其变化来预测 2018 年至 2020 年间学历分布的变化趋势。从 2018—2020 年 3 年的预测值来看,水利部直属系统本科生及以上学历从业人员呈快速增长趋势,本科生以下学历从业人员呈快速下降趋势。详见表 2-6。

表 2-6　水利部直属系统从业人员学历分布及变化趋势(2007—2020 年)

统计和预测	年份	本科及以上(万人)									本科以下(万人)												
		总量			研究生			本科生			总量			专科生			中专生			高中及以下			
		数量	上限	下限	数量	上限	下限	数量	上限	下限	数量	上限	下限	数量	上限	下限	数量	上限	下限	数量	上限	下限	
统计	2007	2.17	/	/	0.32	/	/	1.86	/	/	4.94	/	/	1.59	/	/	0.80	/	/	2.55	/	/	
	2008	2.36	/	/	0.38	/	/	1.98	/	/	4.87	/	/	1.67	/	/	0.79	/	/	2.40	/	/	
	2009	2.51	/	/	0.44	/	/	2.07	/	/	4.69	/	/	1.67	/	/	0.77	/	/	2.26	/	/	
	2010	2.70	/	/	0.48	/	/	2.22	/	/	4.72	/	/	1.71	/	/	0.80	/	/	2.22	/	/	
	2011	2.90	/	/	0.55	/	/	2.36	/	/	4.61	/	/	1.78	/	/	0.80	/	/	2.03	/	/	
	2012	3.03	/	/	0.60	/	/	2.43	/	/	4.39	/	/	1.82	/	/	0.69	/	/	1.88	/	/	
	2013	3.13	/	/	0.68	/	/	2.45	/	/	3.83	/	/	1.68	/	/	0.63	/	/	1.53	/	/	
	2014	3.21	/	/	0.72	/	/	2.48	/	/	3.53	/	/	1.56	/	/	0.53	/	/	1.43	/	/	
	2015	3.33	/	/	0.79	/	/	2.54	/	/	3.29	/	/	1.50	/	/	0.49	/	/	1.31	/	/	
	2016	3.44	/	/	0.86	/	/	2.57	/	/	2.99	/	/	1.41	/	/	0.44	/	/	1.14	/	/	
	2017	3.56	/	/	0.93	/	/	2.63	/	/	2.81	/	/	1.37	/	/	0.40	/	/	1.04	/	/	
预测	2018	3.68	3.75	3.61	0.98	1.00	0.95	2.69	2.78	2.60	2.60	2.96	2.24	1.32	1.48	1.17	0.36	0.46	0.26	0.89	1.07	0.70	
	2019	3.80	3.97	3.63	1.04	1.07	1.01	2.75	2.94	2.56	2.38	2.89	1.87	1.28	1.61	0.95	0.32	0.46	0.18	0.74	1.00	0.48	
	2020	3.92	4.20	3.64	1.10	1.13	1.07	2.81	3.13	2.49	2.17	2.80	1.55	1.23	1.77	0.69	0.28	0.45	0.11	0.59	0.91	0.27	
预测模型类型		Brown			Holt			Brown			ARIMA(0,1,0)			Brown			ARIMA(0,1,0)			ARIMA(0,1,0)			

如表 2-6 所示，至 2020 年底水利部直属系统本科生及以上学历从业人员约为 3.92 万人，其中研究生学历从业人员约为 1.10 万人，本科生学历从业人员约为 2.81 万人；本科生以下学历从业人员约为 2.17 万人，其中专科生学历从业人员约为 1.23 万人，中专生学历从业人员约为 0.28 万人，高中生及以下学历从业人员约为 0.59 万人。

三、地方水利系统从业人员的学历分布情况及其变化趋势

2007 年至 2017 年期间，地方水利系统本科生及以上学历从业人员总量呈快速增长趋势，本科生以下学历从业人员总量呈快速下降趋势。具体情况如表 2-7 和图 2-8 所示。

表 2-7　地方水利系统从业人员的学历分布统计表(2007—2017 年)

年份	2007	2008	2009	2010	2011	2012	2013	2014	2015	2016	2017
地方水利系统本科生及以上学历从业人员（万人）	11.745 6	14.057 4	14.664 6	16.226 5	20.136 3	19.962 4	21.053 6	21.867 6	22.680 0	23.696 9	25.292 8

续表

年份	2007	2008	2009	2010	2011	2012	2013	2014	2015	2016	2017
地方水利系统本科生以下学历从业人员(万人)	87.863 2	84.292 9	81.880 6	80.039 6	74.826 7	76.034 8	72.495 6	68.540 9	65.404 0	62.372 1	58.713 1
地方水利系统研究生学历从业人员(万人)	0.550 5	0.817 8	0.798 1	0.980 6	1.110 3	1.260 3	1.374 6	1.492 4	1.574 6	1.780 3	1.966 7
地方水利系统本科生学历从业人员(万人)	11.195 1	13.239 6	13.866 5	15.245 9	19.026 0	18.702 1	19.679 0	20.375 2	21.105 4	21.916 6	23.326 1
地方水利系统专科生学历从业人员(万人)	23.196 3	23.931 5	24.363 8	25.082 9	25.932 9	25.528 1	26.491 8	25.585 4	24.654 1	24.688 1	24.192 9
地方水利系统中专生学历从业人员(万人)	19.451 1	18.594 9	17.126 5	16.483 3	15.576 4	15.218 4	14.260 9	13.667 6	13.067 8	12.116 6	11.148 5
地方水利系统高中生及以下学历从业人员(万人)	45.215 8	41.766 5	40.390 3	38.473 4	33.317 4	35.288 3	31.742 9	29.287 9	27.682 1	25.567 4	23.371 7
地方水利系统本科生及以上学历人员占水利从业人员比例(%)	11.8	14.3	15.2	16.9	21.2	20.8	22.5	24.2	25.7	27.5	30.1
地方水利系统本科生以下学历人员占水利从业人员比例(%)	88.2	85.7	84.8	83.1	78.8	79.2	77.5	75.8	74.3	72.5	69.9

续表

年份	2007	2008	2009	2010	2011	2012	2013	2014	2015	2016	2017
地方水利系统研究生学历人员占水利从业人员比例(%)	0.6	0.8	0.8	1.0	1.2	1.3	1.5	1.7	1.8	2.1	2.3
地方水利系统本科生学历人员占水利从业人员比例(%)	11.2	13.5	14.4	15.8	20.0	19.5	21.0	22.5	24.0	25.5	27.8
地方水利系统专科生学历人员占水利从业人员比例(%)	23.3	24.3	25.2	26.1	27.3	26.6	28.3	28.3	28.0	28.7	28.8
地方水利系统中专生学历人员占水利从业人员比例(%)	19.5	18.9	17.7	17.1	16.4	15.9	15.2	15.1	14.8	14.1	13.3
地方水利系统高中生及以下学历人员占水利从业人员比例(%)	45.4	42.5	41.8	40.0	35.1	36.8	33.9	32.4	31.4	29.7	27.8

(一) 本科生及以上从业人员的学历分布情况

2007年至2017年,地方水利系统本科生及以上学历从业人员总量快速增长,由2007年的11.75万人,增长到2017年的25.29万人,增长了13.54万人,年平均增长1.35万人。其中,研究生学历从业人员由2007年的0.55万人快速增长为2017年的1.97万人,年均增长0.14万人;本科生学历从业人员由2007年的11.20万人快速增长为2017年的23.33万人,年均增长1.21万人,具体情况如图2-8和图2-9所示。

如表2-7和图2-9所示,地方水利系统本科生及以上人员占水利从业人员的比例呈快速增长趋势,由2007年的11.8%增长为2017年的30.1%,年均增长1.8个百分点。其中,研究生学历人员占水利从业人员比例逐年增长,由2007年的0.6%增长为2017年的2.3%,年均增长0.17个百分点;本科生学历人员占水利从业人员比例快速增长,由2007年的11.2%增长为2017年的27.8%,年均增长1.7个百分点。

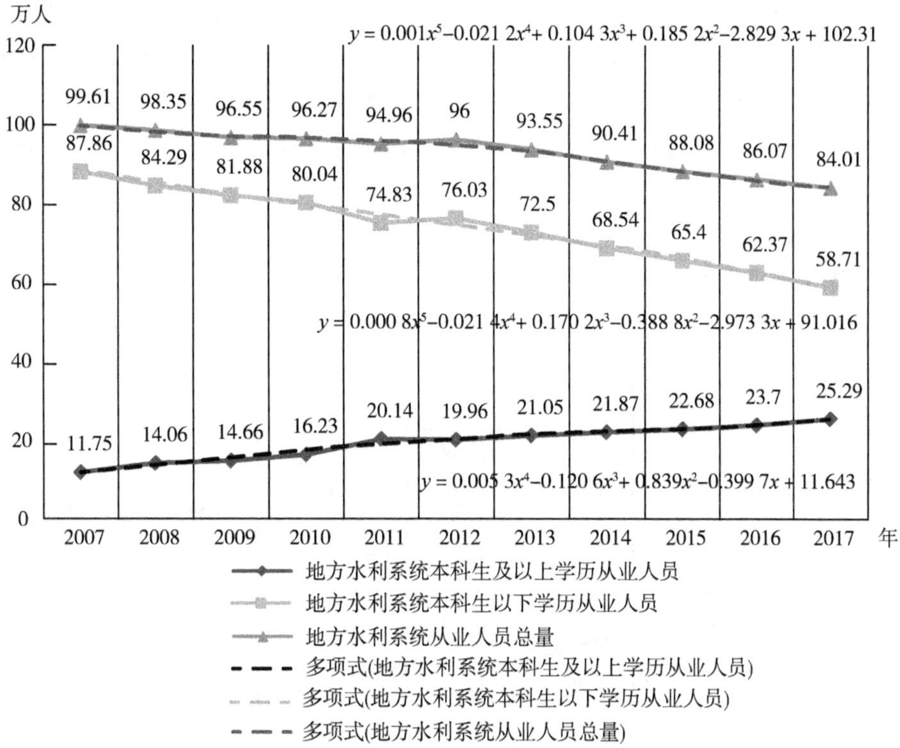

图 2-8 地方水利系统从业人员学历分布趋势变化图(2007—2017 年)

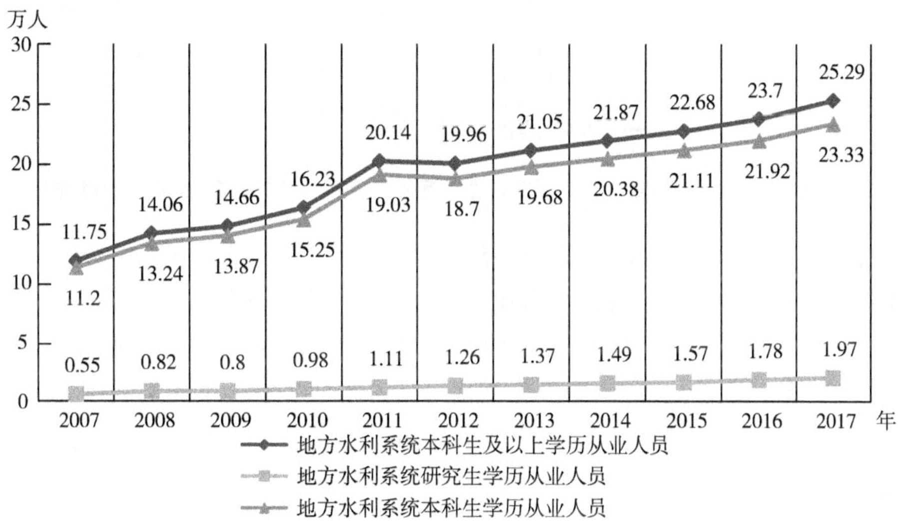

图 2-9 地方水利系统本科生及以上从业人员学历分布趋势变化图(2007—2017 年)

(二)本科生以下从业人员的学历分布情况

2007 年至 2017 年,地方水利系统本科生以下学历从业人员总量快速下降,由 2007 年的 87.86 万人,下降到 2017 年的 58.71 万人,下降了 29.15 万人,年平均下降 2.92 万人。其中，专科生学历从业人员在(23.20万人～26.49万人)的区间波动，总体呈先增后降的变化趋势，2013年增长为峰值，截至2017年底专科生学历从业人员下降为24.19万人；中专生学历从业人员由2007年的19.45万人逐年下降为2017年的11.15万人，年均下降0.83万人；高中生及以下学历从业人员由2007年的45.22万人下降为2017年的23.37万人，年均下降2.19万人。

另外，地方水利系统专科生学历从业人员数量在2017年首次超过高中生及以下从业人员数量。具体情况如图2-9和图2-10所示。

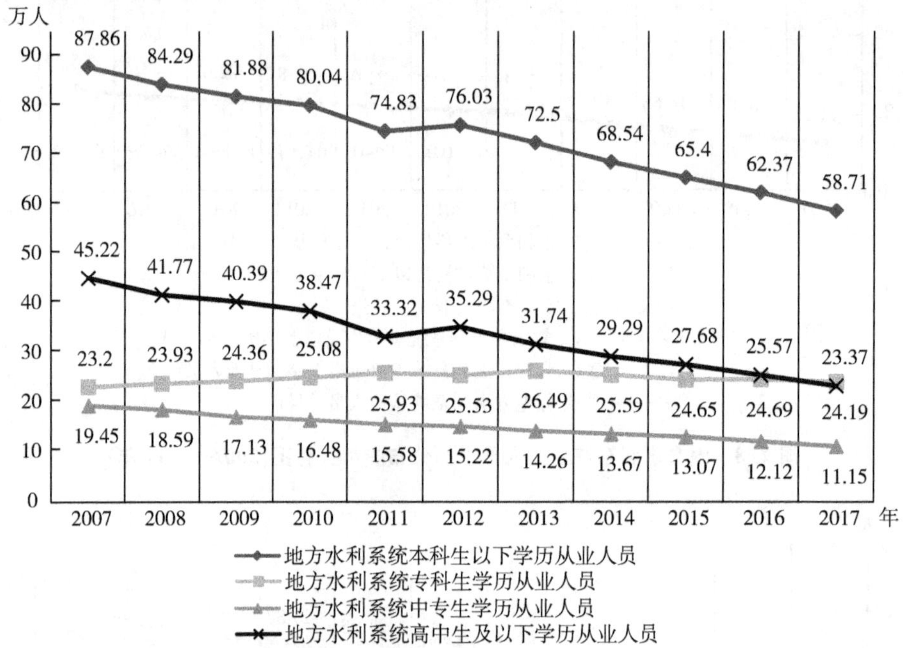

图2-10　地方水利系统本科生以下从业人员学历分布趋势变化图(2007—2017年)

如表2-7和图2-10所示，地方水利系统本科生以下人员占水利从业人员的比例呈快速下降趋势，由2007年的88.2%下降为2017年的69.9%，年均下降1.8个百分点。其中，专科生学历人员占水利从业人员比例呈波动增长趋势，由2007年的23.3%增长为2017年的28.8%，年均增长0.55个百分点；中专生学历人员占水利从业人员比例逐年下降，由2007年的19.5%下降为2017年的13.3%，年均下降0.62个百分点；高中生及以下学历人员占水利从业人员比例快速下降，由2007年的45.4%下降为2017年的27.8%，年均下降1.76个百分点。

（三）地方水利系统从业人员学历分布的变化趋势

根据2007年至2017年的地方水利系统从业人员学历分布及其变化来预测2018年至2020年间学历分布的变化趋势。从2018—2020年3年的预测值来看，地方水利系统本科生及以上学历从业人员呈快速增长趋势，本科生以下学历从业人员呈快速下降趋势。详见

表 2-8。

表 2-8　地方水利系统从业人员学历分布及变化趋势(2007—2020 年)

统计和预测	年份	本科及以上(万人)									本科以下(万人)											
		总量			研究生			本科生			总量			专科生			中专生			高中生及以下		
		数量	上限	下限	数量	上限	下限	数量	上限	下限	数量	上限	下限	数量	上限	下限	数量	上限	下限	数量	上限	下限
统计	2007	11.75	/	/	0.55	/	/	11.20	/	/	87.86	/	/	23.20	/	/	19.45	/	/	45.22	/	/
	2008	14.06	/	/	0.82	/	/	13.24	/	/	84.29	/	/	23.93	/	/	18.59	/	/	41.77	/	/
	2009	14.66	/	/	0.80	/	/	13.87	/	/	81.88	/	/	24.36	/	/	17.13	/	/	40.39	/	/
	2010	16.23	/	/	0.98	/	/	15.25	/	/	80.04	/	/	25.08	/	/	16.48	/	/	38.47	/	/
	2011	20.14	/	/	1.11	/	/	19.03	/	/	74.83	/	/	25.93	/	/	15.58	/	/	33.32	/	/
	2012	19.96	/	/	1.26	/	/	18.70	/	/	76.03	/	/	25.53	/	/	15.22	/	/	35.29	/	/
	2013	21.05	/	/	1.37	/	/	19.68	/	/	72.50	/	/	26.49	/	/	14.26	/	/	31.74	/	/
	2014	21.87	/	/	1.49	/	/	20.38	/	/	68.54	/	/	25.59	/	/	13.67	/	/	29.29	/	/
	2015	22.68	/	/	1.57	/	/	21.11	/	/	65.40	/	/	24.65	/	/	13.07	/	/	27.68	/	/
	2016	23.70	/	/	1.78	/	/	21.92	/	/	62.37	/	/	24.69	/	/	12.12	/	/	25.57	/	/
	2017	25.29	/	/	1.97	/	/	23.33	/	/	58.71	/	/	24.19	/	/	11.15	/	/	23.37	/	/
预测	2018	26.64	29.17	24.12	2.03	2.16	1.91	24.54	27.02	22.07	56.97	59.89	54.05	24.19	25.76	22.62	10.32	11.00	9.64	21.22	23.90	18.54
	2019	28.00	31.57	24.42	2.17	2.29	2.04	25.76	29.26	22.26	54.17	57.14	51.19	24.19	26.41	21.97	9.49	10.45	8.53	19.11	21.84	16.38
	2020	29.35	33.73	24.97	2.30	2.43	2.17	26.97	31.26	22.68	51.37	54.39	48.34	24.19	26.91	21.47	8.66	9.84	7.48	17.00	19.78	14.22
预测模型类型		ARIMA(0,1,0)			Holt			ARIMA(0,1,0)			Holt			简单线性			ARIMA(0,1,0)			Holt		

如表 2-8 所示,至 2020 年底地方水利系统本科生及以上学历从业人员约为 29.35 万人,其中研究生学历从业人员约为 2.30 万人,本科生学历从业人员约为 26.97 万人;本科生以下学历从业人员约为 51.37 万人,其中专科生学历从业人员约为 24.19 万人,中专生学历从业人员约为 8.66 万人,高中生及以下学历从业人员约为 17.00 万人。

第三章 中国水利从业人员的年龄结构（2007—2017 年）

本章从全国水利系统从业人员、水利部直属系统从业人员和地方水利系统从业人员 3 个方面，首先分析 2007 年至 2017 年期间中国水利从业人员的年龄分布变化情况；其次，基于自 2007 年以来 10 年期间的中国水利从业人员年龄分布的趋势变化，构建预测模型，并预测出 2018—2020 年 3 年的中国水利从业人员的年龄结构。

一、全国水利系统从业人员的年龄分布情况及其变化趋势

2007 年至 2017 年期间，全国水利系统 45 岁以上从业人员总量呈波动增长趋势，45 岁及以下从业人员总量呈波动下降趋势。具体情况如表 2-9 和图 2-11 所示。

表 2-9　全国水利系统从业人员的年龄分布统计表(2007—2017 年)

年份	2007	2008	2009	2010	2011	2012	2013	2014	2015	2016	2017
全国水利系统 45 岁以上从业人员数量(万人)	31.029 5	31.427 9	32.285 2	33.990 5	36.524 0	36.906 5	35.739 4	35.404 4	35.553 3	35.627 9	35.626 0
全国水利系统 45 岁及以下从业人员数量(万人)	75.693 7	74.144 6	71.459 4	69.699 8	65.951 6	66.507 7	64.769 7	61.737 9	59.155 8	56.864 9	54.756 4
全国水利系统 55 岁及以上从业人员(万人)	6.104 9	6.281 2	6.646 0	7.189 1	8.410 0	8.811 5	8.637 7	8.251 1	8.011 7	7.591 9	7.651 0
全国水利系统 46 岁至 54 岁从业人员(万人)	24.924 6	25.146 7	25.639 2	26.801 4	28.114 0	28.095 0	27.101 7	27.153 3	27.541 6	28.036 0	27.975 0

续表

年份	2007	2008	2009	2010	2011	2012	2013	2014	2015	2016	2017
全国水利系统36岁至45岁从业人员(万人)	39.2234	39.8202	39.0056	38.7408	38.3972	39.7940	39.0857	37.2708	36.2294	34.7278	33.0507
全国水利系统35岁及以下从业人员(万人)	36.4703	34.3244	32.4538	30.9590	27.5544	26.7137	25.6840	24.4671	22.9264	22.1371	21.7057
全国水利系统45岁以上人员占从业人员比例(%)	29.1	29.8	31.1	32.8	35.6	35.7	35.6	36.4	37.5	38.5	39.4
全国水利系统45岁以下人员占从业人员比例(%)	70.9	70.2	68.9	67.2	64.4	64.3	64.4	63.6	62.5	61.5	60.6
全国水利系统55岁及以上人员占从业人员比例(%)	5.7	5.9	6.4	6.9	8.2	8.5	8.6	8.5	8.5	8.2	8.5
全国水利系统46岁至54岁人员占从业人员比例(%)	23.4	23.8	24.7	25.8	27.4	27.2	27.0	28.0	29.1	30.3	31.0
全国水利系统36岁至45岁人员占从业人员比例(%)	36.8	37.7	37.6	37.4	37.5	38.5	38.9	38.4	38.3	37.5	36.6
全国水利系统35岁及以下人员占从业人员比例(%)	34.2	32.5	31.3	29.9	26.9	25.8	25.6	25.2	24.2	23.9	24.0

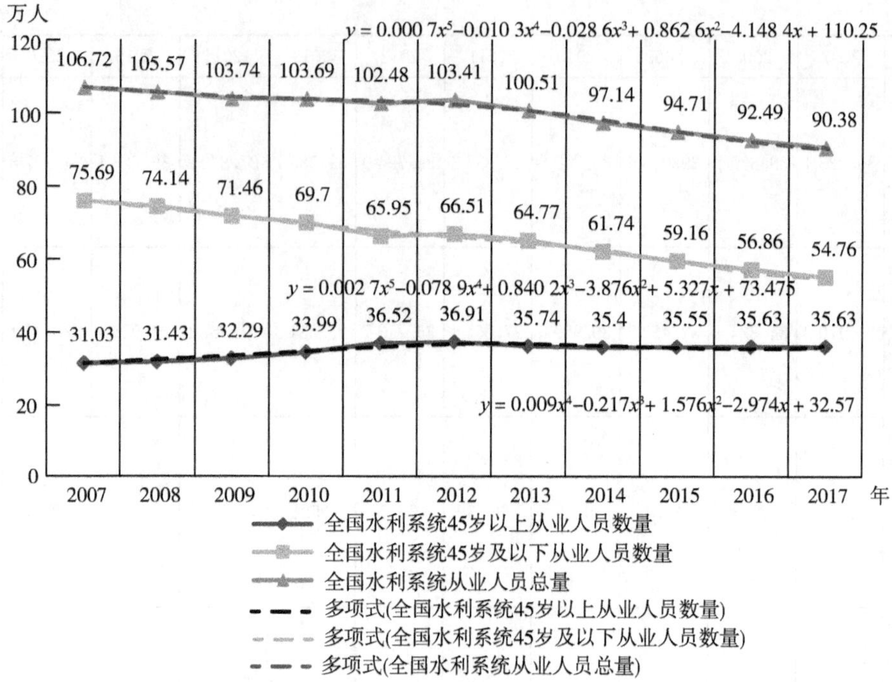

图 2-11　全国水利系统从业人员年龄分布趋势变化图(2007—2017 年)

(一) 45 岁以上从业人员的年龄分布情况

2007 年至 2017 年,全国水利系统 45 岁以上从业人员总量呈波动变化趋势,先由 2007 年的 31.03 万人逐年增长为 2012 年的 36.91 万人,5 年年平均增长 1.18 万人,再 1 年下降至 2013 年的 35.74 万人,随后的 4 年变化不大,至 2017 年底 45 岁以上从业人员为 35.63 万人。其中,55 岁及以上从业人员先由 2007 年的 6.10 万人逐年增长为 2012 年的 8.81 万人,5 年年平均增长 0.54 万人,再逐年下降为 2016 年的 7.59 万人,4 年年平均下降 0.31 万人,随后的 2017 年略有增长,增长为 7.65 万人;46 岁至 54 岁从业人员由 2007 年的 24.92 万人逐年增长为 2011 年的 28.11 万人,4 年年平均增长 0.80 万人,随后 6 年在(27.10 万人～28.10 万人)的区间内波动,截至 2017 年底 46 岁至 54 岁从业人员波动变化为 27.98 万人,具体情况如图 2-11 和图 2-12 所示。

如表 2-9 和图 2-14 所示,全国水利系统 45 岁以上人员占水利从业人员的比例呈快速增长趋势,由 2007 年的 29.1%增长为 2017 年的 39.4%,年平均增长 1.0 个百分点。其中,55 岁及以上人员占水利从业人员比例先逐年增长后趋于稳定,先由 2007 年的 5.7%逐年增长为 2013 年的 8.6%,6 年年平均增长 0.48 个百分点,随后 4 年占比波动中略有下降,至 2017 年底占比为 8.5%;46 岁至 54 岁人员占水利从业人员比例先快速逐年增长再逐年稍有下降后又逐年快速增长,先由 2007 年的 23.4%逐年快速增长为 2011 年的 27.4%,4 年年平均增长 1.0 个百分点,再 2 年逐年稍有下降至 2013 年的 27.0%,随后的 4 年又逐年快速增长至 2017 年的 31.0%,4 年年平均增长 1.0 个百分点。

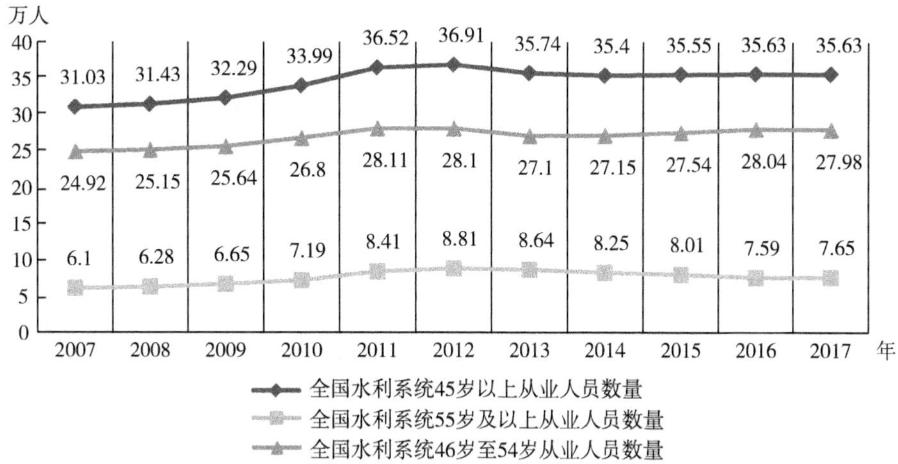

图 2-12　全国水利系统 45 岁以上从业人员年龄分布趋势变化图(2007—2017 年)

(二) 45 岁及以下从业人员的年龄分布情况

2007 年至 2017 年,全国水利系统 45 岁及以下从业人员总量先逐年快速下降再稍有增长后又快速下降,先由 2007 年的 75.69 万人逐年快速下降为 2011 年的 65.95 万人,4 年年平均下降 2.44 万人,再 1 年稍有增长至 2012 年的 66.51 万人,随后又逐年下降至 2017 年的 54.76 万人,5 年年平均下降 2.35 万人。其中,36 岁至 45 岁从业人员先波动变化后逐年快速下降,2007 年至 2012 年的 5 年间在(38.40 万人～39.82 万人)的区间波动,至 2012 年底变化为 39.79 万人,随后 5 年逐年下降至 2017 年的 33.05 万人,5 年年平均下降 1.35 万人;35 岁及以下从业人员逐年快速下降,由 2007 年的 36.47 万人逐年快速下降为 2017 年的 21.71 万人,年平均下降 1.48 万人,具体情况如图 2-11 和图 2-13 所示。

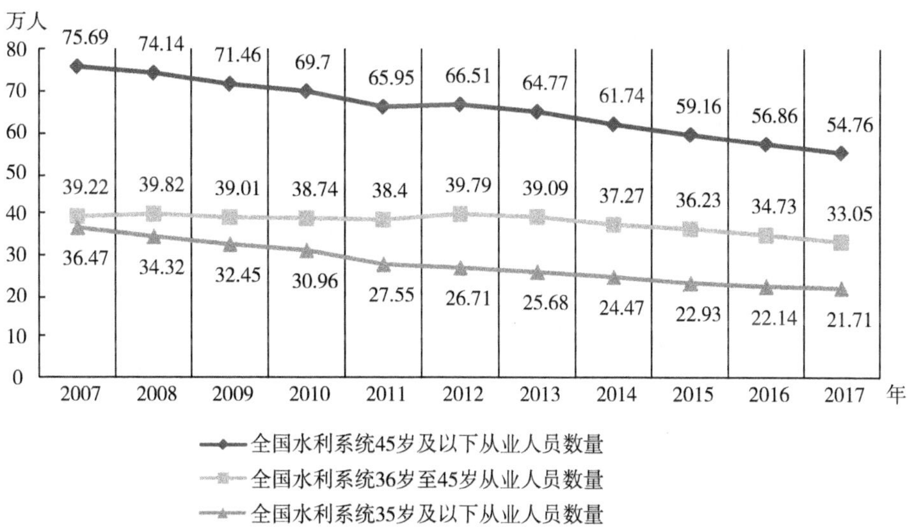

图 2-13　全国水利系统 45 岁及以下从业人员年龄分布趋势变化图(2007—2017 年)

续表

年份	2007	2008	2009	2010	2011	2012	2013	2014	2015	2016	2017
水利部直属系统 46 岁至 54 岁从业人员(万人)	1.888 1	2.013 4	2.213 6	2.234 0	2.275 6	2.127 8	1.957 3	1.921 1	1.953 6	1.954 0	1.904 1
水利部直属系统 36 岁至 45 岁从业人员(万人)	2.688 0	2.695 3	2.480 6	2.558 6	2.421 7	2.318 0	2.114 7	1.921 6	1.871 9	1.757 4	1.714 2
水利部直属系统 35 岁及以下从业人员(万人)	2.335 4	2.280 3	2.232 9	2.281 9	2.282 8	2.364 2	2.307 4	2.324 5	2.249 8	2.196 3	2.215 0
水利部直属系统 45 岁以上人员占从业人员比例(%)	29.4	31.1	34.5	34.8	37.4	36.9	36.5	36.9	37.8	38.5	38.4
水利部直属系统 45 岁及以下人员占从业人员比例(%)	70.6	68.9	65.5	65.2	62.6	63.1	63.5	63.1	62.2	61.5	61.6
水利部直属系统 55 岁及以上人员占从业人员比例(%)	2.9	3.2	3.8	4.7	7.1	8.2	8.3	8.4	8.3	8.0	8.5
水利部直属系统 46 岁至 54 岁人员占从业人员比例(%)	26.5	27.9	30.7	30.1	30.3	28.7	28.1	28.5	29.5	30.4	29.9
水利部直属系统 36 岁至 45 岁人员占从业人员比例(%)	37.8	37.3	34.5	34.5	32.2	31.3	30.4	28.5	28.3	27.4	26.9
水利部直属系统 35 岁及以下人员占从业人员比例(%)	32.8	31.6	31.0	30.7	30.4	31.9	33.2	34.5	34.0	34.2	34.7

(一) 45 岁以上从业人员的年龄分布情况

2007 年至 2017 年,水利部直属系统 45 岁以上从业人员总量呈先逐年增长再逐年下降后稍有波动的变化趋势,先由 2007 年的 2.09 万人逐年增长为 2011 年的 2.81 万人,4 年年平均增长 0.18 万人,再 2 年逐年下降至 2013 年的 2.54 万人,随后的 4 年变化不大,至 2017 年底 45 岁以上从业人员为 2.45 万人。其中,55 岁及以上从业人员先由 2007 年的 0.2 万人逐年增长为 2012 年的 0.61 万人,5 年年平均增长 0.08 万人,再波动下降为 2017 年的 0.54 万人;46 岁至 54 岁从业人员由 2007 年的 1.89 万人逐年增长为 2011 年的 2.28 万人,4 年年平均增长 0.10 万人,再 2 年逐年下降至 2013 年的 1.96 万人,随后的 4 年变化不大,至 2017 年底为 1.90 万人,具体情况如图 2-15 和图 2-16 所示。

如表 2-11 和图 2-18 所示,水利部直属系统 45 岁以上人员占水利从业人员的比例呈波动增长趋势,由 2007 年的 29.4%增长为 2017 年的 38.4%,年平均增长 0.9 个百分点。其中,55 岁及以上人员占水利从业人员比例先逐年增长后趋于稳定,先由 2007 年的 2.9%逐年增长为 2013 年的 8.3%,6 年年平均增长 0.9 个百分点,随后 4 年占比波动中略有增长,至 2017 年底占比为 8.5%;46 岁至 54 岁人员占水利从业人员比例先快速逐年增长后稍有下降,先由 2007 年的 26.5%逐年快速增长为 2009 年的 30.7%,2 年年平均增长 2.1 个百分点,随后的 8 年仅稍有波动,至 2017 年波动下降为 29.9%。

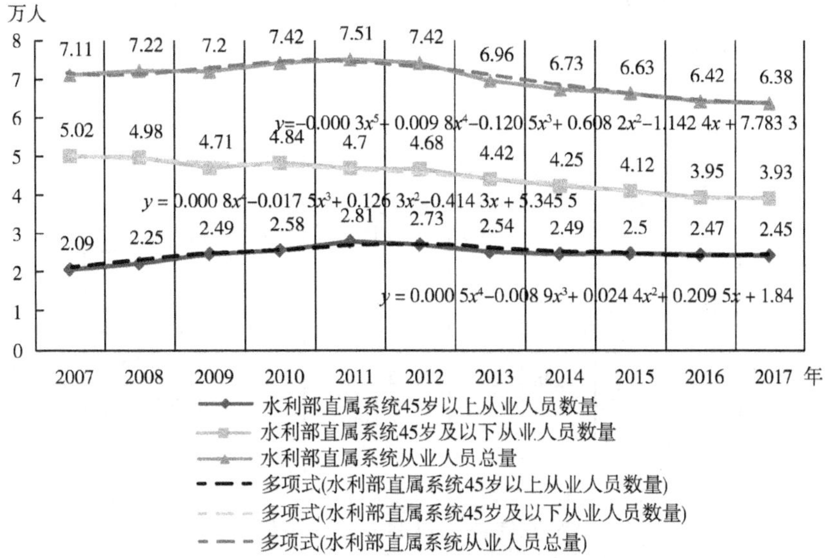

图 2-15 水利部直属系统从业人员年龄分布趋势变化图(2007—2017 年)

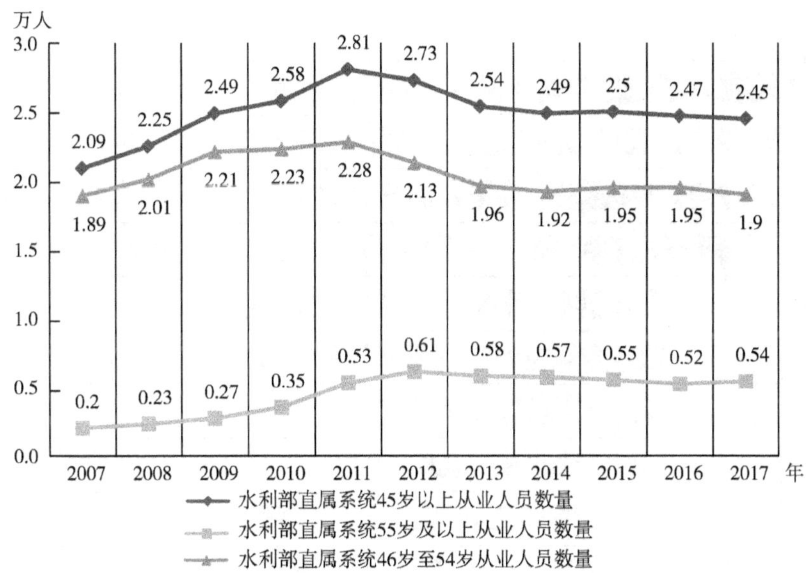

图 2-16 水利部直属系统 45 岁以上从业人员年龄分布趋势变化图(2007—2017 年)

(二) 45 岁及以下从业人员的年龄分布情况

2007 年至 2017 年,水利部直属系统 45 岁及以下从业人员总量波动下降,由 2007 年的 5.02 万人下降为 2017 年的 3.93 万人,年平均下降 0.11 万人。其中,36 岁至 45 岁从业人员先波动变化后逐年快速下降，先由 2007 年的 2.69 万人波动下降为 2010 年的 2.56 万人，随后的 7 年逐年下降至 2017 年的 1.71 万人，7 年年平均下降 0.12 万人；35 岁及以下从业人员在（2.20 万人～2.36 万人）的区间波动变化，由 2007 年的 2.34 万人波动变化为 2017 年的 2.22 万人，具体情况如图 2-15 和图 2-17 所示。

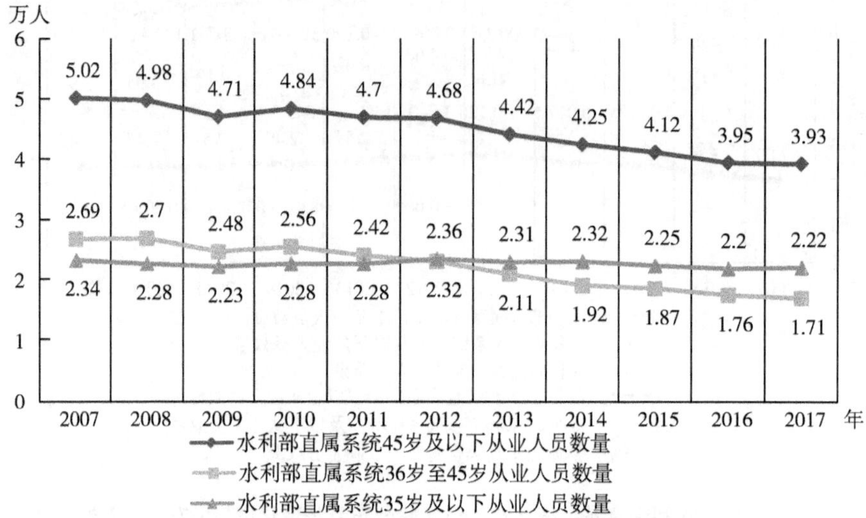

图 2-17　水利部直属系统 45 岁及以下从业人员年龄分布趋势变化图（2007—2017 年）

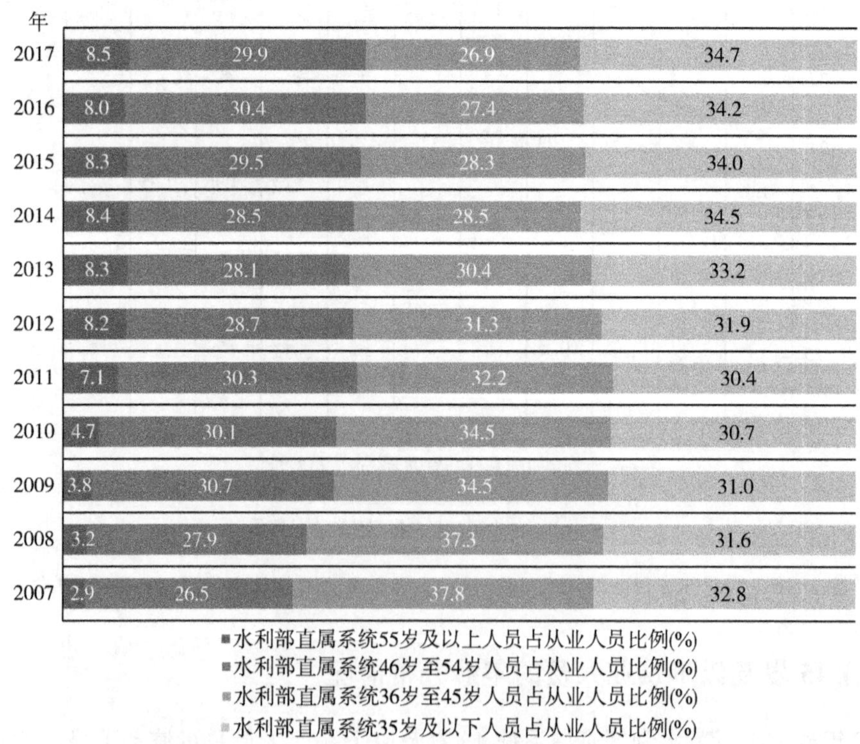

图 2-18　水利部直属系统从业人员各年龄段占比分布变化趋势图（2007—2017 年）

如表 2-11 和图 2-18 所示，水利部直属系统 45 岁及以下人员占水利从业人员的比例呈波动下降趋势，由 2007 年的 70.6%下降为 2017 年的 61.6%，年平均下降 0.9 个百分点。其中，36 岁至 45 岁人员占水利从业人员比例呈波动下降趋势，由 2007 年的 37.8%波动下降为 2017 年的 26.9%，年平均下降 1.1 个百分点；35 岁及以下人员占水利从业人员比例呈波动增长趋势，由 2007 年的 32.8%波动增长为 2017 年的 34.7%。

(三) 水利部直属系统从业人员年龄分布的变化趋势

根据 2007 年至 2017 年的水利部直属系统从业人员年龄分布及其变化来预测 2018 年至 2020 年间年龄分布的变化趋势。从 2018—2020 年 3 年的预测值来看，水利部直属系统 45 岁以上从业人员将稍有增长，45 岁及以下从业人员将稍有下降。详见表 2-12。

表 2-12　水利部直属系统从业人员年龄分布及变化趋势(2007—2020 年)

统计和预测	年份	45 岁以上(万人)									45 岁及以下(万人)								
		总量			55 岁及以上			46 岁至 54 岁			总量			36 岁至 45 岁			35 岁及以下		
		数量	上限	下限	数量	上限	下限	数量	上限	下限	数量	上限	下限	数量	上限	下限	数量	上限	下限
统计	2007	2.09	/	/	0.20	/	/	1.89	/	/	5.02	/	/	2.69	/	/	2.34	/	/
	2008	2.25	/	/	0.23	/	/	2.01	/	/	4.98	/	/	2.70	/	/	2.28	/	/
	2009	2.49	/	/	0.27	/	/	2.21	/	/	4.71	/	/	2.48	/	/	2.23	/	/
	2010	2.58	/	/	0.35	/	/	2.23	/	/	4.84	/	/	2.56	/	/	2.28	/	/
	2011	2.81	/	/	0.53	/	/	2.28	/	/	4.70	/	/	2.42	/	/	2.28	/	/
	2012	2.73	/	/	0.61	/	/	2.13	/	/	4.68	/	/	2.32	/	/	2.36	/	/
	2013	2.54	/	/	0.58	/	/	1.96	/	/	4.42	/	/	2.11	/	/	2.31	/	/
	2014	2.49	/	/	0.57	/	/	1.92	/	/	4.25	/	/	1.92	/	/	2.32	/	/
	2015	2.50	/	/	0.55	/	/	1.95	/	/	4.12	/	/	1.87	/	/	2.25	/	/
	2016	2.47	/	/	0.52	/	/	1.95	/	/	3.95	/	/	1.76	/	/	2.20	/	/
	2017	2.45	/	/	0.54	/	/	1.90	/	/	3.93	/	/	1.71	/	/	2.22	/	/
预测	2018	2.43	2.72	2.14	0.56	0.70	0.42	1.86	2.08	1.63	3.80	4.04	3.57	1.57	1.76	1.38	2.23	2.33	2.11
	2019	2.41	2.99	1.82	0.58	0.88	0.28	1.81	2.29	1.33	3.69	3.93	3.45	1.46	1.65	1.27	2.22	2.37	2.07
	2020	2.39	3.32	1.45	0.60	1.11	0.09	1.77	2.56	0.98	3.57	3.81	3.33	1.35	1.55	1.16	2.21	2.40	2.04
预测模型类型		Brown			Brown			Brown			Holt			Holt			简单线性		

如表 2-12 所示，至 2020 年底水利部直属系统 45 岁以上从业人员约为 2.39 万人，其中 55 岁及以上从业人员约为 0.60 万人，46 岁至 54 岁从业人员约为 1.77 万人；45 岁及以下从业人员约为 3.57 万人，其中 36 岁至 45 岁从业人员约为 1.35 万人，35 岁及以下从业人员约为 2.21 万人。

2017 年的 31.0%，4 年年平均增长 1.0 个百分点。

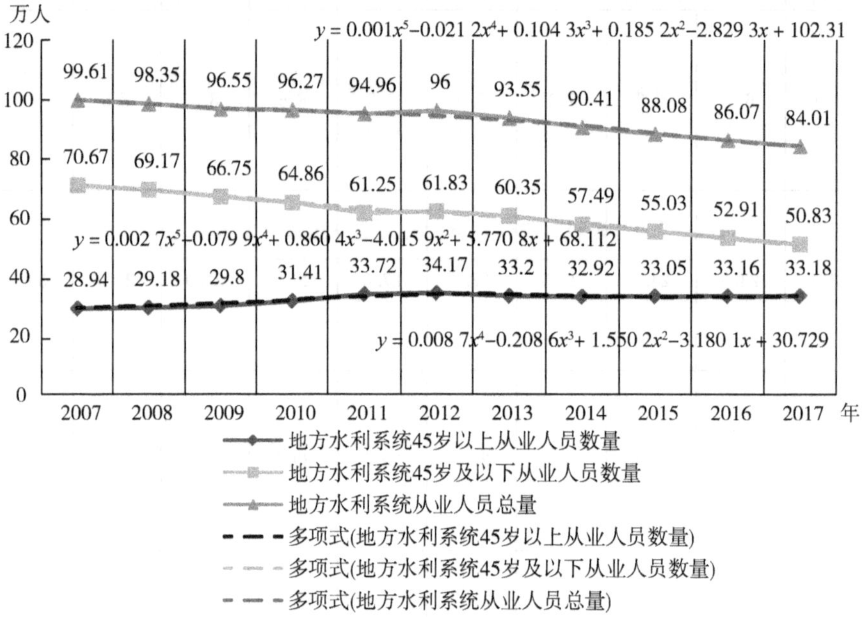

图 2-19　地方水利系统从业人员年龄分布趋势变化图(2007—2017 年)

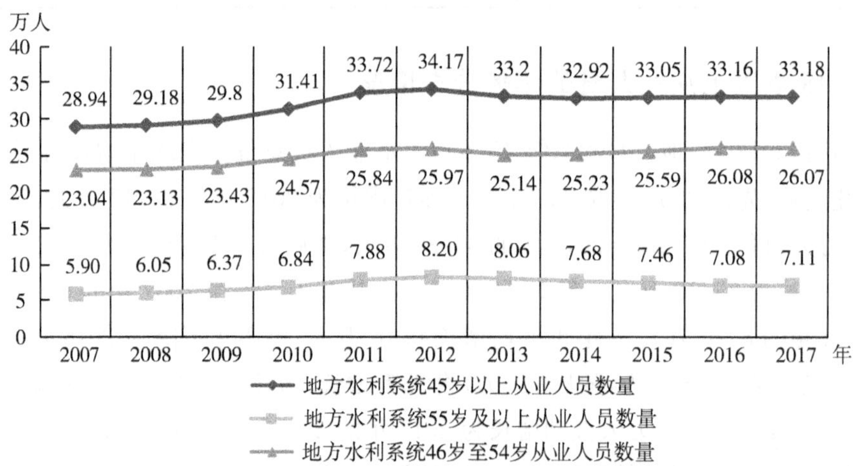

图 2-20　地方水利系统 45 岁以上从业人员年龄分布趋势变化图(2007—2017 年)

(二) 45 岁及以下从业人员的年龄分布情况

2007 年至 2017 年，地方水利系统 45 岁及以下从业人员总量呈先逐年快速下降再稍有增长后又快速下降趋势，先由 2007 年的 70.67 万人逐年快速下降为 2011 年的 61.25 万人，4 年年平均下降 2.36 万人，再 1 年稍有增长至 2012 年的 61.83 万人，随后又逐年下降至 2017 年的 50.83 万人，5 年年平均下降 2.20 万人。其中，36 岁至 45 岁从业人员先波动变化后逐年快速下降,2007 年至 2012 年的 5 年间在(35.98 万人～37.48 万人)的区间波动,至 2012 年底变化为 37.48 万人,随后 5 年逐年下降至 2017 年的 31.34 万人,5 年年平均下降 1.23 万人;35 岁及以下从业人员逐年快速下降,由 2007 年的 34.13 万人逐年快速下降为 2017 年的 19.49 万人,年平均下降 1.46 万人,具体情况如图 2-21 所示。

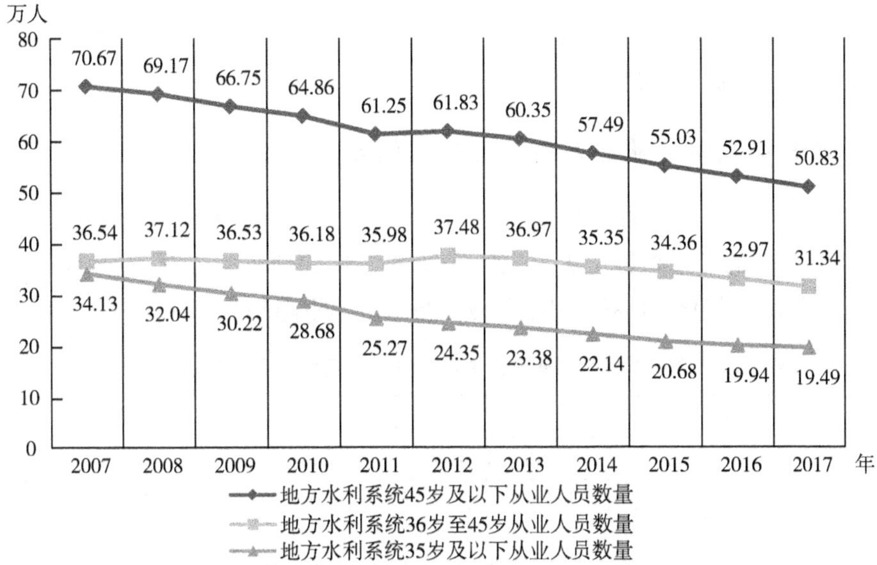

图 2-21 地方水利系统 45 岁及以下从业人员年龄分布趋势变化图(2007—2017 年)

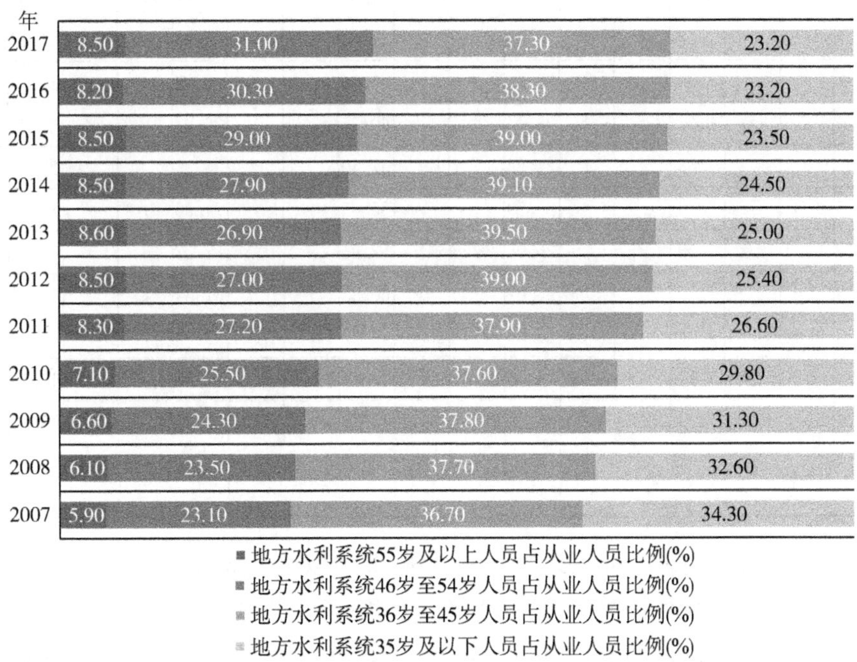

图 2-22 地方水利系统从业人员各年龄段占比分布变化趋势图(2007—2017 年)

如表 2-13 和图 2-22 所示，地方水利系统 45 岁及以下人员占水利从业人员的比例呈波动下降趋势，由 2007 年的 70.9%下降为 2017 年的 60.5%，年平均下降 1.0 个百分点。其中，36 岁至 45 岁人员占水利从业人员比例呈先波动增长后逐年下降趋势，先由 2007 年的 36.7%波动增长为 2013 年的 39.5%，6 年年平均增长 0.47 个百分点，随后逐年下降至 2017 年的 37.3%，4 年年平均下降 0.55 个百分点；35 岁及以下人员占水利从业人员比例快速下降，先由 2007 年的 34.3%逐年下降为 2016 年的 23.2%，9 年年平均下降 1.2 个百分点，随后的 2017 年 35 岁及以下人员占比没有变化，仍为 23.2%。

（三）地方水利系统从业人员年龄分布的变化趋势

根据 2007 年至 2017 年的地方水利系统从业人员年龄分布及其变化来预测 2018 年至 2020 年间年龄分布的变化趋势。从 2018—2020 年 3 年的预测值来看，地方水利系统 45 岁以上从业人员呈增长趋势，45 岁及以下从业人员呈快速下降趋势。详见表 2-14。

表 2-14 地方水利系统从业人员年龄分布及变化趋势(2007—2020 年)

统计和预测	年份	45 岁以上(万人)									45 岁及以下(万人)								
		总量			55 岁及以上			46 岁至 54 岁			总量			36 岁至 45 岁			35 岁及以下		
		数量	上限	下限	数量	上限	下限	数量	上限	下限	数量	上限	下限	数量	上限	下限	数量	上限	下限
统计	2007	28.94	/	/	5.90	/	/	23.04	/	/	70.67	/	/	36.54	/	/	34.13	/	/
	2008	29.18	/	/	6.05	/	/	23.13	/	/	69.17	/	/	37.12	/	/	32.04	/	/
	2009	29.80	/	/	6.37	/	/	23.43	/	/	66.75	/	/	36.53	/	/	30.22	/	/
	2010	31.41	/	/	6.84	/	/	24.57	/	/	64.86	/	/	36.18	/	/	28.68	/	/
	2011	33.72	/	/	7.88	/	/	25.84	/	/	61.25	/	/	35.98	/	/	25.27	/	/
	2012	34.17	/	/	8.20	/	/	25.97	/	/	61.83	/	/	37.48	/	/	24.35	/	/
	2013	33.20	/	/	8.06	/	/	25.14	/	/	60.35	/	/	36.97	/	/	23.38	/	/
	2014	32.92	/	/	7.68	/	/	25.23	/	/	57.49	/	/	35.35	/	/	22.14	/	/
	2015	33.05	/	/	7.46	/	/	25.59	/	/	55.03	/	/	34.36	/	/	20.68	/	/
	2016	33.16	/	/	7.08	/	/	26.08	/	/	52.91	/	/	32.97	/	/	19.94	/	/
	2017	33.18	/	/	7.11	/	/	26.07	/	/	50.83	/	/	31.34	/	/	19.49	/	/
预测	2018	33.20	35.16	31.24	7.14	7.97	6.31	26.37	27.72	25.03	49.27	51.27	47.27	29.92	32.05	27.80	18.03	19.94	16.11
	2019	33.22	37.60	28.84	7.17	9.02	5.32	26.68	28.58	24.78	47.31	49.35	45.28	28.47	32.22	24.73	16.56	19.27	13.85
	2020	33.24	40.58	25.90	7.20	10.30	4.10	26.98	29.31	24.65	45.36	47.43	43.28	27.02	32.66	21.39	15.10	18.42	11.78
预测模型类型		Brown			Brown			ARIMA(0,1,0)			Holt			Brown			ARIMA(0,1,0)		

如表 2-14 所示，至 2020 年底地方水利系统 45 岁以上从业人员约为 33.24 万人，其中 55 岁及以上从业人员约为 7.20 万人，46 岁至 54 岁从业人员约为 26.98 万人；45 岁及以下从业人员约为 45.36 万人，其中 36 岁至 45 岁从业人员约为 27.02 万人，35 岁及以下从业人员约为 15.10 万人。

第四章　中国水利从业人员按行业的分布情况（2007—2017 年）

按照国民经济行业分类的国家标准(GB/T 4754—2017),中国水利从业人员主要分布在制造业(机械修造,C3597/C439)、电力/热力/燃气及水生产和供应业(电力生产、水电,D441/D4413)、建筑业(工程施工,E482/E487)、信息传输/软件和信息技术服务业(通信,I65/I6531)、租赁和商务服务业(后勤、物资供销,L72)、科学研究和技术服务业(科研、规划勘测设计,M73/M748)、水利/环境和公共设施管理业(水利工程管理、水资源保护/基层水利水保站、水文、水土保持,N761/N762/N764/N7711)、教育(教育,P83)、卫生和社会工作(卫生,Q84)、公共管理/社会保障和社会组织(各级水利厅局机关、水行政管理 S922/S9226)10 个门类的行业。

本章从全国水利系统从业人员、水利部直属系统从业人员和地方水利系统从业人员 3 个方面,分析 2007 年至 2017 年期间中国水利从业人员按行业分布的变化情况。按行业的分布情况从涉水支撑行业、涉水辅助支撑行业和涉水辅助行业 3 个维度进行区分。其中涉水支撑行业包括 S 公共管理/社会保障和社会组织、N 水利/环境和公共设施管理业、D 电力/热力/燃气及水生产和供应业 3 个门类的行业;涉水辅助支撑行业包括 C 制造业、E 建筑业、I 信息传输/软件和信息技术服务业、M 科学研究和技术服务业 4 个门类的行业;涉水辅助行业包括 L 租赁和商务服务业、P 教育、Q 卫生和社会工作 3 个门类以及其他的行业。

一、全国水利系统从业人员按行业的分布情况

2007 年至 2017 年期间,全国水利系统涉水支撑行业从业人员总量呈波动下降趋势,涉水辅助支撑行业呈波动下降趋势,涉水辅助行业呈先波动增长后逐年下降趋势。具体情况如表 2-15 和图 2-23 所示。

表 2-15　全国水利系统从业人员按行业的分布统计表(2007—2017 年)

年份	2007	2008	2009	2010	2011	2012	2013	2014	2015	2016	2017
全国水利系统涉水支撑行业从业人员(万人)	74.640 5	72.649 3	71.089 2	70.515 4	71.683 1	70.433 4	69.727 1	66.375 2	64.769 9	63.124 7	61.871 7

续表

年份	2007	2008	2009	2010	2011	2012	2013	2014	2015	2016	2017
全国水利系统涉水辅助支撑行业从业人员（万人）	15. 367 5	14. 740 4	14. 436 2	14. 875 8	14. 599 7	13. 842 6	13. 13	13. 327 2	12. 771 6	12. 739 6	13. 393
全国水利系统涉水辅助行业从业人员（万人）	16. 749 4	18. 175 1	18. 219 2	18. 299 1	17. 572 4	19. 138 2	17. 652	17. 439 9	17. 179 4	16. 628 5	15. 117 7
全国水利系统水行政管理行业从业人员(万人)	7. 344 3	7. 961 9	7. 970 5	7. 787 3	7. 042 2	7. 168 7	7. 122 4	6. 895 8	6. 704 7	6. 453 3	6. 256 1
全国水利系统水利工程管理行业从业人员（万人）	45. 925 2	44. 907 9	44. 355 6	43. 978 4	43. 602 3	42. 337 1	41. 988	40. 787 2	40. 051	39. 275 7	38. 992 9
全国水利系统水资源保护行业从业人员(万人)	6. 155	5. 864 3	5. 739 7	5. 740 1	7. 786	7. 173 2	7. 147 5	7. 076	6. 662 7	6. 407 5	6. 137 3
全国水利系统水文行业从业人员（万人）	2. 786 8	2. 779 6	2. 793 8	2. 753 4	2. 745 8	2. 749 9	2. 777 4	2. 685 4	2. 734 3	2. 764 9	2. 677 7
全国水利系统水土保持行业从业人员（万人）	2. 081 8	2. 127 8	2. 142 4	2. 245 9	2. 271 1	2. 225 8	2. 213 4	2. 124 4	2. 112 7	2. 026 3	1. 991 2
全国水利系统电力生产行业从业人员（万人）	10. 347 4	9. 007 8	8. 087 2	8. 010 3	8. 235 7	8. 778 7	8. 478 4	6. 806 4	6. 504 5	6. 197	5. 816 5
全国水利系统机械修造行业从业人员（万人）	0. 763 2	0. 627 9	0. 598 5	0. 552 3	0. 542 3	0. 483 2	0. 304 7	0. 347 9	0. 325 1	0. 228 8	0. 224 8

续表

年份	2007	2008	2009	2010	2011	2012	2013	2014	2015	2016	2017
全国水利系统工程施工行业从业人员(万人)	8.552 2	8.011 7	7.844 4	8.389 7	7.946 2	7.207 1	6.947	7.328 8	7.026 8	7.287 8	7.963 8
全国水利系统通信行业从业人员(万人)	0.076 5	0.074 4	0.074 5	0.073 6	0.073 3	0.063	0.063 2	0.064 7	0.066 5	0.066 3	0.067 2
全国水利系统科研行业从业人员(万人)	0.999 4	1.000 4	0.960 6	1.023 1	1.053 9	1.068 2	1.027 1	1.001 7	0.941 2	0.959 8	0.95
全国水利系统规划勘测设计行业从业人员(万人)	4.976 2	5.026	4.958 2	4.837 1	4.984	5.021 1	4.788	4.584 1	4.412	4.196 9	4.187 2
全国水利系统后勤行业从业人员(万人)	1.008 3	0.986 1	0.894	0.850 1	0.856 7	0.76	0.704 2	0.663	0.623 9	0.555 7	0.524 8
全国水利系统教育行业从业人员(万人)	0.924 5	0.971 8	0.906 6	0.817 7	0.837	0.869 2	0.879 5	0.810 2	0.798 4	0.787 8	0.731 8
全国水利系统卫生行业从业人员(万人)	0.199 4	0.198	0.199 2	0.204 7	0.211 3	0.209	0.206 3	0.210 7	0.251 4	0.215 9	0.225 4
全国水利系统其他行业从业人员(万人)	14.617 2	16.019 2	16.219 4	16.426 6	15.667 4	17.3	15.862	15.756	15.505 7	15.069 1	13.635 7
全国水利系统涉水支撑行业人员占从业人员比例(%)	69.9	68.8	68.5	68.0	69.9	68.1	69.4	68.3	68.4	68.3	68.5

续表

年份	2007	2008	2009	2010	2011	2012	2013	2014	2015	2016	2017
全国水利系统涉水辅助支撑行业人员占从业人员比例(%)	14.4	14.0	13.9	14.3	14.2	13.4	13.1	13.7	13.5	13.8	14.8
全国水利系统涉水辅助行业人员占从业人员比例(%)	15.7	17.2	17.6	17.6	17.1	18.5	17.6	18.0	18.1	18.0	16.7
全国水利系统水行政管理行业人员占从业人员比例(%)	6.9	7.5	7.7	7.5	6.9	6.9	7.1	7.1	7.1	7.0	6.9
全国水利系统水利工程管理行业人员占从业人员比例(%)	43.0	42.5	42.8	42.4	42.5	40.9	41.8	42.0	42.3	42.5	43.1
全国水利系统水资源保护行业人员占从业人员比例(%)	5.8	5.6	5.5	5.5	7.6	6.9	7.1	7.3	7.0	6.9	6.8
全国水利系统水文行业人员占从业人员比例(%)	2.6	2.6	2.7	2.7	2.7	2.7	2.8	2.8	2.9	3.0	3.0
全国水利系统水土保持行业人员占从业人员比例(%)	1.9	2.0	2.1	2.2	2.2	2.2	2.2	2.2	2.2	2.2	2.2
全国水利系统电力生产行业人员占从业人员比例(%)	9.7	8.5	7.8	7.7	8.0	8.5	8.4	7.0	6.9	6.7	6.4

续表

年份	2007	2008	2009	2010	2011	2012	2013	2014	2015	2016	2017
全国水利系统机械修造行业人员占从业人员比例(%)	0.7	0.6	0.6	0.5	0.5	0.5	0.3	0.4	0.3	0.2	0.2
全国水利系统工程施工行业人员占从业人员比例(%)	8.0	7.6	7.6	8.1	7.8	7.0	6.9	7.5	7.4	7.9	8.8
全国水利系统通信行业人员占从业人员比例(%)	0.1	0.1	0.1	0.1	0.1	0.1	0.1	0.1	0.1	0.1	0.1
全国水利系统科研行业人员占从业人员比例(%)	0.9	0.9	0.9	1.0	1.0	1.0	1.0	1.0	1.0	1.0	1.1
全国水利系统规划勘测设计行业人员占从业人员比例(%)	4.7	4.8	4.8	4.7	4.9	4.9	4.8	4.7	4.7	4.5	4.6
全国水利系统后勤行业人员占从业人员比例(%)	0.9	0.9	0.9	0.8	0.8	0.7	0.7	0.7	0.7	0.6	0.6
全国水利系统教育行业人员占从业人员比(%)	0.9	0.9	0.9	0.8	0.8	0.8	0.9	0.8	0.8	0.9	0.8
全国水利系统卫生行业人员占从业人员比例(%)	0.2	0.2	0.2	0.2	0.2	0.2	0.2	0.2	0.3	0.2	0.2
全国水利系统其他行业人员占从业人员比例(%)	13.7	15.2	15.6	15.8	15.3	16.7	15.8	16.2	16.4	16.3	15.1

(一) 涉水支撑行业从业人员的分布情况

2007年至2017年，全国水利系统涉水支撑行业从业人员总量呈波动下降趋势，先由2007年的74.64万人逐年快速下降为2010年的70.52万人，3年年均下降1.37万人，随后3年稍有波动，至2013年为69.73万人，之后又逐年快速下降为2017年的61.87万人，4年年均下降1.97万人。其中，水行政管理行业从业人员先由2007年的7.34万人波动变化为2012年的7.17万人，随后逐年下降为2017年的6.26万人，5年年均下降0.18万人；水利工程管理行业从业人员由2007年的45.93万人逐年下降为2017年的38.99万人，年均下降0.69万人；水资源保护行业从业人员先由2007年的6.16万人下降为2010年的5.74万人，再1年增长了2.05万人，至2011年底为7.79万人，随后逐年下降为2017年的6.14万人，6年年均下降0.28万人；水文行业和水土保持行业从业人员均稍有波动，截至2017年底分别为2.68万人和1.99万人；电力生产行业从业人员先由2007年的10.35万人快速下降为2009年的8.09万人，2年年均下降1.13万人，随后波动变化为2013年的8.48万人，再1年快速下降了1.67万人，至2014年底为6.81万人，随后逐年下降为2017年的5.82万人，3年年均下降0.33万人。具体情况如图2-23和图2-24所示。

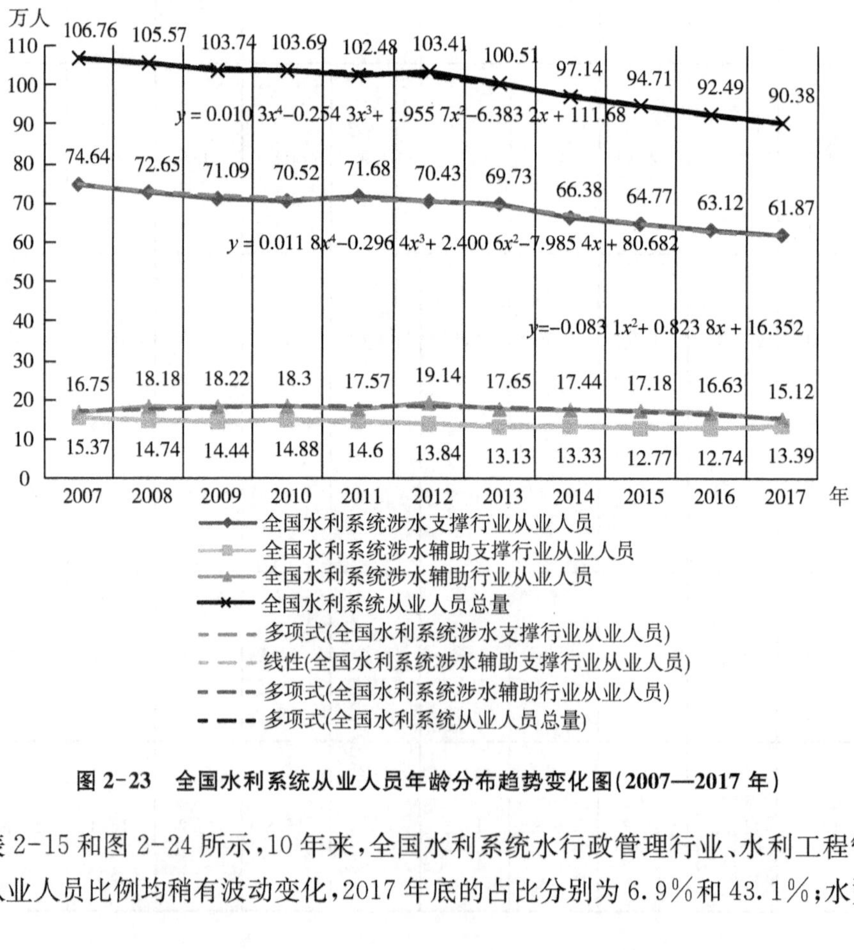

图2-23　全国水利系统从业人员年龄分布趋势变化图(2007—2017年)

如表2-15和图2-24所示，10年来，全国水利系统水行政管理行业、水利工程管理行业人员占从业人员比例均稍有波动变化，2017年底的占比分别为6.9%和43.1%；水资源保护行业、水文行业、水土保持行业人员占从业人员比例稍有增长,2017 年底的占比分别为 6.8%、3.0%和 2.2%;电力生产行业人员占从业人员比例呈波动下降趋势,由 2007 年的 9.7%波动下降为 2017 年的 6.4%,年均下降 0.33 个百分点。

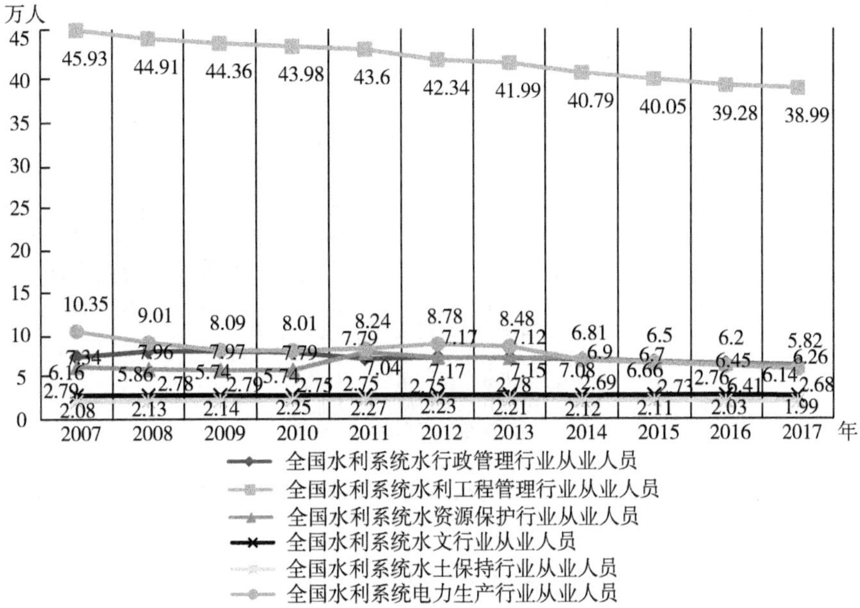

图 2-24　全国水利系统涉水支撑行业从业人员分布趋势变化图(2007—2017 年)

(二)涉水辅助支撑行业从业人员的分布情况

2007 年至 2017 年,全国水利系统涉水辅助支撑行业从业人员总量呈波动下降趋势,先由 2007 年的 15.37 万人波动下降为 2016 年的 12.74 万人,9 年年平均下降 0.29 万人,随后 1 年增长了 0.65 万人,至 2017 年底为 13.39 万人。其中,机械修造行业从业人员由 2007 年的 0.76 万人波动下降为 2017 年的 0.22 万人,年均下降 0.05 万人;工程施工行业从业人员由 2007 年的 8.55 万人波动下降为 2017 年的 7.96 万人;通信行业和科研行业从业人员均稍有波动,截至 2017 年底分别为 0.07 万人和 0.95 万人;规划勘测设计行业从业人员先由 2007 年的 4.98 万人波动变化为 2012 年的 5.02 万人,随后逐年下降为 2017 年的 4.19 万人,5 年年均下降 0.17 万人。具体情况如图 2-23 和图 2-25 所示。

如表 2-15 和图 2-25 所示,10 年来,全国水利系统机械修造行业人员占从业人员比例呈波动下降趋势,由 2007 年的 0.7%波动下降为 2017 年的 0.2%,年均下降 0.05 个百分点;工程施工行业人员占从业人员比例呈先波动下降后波动增长趋势,先由 2007 年的 8.0%波动下降为 2013 年的 6.9%,6 年年均下降 0.18 个百分点,后波动增长为 2017 年的 8.8%,4 年年均增长 0.48 个百分点;通信行业、科研行业、规划勘测设计行业人员占从业人员比例均稍有波动变化,2017 年底的占比分别为 0.1%、1.1%和 4.6%。

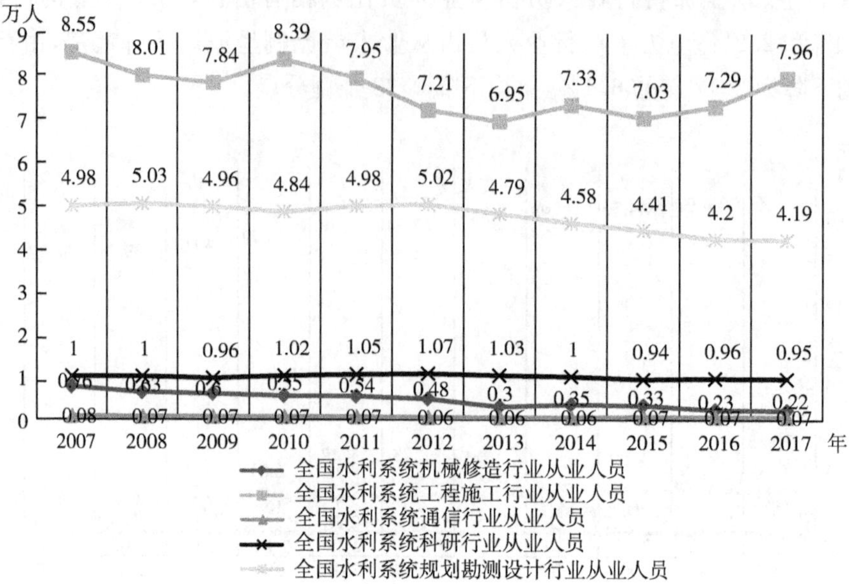

图 2-25 全国水利系统涉水辅助支撑行业从业人员的分布趋势变化图(2007—2017 年)

(三) 涉水辅助行业从业人员的分布情况

2007 年至 2017 年,全国水利系统涉水辅助行业从业人员总量呈先波动增长后逐年下降趋势,先由 2007 年的 16.75 万人波动增长为 2012 年的 19.14 万人,5 年年平均增长 0.48 万人,随后逐年下降为 2017 年的 15.12 万人,5 年年平均下降 0.80 万人。其中,后勤行业从业人员由 2007 年的 1.01 万人逐年下降为 2017 年的 0.52 万人,年均下降 0.05 万人;教育行业从业人员由 2007 年的 0.92 万人波动下降为 2017 年的 0.73 万人,年均下降 0.02 万人;卫生行业稍有波动增长,截至 2017 年底为 0.23 万人;其他行业从业人员先由 2007 年的 14.62 万人波动增长为 2012 年的 17.30 万人,5 年年均增长 0.54 万人,随后逐年下降为 2017 年的 13.64 万人,5 年年均下降 0.73 万人。具体情况如图 2-23 和图 2-26 所示。

如表 2-15 和图 2-26 所示,10 年来,全国水利系统后勤行业人员占从业人员比例呈波动下降趋势,由 2007 年的 0.9%波动下降为 2017 年的 0.6%,年均下降 0.03 个百分点;教育行业、卫生行业人员占从业人员比例均稍有波动变化,2017 年底的占比分别为 0.8%和 0.2%;其他行业人员占从业人员比例呈先波动增长后逐年下降趋势,先由 2007 年的 13.7%波动增长为 2015 年的 16.4%,8 年年均增长 0.34 个百分点,后逐年下降为 2017 年的 15.1%,2 年年均下降 0.65 个百分点。

如表 2-15 和图 2-27 所示,10 年来,全国水利系统涉水支撑行业人员占水利从业人员的比例在(68.1%~69.9%)区间稍有波动,平均占比为 68.7%;涉水辅助支撑行业人员占水利从业人员的比例在(13.1%~14.8%)区间稍有波动,平均占比为 13.9%;涉水辅助行业人员占水利从业人员的比例在(15.7%~18.5%)区间稍有波动,平均占比为 17.5%。

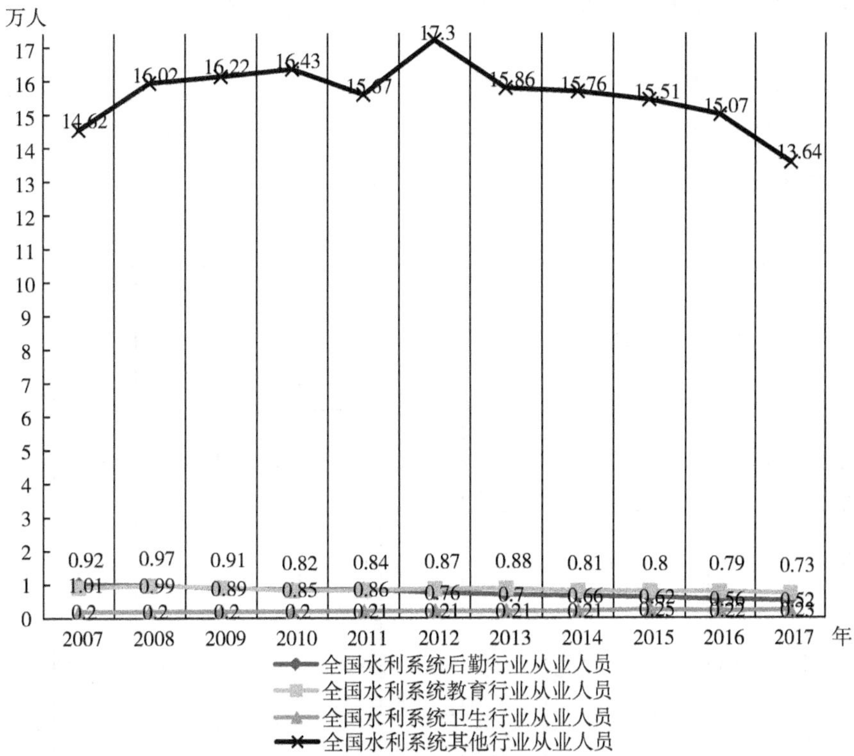

图 2-26 全国水利系统涉水辅助行业从业人员分布趋势变化图(2007—2017 年)

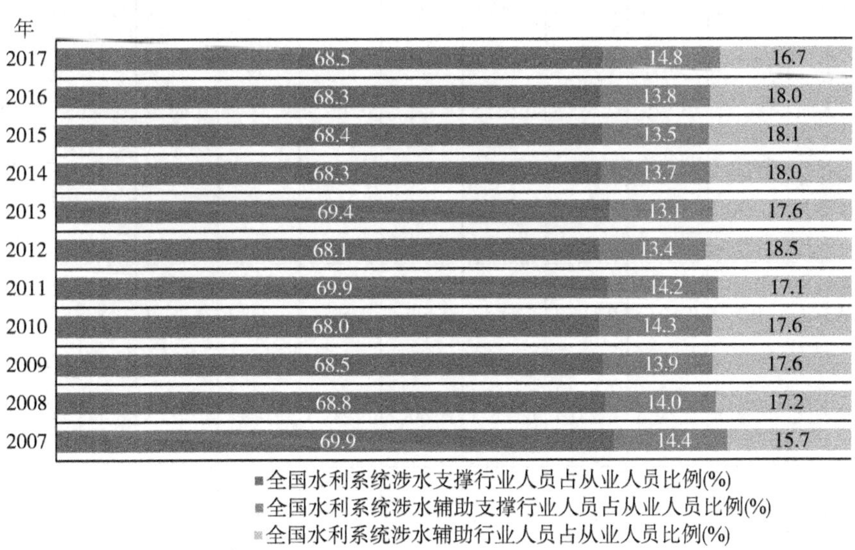

图 2-27 全国水利系统从业人员各行业占比分布变化趋势图(2007—2017 年)

二、水利部直属系统从业人员按行业的分布情况

2007 年至 2017 年期间，水利部直属系统涉水支撑行业从业人员总量呈先逐年增长再稍有波动后逐年下降趋势，涉水辅助支撑行业呈先稍有波动再快速下降后稍有下降趋势，涉水辅助行业呈先稍有波动再快速下降后又稍有波动趋势。具体情况如表 2-16 和图 2-28 所示。

表 2-16　水利部直属系统从业人员按行业的分布统计表（2007—2017 年）

年份	2007	2008	2009	2010	2011	2012	2013	2014	2015	2016	2017
水利部直属系统涉水支撑行业从业人员（万人）	3.471 8	3.463 8	3.616 4	3.683 7	3.735 7	3.615 2	3.729 9	3.416 8	3.388	3.282 5	3.271 5
水利部直属系统涉水辅助支撑行业从业人员（万人）	2.146 9	2.085 6	2.107 8	2.139 3	2.205 4	2.137 4	1.987 3	2.065 5	1.933 7	1.911 8	1.891 7
水利部直属系统涉水辅助行业从业人员（万人）	1.529 9	1.665 1	1.475 2	1.601 2	1.571 5	1.664 4	1.242 7	1.251 5	1.315 2	1.229 5	1.213 3
水利部直属系统水行政管理行业从业人员（万人）	0.451 1	0.412 5	0.492	0.502 1	0.500 1	0.511 1	0.513 9	0.501 7	0.497 9	0.492 1	0.498 1
水利部直属系统水利工程管理行业从业人员（万人）	1.864 3	1.884 3	1.957 4	1.948 4	2.084	1.905 9	2.067 2	1.904	1.893 8	1.799 7	1.773 5
水利部直属系统水资源保护行业从业人员（万人）	0.063 3	0.064 9	0.064 9	0.067 9	0.064 4	0.065 6	0.068 1	0.073 6	0.074 8	0.074 1	0.076
水利部直属系统水文行业从业人员（万人）	0.512 1	0.515	0.512 5	0.537 5	0.489 7	0.492 9	0.489 9	0.486 2	0.456 8	0.482 7	0.487 3
水利部直属系统水土保持行业从业人员（万人）	0.081	0.084 6	0.083 2	0.083 5	0.083 4	0.084 2	0.092 7	0.092	0.092 1	0.088 4	0.098 1
水利部直属系统电力生产行业从业人员（万人）	0.5	0.502 5	0.506 4	0.544 3	0.514 1	0.555 5	0.498 1	0.359 3	0.372 6	0.345 5	0.338 5
水利部直属系统机械修造行业从业人员（万人）	0.260 2	0.249 3	0.241 7	0.239 4	0.248 9	0.237 5	0.098 4	0.214 3	0.148 9	0.133 3	0.127 7
水利部直属系统工程施工行业从业人员（万人）	0.479	0.481 3	0.487 4	0.504 4	0.508	0.494	0.494 2	0.472 6	0.432 2	0.417	0.412 3
水利部直属系统通信行业从业人员（万人）	0.076 5	0.074 4	0.074 5	0.073 6	0.073 3	0.063	0.063 2	0.064 7	0.066 5	0.066 3	0.067 2

续表

年份	2007	2008	2009	2010	2011	2012	2013	2014	2015	2016	2017
水利部直属系统科研行业从业人员(万人)	0.503 5	0.496 3	0.503 6	0.531 1	0.525 1	0.510 2	0.476 3	0.462 3	0.454	0.459 1	0.450 7
水利部直属系统规划勘测设计行业从业人员(万人)	0.827 7	0.784 3	0.800 6	0.790 8	0.850 1	0.832 7	0.855 2	0.851 6	0.832 1	0.836 1	0.833 8
水利部直属系统后勤行业从业人员(万人)	0.233 8	0.226 8	0.220 1	0.217 6	0.237 6	0.205 1	0.178 8	0.187 2	0.179 9	0.163 2	0.156 1
水利部直属系统教育行业从业人员(万人)	0.078 9	0.075 8	0.062 3	0.058	0.041 6	0.039 4	0.038 7	0.038 9	0.038 7	0.031	0.031 4
水利部直属系统卫生行业从业人员(万人)	0.129 9	0.136 2	0.136 9	0.141 1	0.145 8	0.142 8	0.139 3	0.140 3	0.178 9	0.143 8	0.153 4
水利部直属系统其他行业从业人员(万人)	1.087 3	1.226 3	1.055 9	1.184 5	1.146 5	1.277 1	0.885 9	0.885 1	0.917 7	0.891 5	0.872 4
水利部直属系统涉水支撑行业人员占从业人员比例(%)	48.6	48.0	50.2	49.6	49.7	48.7	53.6	50.8	51.1	51.1	51.3
水利部直属系统涉水辅助支撑行业人员占从业人员比例(%)	30.0	28.9	29.3	28.8	29.4	28.8	28.6	30.7	29.2	29.8	29.7
水利部直属系统涉水辅助行业人员占从业人员比例(%)	21.4	23.1	20.5	21.6	20.9	22.4	17.9	18.6	19.8	19.2	19.0
水利部直属系统水行政管理行业人员占从业人员比例(%)	6.3	5.7	6.8	6.8	6.7	6.9	7.4	7.5	7.5	7.7	7.8
水利部直属系统水利工程管理行业人员占从业人员比例(%)	26.1	26.1	27.2	26.3	27.7	25.7	29.7	28.3	28.6	28.0	27.8
水利部直属系统水资源保护行业人员占从业人员比例(%)	0.9	0.9	0.9	0.9	0.9	0.9	1.0	1.1	1.1	1.2	1.2
水利部直属系统水文行业人员占从业人员比例(%)	7.2	7.1	7.1	7.2	6.5	6.6	7.0	7.2	6.9	7.5	7.6
水利部直属系统水土保持行业人员占从业人员比例(%)	1.1	1.2	1.2	1.1	1.1	1.1	1.3	1.4	1.4	1.4	1.5

续表

年份	2007	2008	2009	2010	2011	2012	2013	2014	2015	2016	2017
水利部直属系统电力生产行业人员占从业人员比例(%)	7.0	7.0	7.0	7.3	6.8	7.5	7.2	5.3	5.6	5.4	5.3
水利部直属系统机械修造行业人员占从业人员比例(%)	3.6	3.5	3.4	3.2	3.3	3.2	1.4	3.2	2.2	2.1	2.0
水利部直属系统工程施工行业人员占从业人员比例(%)	6.7	6.7	6.8	6.8	6.8	6.7	7.1	7.0	6.5	6.5	6.5
水利部直属系统通信行业人员占从业人员比例(%)	1.1	1.0	1.0	1.0	1.0	0.8	0.9	1.0	1.0	1.0	1.1
水利部直属系统科研行业人员占从业人员比例(%)	7.0	6.9	7.0	7.2	7.0	6.9	6.8	6.9	6.8	7.2	7.1
水利部直属系统规划勘测设计行业人员占从业人员比例(%)	11.6	10.9	11.1	10.7	11.3	11.2	12.3	12.7	12.6	13.0	13.1
水利部直属系统后勤行业人员占从业人员比例(%)	3.3	3.1	3.1	2.9	3.2	2.8	2.6	2.8	2.7	2.5	2.4
水利部直属系统教育行业人员占从业人员比例(%)	1.1	1.0	0.9	0.8	0.6	0.5	0.6	0.6	0.6	0.5	0.5
水利部直属系统卫生行业人员占从业人员比例(%)	1.8	1.9	1.9	1.9	1.9	1.9	2.0	2.1	2.7	2.2	2.4
水利部直属系统其他行业人员占从业人员比例(%)	15.2	17.0	14.7	16.0	15.3	17.2	12.7	13.2	13.8	13.9	13.7

（一）涉水支撑行业从业人员的分布情况

2007 年至 2017 年，水利部直属系统涉水支撑行业从业人员总量呈先逐年增长再稍有波动后逐年下降趋势，先由 2007 年的 3.47 万人逐年增长为 2011 年的 3.74 万人，4 年年平均增长 0.07 万人，再波动变化为 2013 年的 3.73 万人，随后逐年下降为 2017 年的 3.27 万人，4 年年均下降 0.12 万人。其中，水行政管理行业、水资源保护行业、水文行业和水土保持行业从业人员均稍有波动，截至 2017 年底分别为 0.50 万人、0.08 万人、0.49 万人和 0.10 万人；水利工程管理行业从业人员先由 2007 年的 1.86 万人波动增长为 2013 年的 2.07 万人，6 年年平均增长 0.04 万人，随后逐年下降为 2017 年的 1.77 万人，4 年年均下降 0.08 万人；电力生产行业从业人员先由 2007 年的 0.50 万人稍有波动至 2013 年的 0.50 万人，再 1 年快速下降了 0.14 万人,随后 3 年稍有变化,截至 2017 年底为 0.34 万人。具体情况如图 2-28 和图 2-29 所示。

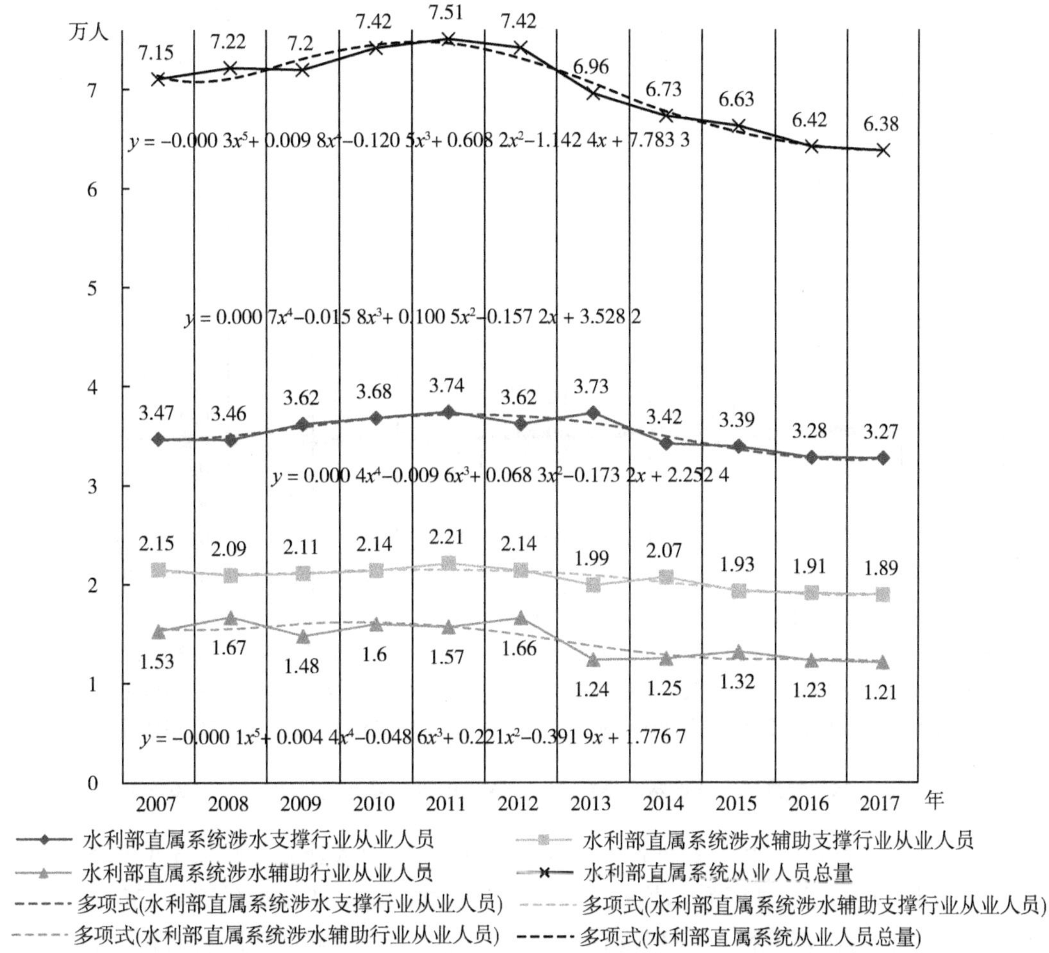

图 2-28 水利部直属系统从业人员按行业分布趋势变化图(2007—2017 年)

如表 2-16 和图 2-29 所示,10 年来,水利部直属系统水行政管理行业、水利工程管理行业、水资源保护行业、水文行业、水土保持行业人员占从业人员比例均稍有波动增长,2017 年底的占比分别为 7.8%、27.8%、1.2%、7.6%和 1.5%;电力生产行业人员占从业人员比例呈先稍有波动再快速下降后又稍有波动趋势,占比先由 2007 年的 7.0%波动变化为 2013 年的 7.2%,再 1 年快速下降 1.9 个百分点,随后稍有波动至 2017 年的 5.3%。

(二)涉水辅助支撑行业从业人员的分布情况

2007 年至 2017 年,水利部直属系统涉水辅助支撑行业从业人员总量呈先稍有波动再快速下降后稍有下降趋势,先由 2007 年的 2.15 万人波动变化为 2014 年的 2.07 万人,再 1 年下降了 0.14 万人,随后 2 年稍有下降,至 2017 年底为 1.80 万人。其中,机械修造行业从业

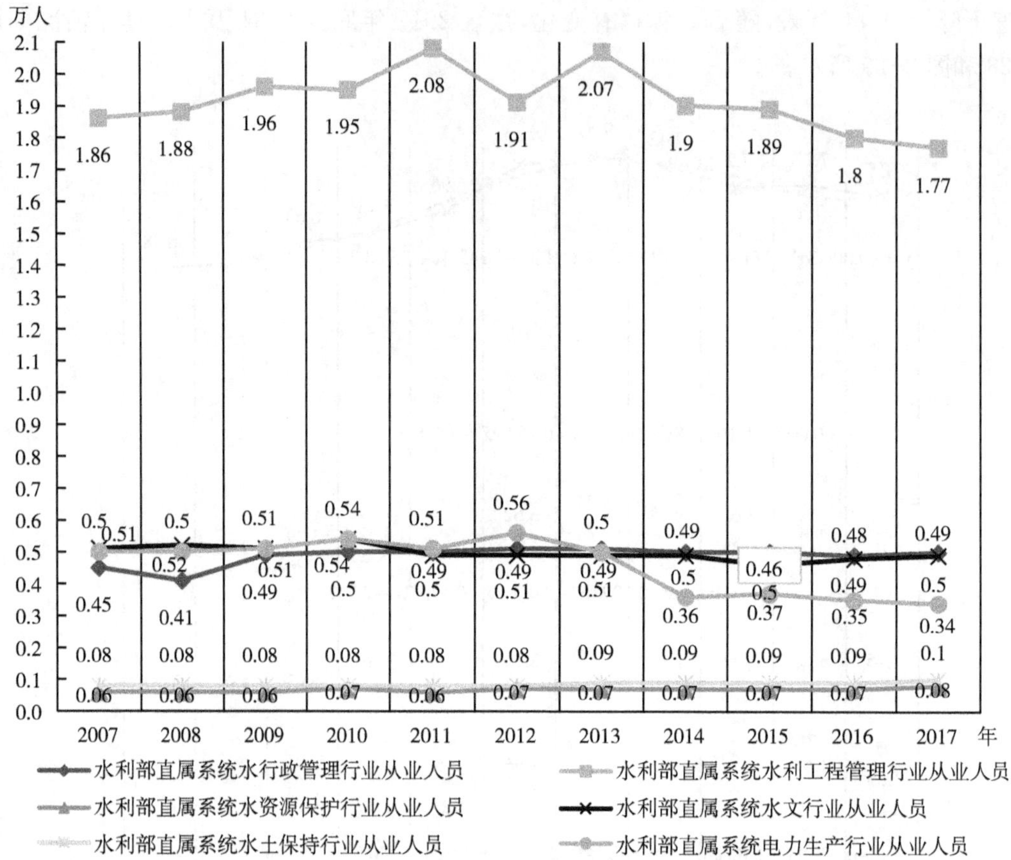

图 2-29 水利部直属系统涉水支撑行业从业人员的分布趋势变化图(2007—2017 年)

人员先由 2007 年的 0.26 万人波动下降为 2012 年的 0.24 万人,随后的 2013 年下降了 0.14 万人,2014 年又增长了 0.11 万人,增长为 0.21 万人,之后的 2 年又逐年下降,至 2016 年底下降为 0.13 万人,再之后的 2017 年没有变化;工程施工行业、通信行业、科研行业和规划勘测设计行业从业人员均稍有波动,截至 2017 年底分别为 0.41 万人、0.07 万人、0.45 万人和 0.83 万人。具体情况如图 2-28 和图 2-30 所示。

如表 2-16 和图 2-30 所示,10 年来,水利部直属系统机械修造行业人员占从业人员比例呈波动下降趋势,由 2007 年的 3.6%波动下降为 2017 年的 2.0%,年均下降 0.16 个百分点;工程施工行业、通信行业和科研行业人员占从业人员比例均稍有波动变化,2017 年底的占比分别为 6.5%、1.1%和 7.1%;规划勘测设计行业人员占从业人员比例呈先稍有波动下降后波动增长趋势,先由 2007 年的 11.6%波动下降为 2012 年的 11.2%,随后波动增长为 2017 年的 13.1%,5 年年均增长 0.38 个百分点。

(三) 涉水辅助行业从业人员的分布情况

2007 年至 2017 年,水利部直属系统涉水辅助行业从业人员总量呈先稍有波动再快速下降后又稍有波动趋势,先由 2007 年的 1.53 万人波动变化为 2012 年的 1.66 万人,随后的

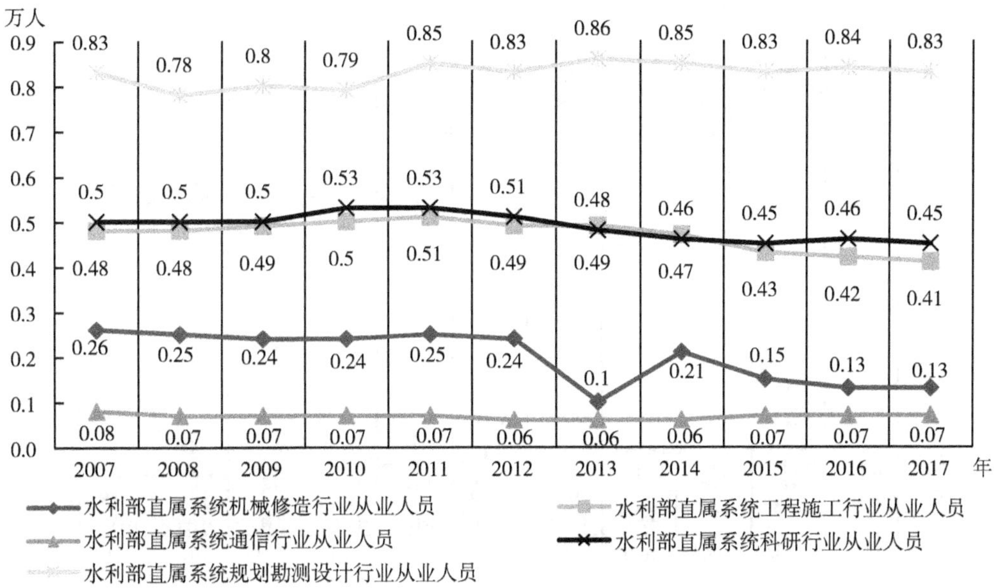

图 2-30 水利部直属系统涉水辅助支撑行业从业人员的分布趋势变化图(2007—2017 年)

2013 年下降了 0.42 万人,之后的 4 年又稍有波动,至 2017 年底为 1.21 万人。其中,后勤行业从业人员由 2007 年的 0.23 万人波动下降为 2017 年的 0.16 万人,年均下降 0.007 万人;教育行业从业人员由 2007 年的 0.08 万人波动下降为 2017 年的 0.03 万人,年均下降 0.005 万人;卫生行业稍有波动增长,截至 2017 年底为 0.15 万人;其他行业从业人员先由 2007 年的 1.09 万人波动增长为 2012 年的 1.28 万人,5 年年均增长 0.038 万人,随后的 2013 年下降了 0.39 万人,再之后 4 年稍有变化,至 2017 年底的 0.87 万人。具体情况如图 2-28 和图 2-31 所示。

如表 2-16 和图 2-31 所示,10 年来,水利部直属系统后勤行业人员占从业人员比例呈波动下降趋势,由 2007 年的 3.3%波动下降为 2017 年的 2.4%,年均下降 0.09 个百分点;教育行业人员占从业人员比例呈波动下降趋势,由 2007 年的 1.1%波动下降为 2017 年的 0.5%,年均下降 0.06 个百分点;卫生行业人员占从业人员比例呈波动增长趋势,由 2007 年的 1.8%波动增长为 2017 年的 2.4%,年均增长 0.06 个百分点;其他行业人员占从业人员比例呈先波动增长再快速下降后稍有波动增长趋势,先由 2007 年的 15.2%波动增长为 2012 年的 17.2%,5 年年均增长 0.40 个百分点,随后的 2013 年下降了 4.5 个百分点为 12.7%,之后波动增长为 2017 年的 13.7%,4 年年均增长 0.25 个百分点。

如表 2-16 和图 2-32 所示,10 年来,水利部直属系统涉水支撑行业人员占水利从业人员的比例在(48.0%~53.6%)区间稍有波动,平均占比为 50.3%,近 4 年稳定的占比在 51%左右;涉水辅助支撑行业人员占水利从业人员的比例在(28.6%~30.7%)区间稍有波动,平均占比为 29.4%;涉水辅助行业人员占水利从业人员的比例在(17.9%~23.1%)区间稍有波动,平均占比为 20.4%。

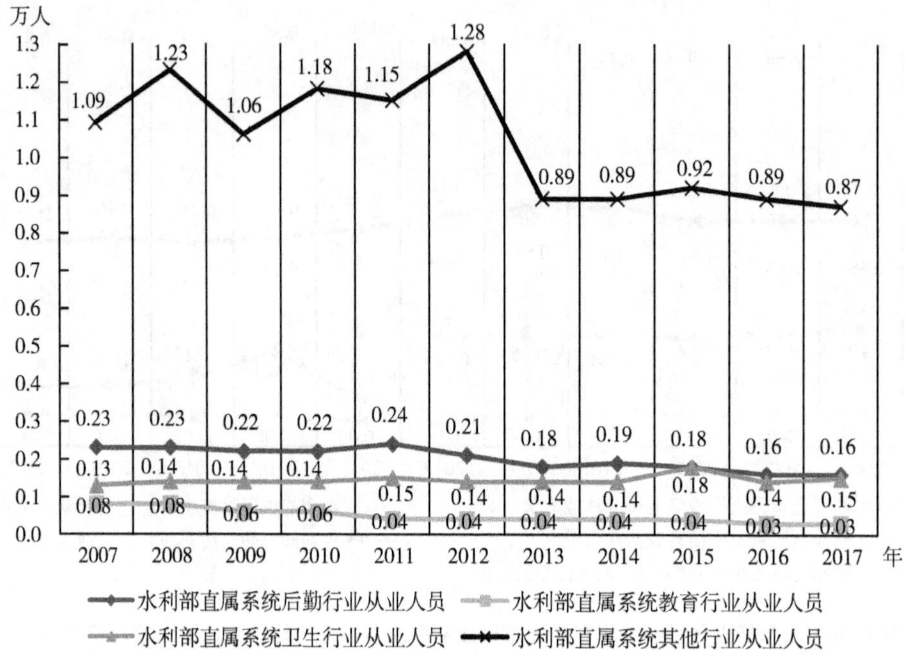

图 2-31 水利部直属系统涉水辅助行业从业人员的分布趋势变化图(2007—2017 年)

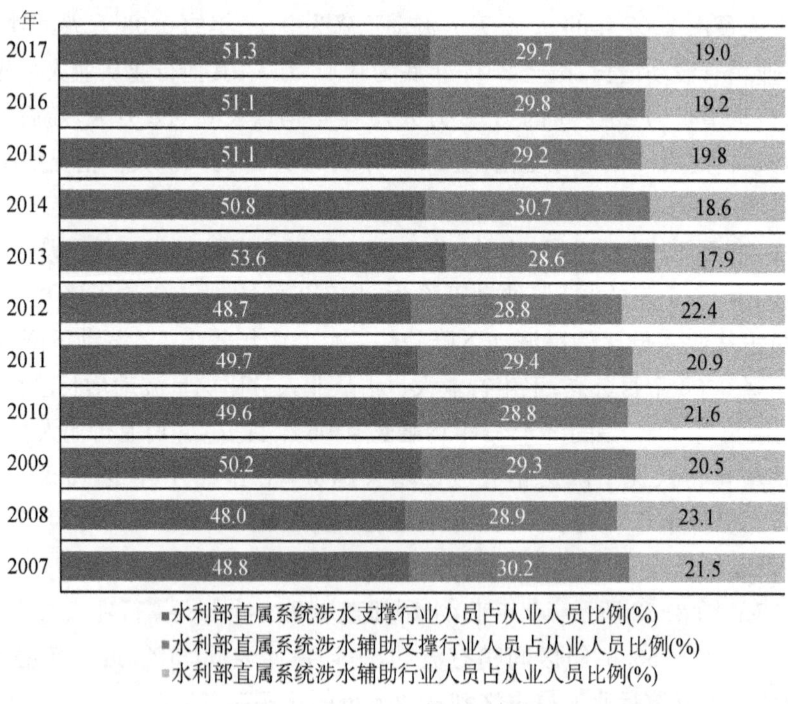

图 2-32 水利部直属系统从业人员各行业占比分布变化趋势图(2007—2017 年)

三、地方水利系统从业人员按行业的分布情况

2007 年至 2017 年期间,地方水利系统涉水支撑行业从业人员总量呈波动下降趋势,涉水辅助支撑行业呈波动下降趋势,涉水辅助行业呈先波动增长后逐年下降的变化趋势。具体情况如表 2-17 和图 2-33 所示。

表 2-17　地方水利系统从业人员按行业的分布统计表(2007—2017 年)

年份	2007	2008	2009	2010	2011	2012	2013	2014	2015	2016	2017
地方水利系统涉水支撑行业从业人员(万人)	71.168 7	69.185 5	67.472 8	66.831 7	67.947 4	66.818 2	65.997 2	62.958 4	61.381 9	59.842 2	58.600 2
地方水利系统涉水辅助支撑行业从业人员(万人)	13.220 6	12.654 8	12.328 4	12.736 5	12.394 3	11.705 2	11.142 7	11.261 7	10.837 9	10.827 8	11.501 3
地方水利系统涉水辅助行业从业人员(万人)	15.219 5	16.51	16.744	16.697 9	16.000 9	17.473 8	16.409 3	16.188 4	15.864 2	15.399	13.904 4
地方水利系统各级水利厅局机关行业从业人员(万人)	6.893 2	7.549 4	7.478 5	7.285 2	6.542 1	6.657 6	6.608 5	6.394 1	6.206 8	5.961 2	5.758
地方水利系统水利工程管理行业从业人员(万人)	44.060 9	43.023 6	42.398 2	42.03	41.518 3	40.431 2	39.920 8	38.883 2	38.157 2	37.476	37.219 4
地方水利系统基层水利水保站行业从业人员(万人)	6.091 7	5.799 4	5.674 8	5.672 2	7.721 6	7.107 6	7.079 4	7.002 4	6.587 9	6.333 4	6.061 3
地方水利系统水文行业从业人员(万人)	2.274 7	2.264 6	2.281 3	2.215 9	2.256 1	2.257	2.287 5	2.199 2	2.277 5	2.282 2	2.190 4

续表

年份	2007	2008	2009	2010	2011	2012	2013	2014	2015	2016	2017
地方水利系统水土保持行业从业人员（万人）	2.000 8	2.043 2	2.059 2	2.162 4	2.187 7	2.141 6	2.120 7	2.032 4	2.020 6	1.937 9	1.893 1
地方水利系统水电行业从业人员（万人）	9.847 4	8.505 3	7.580 8	7.466	7.721 6	8.223 2	7.980 3	6.447 1	6.131 9	5.851 5	5.478
地方水利系统机械修造行业从业人员（万人）	0.503	0.378 6	0.356 8	0.312 9	0.293 4	0.245 7	0.206 3	0.133 6	0.176 2	0.095 5	0.097 1
地方水利系统工程施工行业从业人员（万人）	8.073 2	7.530 4	7.357	7.885 3	7.438 2	6.713 1	6.452 8	6.856 2	6.594 6	6.870 8	7.551 5
地方水利系统科研行业从业人员（万人）	0.495 9	0.504 1	0.457	0.492	0.528 8	0.558	0.550 8	0.539 4	0.487 2	0.500 7	0.499 3
地方水利系统规划勘测设计行业从业人员（万人）	4.148 5	4.241 7	4.157 6	4.046 3	4.133 9	4.188 4	3.932 8	3.732 5	3.579 9	3.360 8	3.353 4
地方水利系统物资供销行业从业人员（万人）	0.774 5	0.759 3	0.673 9	0.632 5	0.619 1	0.554 9	0.525 4	0.475 8	0.444	0.392 5	0.368 7
地方水利系统教育行业从业人员（万人）	0.845 6	0.896	0.844 3	0.759 7	0.795 4	0.829 8	0.840 8	0.771 3	0.759 7	0.756 8	0.700 4
地方水利系统卫生行业从业人员（万人）	0.069 5	0.061 8	0.062 3	0.063 6	0.065 5	0.066 2	0.067	0.070 4	0.072 5	0.072 1	0.072

续表

年份	2007	2008	2009	2010	2011	2012	2013	2014	2015	2016	2017
地方水利系统其他行业从业人员(万人)	13.529 9	14.792 9	15.163 5	15.242 1	14.520 9	16.022 9	14.976 1	14.870 9	14.588	14.177 6	12.763 3
地方水利系统涉水支撑行业人员占从业人员比例(%)	71.4	70.3	69.9	69.4	71.6	69.6	70.5	69.6	69.7	69.5	69.8
地方水利系统涉水辅助支撑行业人员占从业人员比例(%)	13.3	12.9	12.8	13.2	13.1	12.2	11.9	12.5	12.3	12.6	13.7
地方水利系统涉水辅助行业人员占从业人员比例(%)	15.3	16.8	17.3	17.3	16.9	18.2	17.5	17.9	18.0	17.9	16.6
地方水利系统各级水利厅局机关行业人员占从业人员比例(%)	6.9	7.7	7.7	7.6	6.9	6.9	7.1	7.1	7.0	6.9	6.9
地方水利系统水利工程管理行业人员占从业人员比例(%)	44.2	43.7	43.9	43.7	43.7	42.1	42.7	43.0	43.3	43.5	44.3
地方水利系统基层水利水保站行业人员占从业人员比例(%)	6.1	5.9	5.9	5.9	8.1	7.4	7.6	7.7	7.5	7.4	7.2

续表

年份	2007	2008	2009	2010	2011	2012	2013	2014	2015	2016	2017
地方水利系统水文行业人员占从业人员比例(%)	2.3	2.3	2.4	2.3	2.4	2.4	2.4	2.4	2.6	2.7	2.6
地方水利系统水土保持行业人员占从业人员比例(%)	2.0	2.1	2.1	2.2	2.3	2.2	2.3	2.2	2.3	2.3	2.3
地方水利系统水电行业人员占从业人员比例(%)	9.9	8.6	7.9	7.8	8.1	8.6	8.5	7.1	7.0	6.8	6.5
地方水利系统机械修造行业人员占从业人员比例(%)	0.5	0.4	0.4	0.3	0.3	0.3	0.2	0.1	0.2	0.1	0.1
地方水利系统工程施工行业人员占从业人员比例(%)	8.1	7.7	7.6	8.2	7.8	7.0	6.9	7.6	7.5	8.0	9.0
地方水利系统科研行业人员占从业人员比例(%)	0.5	0.5	0.5	0.5	0.6	0.6	0.6	0.6	0.6	0.6	0.6
地方水利系统规划勘测设计行业人员占从业人员比例(%)	4.2	4.3	4.3	4.2	4.4	4.4	4.2	4.1	4.1	3.9	4.0
地方水利系统物资供销行业人员占从业人员比例(%)	0.8	0.8	0.7	0.7	0.7	0.6	0.6	0.5	0.5	0.5	0.4

续表

年份	2007	2008	2009	2010	2011	2012	2013	2014	2015	2016	2017
地方水利系统教育行业人员占从业人员比例(%)	0.8	0.9	0.9	0.8	0.8	0.9	0.9	0.9	0.9	0.9	0.8
地方水利系统卫生行业人员占从业人员比例(%)	0.1	0.1	0.1	0.1	0.1	0.1	0.1	0.1	0.1	0.1	0.1
地方水利系统其他行业人员占从业人员比例(%)	13.6	15.0	15.7	15.8	15.3	16.7	16.0	16.4	16.6	16.5	15.2

(一)涉水支撑行业从业人员的分布情况

2007年至2017年,地方水利系统涉水支撑行业从业人员总量呈波动下降趋势,先由2007年的71.17万人逐年快速下降为2010年的66.83万人,3年年均下降1.45万人,随后3年稍有波动,至2013年为66.00万人,之后又逐年快速下降为2017年的58.60万人,4年年均下降1.85万人。其中,各级水利厅局机关行业从业人员先由2007年的6.89万人波动变化为2012年的6.66万人,随后逐年下降为2017年的5.76万人,5年年均下降0.18万人;水利工程管理行业从业人员由2007年的44.06万人逐年下降为2017年的37.22万人,年均下降0.68万人;基层水利水保站行业从业人员先由2007年的6.09万人下降为2010年的5.67万人,再1年增长了2.05万人,至2011年底为7.72万人,随后逐年下降为2017年的6.06万人,6年年均下降0.28万人;水文行业从业人员稍有波动,截至2017年底为2.19万人;水土保持行业从业人员先由2007年的2.00万人逐年增长为2011年的2.19万人,4年年均增长0.05万人,随后逐年下降为2017年的1.89万人,6年年均下降0.05万人;水电行业从业人员先由2007年的9.85万人逐年下降为2010年的7.47万人,3年年均下降0.79万人,随后逐年增长为2012年的8.22万人,2年年均增长0.38万人,再逐年下降为2017年的5.48万人,5年年均下降0.55万人。具体情况如图2-33和图2-34所示。

如表2-17和图2-34所示,10年来,地方水利系统各级水利厅局机关行业、水利工程管理行业人员占从业人员比例均稍有波动变化,2017年底的占比分别为6.9%和44.3%;基层水利水保站行业、水文行业、水土保持行业人员占从业人员比例稍有增长,2017年底的占比分别为7.2%、2.6%和2.3%;水电行业人员占从业人员比例呈波动下降趋势,由2007年的9.9%波动下降为2017年的6.5%,年均下降0.34个百分点。

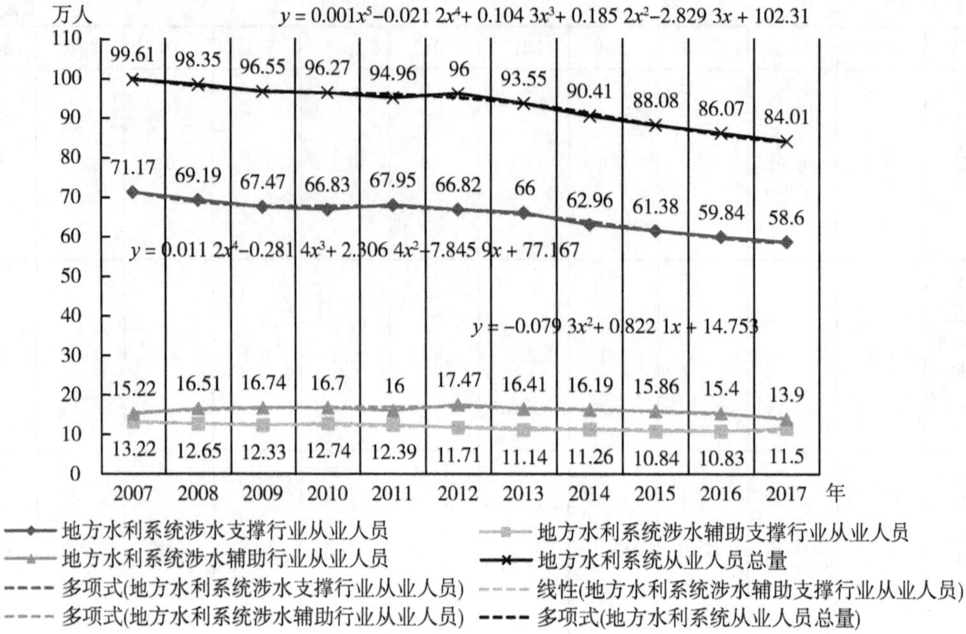

图 2-33　地方水利系统从业人员按行业的分布趋势变化图(2007—2017 年)

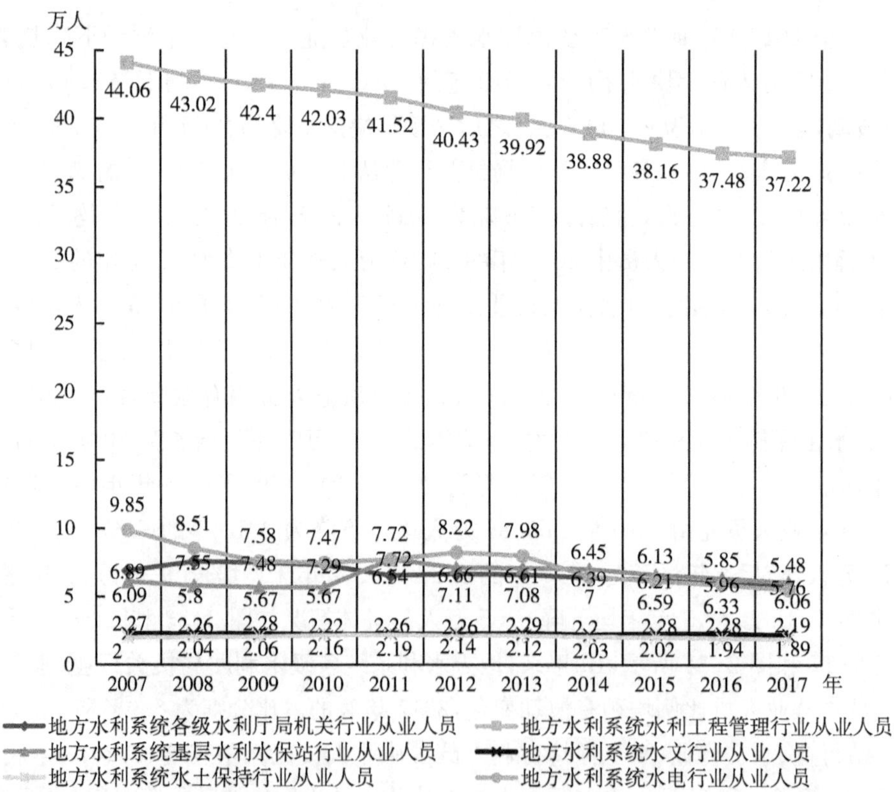

图 2-34　地方水利系统涉水支撑行业从业人员的分布趋势变化图(2007—2017 年)

(二) 涉水辅助支撑行业从业人员的分布情况

2007年至2017年,地方水利系统涉水辅助支撑行业从业人员总量呈波动下降趋势,先由2007年的13.22万人波动下降为2016年的10.83万人,9年年平均下降0.27万人,随后1年增长了0.67万人,至2017年底为11.50万人。其中,机械修造行业从业人员由2007年的0.50万人波动下降为2017年的0.10万人,年均下降0.04万人;工程施工行业从业人员先由2007年的8.07万人波动下降为2013年的6.45万人,6年年平均下降0.27万人,随后波动增长为2017年的7.55万人,4年年平均增长0.28万人;科研行业从业人员稍有波动,截至2017年底为0.50万人;规划勘测设计行业从业人员先由2007年的4.15万人波动变化为2012年的4.19万人,随后逐年下降为2017年的3.35万人,5年年均下降0.17万人。具体情况如图2-33和图2-35所示。

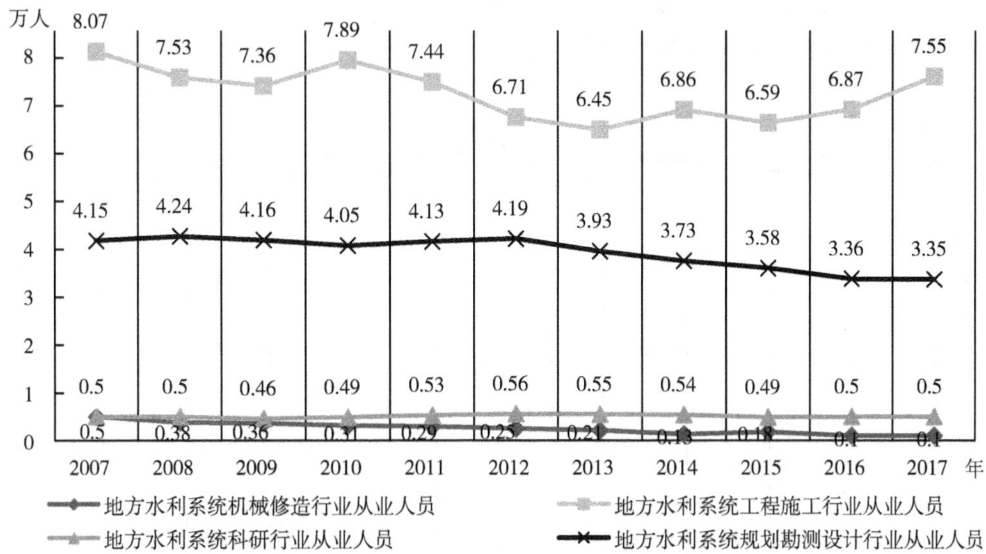

图2-35 地方水利系统涉水辅助支撑行业从业人员的分布趋势变化图(2007—2017年)

如表2-17和图2-35所示,10年来,地方水利系统机械修造行业人员占从业人员比例呈波动下降趋势,由2007年的0.5%波动下降为2017年的0.1%,年均下降0.04个百分点;工程施工行业人员占从业人员比例呈先波动下降后波动增长趋势,先由2007年的8.1%波动下降为2013年的6.9%,6年年均下降0.20个百分点,后波动增长为2017年的9.0%,4年年均增长0.53个百分点;科研行业、规划勘测设计行业人员占从业人员比例均稍有波动变化,2017年底的占比分别为0.6%和4.0%。

(三) 涉水辅助行业从业人员的分布情况

2007年至2017年,地方水利系统涉水辅助行业从业人员总量呈先波动增长后逐年下降趋势,先由2007年的15.22万人波动增长为2012年的17.47万人,5年年平均增长

0.45 万人，随后逐年下降为 2017 年的 13.90 万人，5 年年平均下降 0.71 万人。其中，物资供销行业从业人员由 2007 年的 0.77 万人逐年下降为 2017 年的 0.37 万人，年均下降 0.04 万人；教育行业从业人员由 2007 年的 0.85 万人波动下降为 2017 年的 0.70 万人，年均下降 0.02 万人；卫生行业稍有波动，截至 2017 年底为 0.07 万人；其他行业从业人员先由 2007 年的 13.53 万人波动增长为 2012 年的 16.02 万人，5 年年均增长 0.50 万人，随后逐年下降为 2017 年的 12.76 万人，5 年年均下降 0.65 万人。具体情况如图 2-33 和图 2-36 所示。

如表 2-17 和图 2-36 所示，10 年来，地方水利系统物资供销行业人员占从业人员比例呈逐年下降趋势，由 2007 年的 0.8%波动下降为 2017 年的 0.4%，年均下降 0.04 个百分点；教育行业、卫生行业人员占从业人员比例均稍有波动变化，2017 年底的占比分别为 0.8%和 0.1%；其他行业人员占从业人员比例呈先波动增长后波动下降趋势，先由 2007 年的 13.6%波动增长为 2012 年的 16.7%，5 年年均增长 0.62 个百分点，后波动下降为 2017 年的 15.2%，5 年年均下降 0.30 个百分点。

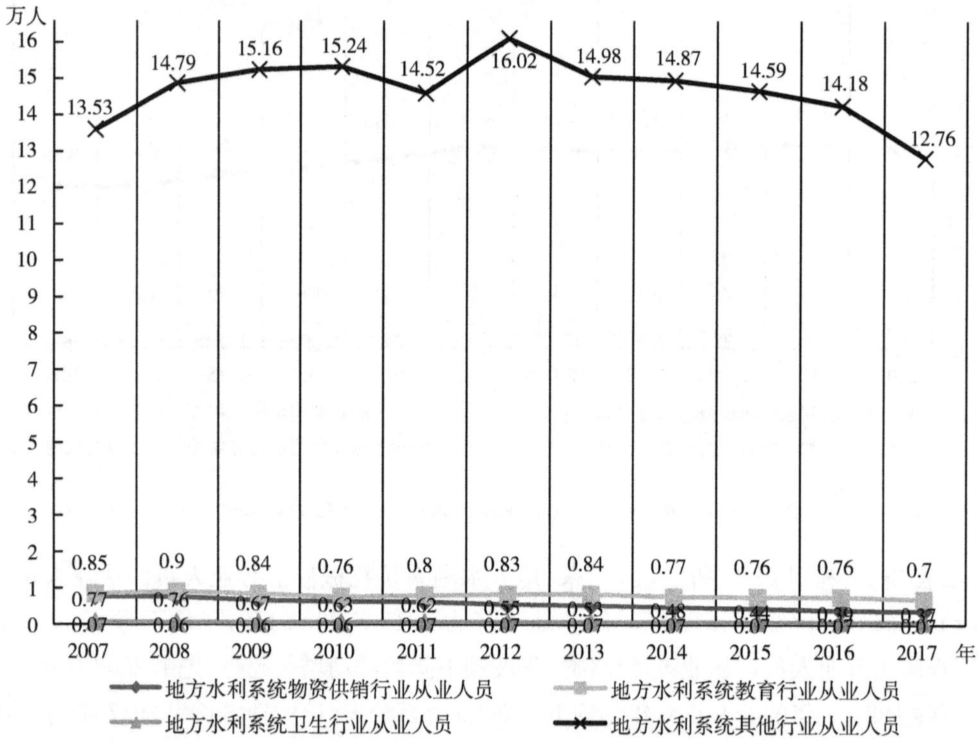

图 2-36　地方水利系统涉水辅助行业从业人员的分布趋势变化图(2007—2017 年)

如表 2-17 和图 2-37 所示，10 年来，地方水利系统涉水支撑行业人员占水利从业人员的比例在(69.4%～71.6%)区间稍有波动，平均占比为 70.1%；涉水辅助支撑行业人员占水利从业人员的比例在(11.9%～13.7%)区间稍有波动，平均占比为 12.8%；涉水辅助行业人员占水利从业人员的比例在(15.3%～18.2%)区间稍有波动，平均占比为 17.2%。

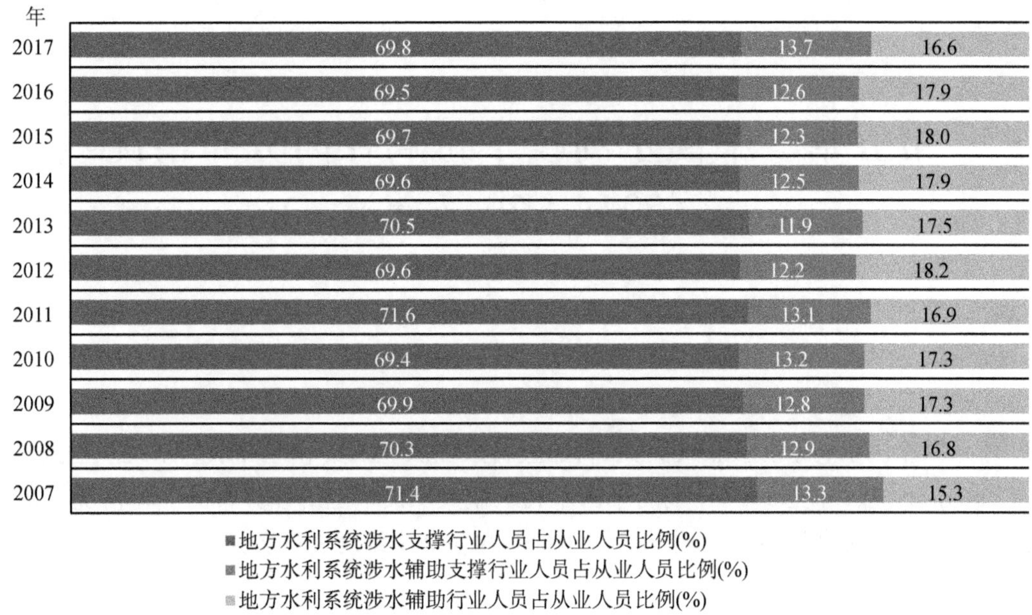

图 2-37　地方水利系统从业人员各行业占比分布变化趋势图(2007—2017 年)

第五章 中国水利按单位属性的分布情况（2014—2017年）

本章从全国水利系统从业人员、水利部直属系统从业人员和地方水利系统从业人员3个方面，分析2014年至2017年期间中国水利从业人员按单位属性分布的变化情况。按单位属性的分布情况从机关单位、事业单位和企业单位3个维度进行区分。

一、全国水利系统从业人员按单位属性的分布情况

2014年至2017年期间，全国水利系统机关单位从业人员总量逐年下降，自2014年的6.43万人下降到2017年的5.79万人，减少了0.64万人，平均每年减少0.21万人；事业单位从业人员总量逐年下降，自2014年的70.93万人下降到2017年的65.15万人，减少了5.78万人，平均每年减少1.93万人；企业单位从业人员总量波动下降，自2014年的19.79万人波动下降到2017年的19.44万人，减少了0.35万人，平均每年减少0.12万人。具体情况如表2-18和图2-38所示。

表2-18 全国水利系统从业人员按单位属性的分布统计表(2014—2017年)

年份	2014	2015	2016	2017
全国水利系统机关单位从业人员总量(万人)	6.425 4	6.162 7	5.992 3	5.793 0
全国水利系统事业单位从业人员总量(万人)	70.926 7	69.022 0	67.193 1	65.154 3
全国水利系统企业单位从业人员总量(万人)	19.790 2	19.524 4	19.307 4	19.435 1
全国水利系统从业人员总量(万人)	97.14	94.71	92.49	90.38
全国水利系统机关单位人员占从业人员比例(%)	6.6	6.5	6.5	6.4
全国水利系统事业单位人员占从业人员比例(%)	73.0	72.9	72.6	72.1
全国水利系统企业单位人员占从业人员比例(%)	20.4	20.6	20.9	21.5

如表2-18所示，全国水利系统机关单位人员占从业人员的比例稍有下降，至2017年底的占比为6.4%；全国水利系统事业单位人员占从业人员的比例逐年下降，由2014年的73.0%下降为2017年的72.1%，下降了0.90个百分点，年平均下降0.30个百分点；全国水

利系统企业单位人员占从业人员的比例逐年增长,由 2014 年的 20.4%增长为 2017 年的 21.5%,增长了 1.10 个百分点,年平均增长 0.37 个百分点。

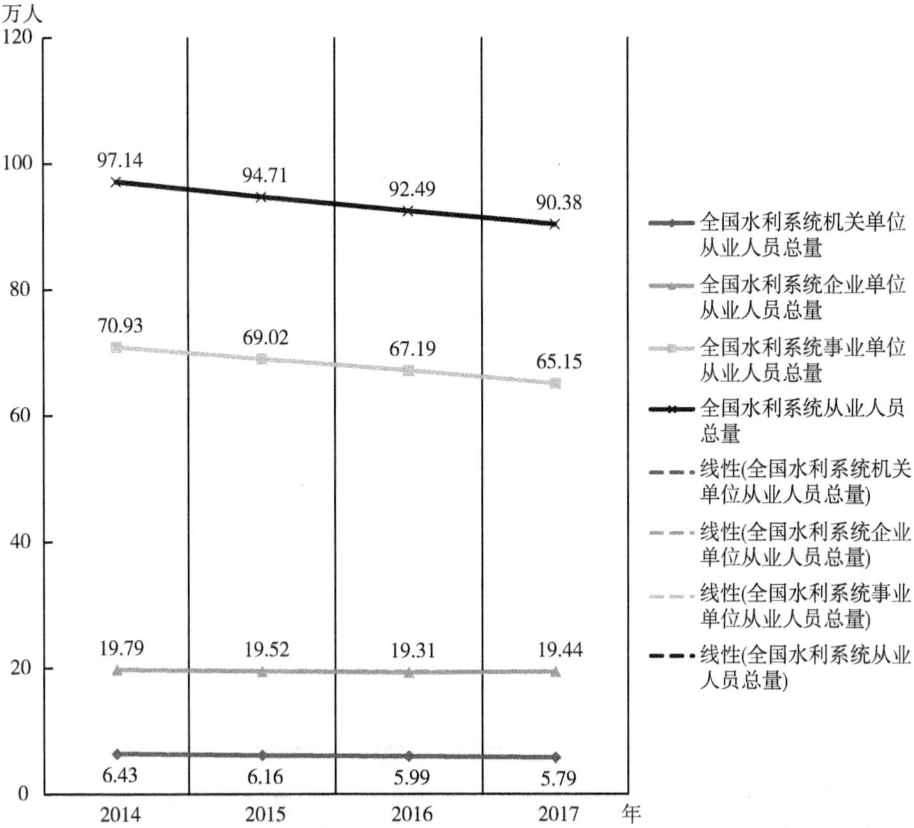

图 2-38　全国水利系统从业人员按单位属性的分布趋势变化图(2014—2017 年)

二、水利部直属系统从业人员按单位属性的分布情况

2014 年至 2017 年期间,水利部直属系统机关单位从业人员总量稍有波动增长,自 2014 年的 313 人波动增长为 2017 年的 350 人;事业单位从业人员总量逐年下降,自 2014 年的 3.13 万人下降到 2017 年的 3.07 万人,减少了 0.06 万人,平均每年减少 0.02 万人;企业单位从业人员总量逐年下降,自 2014 年的 3.57 万人波动下降到 2017 年的 3.27 万人,减少了 0.30 万人,平均每年减少 0.10 万人。具体情况如表 2-19 和图 2-39 所示。

表 2-19　水利部直属系统从业人员按单位属性的分布统计表(2014—2017 年)

年份	2014	2015	2016	2017
水利部直属系统机关单位从业人员总量(万人)	0.031 3	0.030 8	0.031 1	0.035 0
水利部直属系统事业单位从业人员总量(万人)	3.129 1	3.114 8	3.113 0	3.074 9

续表

年份	2014	2015	2016	2017
水利部直属系统企业单位从业人员总量(万人)	3.573 4	3.479 5	3.279 7	3.266 6
水利部直属系统从业人员总量(万人)	6.733 8	6.625 1	6.423 8	6.376 5
水利部直属系统机关单位人员占从业人员比例(%)	0.5	0.5	0.5	0.5
水利部直属系统事业单位人员占从业人员比例(%)	46.5	47.0	48.5	48.2
水利部直属系统企业单位人员占从业人员比例(%)	53.1	52.5	51.1	51.2

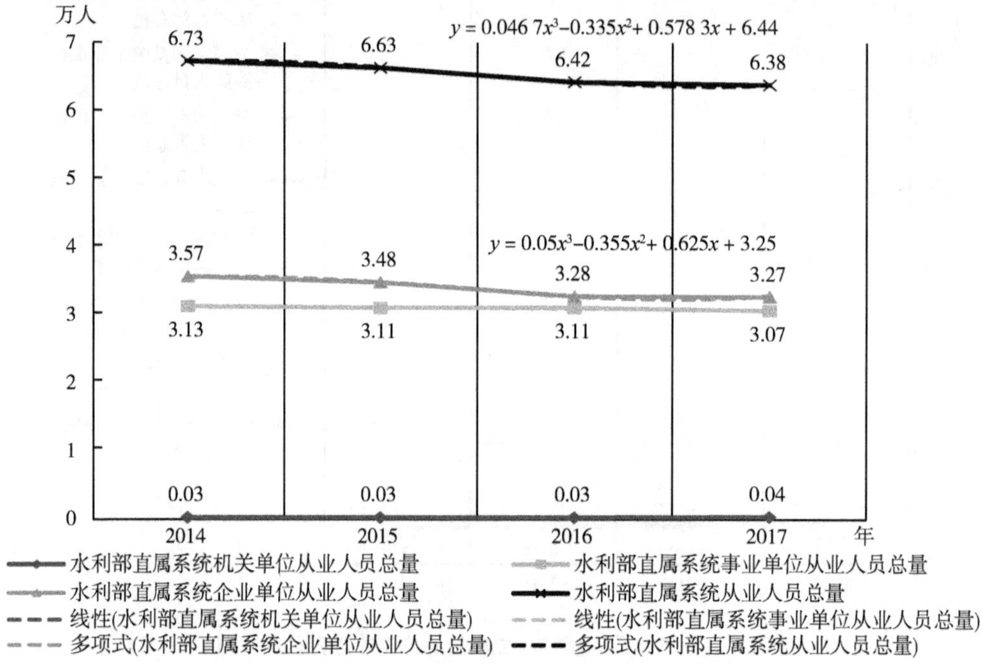

图 2-39　水利部直属系统从业人员按单位属性的分布趋势变化图(2014—2017 年)

如表 2-19 所示,水利部直属系统机关单位人员占从业人员的比例稍有变化,至 2017 年底的占比为 0.5%;水利部直属系统事业单位人员占从业人员的比例波动增长,由 2014 年的 46.5%增长为 2017 年的 48.2%,增长了 1.70 个百分点,年平均增长 0.57 个百分点;水利部直属系统企业单位人员占从业人员的比例波动下降,由 2014 年的 53.1%波动下降为 2017 年的 51.2%,下降了 1.90 个百分点,年平均下降 0.63 个百分点。

三、地方水利系统从业人员按单位属性的分布情况

2014 年至 2017 年期间,地方水利系统机关单位从业人员总量逐年下降,自 2014 年的 6.39 万人下降到 2017 年的 5.76 万人,减少了 0.63 万人,平均每年减少 0.21 万人;事业单位从业人员总量逐年下降,自 2014 年的 67.80 万人下降到 2017 年的 62.08 万人,减少了 5.72 万人,平均每年减少 1.91 万人;企业单位从业人员总量稍有波动,至 2017 年底为

16.17 万人。具体情况如表 2-20 和图 2-40 所示。

表 2-20　地方水利系统从业人员按单位属性的分布统计表(2014—2017 年)

年份	2014	2015	2016	2017
地方水利系统机关单位从业人员总量(万人)	6.394 1	6.131 9	5.961 2	5.758 0
地方水利系统事业单位从业人员总量(万人)	67.797 6	65.907 2	64.080 1	62.079 4
地方水利系统企业单位从业人员总量(万人)	16.216 8	16.044 9	16.027 7	16.168 5
地方水利系统从业人员总量(万人)	90.408 5	88.084 0	86.069 0	84.005 9
地方水利系统机关单位人员占从业人员比例(%)	7.1	7.0	6.9	6.9
地方水利系统事业单位人员占从业人员比例(%)	75.0	74.8	74.5	73.9
地方水利系统企业单位人员占从业人员比例(%)	17.9	18.2	18.6	19.2

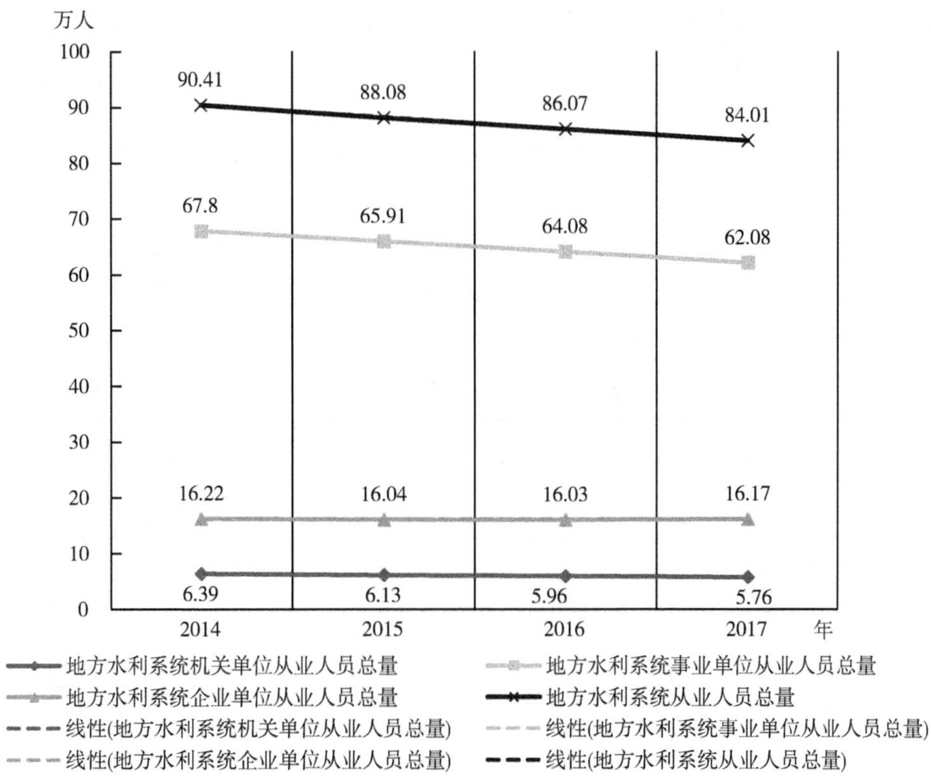

图 2-40　地方水利系统从业人员按单位属性的分布趋势变化图(2014—2017 年)

如表 2-20 所示,地方水利系统机关单位人员占从业人员的比例稍有下降,至 2017 年底的占比为 6.9%;地方水利系统事业单位人员占从业人员的比例逐年下降,由 2014 年的 75.0%下降为 2017 年的 73.9%,下降了 1.10 个百分点,年平均下降 0.37 个百分点;地方水利系统企业单位人员占从业人员的比例逐年增长,由 2014 年的 17.9%增长为 2017 年的 19.2%,增长了 1.30 个百分点,年平均增长 0.43 个百分点。

第六章　中国水利工勤技能从业人员情况（2011—2017 年）

本章主要分析全国水利系统工勤技能从业人员、水利部直属系统工勤技能从业人员和地方水利系统工勤技能从业人员总量和学历分布情况，其中的学历分布从本科及以上和本科以下两个维度进行区分。

一、全国水利系统工勤技能从业人员总量和学历结构情况

2011 年至 2017 年期间，全国水利系统工勤技能从业人员总量呈先波动增长后逐年快速下降趋势，从 2011 年的 51.77 万人波动增长为 2012 年的 51.86 万人，随后 5 年逐年快速下降为 2017 年的 37.71 万人，5 年年均下降 2.83 万人。具体情况如表 2-21 和图 2-41 所示。

表 2-21　全国水利系统工勤技能从业人员总量及其学历结构统计表（2011—2017 年）

年份	2011	2012	2013	2014	2015	2016	2017
全国水利系统工勤技能从业人员总量（万人）	51.769 8	51.861 2	48.760 3	45.329 3	42.863 8	40.234 3	37.712 4
全国水利系统本科及以上工勤技能从业人员总量（万人）	1.787 0	1.897 3	1.826 2	1.772 3	1.789 2	1.827 2	1.891 7
全国水利系统本科以下工勤技能从业人员总量（万人）	49.982 8	49.963 9	46.934 1	43.557 0	41.074 6	38.407 1	35.820 7
全国水利系统从业人员总量（万人）	102.475 6	103.414 2	100.509 1	97.142 3	94.709 1	92.492 8	90.382 4
工勤技能从业人员占从业人员比例（%）	50.5	50.1	48.5	46.7	45.3	43.5	41.7
本科及以上工勤技能人员占工勤技能从业人员比例（%）	3.5	3.7	3.7	3.9	4.2	4.5	5.0

如表 2-21 所示，全国水利系统工勤技能从业人员占水利从业人员的比例较高，但是逐年下降，由 2011 年的 50.5%下降为 2017 年的 41.7%，年均下降 1.5 个百分点。

全国水利系统本科及以上学历的工勤技能从业人员总量呈波动增长趋势，2011 年至 2014 年有所波动，自 2014 年的 1.77 万人增长到 2017 年的 1.89 万人，3 年年均增长 0.04 万人。全国水利系统本科及以上学历人员占工勤技能从业人员比例逐年增长，由 2011 年的

3.5%增长为2017年的5.0%,年均增长0.3个百分点。

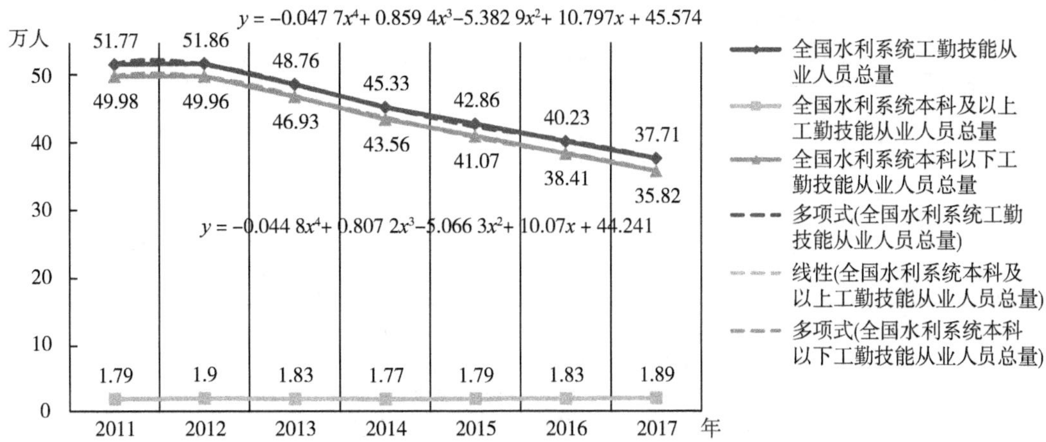

图2-41 全国水利系统工勤技能从业人员总量、学历结构及其趋势变化图(2011—2017年)

二、水利部直属系统工勤技能从业人员总量和学历结构情况

2011年至2017年期间,水利部直属系统工勤技能从业人员总量逐年下降,由2011年的3.2万人下降为2017年的2.29万人,年均下降0.15万人。具体情况如表2-22和图2-42所示。

表2-22 水利部直属系统工勤技能从业人员总量及其学历结构统计表(2011—2017年)

年份	2011	2012	2013	2014	2015	2016	2017
水利部直属系统工勤技能从业人员总量(万人)	3.204 0	3.229 7	2.843 8	2.724 0	2.584 0	2.380 9	2.289 5
水利部直属系统本科及以上工勤技能从业人员总量(万人)	0.245 6	0.278 4	0.280 9	0.304 6	0.322 8	0.332 2	0.358 7
水利部直属系统本科以下工勤技能从业人员总量(万人)	2.958 4	2.951 3	2.562 9	2.419 4	2.261 2	2.048 7	1.930 8
水利部直属系统从业人员总量(万人)	7.512 6	7.417 0	6.959 9	6.733 8	6.625 1	6.423 8	6.376 5
工勤技能从业人员占从业人员比例(%)	42.6	43.5	40.9	40.5	39.0	37.1	35.9
本科及以上工勤技能人员占工勤技能从业人员比例(%)	7.7	8.6	9.9	11.2	12.5	14.0	15.7

如表2-22所示,水利部直属系统工勤技能从业人员占水利从业人员的比例较高,但是呈波动下降趋势,由2011年的42.6%下降为2017年的35.9%,年均下降1.1个百分点。

水利部直属系统本科及以上学历的工勤技能从业人员数量逐年增长,由2011年的0.25万人增长到2017年的0.36万人,年均增长约180人。水利部直属系统本科及以上学历人员占工勤技能从业人员比例逐年增长,由2011年的7.7%增长为2017年的15.7%,年均增长1.3个百分点。

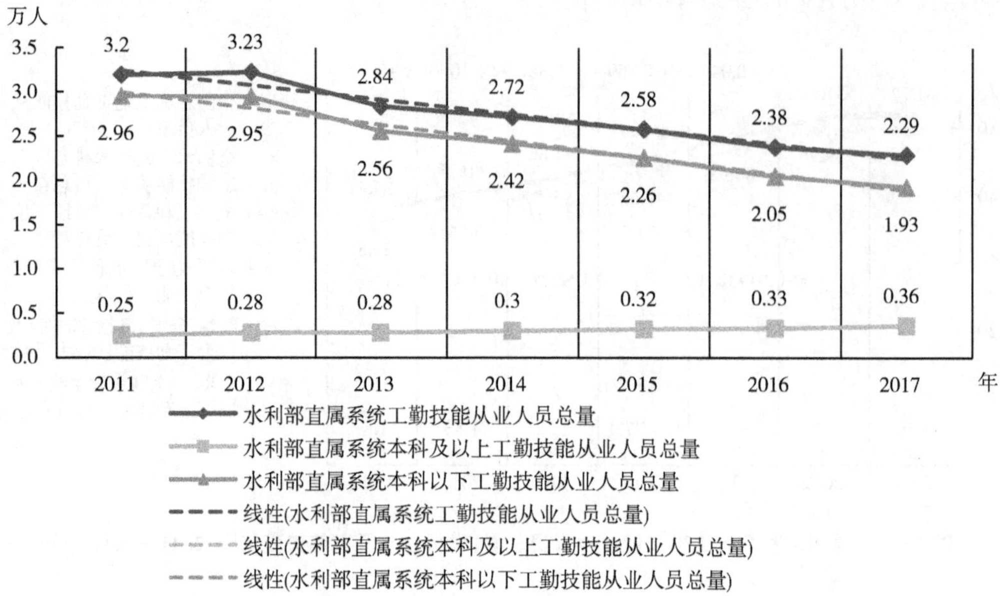

图 2-42　水利部直属系统工勤技能从业人员总量、学历结构及其趋势变化图(2011—2017 年)

三、地方水利系统工勤技能从业人员总量和学历结构情况

2011 年至 2017 年期间，地方水利系统工勤技能从业人员总量呈先波动增长后逐年快速下降趋势，从 2011 年的 48.57 万人波动增长为 2012 年的 48.63 万人，随后 5 年逐年快速下降为 2017 年的 35.42 万人，5 年年均下降 2.64 万人。具体情况如表 2-23 和图 2-43 所示。

表 2-23　地方水利系统工勤技能从业人员总量及其学历结构统计表(2011—2017 年)

年份	2011	2012	2013	2014	2015	2016	2017
地方水利系统工勤技能从业人员总量(万人)	48.565 8	48.631 5	45.916 5	42.605 3	40.279 8	37.853 4	35.422 9
地方水利系统本科及以上工勤技能从业人员总量(万人)	1.541 4	1.618 9	1.545 3	1.467 7	1.466 4	1.495 0	1.533 0
地方水利系统本科以下工勤技能从业人员总量(万人)	47.024 4	47.012 6	44.371 2	41.137 6	38.813 4	36.358 4	33.889 9
地方水利系统从业人员总量(万人)	94.963 0	95.997 2	93.549 2	90.408 5	88.084 0	86.069 0	84.005 9
工勤技能从业人员占从业人员比例(%)	51.1	50.7	49.1	47.1	45.7	44.0	42.2
本科及以上工勤技能人员占工勤技能从业人员比例(%)	3.2	3.3	3.4	3.4	3.6	3.9	4.3

如表 2-23 所示，地方水利系统工勤技能从业人员占水利从业人员的比例较高，但是逐年下降，由 2011 年的 51.1%下降为 2017 年的 42.2%，年均下降 1.5 个百分点。

地方水利系统本科及以上学历的工勤技能从业人员总量呈波动变化，波动区间为(1.47

万人～1.62 万人),截至 2017 年底从业人员为 1.53 万人。地方水利系统本科及以上学历人员占工勤技能从业人员比例逐年增长,由 2011 年的 3.2%增长为 2017 年的 4.3%,年均增长 0.2 个百分点。

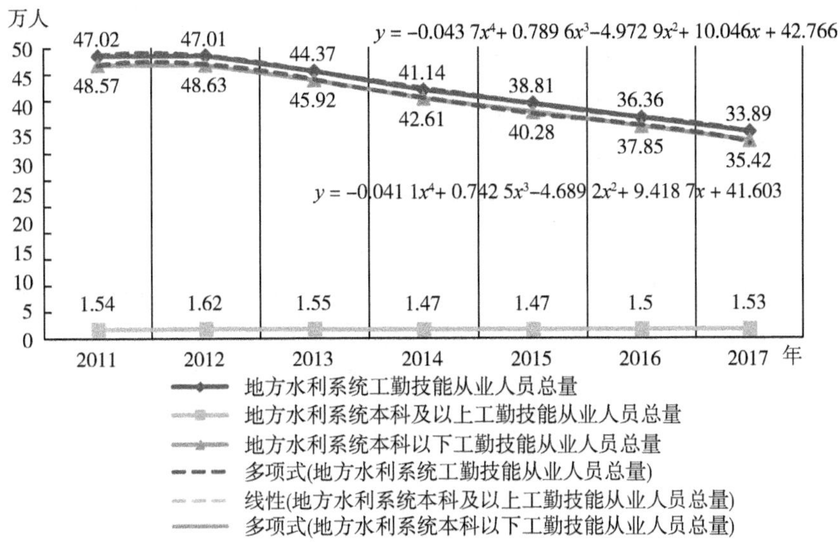

图 2-43 地方水利系统工勤技能从业人员总量、学历结构及其趋势变化图(2011—2017 年)

四、中国水利工勤技能从业人员总量的变化趋势

根据 2011 年至 2017 年的中国水利工勤技能从业人员总量及其变化来预测 2018 年至 2020 年间水利从业人员总量变化趋势。从 2018—2020 年 3 年的预测值来看,中国水利工勤技能从业人员总量呈下降趋势。详见表 2-24。

表 2-24 中国水利工勤技能从业人员总量统计与预测表(2011—2020 年)

统计和预测	年份	全国水利系统工勤技能从业人员总量(万人)			水利部直属系统工勤技能从业人员总量(万人)			地方水利系统工勤技能从业人员总量(万人)		
		统计值(或预测值)	上限	下限	统计值(或预测值)	上限	下限	统计值(或预测值)	上限	下限
统计	2011	51.77	/	/	3.20	/	/	48.57	/	/
	2012	51.86	/	/	3.23	/	/	48.63	/	/
	2013	48.76	/	/	2.84	/	/	45.92	/	/
	2014	45.33	/	/	2.72	/	/	42.61	/	/
	2015	42.86	/	/	2.58	/	/	40.28	/	/
	2016	40.23	/	/	2.38	/	/	37.85	/	/
	2017	37.71	/	/	2.29	/	/	35.42	/	/

续表

统计和预测	年份	全国水利系统工勤技能从业人员总量(万人)			水利部直属系统工勤技能从业人员总量(万人)			地方水利系统工勤技能从业人员总量(万人)		
		统计值(或预测值)	上限	下限	统计值(或预测值)	上限	下限	统计值(或预测值)	上限	下限
预测	2018	35.29	37.97	32.60	2.08	2.33	1.84	33.20	35.76	30.65
	2019	32.74	35.53	29.95	1.92	2.17	1.66	30.82	33.48	28.17
	2020	30.19	33.09	27.30	1.75	2.01	1.49	28.44	31.20	25.69
预测模型类型		Holt			Holt			Holt		

如表 2-24 所示，至 2020 年底全国水利系统工勤技能从业人员约为 30.19 万人，其中水利部直属系统工勤技能从业人员约为 1.75 万人，地方水利系统工勤技能从业人员约为 28.44 万人。

第七章 中国水利基层从业人员情况(2015—2017 年)

本章主要分析全国水利系统基层从业人员、水利部直属系统基层从业人员和地方水利系统基层从业人员总量和学历分布情况,其中的学历分布从本科及以上和本科以下两个维度进行区分。

一、全国水利系统基层从业人员总量和学历分布情况

2015 年至 2017 年期间,全国水利系统基层从业人员总量逐年下降,自 2015 年的 66.99 万人下降到 2017 年的 63.82 万人,减少了 3.17 万人,平均每年减少 1.6 万人。具体情况如表 2-25 和图 2-44 所示。

表 2-25 全国水利系统基层从业人员总量及其学历结构统计表(2015—2017 年)

年份	2015	2016	2017
全国水利系统基层从业人员总量(万人)	66.994 2	65.449 7	63.819 1
全国水利系统本科及以上基层从业人员总量(万人)	13.566 9	14.396 9	15.611 5
全国水利系统本科以下基层从业人员总量(万人)	53.427 3	51.052 8	48.207 6
全国水利系统从业人员总量(万人)	94.709 1	92.492 8	90.382 4
基层人才占从业人员比例(%)	70.7	70.8	70.6
本科及以上基层人员占基层从业人员比例(%)	20.3	22.0	24.5

如表 2-25 所示,全国水利系统基层从业人员占水利从业人员的比例基本稳定,约占 70.6%。全国水利系统本科及以上学历基层从业人员数量逐年增长,由 2015 年的 13.57 万人增长到 2017 年的 15.61 万人,年均增长 1.02 万人。全国水利系统本科及以上学历基层人员占基层从业人员比例由 2015 年的 20.3%增长为 2017 年的 24.5%,年均增长 2.1 个百分点。

二、水利部直属系统基层从业人员总量和学历分布情况

2015 年至 2017 年期间,水利部直属系统基层从业人员总量基本稳定在 1.6 万人左右。具体情况如表 2-26 和图 2-45 所示。

图 2-44　全国水利系统基层从业人员总量、学历结构及其趋势变化图(2015—2017 年)

表 2-26　水利部直属系统基层从业人员总量及其学历结构统计表(2015—2017 年)

年份	2015	2016	2017
水利部直属系统基层从业人员总量(万人)	1.642 2	1.556 9	1.640 9
水利部直属系统本科及以上基层从业人员总量(万人)	0.583 1	0.610 5	0.666 4
水利部直属系统本科以下基层从业人员总量(万人)	1.059 1	0.946 4	0.974 5
水利部直属系统从业人员总量(万人)	6.625 1	6.423 8	6.376 5
基层人才占从业人员比例(%)	24.79	24.24	25.73
本科及以上基层人员占基层从业人员比例(%)	35.5	39.2	40.6

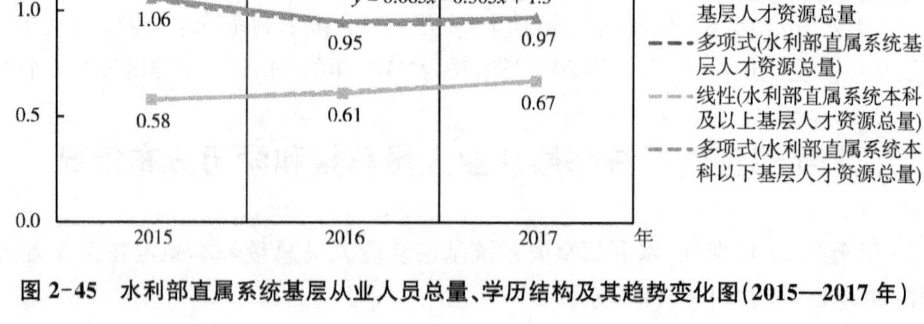

图 2-45　水利部直属系统基层从业人员总量、学历结构及其趋势变化图(2015—2017 年)

如表 2-26 所示,水利部直属系统基层从业人员占水利从业人员总量的比例呈波动增长趋势,由 2015 年的 21.8%增长到 2017 年的 23.6%,年均增长 0.9 个百分点。水利部直属系统本科及以上学历基层从业人员数量逐年增长,由 2015 年的 0.58 万人增长到 2017 年的 0.67 万人,年均增长约 450 人。水利部直属系统本科及以上学历基层人员占基层从业人员比例由 2015 年的 35.5%增长为 2017 年的 40.6%,年均增长 2.6 个百分点。

三、地方水利系统基层从业人员总量和学历分布情况

2015 年至 2017 年期间,地方水利系统基层从业人员总量逐年下降,自 2015 年的 65.35 万人下降到 2017 年的 62.18 万人,减少了 3.17 万人,平均每年减少 1.59 万人。具体情况如表 2-27 和图 2-46 所示。

表 2-27 地方水利系统基层从业人员总量及其学历结构统计表(2015—2017 年)

年份	2015	2016	2017
地方水利系统基层从业人员总量(万人)	65.352 0	63.892 8	62.178 2
地方水利系统本科及以上基层从业人员总量(万人)	12.983 8	13.786 4	14.945 1
地方水利系统本科以下基层从业人员总量(万人)	52.368 2	50.106 4	47.233 1
地方水利系统从业人员总量(万人)	88.084 0	86.069 0	84.005 9
地方水利系统基层从业人员占从业人员比例(%)	74.2	74.2	74.0
本科及以上基层人员占基层从业人员比例(%)	19.9	21.6	24.0

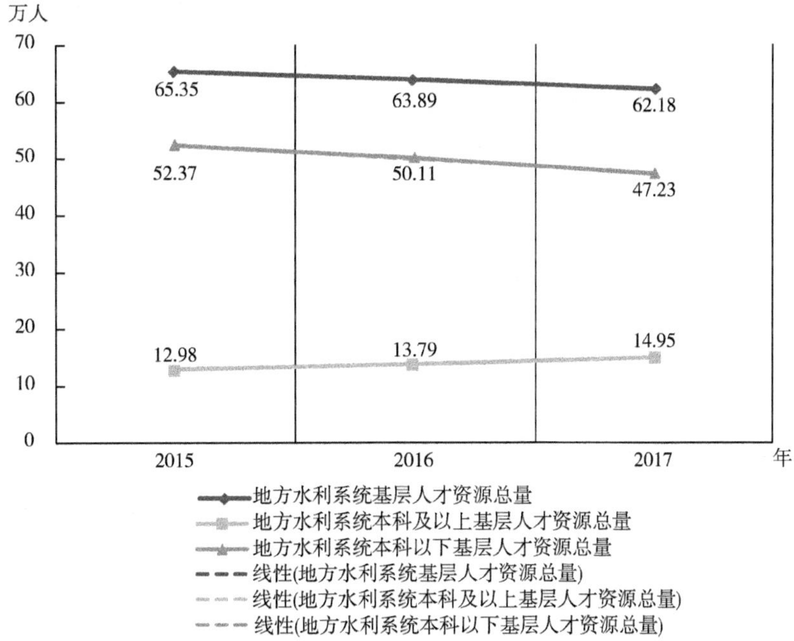

图 2-46 地方水利系统基层从业人员总量、学历结构及其趋势变化图(2015—2017 年)

如表 2-27 所示，地方水利系统基层从业人员占水利从业人员的比例基本稳定，约占 74％。地方水利系统本科及以上学历基层从业人员数量逐年增长，由 2015 年的 12.98 万人增长到 2017 年的 14.95 万人，年均增长 0.99 万人。地方水利系统本科及以上学历基层人员占基层从业人员比例由 2015 年的 19.9％增长为 2017 年的 24.0％，年均增长 2.1 个百分点。

分报告（三）

中国水利人才政策变迁分析

随着社会经济发展进入新时代,我国水利事业的主要矛盾已经从人民群众对除水害兴水利的需求与水利工程能力不足的矛盾,转变为人民群众对水资源水生态水环境的需求与水利行业监管能力不足的矛盾。这要求水利部要准确把握当前水利改革发展所处的历史方位,清醒认识治水主要矛盾的深刻变化,加快转变治水思路和方式,将工作重心转到"水利工程补短板、水利行业强监管"上来。

要贯彻落实"水利工程补短板、水利行业强监管"水利改革发展总基调,建设一支优秀的水利人才队伍是关键。实行水利人才战略,建立一支符合新时代要求的拔尖型、创新型、复合型、专业型水利人才队伍,可以为推动水利改革、实现水利现代化提供强大动力。因此,必须深刻把握水利人才成才和发展的内在规律,明确水利人才的发展方向和进步空间。

为此,本项目立足于人才强国、创新驱动发展、水利人才发展等战略,围绕水利人才的发展规律,基于我国人才政策,特别是水利人才政策的视角,对水利人才发展及其政策状况进行描述、梳理和分析,探究水利人才及其政策的发展方向和趋势,以推动水利人才的创新发展。

本研究的具体内容包括以下几个部分:

第一章　水利人才政策及其变迁研究框架与政策抽样。本章提出了研究问题并明确了研究理论基础,从研究内容、研究方法、研究思路三个方面设计了研究框架,并详细阐述了政策样本的抽样过程与结果。

第二章　水利人才政策问题、目标以及指导思想的变迁分析。本章首先梳理了 2003—2018 年的水利人才政策概况,其后通过水利人才政策的政策问题、目标以及指导思想的发展历程分析,得出了不同阶段水利人才政策问题、目标以及指导思想的变迁特征。

第三章　水利人才政策内容维度的变迁分析。本章从水利人才政策内容维度出发,首先基于关键词对水利人才政策关切点进行变迁分析;然后以人才规划、人才引进、人才培养、人才激励、人才评价五个维度对水利人才政策内容进行编码分析,进一步挖掘政策样本中的变迁特点。

第四章　水利人才政策工具维度的变迁分析。本章根据 Roy Rothwell、Walter Zegveld 的政策工具理论,以需求型、供给型和环境型 3 种基本政策工具为分类依据,对 2003—2018

年水利人才政策的文本内容进行编码分析，探究并总结水利人才政策对不同政策工具的使用状况及其特征。

第五章　水利人才政策变迁特征总结与发展空间分析。基于第二章、第三章和第四章的政策变迁分析，归纳和提炼了 2003—2017 年水利人才政策变迁趋势和特征，同时以 2018 年水利人才政策内容为重点，指出了未来水利人才政策的发展空间和进步方向。

第一章　水利人才政策及其变迁研究框架与政策抽样

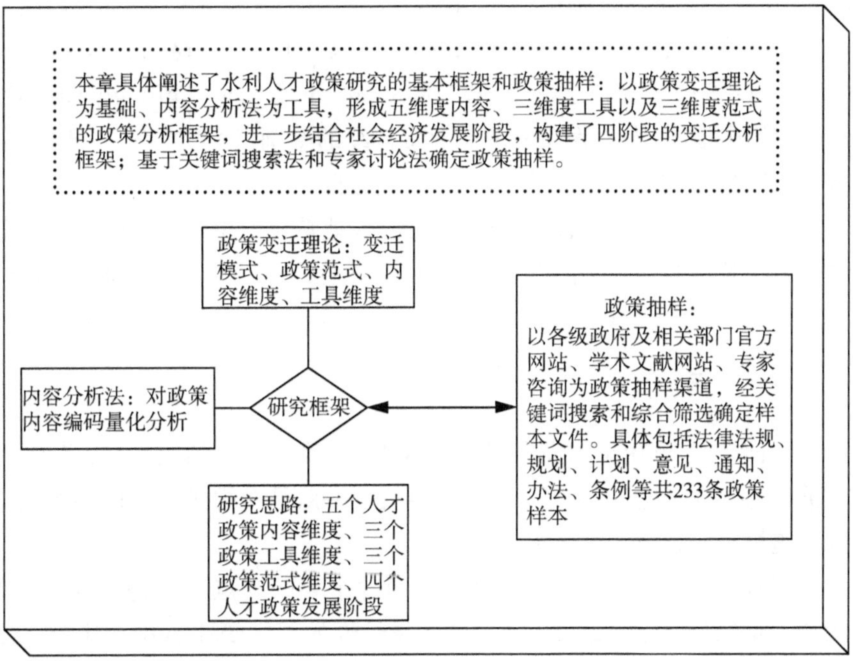

一、研究问题的提出

近年来水利人才战略在统筹推动水利人才队伍建设方面成效显著，如人才总量增加、学历结构优化、领军人才数量提升、基层人才队伍建设长足发展等，为水利事业发展提供了有力支撑。然而，在步入决胜全面小康、共襄复兴伟业的冲刺阶段，水利事业作为推进“创新、协调、绿色、开放、共享”五大发展理念的重要推手，在人才队伍建设方面与其要求还有不小差距。比如，高层次领军人才不足、人才创造力欠缺，基层、贫困地区水利人才的素质和能力仍有待加强。为此，需要在政策层面准确定位水利人才政策发展方向，丰富内涵，以加强水利人才队伍建设，为水利改革发展提供全方位、强有力的人才保证和智力支撑。本研究将从制度变迁理论视角出发，对我国水利人才政策进行描述、梳理和分析，以把握水利人才及其政策的发展趋势和方向，推动水利人才队伍创新发展。

二、水利人才政策变迁研究框架的理论基础

(一) 人才管理理论

人才管理是在人力资源管理进入战略人力资源管理阶段之后出现的新理念。进入21世纪,战略人力资源管理越来越受到理论界和实践界的追捧,组织日益站在战略视角审视其人力资源管理,人才管理是在战略人力资源管理视角上逐步得到重视的。

人才管理理论研究人才成长发展的规律,探讨如何在社会实践中运用这些规律规划、选拔人才,合理组织、培训、评价和激励人才,以充分地发挥人才的智慧和才干,为人类进步服务。John D. Heidke在美国培训与发展协会(American Society for Training&Development)举办的GTAC-ASTD(2006)会议上发表的"Building the Bench Through Effective Talent Management"演说中指出,人才管理是一个动态持续的鉴别、评估过程,并把员工培养成为未来组织内的关键角色,以便保证组织持续有效地运行。

以组织中的人为核心的人才管理工作,能够有效地整合组织的各项管理功能和职责,促进组织整体能力与效率的提高。因此,本研究以人才管理理论作为人才政策内容分析维度划分以及人才政策制定的理论基础。

(二) 政策变迁理论

政策作为一种制度,可用于约束和规范主体利益或个人行为的规则,新旧政策的改革与替代过程可被称为制度变迁。在诺思看来,制度变迁一般是对构成制度框架的正式规则、非正式规则和实施机制三方面的组合所做的调整。

关于如何描述制度变迁的模式,可以看到两种主要的观点。一种观点是将制度变迁划分为两大类,即持续性的制度变迁模式和非持续性的制度变迁模式。其中,持续性的制度变迁模式主要指渐进性的演化变迁模式;非持续性的制度变迁模式分为间断均衡模式和间断演化模式。另一种则将制度变迁模式划分为两类,即强制性制度变迁和诱致性制度变迁。

(三) 政策工具理论

政策工具(Policy Instruments),又称"政府工具"(Tools of Government) 或"治理工具"(Tools of Governance),这三个概念的差别主要在于体现了不同学科角度的倾向,而在实际应用中并没有明确的界限。最初,Kirschen E. S. 整理出64种一般化的工具,但并未加以系统化的分类,也没有对这些工具的起源和影响加以理论化探讨。Mc Donell L. M. 、Elmore R. F. (1978)按照工具所要实现的目标,将政策工具分为四类,即命令型工具、劝导型工具、能力建设型工具和制度变迁工具。而Roy Rothwell、Walter Zegveld将政策工具分为需求型、供给型和环境型3种基本政策工具。Schneider、Ingram提出了类似的分类,他们将政策

工具分为“激励”、“提高能力”、“象征和劝告”以及“学习”四类。Van der Doelen 将政策工具划分为法律工具、经济工具和交流工具三类,每组工具都有其变种,可以限制或扩展其影响行动者行为的可能性。

本研究采用的是 Roy Rothwell、Walter Zegveld 的政策工具理论,将政策工具划分为需求型、供给型和环境型三类政策工具,这三类政策工具对国家的创新驱动及人才发展均起到促进推动作用。具体来说,供给型政策工具主要通过人才、信息、基础设施、资金、公共服务的提供,推动人才的发展以及人才队伍的发展壮大;需求型政策工具主要起拉力作用,政府通过政策人才引进、服务外包、海外机构管理等举措减少市场的不确定性、拉动研究成果推广应用及鼓励人才的交流、引进;环境型政策工具则指政府通过目标规划、金融支持、税收优惠、策略性措施、法规管制等措施营造有利于人才队伍发展壮大的政策和社会环境。

三、研究框架设计

基于上述理论基础,从研究内容、研究方法、研究思路三个方面进行研究框架的设计,最后形成本研究的技术路线图。

(一) 研究内容

首先,在梳理党中央、国务院、中组部、财政部、水利部、人社部等出台的关于人才特别是水利人才各阶段政策问题、目标和指导思想的基础上,明确各阶段国家与水利部门人才管理的重点,把握各阶段人才工作要求。

其次,采用内容分析法,总结 2003—2017 年政策各个阶段具体政策的变化趋势,并从不同维度进行历史变迁分析,同时针对十九大以后的新变化,重点对 2018 年人才发展的新要求与新指导思想、人才政策关注的问题及其目标进行梳理和关键词获取,以从各维度把握人才发展的重点方向。

(二) 研究方法

1. 文献研究法

文献研究法,顾名思义,是指对涉及研究问题的相关文献进行全面的收集、整理、分析并提出创新型见解的一种手段。文献研究法的实现需要建立在大量文献资料的收集和整理上,如若没有足够的相关文献,将很难把握研究的方向,无法聚焦研究的内容,更无法提出独到的见解。本书通过对 2003—2018 年以来党中央、国务院、中组部、财政部、水利部、人社部发布的人才政策尤其是水利人才政策文本进行大量文献收集、整理,进行归纳和分析,明确政策的发展现状,进行深入的探索和进一步的研究,以促进水利人才政策的发展。

2. 内容分析法

内容分析法(Content Analysis)是对文献内容内所包含的具有本质性事实和趋势的内容进行量化分析的科学研究方法。本研究基于内容分析法,将 2003—2018 年以来党中央、国务院、中组部、财政部、水利部、人社部发布的人才政策尤其是水利人才政策文本作为研究样本，基于政策内容和政策工具两个维度，对政策文本进行具体条目的编码工作并归类，随后进行数据量化分析。

为了完整表达政策文本的主题，本研究对所选政策文本的内容主要按照政策内容逻辑和具体条款进行编码，结合附录中的政策文本编号并将其作为编码的第一个编号，再根据政策文本中的具体政策内容建立内容分析单元并赋予序列号，形成以“政策编号-序列号”为格式的内容分析单元编码表进行数据的分析与处理。

（三）研究思路

本研究在对人才政策文本进行收集与整理的基础上，依据关键历史事件、标志性政策文件等对人才政策的发展进行阶段划分，运用政策理论对人才政策进行内容维度和工具维度划分，然后基于阶段划分探究人才政策内容和工具维度的变迁历程与演进特征，从而推演出水利人才政策的发展空间和进步方向。

1. 水利人才政策发展阶段划分

在政策文本收集的基础上，采用关键历史事件、标志性政策文件出台为时间节点展开对人才政策演进脉络进行划分，依托“第十六次党代会、第十七次党代会、第十八次党代会、第十九次党代会”关键历史事件进行确定，结合水利人才发展五年规划标志性政策文件，对人才政策发展历程进行阶段划分。

第一阶段始于十六大后的 2003 年，大致处于迈入 21 世纪的“十五”期间，此阶段强调经济发展、结构调整与改革开放，要求把握加入世界贸易组织的机会，发展社会主义市场经济。为满足经济发展的需要，国家于 2002 年正式提出人才强国战略，并在 2003 年《中共中央、国务院关于进一步加强人才工作的决定》中指出实施人才强国战略是党和国家一项重大而紧迫的任务，要在继承上世纪人才工作基础上促进人才事业新发展。第二阶段始于十七大后的 2008 年，处于“十一五”期间，该阶段转变经济增长方式和经济结构调整的要求日益迫切，对人才要求进一步提高。为此，2007 年人才强国战略作为发展中国特色社会主义的三大基本战略之一，写进了中国共产党党章和党的十七大报告，要求积极推进人才工作。第三阶段始于十八大后的 2013 年，处于“十二五”期间，该阶段是中国全面建设小康社会的关键时期，是提高自主创新能力、建设创新型国家的攻坚阶段。因此，在 2012 年底召开的“十八大”明确提出“科技创新是提高社会生产力和综合国力的战略支撑，必须摆在国家发展全局的核心位置”，强调要坚持走中国特色自主创新道路、实施创新驱动发展战略，深入推进人才事业发展。第四阶段始于十九大后的 2018 年，处于“十三五”期间，该阶段经济发展进入新阶段，要求在提高经济发展平衡性、包容性、可持续性的基础上重点推进供给侧结构性改革，促进经济提质增效、转型升级。为此，党和国家发布了一系列政策如中共中央办公厅、国务院办公厅《关于深化项目评审、人才评价、机构评估改革的意见》《国务院关于印发积极牵头组织国际大科学计划和大科学工程方案的通知》等，以期推动人才工作的全面创新治理。

依据上述分析,本研究将人才政策发展历程划分为继承发展(2003—2007年)、积极推进(2008—2012年)、深入推进(2013—2017年)、全面创新治理(2018年)四个阶段。

2. 内容分析维度划分

结合人才成才和发展内在规律,根据政策文本中所表述的各类措施和行动路径,将人才政策内容维度划分为:人才规划、人才引进、人才培养、人才激励、人才评价等,各政策内容维度内涵见表3-1。

表3-1 人才政策体系内容维度及内涵

政策内容维度	内涵
人才规划	人才发展要求、目标、模式以及内容上的总体要求
人才引进	人才跨国家、跨地区、跨部门流动与引进所设计的政策要求
人才培养	对人才创新创造意识、能力、素质等要素的培养
人才激励	通过物质和精神奖励等直接或间接多元化方式和手段奖励人才的制度性措施
人才评价	对人才绩效所设计的合理和科学评判准则

3. 政策工具维度划分

本研究采用的是Roy Rothwell、Walter Zegveld的政策工具理论,将政策工具划分为需求型、供给型和环境型3种基本政策工具,具体划分见表3-2。

表3-2 政策工具维度及内涵

政策工具类型	政策工具名称	内涵说明
供给型	人才培养	以"人才培养""培训"为关键词检索,内容主要涉及通过高等教育及终身教育体系,例如选派研修等面向全社会培养人才
	人才信息支持	指政府通过各种途径和方式收集各类人才信息,并借助信息网络等信息基础设施,为人才提供公共信息、服务,减少和避免人才交流发展中的信息不对称
	人才基础设施建设	主要指政府通过建立人才研发实验室或平台,加强各类产业发展的基础技术、共性技术、标准、技术协议等研发和建设,同时鼓励高校、科研机构、企业引进国外先进技术进行转化
	人才资金投入	指政府直接对人才创新创业主体的活动提供财力上的支援
	公共服务	政府为了人才科研、创业的顺利进行,提供相应的配套服务措施
环境型	人才目标规划	指政府在出台的人才引进的战略规划中,对要达成的目标及远景所做的总体描述、设想
	金融支持	指政府通过融资、特许、信用、贷款保证等政策手段推动科技和产业发展
	税收优惠	指政府通过税收的手段,分门别类进行有针对性的优惠措施
	人才法规管制	指政府通过设定企业制度、行业标准、合同关系、环境保护、违规处理等措施来加强市场监管、规范市场秩序,从而为科技活动和创业发展提供有利的政策环境
	策略性措施	指政府基于人才目标规划的需要,制定区域政策、产业政策、科技政策,鼓励人才进行的政策
需求型	政府人才引进	指政府以跨区域、跨国家方式引进人才,推动我国人才队伍的发展
	服务外包	指政府各机关将研发以及科技创新等委托给企业或科研机构,引导促进其研发工作
	海外人才机构	指政府鼓励各类企业、科研机构走出国门,加强国际交流的各种方式

（四）技术路线图

技术路线如图 3-1 所示。

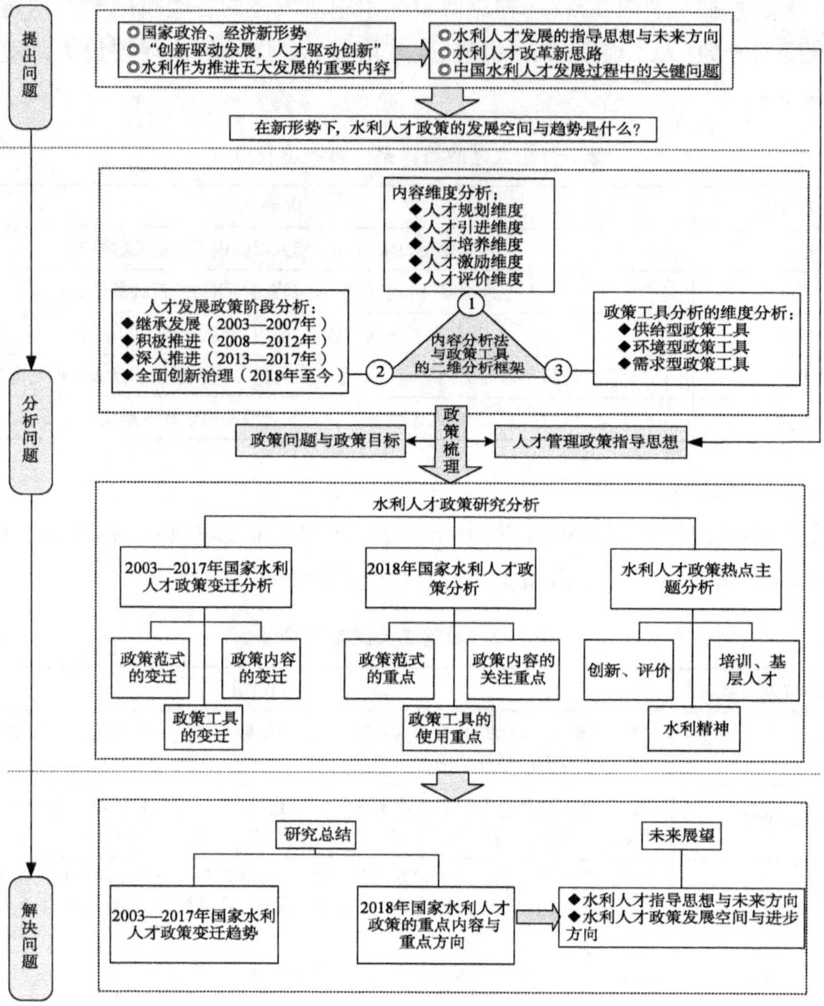

图 3-1 技术路线图

四、政策样本收集

本研究以 2003—2018 年为时间序列，从各级政府及相关部门官方网站、学术文献网站、专业咨询等多渠道收集研究所需的政策文本。收集到涉及人才发展尤其是水利人才的法律法规、规划、计划、意见、通知、办法、条例等文本类型的政策文本 353 条。由于部分政策文本中涉及人才发展的内容多以倡导性为主，未深入对人才发展做出实质性的指导和说明，因此在整理政策文本过程中剔除此类数据信息，最后遴选出与人才发展高度相关的 273 条政策作为研究分析的样本，构建人才政策文献数据，开展政策分析。（具体政策样本见表 3-3、表 3-4）

表 3-3　国家各阶段人才政策一览表

<table>
<tr><th rowspan="2">类别</th><th colspan="4">阶段</th></tr>
<tr><th>继承发展阶段(2003—2007 年)</th><th>积极推进阶段(2008—2012 年)</th><th>深入推进阶段(2013—2017 年)</th><th>全面创新治理阶段(2018 年)</th></tr>
<tr><td>规划</td><td>2003 年 12 月 26 日　《中共中央 国务院关于进一步加强人才工作的决定》
2006 年　《2006—2010 年全国干部教育培训规划》
2006 年 2 月 6 日　《国务院关于印发全民科学素质行动计划纲要(2006—2010—2020 年)的通知》
2006 年 2 月 7 日　《国务院关于印发实施〈国家中长期科学和技术发展规划纲要(2006—2020 年)〉若干配套政策的通知》</td><td>2009 年 12 月 3 日　《2010—2020 年深化干部人事制度改革规划纲要》
2010 年 6 月　《国家中长期人才发展规划纲要(2010—2020 年)》
2010 年 6 月 17 日　《中共中央办公厅关于印发〈2010—2020 年干部教育培训改革纲要〉的通知》
2010 年 7 月 29 日　《国家中长期教育改革和发展规划纲要(2010—2020 年)》
2010 年 12 月 31 日　《中共中央 国务院关于加快水利改革发展的决定》
2011 年 6 月 1 日　《国务院关于进一步做好普通高等学校毕业生就业工作的通知》
2011 年 8 月 16 日　《国家中长期科技人才发展规划(2010—2020 年)》</td><td>2013 年 5 月 30 日　《国务院关于印发“十二五”国家自主创新能力建设规划的通知》
2013 年 9 月 23 日　《中央组织部印发〈2013—2017 年全国组工干部教育培训规划〉》
2013 年 9 月 28 日　《2013—2017 年全国干部教育培训规划》
2014 年 7 月 1 日　《中办印发〈2014—2018 年全国党员教育培训工作规划〉》
2014 年 7 月 3 日　《中共中央办公厅印发〈2014—2018 年全国党政领导班子建设规划纲要〉》
2016 年 3 月 2 日　《中共中央印发〈关于深化人才发展体制机制改革的意见〉》
2016 年 7 月 28 日　《国务院关于印发“十三五”国家科技创新规划的通知》
2016 年 12 月 27 日　《关于深化职称制度改革的意见》
2016 年 12 月 30 日　《中共中央办公厅 国务院办公厅印发〈关于进一步引导和鼓励高校毕业生到基层工作的意见〉的通知》
2017 年 1 月 19 日　《国务院关于印发国家教育事业发展“十三五”规划的通知》
2017 年 1 月 25 日　《教育部办公厅关于坚持正确导向促进高校高层次人才合理有序流动的通知》
2017 年 2 月 6 日　《国务院关于印发“十三五”促进就业规划的通知》
2017 年 4 月　《中长期青年发展规划(2016—2025 年)》
2017 年 4 月 13 日　《科技部关于印发〈“十三五”国家科技人才发展规划〉的通知》
2017 年 4 月 19 日　《国务院关于做好当前和今后一段时期就业创业工作的意见》
2017 年 6 月 28 日　《科技部办公厅关于印发〈落实《中长期青年发展规划(2016—2025 年)》实施方案〉的通知》
2017 年 7 月 21 日　《国务院关于强化实施创新驱动发展战略进一步推进大众创业万众创新深入发展的意见》
2017 年 7 月 31 日　《中共教育部党组关于加快直属高校高层次人才发展的指导意见》
2017 年 9 月 15 日　《国务院关于印发国家技术转移体系建设方案的通知》
2017 年 11 月 1 日　《人社部办公厅关于在部分职称系列设置正高级职称有关问题的通知》
2017 年 12 月 25 日　《人社部办公厅关于 2018 年度专业技术人员资格考试计划及有关问题的通知》</td><td>2018 年 2 月 26 日　《中共中央办公厅 国务院办公厅印发〈关于分类推进人才评价机制改革的指导意见〉》
2018 年 6 月 29 日　《中共中央办公厅 国务院办公厅印发〈关于深化项目评审、人才评价、机构评估改革的意见〉》
2018 年 8 月 9 日　《中共中央办公厅 国务院办公厅关于印发〈水利部职能配置、内设机构和人员编制规定〉的通知》
2018 年 8 月 31 日　《人社部印发〈打赢人力资源社会保障扶贫攻坚战三年行动方案〉的通知》
2018 年 11 月 1 日　《2018—2022 年全国干部教育培训规划》</td></tr>
</table>

续表

类别	阶段			
	继承发展阶段(2003—2007 年)	积极推进阶段(2008—2012 年)	深入推进阶段(2013—2017 年)	全面创新治理阶段(2018 年)
引进	2005 年 3 月 22 日 《关于在留学人才引进工作中界定海外高层次留学人才的指导意见》	2008 年 2 月 29 日 《公务员职务任免与职务升降规定(试行)》 2009 年 4 月 13 日 《关于印发〈关于建立选聘高校毕业生到村任职工作长效机制的意见〉的通知》 2010 年 3 月 7 日 《中共中央办公厅关于印发〈党政领导干部选拔任用工作责任追究办法(试行)〉的通知》 2010 年 3 月 9 日 《党政领导干部选拔任用工作有关事项报告办法(试行)》 2010 年 12 月 8 日 《关于进一步规范事业单位公开招聘工作的通知》 2012 年 9 月 28 日 《中组部、人社部等五部门关于为外籍高层次人才来华提供签证及居留便利有关问题的通知》	2013 年 1 月 24 日 《公务员公开遴选办法(试行)》 2014 年 1 月 14 日 《党政领导干部选拔任用工作条例》 2015 年 1 月 24 日 《中组部、人社部、国家外专局印发〈关于为外籍高层次人才来华提供签证及居留便利备案工作有关问题的通知〉》 2017 年 9 月 19 日 《中共中央办公厅、国务院办公厅关于印发〈聘任制公务员管理规定(试行)〉的通知》	2018 年 9 月 20 日 《人社部办公厅关于加快推进流动人员人事档案信息化建设的指导意见》

续表

类别	阶段			
	继承发展阶段(2003—2007 年)	积极推进阶段(2008—2012 年)	深入推进阶段(2013—2017 年)	全面创新治理阶段(2018 年)
培养	2005 年 9 月 27 日 《人事部专业技术人才知识更新工程(“653 工程”)实施方案》 2006 年 1 月 21 日 《中共中央关于印发〈干部教育培训工作条例(试行)〉的通知》 2007 年 1 月 5 日 《关于印发〈关于在重大项目实施中加强创新人才培养的暂行办法〉的通知》 2007 年 6 月 30 日 《关于加强专业技术人员继续教育工作的意见》 2007 年 8 月 6 日 《关于进一步加强国家重点领域紧缺人才培养工作的意见》	2008 年 3 月 28 日 《国务院办公厅转发人事部“十一五”行政机关公务员培训纲要的通知》 2008 年 6 月 27 日 《公务员培训规定(试行)》 2008 年 8 月 11 日 《中央组织部关于 2008—2012 年大规模培训干部工作的实施意见》 2011 年 《国家高技能人才振兴计划实施方案》 2011 年 1 月 1 日 《创新人才推进计划实施方案》 2011 年 3 月 22 日 《国务院办公厅关于转发人社部国家公务员局 2011—2015 年行政机关公务员培训纲要的通知》 2011 年 7 月 6 日 《中组部、人力资源和社会保障部关于印发〈高技能人才队伍建设中长期规划(2010—2020 年)〉的通知》 2011 年 11 月 8 日 《关于加强女性科技人才队伍建设的意见》 2012 年 6 月 13 日 《国务院办公厅关于转发人社部、财政部、国资委关于加强企业技能人才队伍建设意见的通知》	2013 年 5 月 13 日 《人社部办公厅关于印发〈国家级技能大师工作室建设项目实施管理办法(试行)〉的通知》 2015 年 5 月 28 日 《中共中央办公厅印发〈事业单位领导人员管理暂行规定〉》 2015 年 10 月 18 日 《中共中央关于印发〈干部教育培训工作条例〉的通知》 2016 年 3 月 22 日 《中组部、中宣部、司法部、人社部联合印发〈关于完善国家工作人员学法用法制度的意见〉》 2016 年 3 月 14 日 《国务院办公厅关于印发全民科学素质行动计划纲要实施方案(2016—2020 年)的通知》 2016 年 8 月 11 日 《人社部财政部关于深入推进国家高技能人才振兴计划的通知》 2016 年 10 月 26 日 《人社部教育部关于实施高校毕业生就业创业促进计划的通知》 2017 年 9 月 19 日 《人社部办公厅关于持续开展离校未就业高校毕业生技能就业行动的通知》 2017 年 12 月 19 日 《国务院办公厅关于深化产教融合的若干意见》	2018 年 1 月 19 日 《国务院关于全面加强基础科学研究的若干意见》 2018 年 2 月 5 日 《人社部办公厅关于公布技能人员职业资格实施部门(单位)信息的通知》 2018 年 3 月 7 日 《人社部办公厅关于印发〈国家职业技能标准编制技术规程(2018 年版)〉的通知》 2018 年 3 月 14 日 《国务院关于印发积极牵头组织国际大科学计划和大科学工程方案的通知》 2018 年 4 月 13 日 《人社部办公厅关于印发专业技术人才知识更新工程 2018 年高级研修项目计划的通知》 2018 年 5 月 8 日 《国务院关于推行终身职业技能培训制度的意见》 2018 年 5 月 17 日 《财政部关于印发〈国际化高端会计人才培养工程实施方案〉的通知》 2018 年 6 月 26 日 《人社部办公厅财政部办公厅关于 2017 年国家级高技能人才培训基地和国家级技能大师工作室项目单位备案的通知》 2018 年 6 月 29 日 《中组部 中共中央宣传部关于在广大知识分子中深入开展“弘扬爱国奋斗精神、建功立业新时代”活动的通知》 2018 年 10 月 12 日 《人社部 财政部关于全面推行企业新型学徒制的意见》 2018 年 10 月 17 日 《人社部印发〈技能人才队伍建设实施方案(2018—2020 年)〉》

续表

类别	阶段			
	继承发展阶段(2003—2007年)	积极推进阶段(2008—2012年)	深入推进阶段(2013—2017年)	全面创新治理阶段(2018年)
激励	2003年12月20日 《国务院关于修改〈国家科学技术奖励条例〉的决定》 2004年2月14日 《国务院关于2003年度国家科学技术奖励的决定》 2005年3月24日 《国务院关于2004年度国家科学技术奖励的决定》 2006年3月28日 《国务院关于2005年度国家科学技术奖励的决定》 2007年1月16日 《关于动员和组织广大科技工作者为建设创新型国家做出新贡献的若干意见》 2007年2月15日 《关于建立海外高层次留学人才回国工作绿色通道的意见》 2007年3月28日 《国务院关于2006年度国家科学技术奖励的决定》 2007年12月14日 《职工带薪年休假条例》	2008年1月4日 《公务员奖励规定(试行)》 2008年2月15日 《机关事业单位工作人员带薪年休假实施办法》 2008年3月28日 《国务院关于2007年度国家科学技术奖励的决定》 2009年1月9日 《国务院关于2008年度国家科学技术奖励的决定》 2010年1月11日 《国务院关于2009年度国家科学技术奖励的决定》 2010年4月27日 《国务院关于表彰全国劳动模范和先进工作者的决定》 2011年1月14日 《国务院关于2010年度国家科学技术奖励的决定》 2011年12月15日 《教育部关于印发〈“长江学者奖励计划”实施办法〉的通知》 2012年2月14日 《国务院关于2011年度国家科学技术奖励的决定》	2014年1月10日 《国务院关于2013年度国家科学技术奖励的决定》 2015年1月14日 《国务院关于机关事业单位工作人员养老保险制度改革的决定》 2015年4月6日 《国务院办公厅关于印发机关事业单位职业年金办法的通知》 2016年1月1日 《国务院关于2015年度国家科学技术奖励的决定》 2016年1月22日 《关于进一步加强和改进离退休干部工作的意见》 2016年11月7日 《中共中央办公厅 国务院办公厅印发〈关于实行以增加知识价值为导向分配政策的若干意见〉的通知》 2016年11月29日 《人社部关于表彰第十三届中华技能大奖和全国技术能手的决定》 2016年12月17日 《中组部人社部关于表彰全国老干部工作先进集体和先进工作者的决定》 2017年1月9日 《国务院关于2016年度国家科学技术奖励的决定》 2017年1月12日 《人社部财政部关于机关事业单位基本养老保险关系和职业年金转移接续有关问题的通知》 2017年4月14日 《人社部中国科协科技部国务院国资委关于评选全国创新争先奖的通知》 2017年6月9日 《国务院办公厅印发关于深化科技奖励制度改革方案的通知》	2018年1月1日 《国务院关于2017年度国家科学技术奖励的决定》 2018年4月20日 《关于提高技术工人待遇的意见》 2018年12月18日 《事业单位工作人员奖励规定》

续表

类别	阶段			
	继承发展阶段(2003—2007 年)	积极推进阶段(2008—2012 年)	深入推进阶段(2013—2017 年)	全面创新治理阶段(2018 年)
评价	2007 年 1 月 4 日 《公务员考核规定(试行)》		2017 年 12 月 8 日 《人社部办公厅关于印发 2017 年度国家职业技能标准制定修订计划的通知》	2018 年 6 月 7 日 《人社部办公厅关于印发 2018 年度国家职业技能标准制定修订计划的通知》 2018 年 7 月 18 日 《国务院关于优化科研管理提升科研绩效若干措施的通知》 2018 年 11 月 28 日 《中共中央办公厅印发〈干部人事档案工作条例〉》
监管	2003 年 6 月 19 日 《党政领导干部选拔任用工作监督检查办法(试行)》 2007 年 3 月 15 日 《关于进一步加强和完善机构编制管理严格控制机构编制的通知》	2008 年 《中组部关于在干部教育培训中进一步加强学风建设的若干意见》 2009 年 6 月 30 日 《关于实行党政领导干部问责的暂行规定》	2013 年 3 月 20 日 《关于在干部教育培训中进一步加强学员管理的规定》 2014 年 7 月 20 日 《中组部印发〈关于在干部教育培训中加强理想信念和道德品行教育的通知〉》 2016 年 9 月 7 日 《关于印发〈国家社会科学基金项目资金管理办法〉的通知》 2016 年 12 月 27 日 《财政部、中组部、国家公务员局修订印发〈中央和国家机关培训费管理办法〉》 2017 年 1 月 16 日 《中组部会同有关部委印发 5 个办法 加强和改进行业事业单位领导人员管理》 2017 年 1 月 18 日 《人社部办公厅关于印发〈机关事业单位基本养老保险关系和职业年金转移接续经办规程(暂行)〉的通知》 2017 年 2 月 8 日 《中共中央办公厅 国务院办公厅关于印发〈领导干部报告个人有关事项规定〉和〈领导干部个人有关事项报告查核结果处理办法〉的通知》	2018 年 5 月 20 日 《关于进一步激励广大干部新时代新担当新作为的意见》 2018 年 8 月 3 日 《人社部关于贯彻落实〈国务院关于推行终身职业技能培训制度的意见〉精神的通知》 2018 年 9 月 14 日 《人社部办公厅关于 2018 年度机动车检测维修专业技术人员职业水平考试合格标准有关问题的通知》 2018 年 9 月 29 日 《中共中央办公厅、国务院办公厅印发〈中央企业领导人员管理规定〉》

表 3-4　水利各阶段人才政策一览表

类别	阶段			
	继承发展阶段（2003—2007 年）	积极推进阶段（2008—2012 年）	深入推进阶段（2013—2017 年）	全面创新治理阶段（2018 年）
规划	2005 年 10 月 8 日　《关于深入实施水利人才战略，进一步加强人才工作的意见》 2007 年 1 月 5 日　《水利部关于印发“十一五”水利人才规划纲要和干部教育培训规划的通知》 2007 年 5 月 31 日　《国家发展改革委、水利部、建设部关于印发水利发展“十一五”规划的通知》 2007 年 7 月 17 日　《关于印发〈流域机构各级机关非领导职务设置办法〉的通知》	2009 年 9 月 21 日　《关于印发水利部机关各司局主要职责内设处室和人员编制规定的通知》 2010 年 10 月 10 日　《关于印发〈中共水利部党组贯彻《2010—2020 年深化干部人事制度改革规划纲要》的实施意见〉的通知》 2010 年 12 月 31 日　《中共中央 国务院关于加快水利改革发展的决定》 2011 年 11 月 21 日　《印发关于实施基层水利人才文化和专业素质提升工程的意见的通知》 2011 年 11 月 23 日　《关于印发全国水利人才队伍建设“十二五”规划的通知》 2012 年 6 月 6 日　《国家发展改革委、水利部、住房城乡建设部印发水利发展规划（2011—2015 年）的通知》	2013 年 2 月 1 日　《水利部 教育部关于进一步推进水利职业教育改革发展的意见》 2015 年 11 月 6 日　《水利部关于大力加强水利智库建设的实施建议》 2016 年 6 月 2 日　《水利部关于印发全国水利人才队伍建设“十三五”规划的通知》 2017 年 5 月 8 日　《科技部、国土资源部、水利部关于印发〈“十三五”资源领域科技创新专项规划〉的通知》	2018 年 2 月 12 日　《水利部关于印发加快推进新时代水利现代化的指导意见的通知》 2018 年 7 月 30 日　《中共中央办公厅、国务院办公厅关于印发〈水利部职能配置、内设机构和人员编制规定〉的通知》 2018 年 8 月 10 日　《水利部关于印发水利扶贫行动三年（2018—2020 年）实施方案的通知》
引进	2003 年 7 月 10 日　《水利部关于水利事业单位试行人员聘用制度有关问题的通知》 2003 年 12 月 8 日　《水利部关于 2003 年度专业技术人员职称考试工作有关事项的通知》 2006 年 6 月 9 日　《关于贯彻落实〈事业单位公开招聘人员暂行规定〉的实施意见》 2007 年 1 月 12 日　《关于做好事业单位新进人员公开招聘工作的通知》 2007 年 5 月 25 日　《关于印发〈水利部在京直属事业单位高校毕业生接收工作规则（试行）〉的通知》	2008 年 2 月 2 日　《关于印发〈水利部干部选拔任用工作议事规则（试行）〉和〈水利部干部交流工作实施办法（试行）〉的通知》 2008 年 6 月 16 日　《关于印发〈水利部部管干部档案接收标准〉的通知》 2010 年 10 月 10 日　《关于印发〈水利部竞争选拔领导干部工作办法（试行）〉的通知》 2010 年 10 月 10 日　《关于印发〈水利部差额选拔领导干部工作办法（试行）〉的通知》 2010 年 10 月 10 日　《关于印发〈水利部干部选拔任用工作办法（试行）〉的通知》 2010 年 10 月 10 日　《关于印发〈水利部干部选拔任用工作有关事项报告实施办法（试行）〉的通知》 2010 年 12 月 29 日　《转发关于进一步规范事业单位公开招聘工作的通知》	2014 年　《关于开展水文首席预报员选拔工作的通知》 2014 年　《印发水利行业高技能人才培养基地遴选管理暂行办法的通知》 2014 年　《印发贯彻〈党政领导干部选拔任用工作条例〉实施意见和选拔任用干部工作议事规则的通知》 2015 年 7 月 2 日　《水利部建设管理与质量安全中心关于选聘水利工程建设质量监督人员的公告》	2018 年 7 月 20 日　《住房城乡建设部、交通运输部、水利部、人力资源社会保障部关于印发〈造价工程师职业资格制度规定〉〈造价工程师职业资格考试实施办法〉的通知》

续表

类别	阶段			
	继承发展阶段(2003—2007年)	积极推进阶段(2008—2012年)	深入推进阶段(2013—2017年)	全面创新治理阶段(2018年)
培养	2003年7月15日 《水利部关于全面实施干部教育培训登记制度的通知》 2003年10月30日 《水利部建设与管理司关于开展首批水利工程造价工程师再注册工作的通知》 2004年3月11日 《水利部关于公布水利部第八批水利工程设备制造监理工程师名单的通知》 2006年3月21日 《中国共产党水利部党组关于深入学习贯彻〈干部教育培训工作条例(试行)〉的通知》 2006年3月29日 《关于印发〈水利专业技术人才知识更新工程(653工程)实施办法〉的通知》 2006年12月12日 《关于印发〈水利部5151人才工程实施意见〉的通知》	2008年1月8日 《关于印发〈中共水利党组关于加强领带班子建设的意见〉》 2008年3月7日 《关于加强水利专业技术人员继续教育工作的实施意见》 2009年7月1日 《水利部关于做好新一轮大规模培训干部工作的实施意见》 2009年7月1日 《水利部关于在干部教育培训中进一步加强学风建设的实施意见》 2009年11月20日 《关于印发水利部贯彻〈中央人才工作协调小组关于建立"特聘专家"制度的意见〉的通知》 2009年11月30日 《关于印发水利部流域机构参照公务员法管理人员日常登记管理办法的通知》 2010年9月 《水利部关于印发〈第一次全国水利普查普查员和普查指导员工作细则〉的通知》 2010年9月3日 《水利部办公厅关于举办水利安全生产监督管理培训班的通知》	2013年 《水利部办公厅关于举办第十期全国水文局领导干部理论培训班的通知》 2013年3月29日 《水利部人事司印发〈关于进一步加强水利干部教育培训管理工作的意见〉的通知》 2013年6月6日 《水利部办公厅关于做好2013年度基层水利职工读书读报提升素质活动的通知》 2013年6月14日 《水利部国科司关于推荐"中韩青年科学家交流计划"2014年中国青年科学家赴韩进行学术交流工作的通知》 2014年7月7日 《水利部关于推进贫困地区水利人才队伍建设的指导意见》 2014年7月31日 《水利部办公厅关于印发〈进一步加强和改进培训办班工作的意见〉的通知》 2014年10月24日 《水利部办公厅关于举办水利专业技术人才安全生产知识更新高级研修培训班的通知》 2015年9月30日 《水利部办公厅关于举办第十二期全国水文局领导干部理论培训班的通知》 2015年10月21日 《水利部办公厅关于进一步加强水利水电工程施工企业主要负责人、项目负责人和专职安全生产管理人员安全生产培训工作的通知》 2016年5月19日 《水利部办公厅关于举办全国水利系统司局级领导干部法治专题培训班的通知》 2016年6月20日 《水利部办公厅关于举办2016年全国水利工程档案管理技术培训班的通知》 2016年8月18日 《水利部规划计划司关于举办2016年面向西藏水利规划计划管理培训班的通知》 2016年8月25日 《水利部办公厅关于举办2016年全国水利系统普法骨干培训班的通知》 2017年4月11日 《水利部办公厅关于公布全国水利行业首席技师担任技能导师的通知》 2017年6月7日 《中共水利部直属机关委员会关于规范党员干部网络行为的倡议》	2018年10月18日 《水利部国科司关于转发科技部组织申报2019年度发展中国家技术培训班项目的通知》

续表

类别	阶段			
	继承发展阶段(2003—2007 年)	积极推进阶段(2008—2012 年)	深入推进阶段(2013—2017 年)	全面创新治理阶段(2018 年)
激励	2006 年 8 月 3 日 《关于调整水利部援藏人员的有关待遇的通知》	2008 年 12 月 3 日 《关于印发〈水利部机关事业单位贯彻落实《职工带薪年休假条例》的实施意见〉的通知》 2008 年 12 月 15 日 《印发关于全国水利行业技能人才评选表彰办法的通知》 2008 年 12 月 18 日 《水利部、共青团中央关于评选表彰水利系统 2008 年度全国青年文明号的通知》 2010 年 5 月 10 日 《关于印发〈水利部表彰奖励管理办法〉的通知》 2010 年 5 月 31 日 《关于进一步规范水利部表彰奖励工作的通知》 2010 年 9 月 26 日 《水利部办公厅关于开展全国水利技术监督工作先进集体和先进个人通报表扬工作的通知》 2010 年 11 月 19 日 《水利部关于表彰参加中央国家机关第三届职工运动会先进单位和个人的决定》 2011 年 《水利部关于组织推荐水利系统“群众满意的好党员”先进典型的通知》 2011 年 3 月 21 日 《关于进一步完善干部教育培训激励约束机制的意见》 2011 年 《印发〈全国水利行业首席技师选拔管理暂行办法〉的通知》 2011 年 《印发〈水利部人才奖励管理办法〉的通知》 2011 年 4 月 12 日 《水利部关于表彰第七届全国水利技能大奖获得者全国水利技术能手和全国水利行业技能人才培育突出贡献奖获奖单位的决定》 2012 年 《关于做好全国水利行业首席技师工作室建设工作的通知》 2012 年 8 月 30 日 《水利部办公厅关于开展全国水利科技工作先进集体和先进个人通报表扬活动的通知》	2014 年 《印发〈关于进一步落实干部教育培训激励约束机制意见的实施细则〉的通知》 2014 年 6 月 30 日 《人力资源和社会保障部、水利部关于评选全国水利系统先进集体、先进工作者和劳动模范的通知》 2015 年 11 月 20 日 《水利部国际合作与科技司关于开展 2016 年度国家科学技术奖励推荐工作的通知》 2016 年 11 月 17 日 《水利部国际合作与科技司关于开展 2017 年度国家科学技术奖励推荐工作的通知》 2017 年 11 月 29 日 《水利部国际合作与科技司关于开展 2018 年度国家科学技术奖提名工作的通知》	

续表

类别	阶段			
	继承发展阶段(2003—2007 年)	积极推进阶段(2008—2012 年)	深入推进阶段(2013—2017 年)	全面创新治理阶段(2018 年)
评价	2003 年 3 月 4 日　《水利计量认证评审员管理细则》 2003 年 11 月 3 日　《水利行业技师和高级技师考评聘任与管理办法》 2004 年 6 月 3 日　《水利部关于印发〈水利水电工程施工企业主要负责人、项目负责人和专职安全生产管理人员安全生产考核管理暂行规定〉的通知》 2005 年 7 月 14 日　《人事部、建设部、水利部关于印发〈注册土木工程师(水利水电工程)制度暂行规定〉、〈注册土木工程师(水利水电工程)资格考试实施办法〉和〈注册土木工程师(水利水电工程)资格考核认定办法〉的通知》 2005 年 11 月 4 日　《水利部关于水利工程建设监理人员资格管理有关问题的通知》 2006 年 1 月 10 日　《关于印发水利部享受教授、研究员同等有关待遇的高级工程师评审条件的通知》 2007 年 5 月 30 日　《关于印发水利部培训质量评估暂行办法的通知》 2007 年 7 月 5 日　《关于专业技术人员职称外语考试工作有关问题的意见》	2008 年 11 月 18 日　《关于印发水利部公务员考核办法(试行)的通知》 2009 年 3 月 8 日　《关于印发水利行业技师和高级技师考评办法的通知》 2009 年 12 月 31 日　《关于印发〈水利部领导班子和领导干部年度考核办法(试行)〉的通知》 2011 年　《印发〈水利部专业技术职务任职资格证书管理暂行办法〉的通知》 2011 年　《印发关于水利行业职业技能鉴定质量督导管理办法的通知》 2011 年　《印发〈水利部职称评审管理暂行办法〉和〈水利部职称考试管理暂行办法〉的通知》 2011 年 5 月 12 日　《水利部办公厅关于公布水利部第十八批水利水电工程施工企业管理人员安全生产考核合格人员名单的通知(一)》 2011 年 5 月 13 日　《水利部办公厅关于公布水利部第十八批水利水电工程施工企业管理人员安全生产考核合格人员名单的通知(二)》 2011 年 5 月 14 日　《水利部办公厅关于公布水利部第十八批水利水电工程施工企业管理人员安全生产考核合格人员名单的通知(三)》 2011 年 5 月 15 日　《水利部办公厅关于公布水利部第十八批水利水电工程施工企业管理人员安全生产考核合格人员名单的通知(四)》 2011 年 5 月 16 日　《水利部办公厅关于公布水利部第十八批水利水电工程施工企业管理人员安全生产考核合格人员名单的通知(五)》 2011 年 12 月 22 日　《水利部关于印发〈水利水电工程施工企业主要负责人、项目负责人和专职安全生产管理人员安全生产考核管理办法〉的通知》 2012 年 2 月 15 日　《水利部办公厅关于公布水利部第二十批水利水电工程施工企业管理人员安全生产考核合格人员名单的通知》 2012 年 3 月　《水利部关于印发水行政执法、水资源管理、水利工程管理、农村水电、水文、水利勘测设计专业从业人员行为准则(试行)的通知》	2013 年　《印发〈规范水利部事业单位所属企业负责人薪酬管理指导意见〉和〈规范水利部事业单位所属企业负责人经营业绩考核指导意见〉的通知》 2015 年 7 月 2 日　《水利部关于取消水利工程建设监理工程师造价工程师质量检测员等人员注册管理的通知》 2015 年 9 月 30 日　《水利部关于对水利工程建设监理工程师造价工程师质量检测员取消注册管理后加强后续管理的通知》	2018 年 8 月 16 日　《水利部办公厅关于公布第五十一批水利水电工程施工企业管理人员安全生产考核合格人员名单的通知》

续表

类别	阶段			
	继承发展阶段(2003—2007 年)	积极推进阶段(2008—2012 年)	深入推进阶段(2013—2017 年)	全面创新治理阶段(2018 年)
监管	2006 年 12 月 22 日 《关于进一步加强水利安全生产监督管理工作的意见》 2007 年 6 月 29 日 《水利部关于进一步加强培训收费管理的意见》 2007 年 11 月 19 日 《关于印发〈水利部事业单位岗位设置管理工作实施方案〉的通知》	2008 年 2 月 27 日 《关于修订〈中共水利部党组管理的干部职务名称表〉的通知》 2008 年 7 月 25 日 《关于印发〈水利部所属单位领导干部工资收入管理暂行办法〉》 2008 年 8 月 4 日 《关于印发〈水利部领导干部因私出国(境)管理暂行规定〉的通知》 2008 年 12 月 12 日 《关于印发水利部所属单位领导干部工资收入申报审批实施意见的通知》 2008 年 10 月 28 日 《印发〈关于加强水利部干部选拔任用工作监督检查的意见〉的通知》 2009 年 3 月 16 日 《关于进一步规范备案干部任免审批程序的意见》 2009 年 3 月 19 日 《部管干部任职前人事司听取部监察局意见和驻部监察局回复人事司意见试行办法》 2009 年 4 月 27 日 《关于进一步加强培训办班管理的通知》 2009 年 12 月 30 日 《关于进一步做好公务员登记信息系统建设工作的通知》 2010 年 9 月 8 日 《关于进一步规范因私出国(境)管理工作的有关事项的通知》 2011 年 《关于规范奖励工作有关问题的通知》 2011 年 《印发水利部干部教育培训学时制管理暂行办法的通知》 2012 年 《转发〈行政机关机构编制违法违纪行为政纪处分暂行规定〉的通知》	2013 年 《关于进一步加强职称认定管理工作的意见》 2013 年 1 月 《转发〈关于进一步规范党政领导干部在企业兼职(任职)问题的意见〉的通知》 2014 年 《转发〈中共中央组织部 中央编办 国家公务员局关于严禁超职数配备干部〉的通知》 2014 年 《印发〈中共水利部党组关于加强部属单位处级干部备案管理的意见〉的通知》 2014 年 《转发〈领导干部个人有关事项报告抽查核实办法(试行)〉的通知》 2014 年 《转发〈中共中央组织部关于加强干部选拔任用工作监督的意见〉的通知》 2014 年 《关于严格执行〈关于进一步规范党政领导干部在企业兼职(任职)问题的意见〉有关问题的通知》 2014 年 《关于严格落实组织人事工作重要事项请示报告制度的通知》 2014 年 《关于进一步严肃机关工作纪律的通知》 2015 年 《印发〈关于进一步加强部属单位纪检监察组织建设的意见〉的通知》 2015 年 《关于在淮河水利委员会等五个流域管理机构全面实施纪检监察机构直接管理的通知》 2015 年 《关于规范水利社团收费行为进一步整治乱摊派的通知》	

第二章　水利人才政策问题、目标以及指导思想的变迁分析

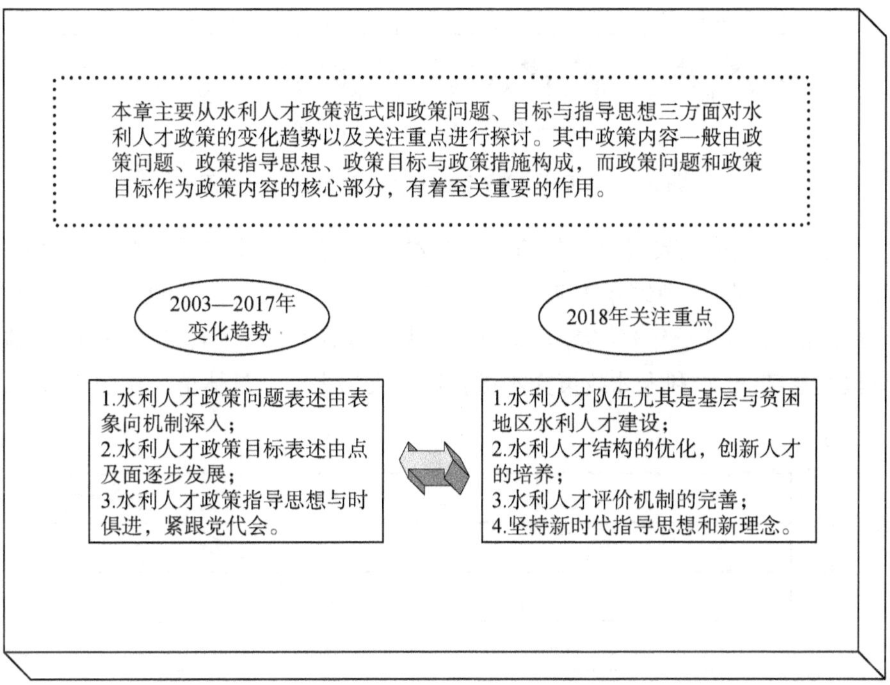

一、2003—2017 年政策范式的变迁分析

(一) 2003—2017 年水利人才政策概况

水利人才政策是在国家人才政策总体规划指导下进行的专项人才政策，能有效促进国家人才发展。

1. 描述性统计

政策文本抽样集中，2003—2017 年有效政策文本共 240 条，其中包括国家人才政策 108

条、水利人才政策 132 条。国家人才政策中，继承发展阶段（2003—2007 年）21 条、积极推进阶段（2008—2012 年）33 条、深入推进阶段（2013—2017 年）54 条，其中深入推进阶段的人才政策的发文数量最多，说明该阶段国家对人才发展工作的重视程度大幅提升。具体情况见图 3-2。

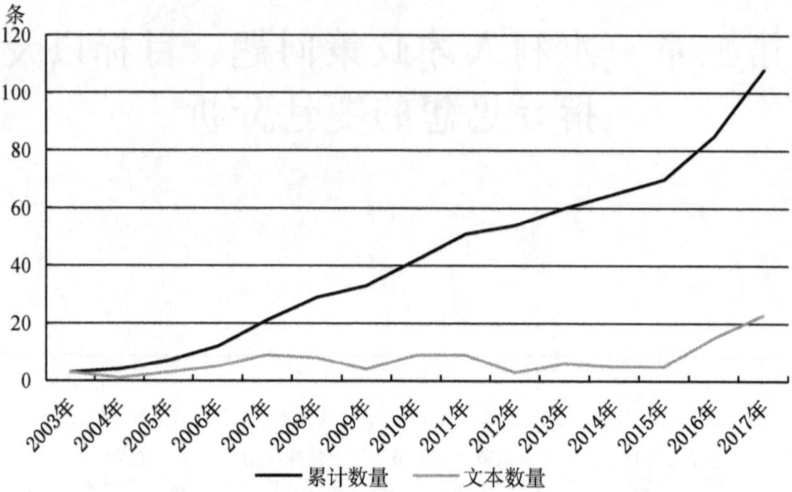

图 3-2　2003—2017 年国家人才政策文献分布图

作为国家人才政策重要组成部分的水利人才政策，依据历史事件和标志性文件，经历了四个重要的发展阶段，其中继承发展（2003—2007 年）27 条、积极推进（2008—2012 年）62 条、深入推进（2013—2017 年）43 条，其政策文本数量不断增长，尤其是在积极推进阶段与深入推进阶段交替期间，水利人才政策文本增长速度大幅提高。具体情况见图 3-3。

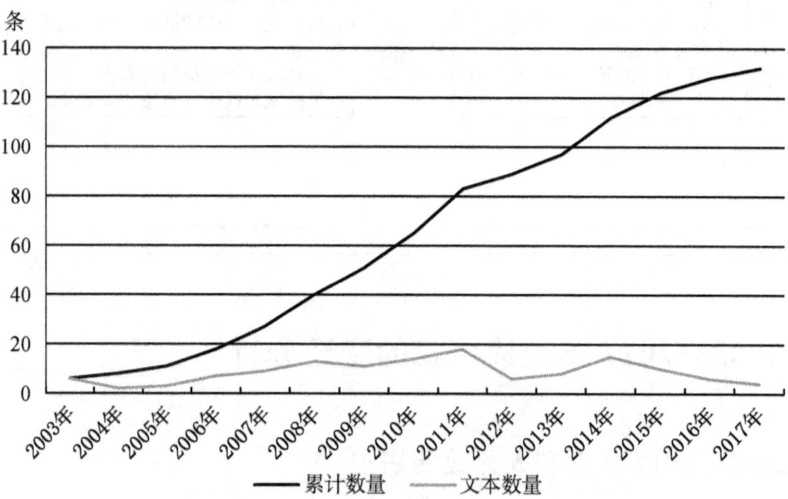

图 3-3　2003—2017 年水利人才政策文献分布图

2. 发文主体分析

根据数据分析，2003 年以来近 20 余个部门参与了我国人才政策的制定，这些部门构成了人才政策的核心发文主体。其中,水利部是水利人才政策的单独发文数量和联合发文数量最多的部门。水利人才政策内容涉及水利人才引进、培养、激励、评价等方面,形成以国务院、水利部、教育部等为高发文量的主体结构,政策发文主体之间的合作网络和协作结构得到不断优化。具体情况见表 3-5。

表 3-5　2003—2017 年各部门人才政策发布数量统计情况

发文机构	单独发文量(件)/在样本中的占比情况(%)	联合发文量(件)/在样本中的占比情况(%)
中共中央	2/1.85	4/3.70
国务院	29/26.85	4/3.70
中共中央办公厅	9/8.33	7/6.48
中组部	10/9.26	13/12.04
国务院办公厅	4/3.70	7/6.48
人社部	5/4.63	13/12.04
科技部	3/2.78	7/6.48
教育部	3/2.78	6/5.56
财政部	1/0.93	9/8.33

研究发现,2003—2017 年的 132 份水利人才政策样本共有 9 个部门参与制定与颁布,其中联合颁布有 3 项、在上述 132 份样本中占比 2%,说明我国水利人才政策制定过程中协调发文的频率较低,不同部门间需要加强合作。从政策颁布主体分析,国务院、中组部和人社部作为政策制定的主体发挥重要作用,采用法规管制、人才规划等手段对水利人才发展态势进行调控,营造良好的人才发展氛围。具体情况见图 3-4。

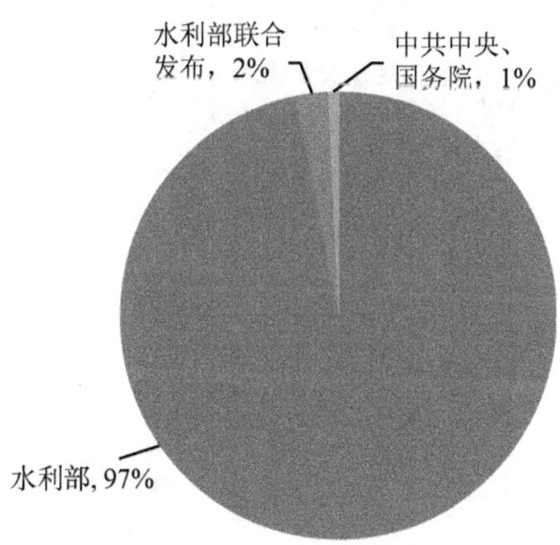

图 3-4　2003—2017 年水利部人才政策发布数量统计情况

最引人关注的是 2010 年 12 月 31 日由中共中央与国务院联合发布的《中共中央国务院关于加快水利改革发展的决定》,这是新中国成立以来,首次以中央名义出台的综合性水利政策文件,符合国情水情,遵循发展规律,事关水利事业长远发展,是指导当前和今后一个时期加快水利改革发展的纲领性文件,标志着我国水利改革发展步入了一个新的历史时期。

(二) 2003—2017年政策范式的变迁分析

本研究中政策范式主要包括政策问题、政策目标和指导思想三个方面，其中政策的话语体系是理解政策范式变迁的基础，通过对政策样本的分析，能够发现十六大以来主要水利人才政策的话语体系发生了显著变化，从单一强调高素质人才队伍转向综合强调规模宏大、结构合理、素质较高的人才队伍，从实施人才战略转向实施人才强国战略。话语体系的变化能够敏锐反映在水利人才事业发展的不同时期，政策权威和该时期国家对水利人才政策问题的理解以及政策价值取向的变化，也为政策目标和指导思想提供了重要信息。具体情况见表3-6。

表3-6　2003—2017年阶段性水利政策范式内容一览表

历史阶段	政策问题	政策目标	指导思想
第一阶段	1. 全国水利系统人才资源总量不足，职工队伍总体上文化业务素质不高； 2. 人才队伍结构和分布不合理；高层次、高技能、创新型、复合型人才紧缺； 3. 人才开发机制不健全；人才培养能力薄弱； 4. 对水利人才重要性和规律性的认识不到位。	1. 深入实施科教兴国、人才强国战略，适应新时期水利事业改革与发展需要； 2. 培养和造就一支规模宏大的、高素质的水利人才队伍，全面推进现代水利和可持续发展水利。	1. 以邓小平理论和“三个代表”重要思想为指导； 2. 认真贯彻党的十六大和十六届三中、四中全会精神和全国人才工作会议精神； 3. 树立和落实科学发展观和人才观； 4. 坚持以人为本，坚持党管干部和党管人才原则； 5. 深入实施水利人才战略，以全面推进可持续发展水利为目标，以人才资源能力建设为核心，以人才结构调整为主线，以改革创新为动力，以高层次人才培养为重点； 6. 紧紧抓住人才培养、吸引和使用三个环节，创新机制，完善体制，提高素质，坚持党政人才、企业经营管理人才和专业技术人才三支队伍一齐抓，为水利事业发展提供坚强的人才保证和广泛的智力支持。
第二阶段	1. 高层次专业技术人才、高技能人才、创新型人才偏少； 2. 水利职工队伍整体文化水平和专业素质有待提高； 3. 人才分布不均衡； 4. 基层单位水利人才匮乏，流失严重； 5. 水利人才工作基础薄弱。	1. 培养和造就一支具有“献身、负责、求实”的水利行业精神，规模宏大、结构优化、分布合理、素质优良的水利人才队伍； 2. 为水利跨越发展奠定人才基础，初步形成人才优先发展的战略布局。	1. 以邓小平理论和“三个代表”重要思想为指导，深入贯彻落实科学发展观； 2. 树立科学的人才观，尊重劳动、尊重知识、尊重人才、尊重创造； 3. 坚持党管人才原则； 4. 坚持国家人才发展指导方针，坚持实施水利人才战略； 5. 以高层次专业技术人才、高技能人才和基层人才为重点，以体制机制改革创新为动力，统筹推进各类水利人才队伍建设，为水利跨越发展提供有力的人才保障和智力支持。
第三阶段	1. 人才队伍整体文化水平仍然偏低； 2. 专业技术人才层级结构不尽合理，高层次领军人才、创新人才不能满足水利现代化建设需要； 3. 高技能人才作用发挥不充分； 4. 水生态文明建设等急需人才明显不足，基层水利专业人才尤为短缺，贫困地区水利人才严重匮乏。	1. 按照政治坚定、敢于担当、能力过硬、作风优良、纪律严明、清正廉洁的要求，着眼于水利事业发展的需要，培养造就一支具有“献身、负责、求实”的水利行业精神，数量充足、布局合理、结构优化、富有活力、勇于创新的水利人才队伍； 2. 为水利改革发展提供强有力的人才保障和智力支持。	1. 深入贯彻党的十八届三中、四中、五中全会精神和习近平总书记系列重要讲话精神； 2. 紧紧围绕“四个全面”战略布局，牢固树立“五大发展理念”，积极践行新时期水利工作方针； 3. 坚持党管人才原则； 4. 把服务水利发展作为人才工作的根本出发点和落脚点； 5. 深入实施人才优先发展战略； 6. 以体制机制改革创新为动力，以高层次创新型人才、急需紧缺人才、基层人才、贫困地区人才为重点，着力提升人才队伍素质和能力，协调推进各类人才队伍建设，为水利改革发展提供强有力的人才保障和智力支持。

1. 水利人才政策问题表述由表象向机制深入

政策问题是客观存在,分别受到政策权威、社会民众主观认知及政策议程优先次序的影响。正如彼得·霍尔所言,政策权威的理念转变是推动政策范式转移的前提。第一阶段水利领域面临的最突出人才问题就是水利人才总量严重匮乏、人才整体素质不高、机制体制尚不健全(水人教〔2006〕582 号)。十六大后,在人才强国战略和水利人才战略的指导下,人才总量严重匮乏的问题在前一阶段的建设下得到了一定程度的缓解。但随着社会经济和水利事业的发展,人才结构畸形、人才分布不均和人才整体素质不高的问题日益突出,成为第二阶段亟待突破的问题(中发〔2011〕1 号)。第三阶段是全面建成小康社会的决定性阶段,水利改革发展面临着新形势、新任务和新要求,创新驱动发展新理念对人才工作提出新要求,同时高层次创新型人才、急需紧缺人才、基层人才、贫困地区人才等薄弱环节以及深层次的机制体制问题也逐渐暴露出来,政策问题更加复杂(水人事〔2016〕208 号)。

新时代水利领域面临新挑战,迎来了新使命——新时期党中央从战略和全局高度,对保障国家水安全作出一系列重大决策部署,把水安全提升到国家战略。党的十八届五中全会把水利摆在八大基础设施网络建设的首要位置,纳入了九大风险防范的关键领域,对水利工作提出了新的更高要求。特别是十九大以来,实施国家水安全战略,加强水生态文明建设,统筹解决好水短缺、水灾害、水生态、水环境问题,更需要进一步提升水利人才队伍的支撑和保障能力。

2. 水利人才政策目标表述由点向面逐步发展

第一阶段目标是培养造就一支规模宏大的、高素质的水利人才队伍,在数量和素质上对水利人才发展目标提出要求(水人教〔2005〕378 号);第二阶段目标是建设一支适应水利事业发展需要的数量充足、门类齐全、结构合理、素质精良的人才队伍,形成水利人才工作与水利事业发展良性互动的格局(水人事〔2011〕611 号);第三阶段目标是培养和造就一支具有“献身、负责、求实”的水利行业精神,规模宏大、结构优化、分布合理、素质优良的水利人才队伍,在数量、结构、分布、素质上对水利人才发展目标提出新要求,统筹推进各类水利人才队伍建设(水人事〔2016〕208 号)。

3. 水利人才政策指导思想贯彻党的人才理念、契合水利发展形势

第一阶段以邓小平理论和“三个代表”重要思想为指导,树立和落实科学发展观和人才观,并在水利发展的背景下,深入实施水利人才战略(水人教〔2005〕378 号);第二阶段高举中国特色社会主义的伟大旗帜,以邓小平理论和“三个代表”重要思想为指导,深入贯彻落实科学发展观,树立科学的人才观,尊重劳动、尊重知识、尊重人才、尊重创造(水人事〔2011〕611 号)。在水利跨越式发展的背景下,坚持实施水利人才战略,确立水利人才优先发展的战略布局;第三阶段深入贯彻党的十八大,十八届三中、四中、五中全会精神和习近平总书记系列重要讲话精神,紧紧围绕“四个全面”战略布局,牢固树立“五大发展理念”,在水利改革发展的背景下,加快建设实施水利人才优先发展战略(水人事〔2016〕208 号)。

二、2018 年水利人才政策范式分析

(一) 2018 年水利人才政策概况

1. 描述性统计

经过对 2018 年政策文本的抽样、收集与处理,获取了有效的政策文本共 33 条,其中包括国家人才政策 27 条、水利部发布的人才政策 6 条。就政策内容而言,国家人才政策中有人才规划类 5 条,人才引进类 1 条,人才培养类 11 条,人才激励类 3 条,人才评价类 3 条以及人才监管类 4 条;水利人才政策中,人才规划类 3 条,人才引进类 1 条,人才培养类 1 条,人才评价类 1 条,具体水利政策见表 3-7。

表 3-7　2018 年水利人才政策一览表

文件名称	发布时间	类别	发布部门
《水利部关于印发加快推进新时代水利现代化的指导意见的通知》	2018 年 2 月 12 日	规划	水利部
《住房城乡建设部、交通运输部、水利部、人社部关于印发〈造价工程师职业资格制度规定〉〈造价工程师职业资格考试实施办法〉的通知》	2018 年 7 月 20 日	引进	住房和城乡建设部、水利部等
《中共中央办公厅、国务院办公厅关于印发〈水利部职能配置、内设机构和人员编制规定〉的通知》	2018 年 7 月 30 日	规划	中共中央办公厅、国务院办公厅
《水利部关于印发水利扶贫行动三年(2018—2020 年)实施方案的通知》	2018 年 8 月 10 日	规划	水利部
《水利部办公厅关于公布第五十一批水利水电工程施工企业管理人员安全生产考核合格人员名单的通知》	2018 年 8 月 16 日	评价	水利部
《水利部国科司关于转发科技部组织申报 2019 年度发展中国家技术培训班项目的通知》	2018 年 10 月 18 日	培养	水利部

2. 发文主体分析

表 3-8　2018 年国家人才政策不同部门发布政策文本数量统计情况

发文机构	单独发文量(件)/在样本中的占比情况(%)	联合发文量(件)/在样本中的占比情况(%)
中共中央	1/3.70	1/3.70
国务院	5/18.52	0/0
中共中央办公厅	2/8.33	4/14.81
中组部	0/0	2/8.33
国务院办公厅	0/0	4/14.81
财政部	1/3.70	0/0
人社部	12/44.44	1/3.70

根据表 3-8 的样本数量统计与分析,2018 年国家人才发展相关政策共有中共中央、国务院、中共中央办公厅、国务院办公厅、中组部、财政部和人社部 7 个机构参与,发文机构覆

盖面较广,体现出人才政策的制定是需要各个部门协同联动的系统化工程。2018 年国家人才政策形成了以中共中央、国务院和人社部为核心的人才政策发文主体结构体系,为培养新时代高素质人才提供了有利的条件和环境。2018 年水利人才相关政策在以水利部为发文的核心基础上,包含了少数其他部门辅助性政策的支持,为有针对性地培养新时代水利创新型人才提供了有力支撑。

从各部门的发文数量上看,国家人才政策中国务院、中共中央办公厅和人社部的发文较多。其中人社部是单独发文数量最多的机构,国务院、中共中央办公厅和国务院办公厅联合发文量占比较大,发文权威性高,体现了国家对人才培养的工作的重视。相对而言,水利人才政策在数量上较少,共 6 条,其中有 4 条由水利部单独发布,1 条与其他部门联合发布,1 条由中共中央办公厅、国务院办公厅联合发布。尤其是中共中央办公厅、国务院办公厅《关于印发〈水利部职能配置、内设机构和人员编制规定〉的通知》这一政策,重新优化了水利部内部组织结构、提升运行效率,对水利人才政策的战略定位、发布与实施产生了重要影响。

(二) 2018 年水利人才政策范式分析

本部分通过对 2018 年国家和水利人才政策的政策问题与政策目标进行深层次的挖掘,对 2018 年的人才发展尤其是水利人才发展存在的问题与政策期望达成的目标进行分析与归纳。

1. 国家人才政策问题与目标分析

在对 27 条 2018 年国家人才政策文本进行内容分析的基础上,提炼了政策问题与政策目标,归纳如下:

(1) 人才政策问题

① 政策强调基础科学研究存在短板,创新能力是薄弱环节

新一轮科技革命和产业变革的蓬勃兴起,加速了科学探索演进,促进了学科更加紧密的交叉融合,一些基础科学问题的重大突破极大地提高了整体创新能力。世界主要发达国家普遍强化基础研究战略部署,全球创新与科技竞争不断向基础研究前移。经过多年发展,我国基础科学研究取得长足进步,整体创新水平显著提高,国际影响力日益提升,支撑引领经济社会发展的作用不断增强。但与建设世界科技强国、实现创新驱动发展的战略要求相比,我国基础科学研究短板依然突出,创新能力仍是最薄弱的环节,重大原创性成果缺乏,顶尖的创新人才队伍培养不足。

② 政策明确人才结构存在失衡问题

目前我国虽然一般性人才数量多、分布广,但一些特殊顶尖人才和团队匮乏,尤其是高技能人才、高创新型人才以及部分紧缺人才的人才结构存在严重失衡问题。例如在技能人才方面,截至 2017 年,高技能人才只有 4 791 万人,占技能劳动者的比重为 29%,明显低于发达国家水平。人才资源分布结构的失衡在地区差异上表现得极为明显,基层经济不发达地区和中西部贫困地区人才资源总量不足且结构不合理,还部分存在着人才难以引进、优秀人才外流的现象,不利于带动贫困地区经济发展、支撑贫困地区全力脱贫。

③ 政策确认人才评价机制需要进一步改进

人才评价是人才发展体制机制的重要组成部分，是人才资源开发管理和使用的前提。建立科学的人才分类评价机制，对于树立正确用人导向、激励引导人才职业发展、调动人才创新创业积极性、加快人才强国建设具有重要作用。当前，我国人才评价机制仍存在分类评价不足、评价标准单一、评价手段趋同、评价社会化程度不高、用人主体自主权落实不够等突出问题，亟须通过深化改革加以解决。

④ 政策指出人才培养机制有待进一步完善

目前我国人才培养整体的体系化程度不足，亟须建立和完善一个理念先进、内容体系科学、组织架构健全、运行机制高效的新时代中国特色社会主义教育培养体系。具体而言：第一，人才培养机制不能适应经济高质量发展、培育经济发展新动能、推进供给侧结构性改革的新形势；第二，人才的专业能力培养不够精准，搭建体系化、全方位的人才培养平台和开发专项人才培养的项目经验不足；第三，职业化教育支持机制不足，缺乏完善的职业技能培训体系以缓解职业技能人才短缺的结构性矛盾、提高就业质量。

⑤ 政策认为人才培养方向与市场需求不匹配

目前，我国高等教育在人才培养上没有突出经济社会发展的需求导向，也没有健全的高校学科专业、类型、层次和区域布局动态调整机制。在统筹产业发展和人才培养开发规划中，没有结合产业人才需求预测，缺乏对重点行业、重要领域、战略性新兴产业人才的培养，导致高校教育的规划和内容与市场人才需求脱节，大量人才就业困难。加之健全的人才信息与服务平台匮乏，人才缺少完善的信息流通渠道，加剧了教育体系培养出的人才供给与市场人才需求的脱节。

（2）人才政策目标

① 加大基础科学研究，增强整体创新能力

在深入贯彻落实习近平新时代中国特色社会主义思想，坚定实施科教兴国战略、人才强国战略和创新驱动发展战略的基础上，努力提升我国基础科学研究整体水平和国际影响力，并在若干重要领域跻身世界先进行列，在科学前沿方向取得原创性成果，解决面向国家战略需求的前瞻性重大科学问题，支撑引领创新驱动发展战略。通过把我国建设成为世界主要科学中心和创新高地，涌现一批重大原创性科学成果和国际顶尖水平科学大师，培养造就一大批具有国际水平的战略科技人才、科技领军人才、青年科技人才和高水平创新团队。

② 优化人才结构，合理布局人才资源

推动人才结构战略性调整，充分发挥市场配置人才资源的基础性作用，促进人才结构与经济社会发展相协调。一方面，打造高素质人才队伍，突出培养创新型科技人才，重视培养领军人才和复合型人才，大力开发经济社会发展重点领域急需紧缺专门人才，统筹抓好各类专业化人才队伍建设，培养造就数以亿计的各类人才、数以千万计的专门人才和一大批拔尖创新人才。另一方面，对人才资源布局进行统筹规划与政策支持，鼓励引导人才向边远贫困地区、边疆民族地区、革命老区和基层一线流动，提高这些地区的人才保障水平，使他们在政治上受重视、社会上受尊重、经济上得实惠。同时打破户籍、地域、身份、学历、人事关系等制约,促进人才资源合理流动、有效配置,加快引进高层次人才,促进基层贫困地区的发展。

③ 加快健全人才评价机制

在坚持实施人才强国战略和创新驱动发展战略的基础上,以激发人才活力为目的,加快形成导向明确、科学精准、规范有序、竞争择优的市场化人才评价机制,建立与中国特色社会主义制度相适应的人才评价制度。在人才评价过程中,要遵循人才成长规律,突出品德、能力和业绩评价导向,分类建立体现不同职业、不同岗位、不同层次人才特点的评价机制,科学客观公正评价人才,让各类人才价值得到充分尊重和体现。同时着力破除思想障碍和制度藩篱,加快转变政府职能,保障落实用人主体自主权,发挥政府、市场、专业组织、用人单位等多元评价主体作用,营造有利于人才成长和发挥作用的评价制度环境。

④ 需要改进人才培养机制

创新人才培养模式,建立学校教育和实践锻炼相结合、国内培养和国际交流合作相衔接的开放式培养体系,注重对人才规律的深刻把握,着力建设适应国家和产业发展需要的人才,落实人才结构的调整重点;提高人才专业能力培养的精准性,搭建体系化、全方位的人才培养平台和开发专项人才培养的项目。同时在职业教育方面,建立并推行覆盖城乡全体劳动者、贯穿劳动者学习工作终身、适应就业创业和人才成长需要以及经济社会发展需求的终身职业技能培训制度。

⑤ 深化产教融合、校企合作的技能人才培养模式

以服务就业和经济社会发展为宗旨,适应培育壮大新动能、产业转型升级和现代企业发展需要,大力推进技能人才培养工作,深化产教融合、校企合作,创新中国特色技能人才培养模式,面向各类企业全面推行企业新型学徒制,扩大技能人才培养规模,为促进劳动者更高质量就业、实现经济高质量发展提供有力人才支撑。大力培养支撑中国制造、中国创造的技术技能人才队伍,加快构建现代职业教育体系,深化技术技能人才培养体制改革,加强统筹协调,形成工作合力。

2. 水利人才政策问题与目标分析

水利人才政策的政策问题、政策目标与国家人才政策有着极大的重合之处,属于整体与个体之间的关系。由于在国家人才政策分析时已经总结了大部分人才政策的政策问题与政策目标,对水利人才政策进行分析时将不再重复相同内容的总结,仅就水利人才政策自身进行分析。

(1) 人才政策问题

① 政策指出水利人才队伍,尤其是基层和贫困地区整体素质存在不足

当前,水利人才队伍现状还不能满足水利事业发展需要,人才队伍整体文化水平有待提高,要全面提升水利人才政治素质、能力素质、文化素质、心理素质能力,进一步优化学历结构、能级结构、专业结构。尤其是要加强对基层和贫困地区的水利人才的培养,加大对基层和贫困地区的投入与支持力度,为打好精准扶贫攻坚战和全面建成小康社会,开启全面建设社会主义现代化提供坚实的支撑和保障。

② 政策明确水利人才结构不合理,创新型人才、高技能人才短缺

水利部党组高度重视人才工作,并大力实施水利人才优先发展战略,统筹推进各类水利

人才队伍建设，取得了显著成效。党政人才、专业技术人才、专业技能人才、经营管理人才数量都有大幅度提升，具有副高级以上专业技术人才和专业技能人才比例明显提高。但水利人才队伍结构中，监管类人才不足，创新型人才与高技能人才所占比重低、数量少，总体的创新能力还不高，不能满足水利现代化建设需要。水利人才政策的制定必须充分认识抓好人才工作的重要性和紧迫性，深入实施人才优先发展战略，加快推进人才队伍建设。

③ 政策指出水利人才评价机制不完善

水利部在对水利人才的评价机制上仍存在分类评价不足、评价手段趋同、评价社会化程度不高等若干问题，对专业技术人才评价的资格与标准设定有所错位且形式单一，导致对水利人才的评价不全面，不利于水利人才活力和创新力的激发。应当推进水利人才评价制度建设，发挥好评价指挥棒和风向标作用，营造潜心研究、追求卓越、风清气正的水利科研环境，形成中国特色水利人才评价体系，为促进我国水利现代化建设和加快建设创新型国家提供有力的制度保障。

(2) 人才政策目标

① 加强水利人才培养与队伍建设，提升水利人才整体素质

确立人才优先发展的战略地位，实施水利人才优先发展战略，围绕水利改革发展需求，抓实抓好全国水利人才队伍建设顶层设计，着力实施学术技术带头人梯队建设等工程，大力培养水利改革发展所需的各类人才，全面提高水利人才队伍的素质，形成水利事业与水利人才工作全面协调发展的良好格局。指导贫困地区加强水利人才队伍建设，以提高贫困地区水利管理人才、专业技术人才、技能人才的业务能力和综合素质为重点，对贫困地区水利人才开发与培养精准发力，做到智力帮扶精准、技术支持精准、人才培训精准。实施博士服务团、西部之光、特培计划、水利"三支一扶"等人才帮扶，推广水利人才"订单式"培养，开展"菜单式"精准培训，拓宽贫困地区水利人才培养渠道。

② 优化水利人才队伍结构，大力培养创新型与高技能水利人才

习近平总书记指出，"人才是创新的根基，是创新的核心要素"，"创新驱动实质上是人才驱动。"全面实施创新驱动发展战略、实施水利领军人才培养计划以及组织实施水利创新人才培养计划，选拔一批创新团队，建立完善的创新人才培养模式，培养造就一支具有创新精神、创新意识、创新思维和创新方法的人才队伍；加强水利创新人才队伍建设，实施水利人才创新行动计划，面向全国建立部级统一的水利创新人才库，以研究国家重大战略、重大工程涉水重大科技问题为导向，精准开展水利创新团队建设，培养具有国际水平的水利科技创新人才和创新团队，为推进水利现代化提供人才保障。并且以提高专业水平和创新能力为核心，以领军人才、高层次创新人才为重点，打造一支适应水利现代化建设需要，专业水平高、创新能力强、数量充足、结构合理的高技能人才队伍。

③ 完善水利人才评价机制

加强水利人才评价体系建设，健全以能力为导向、以工作业绩为重点、注重职业道德和职业素质的人才评价体系，克服唯学历、唯职称、唯论文等倾向，引导各类人才潜心钻研业务，努力提升专业技术水平。充分发挥用人主体在人才评价激励中的主导作用，改进事业单

位岗位管理模式,注重发挥经济利益和社会荣誉价值的双重激励作用,使人才在创新创造中有收益、有荣誉、有地位,让人才切实感受到知识创造的价值。

3. 水利人才政策指导思想分析

(1) 政策强调要坚持新时代新理念,贯彻落实十九大精神

全面贯彻落实党的十九大精神,以习近平新时代中国特色社会主义思想为指导,紧紧围绕统筹推进“五位一体”总体布局和协调推进“四个全面”战略布局,贯彻新发展理念,深入落实“节水优先、空间均衡、系统治理、两手发力”的新时代水利工作资源、水生态、水环境、水灾害统筹治理的治水新思路,构建与社会主义现代化进程相适应的水安全保障体系,不断推进水治理体系和治理能力现代化,为全面建成社会主义现代化提供强有力的水利支撑和保障。

(2) 政策明确要坚持实施水利人才战略,协调推进各类水利人才队伍建设

进一步传承和弘扬“献身、负责、求实”的水利精神,践行新时期水利工作方针,坚持党管人才原则,把服务水利发展作为人才工作的根本出发点和落脚点,深入实施人才优先发展战略,以体制机制改革创新为动力,以高层次创新型人才、急需紧缺人才、基层人才、贫困地区人才为重点,着力提升人才队伍素质和能力,协调推进各类人才队伍建设,为水利改革发展提供强有力的人才保障和智力支持。

第三章　水利人才政策内容维度的变迁分析

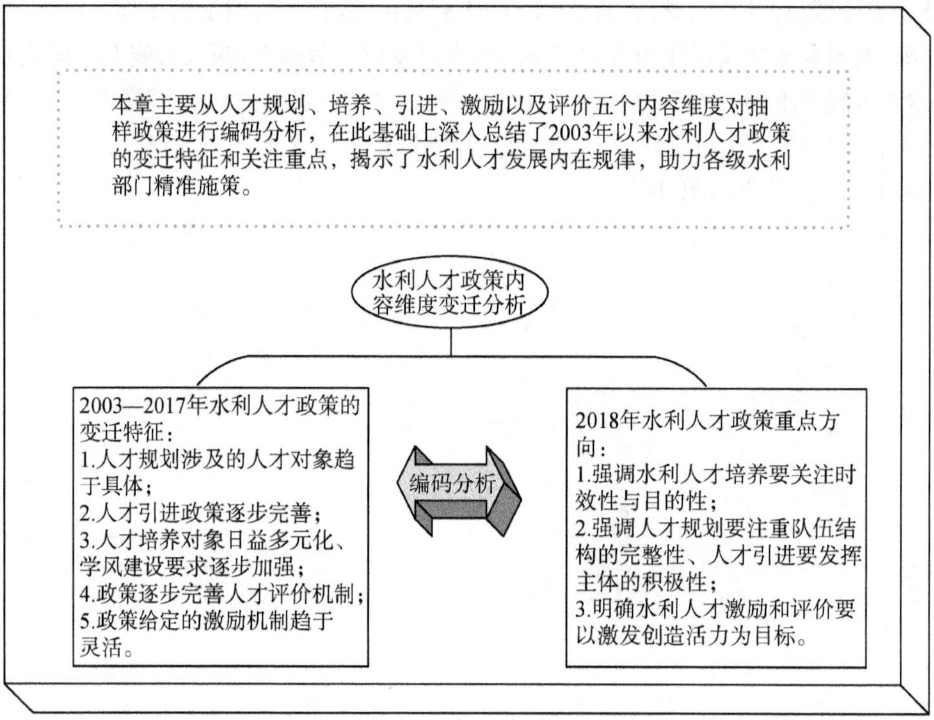

一、2003—2017 年人才政策内容维度变迁分析

（一）2003—2017 年基于关键词的水利人才政策关切点变迁分析

本研究深入探讨我国人才政策尤其是水利人才政策的变化趋势以及关注重点，从 108 条国家人才政策样本中选取了 8 条中共中央与国务院发布的综合性、规划性人才政策；在水利人才政策方面，从 132 条政策中遴选出 8 条水利人才的综合性、规划性人才政策。具体选取的政策样本见表 3-9 和表 3-10。

1. 国家人才政策关切点分析

表 3-9　国家重点人才政策一览表

文件名称	发布时间	类别	发布部门
《中共中央 国务院关于进一步加强人才工作的决定》	2003 年 12 月 26 日	规划	中共中央、国务院
《国务院关于印发全民科学素质行动计划纲要(2006—2010—2020 年)的通知》	2006 年 2 月 6 日	规划	国务院
《国务院关于印发实施〈国家中长期科学和技术发展规划纲要(2006—2020 年)〉若干配套政策的通知》	2006 年 2 月 7 日	规划	国务院
《国家中长期人才发展规划纲要(2010—2020 年)》	2010 年 6 月	规划	中共中央、国务院
《中共中央印发〈关于深化人才发展体制机制改革的意见〉》	2016 年 3 月 20 日	规划	中共中央办公厅
《国务院关于印发"十三五"国家科技创新规划的通知》	2016 年 8 月 8 日	规划	国务院
《中组部、人力资源和社会保障部关于印发〈高技能人才队伍建设中长期规划(2010—2020 年)〉的通知》	2011 年 7 月 6 日	培养	中组部、人社部
《中长期青年发展规划(2016—2025 年)》	2017 年 4 月	培养	中共中央、国务院

针对表 3-9 国家重点人才政策中获取的关键词,我们根据其在政策样本中出现的频率,综合选取 11 个关切点,分别是人才、培养、建设、创新、制度、技术、教育、评价、组织、政策、科技。具体情况见表 3-10。

表 3-10　国家重点人才政策关切点变迁

关切点	年份		
	2003—2007	2008—2012	2013—2017
人才	328	681	307
培养	47	97	22
建设	54	61	145
创新	21	70	624
制度	43	78	16
技术	29	79	334
教育	31	133	92
评价	27	36	26
组织	16	53	12
政策	15	59	50
科技	18	62	497

研究所确定的 11 个关切点,其词频在重点政策样本中有着不同程度的变化,其中"人才"一词在三个阶段中一直保持着较高的词频,与选取的重点人才政策主题内容保持一致;其他的关切点词频在前两阶段变化较小,处于相对稳定状态,体现出这两个阶段国家在人才的培养、建设上保持着常态化投入;但在第三阶段(2013—2017 年)"创新"、"技术"与"科技"等关切点的词频迅速增长,占比快速扩大,这是由于国家人才政策进入了深入推进阶段,政

策的关注点与发展方向逐渐转向培养"科技创新型人才",并加大了出台与科技人才、技术人才、创新型人才相关的政策,以支持上述目标。具体情况见图 3-5。

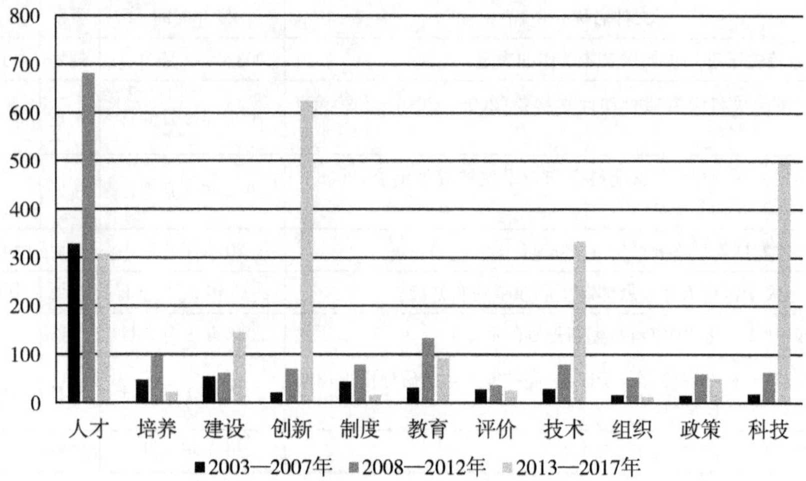

图 3-5　国家重点人才政策关切点词频图

2. 水利人才政策关切点分析

重点水利人才政策见表 3-11。

表 3-11　重点水利人才政策一览表

文件名称	类别	发布时间	发布部门
《关于深入实施水利人才战略,进一步加强人才工作的意见》	规划	2005 年 10 月 8 日	水利部
《国家发展改革委、水利部、建设部关于印发水利发展"十一五"规划的通知》	规划	2007 年 5 月 31 日	国家发展和改革委员会、水利部
《中共中央 国务院关于加快水利改革发展的决定》	规划	2010 年 12 月 31 日	中共中央、国务院
《印发关于实施基层水利人才文化和专业素质提升工程的意见的通知》	规划	2011 年 11 月 21 日	水利部
《关于印发全国水利人才队伍建设"十二五"规划的通知》	规划	2011 年 11 月 23 日	水利部
《国家发展改革委、水利部、住房城乡建设部印发水利发展规划(2011—2015 年)的通知》	规划	2012 年 6 月 6 日	国家发展和改革委员会、水利部、住房和城乡建设部
《水利部关于推进贫困地区水利人才队伍建设的指导意见》	培养	2014 年 7 月 7 日	水利部
《水利部关于印发全国水利人才队伍建设"十三五"规划的通知》	规划	2016 年 6 月 2 日	水利部

为了更好地展示水利人才政策的发展趋势和关注重点,我们根据各关键词在政策文本中的词频,在 8 条重点综合性水利人才政策中选取了"水利、人才、建设、培养、培训、队伍"6 个关切点进行综合性分析。具体情况见表 3-12。

表 3-12　重点水利人才政策关切点

关切点	年份		
	2003—2007	2008—2012	2013—2017
水利	269	682	326
人才	149	448	433
建设	186	68	112
培养	33	76	94
培训	46	65	33
队伍	32	68	112

关切点"水利"与"人才"的词频和占比一直保持着高水平,与水利人才政策内容主题保持了一致;其他的关切点在三个阶段中,一直保持着相对稳定的增长,且在积极推进(2008—2012 年)、深入推进(2013—2017 年)两个阶段增长速度较快,反映了在人才政策进入积极推进与深入推进阶段时,水利部与时俱进,出台了与之对应的政策措施,对水利人才队伍进行系统的体系建设。具体情况见图 3-6。

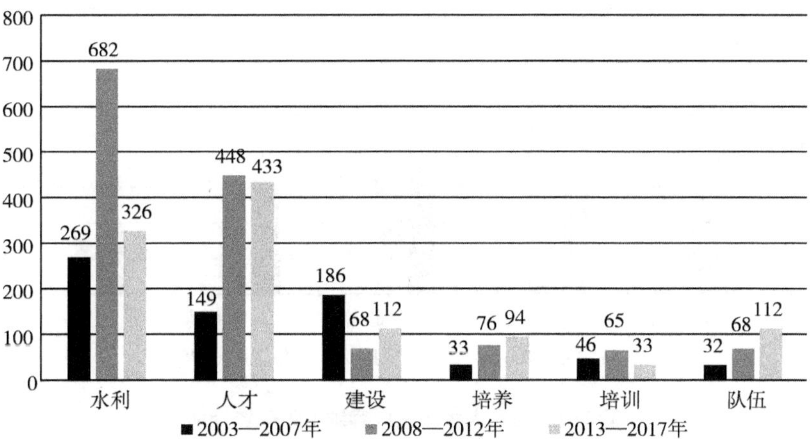

图 3-6　重点水利人才政策关切点频数图

(二) 水利人才政策内容变迁分析

虽然水利人才政策在政策关切点研究中取得了一定的成果,但该方面的研究仍主要停留在定性描述、经验总结阶段,缺少较为系统的定量分析方法。因此该部分采取内容分析法,可为水利人才政策的研究和完善提供更具说服力的证据,更可以进一步挖掘政策样本中的变迁特征。下面分别从国家和水利人才政策两方面进行内容维度编码分析,具体编码内容见附录三、四、五、六。

1. 国家人才政策内容变迁分析

(1) 内容维度变迁分析

国家人才政策样本内容的分析表明,人才培养、人才引进和人才激励三个维度的政策文本编码数量在前三个阶段均较多，而人才规划和人才评价两个维度的数量则较少，这表明前三个阶段我国人才政策致力于人才规模的扩大、人才的培养和激励。

① 人才规划类政策定义的人才对象趋于具体和精细

从图 3-7 可以看出，作为中长期发展规划的人才规划政策数量相对较少，但三个阶段中人才规划的政策样本编码数量呈快速增长趋势，说明规划工作日益得到重视并逐步具体化。深入分析具体政策文本发现，第一阶段的人才规划政策文本《中共中央 国务院关于进一步加强人才工作的决定》(中发〔2003〕16 号)属于系统的人才规划，而第二阶段的人才规划已经初步显现出具体化趋势，在《国家中长期人才发展规划纲要(2010—2020 年)》(中发〔2010〕6 号)发布的背景下，政府相关部门出台了关于高技能人才和科技人才的中长期规划——《〈高技能人才队伍建设中长期规划(2010—2020 年)〉的通知》(中组发〔2011〕11 号)和《国家中长期科技人才发展规划(2010—2020 年)》(国科发政〔2011〕353 号)。第三阶段，人才规划的对象进一步精细化，出台了关于科技人才、专业技术人才、基层人才、青年人才、创新人才的专项人才规划。

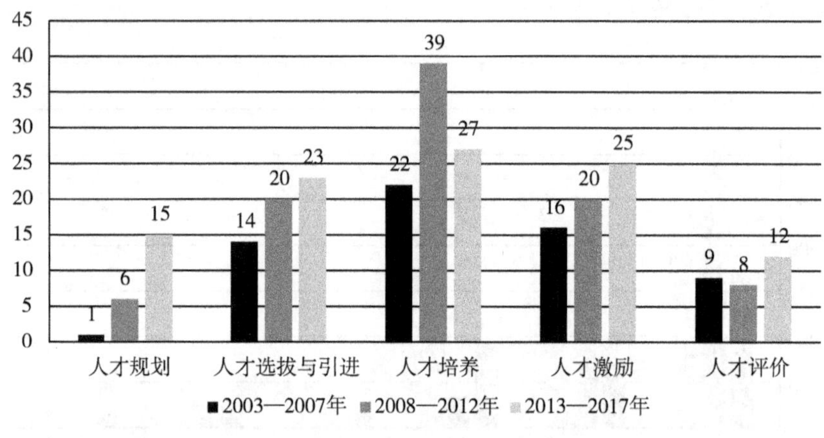

图 3-7　国家人才政策内容维度编码统计图

② 政策中的人才引进机制臻于完善

从图 3-7 可以看出，三个阶段中人才引进政策样本的编码数量呈增长趋势。人才引进政策编码内容主要由人才选拔任用和海外人才引进两部分构成。第一阶段强调任用的监督检查和严格控制机构编制；第二阶段在制度上规范选拔任用行为，完善党政领导干部公开选拔、竞争上岗制度；第三阶段健全用人机制，着力破除机制体制障碍。海外人才引进由界定海外高层次人才、建立海外高层次人才绿色通道向完善海外高层次人才公共服务逐渐变迁，实现了海外高层次人才引进政策的建立和完善。

③ 政策涉及的培养对象多元化，培训内容丰富化

党和国家历来十分重视人才工作，特别是改革开放以来，培养造就了各个领域的大批优秀人才，但随着社会经济的快速发展以及社会对人才提出的新要求，人才素质不能很好地适应经济社会发展的需要。人才培养作为提高人才素质的主要途径和人才队伍建设的先导

性、基础性、战略性工程,要充分发挥其功能和能效。

培养对象多元化。第一阶段培养对象主要涉及干部、公务员和专业技术人才,第二阶段和第三阶段在造就宏大的高素质人才队伍目标的指导下,突出培养创新型科技人才,重视培养领军人才和复合型人才,大力开发经济社会发展重点领域急需紧缺专门人才,统筹抓好党政人才、企业经营管理人才、专业技术人才、高技能人才、农村实用人才以及社会工作人才等人才的培养工作。

培养内容丰富化。培养内容由第一阶段思想道德建设、理论素养为主转为第二阶段以思想政治素质、科学文化素质、业务素质培养为主的人才思想、文化、能力素质培养,第三阶段在大力实施创新驱动发展战略的基础上,培养内容突出创新精神和创新能力培养,注重人才整体素质的提升。

④ 政策给出的激励保障机制创新与时俱进

从图 3-7 可以看出,三个阶段中人才激励的政策样本的编码数量呈增长趋势。第一阶段我国生产力、科技和教育还比较落后,大力推进科技自主创新,激发人才的综合创新能力;第二阶段修改了《国家科学技术奖励条例》,加大对科技人才创新的奖励;第三阶段又对该奖励条例进行完善。第一阶段的保障机制在《职工带薪年休假条例》的制定背景下,第二阶段进一步颁布了《机关事业单位工作人员带薪年休假实施办法》,第三阶段实现养老保险制度改革和企业年金办法制度的建立和完善。第三阶段在加快实施创新驱动发展战略的指导下,创新科技人才的分配政策进一步创新,并实行以增加知识价值为导向的分配政策,发挥收入分配政策的激励导向作用。

⑤ 政策确定的人才评价机制逐步健全

国家人才政策中人才评价机制建立和完善的针对性政策样本较少,大部分的人才评价政策样本编码存在于阶段性人才规划中。第一阶段建立了以能力和业绩为导向,科学的社会化的人才评价机制;第二阶段在加快人才发展体制机制改革和政策创新的背景下,以第一阶段建立的人才评价机制为基础对该机制进行完善,强调了以品德、能力和业绩为导向,增加了业绩指标这一评价导向,并把评价人才和发现人才结合起来,坚持在实践和群众中识别人才、发现人才。同时建立了在重大科研、工程项目实施和急难险重工作中发现、识别人才的机制,健全举才荐才的社会化机制;第三阶段在破除束缚人才发展的思想观念和体制机制障碍的发展背景下,更加突出品德、能力和业绩评价,改革职称制度和职业资格制度从而加快建立科学化、社会化、市场化的人才评价制度。

(2) 政策对于不同类别人才重视程度的变迁分析

如图 3-8 所示,没有特定实施对象的"人才"一词在三个阶段中占比都是最高的,党政人才在第二阶段数量最多,这一阶段主要的党政人才培养政策有《中共中央关于印发〈干部教育培训工作条例(试行)〉的通知》(中发〔2006〕3 号)、《中共中央关于印发〈2006—2010 年全国干部教育培训规划〉的通知》(中发〔2006〕21 号)、《国务院办公厅转发人事部"十一五"行政机关公务员培训纲要的通知》(国办发〔2007〕8 号)等干部培训纲领性政策。

政策实施和培养对象由党政人才、企业管理人才和专业技术人才逐步转为基层人才、海

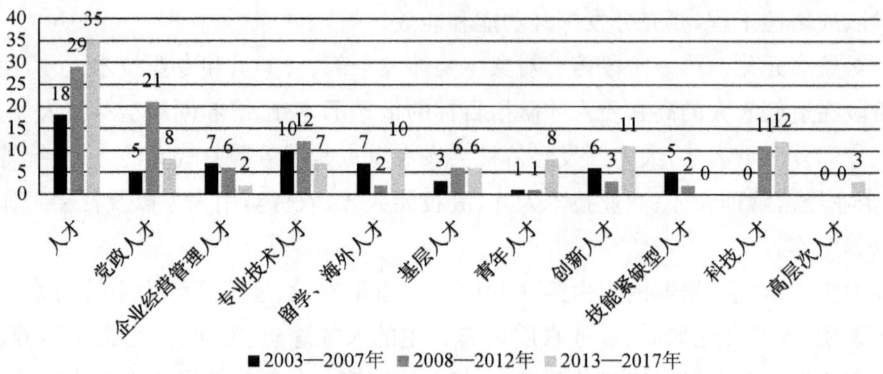

图 3-8 国家人才政策人才类别编码统计图

外留学人才、科技人才和创新人才。党政人才、企业管理人才和专业技术人才政策的政策编码文本数量在前两个阶段明显较高，主要依据是《中共中央 国务院关于进一步加强人才工作的决定》（中发〔2003〕16 号）中提出建设宏大的高素质人才队伍的目标，指出党政人才、企业经营管理人才和专业技术人才是我国人才队伍的主体。后两个阶段人才政策实施和培养对象在政策编码样本中逐渐以基层人才、海外留学人才、科技人才和创新人才为主体。在《国家中长期人才发展规划纲要（2010—2020 年）》（中发〔2010〕6 号）中指出要突出培养创新型科技人才，重视培养领军人才和复合型人才，大力开发经济社会发展重点领域急需紧缺专门人才，大力吸引海外高层次人才和急需紧缺专门人才。

2. 水利人才政策内容变迁分析

（1）内容维度变迁分析

2003 年至 2017 年期间我国共发布了 69 条水利人才政策，本部分基于内容分析法对政策内容进行深入解读并编码，根据政策内容维度的划分得出 133 条编码。2003—2017 年的政策内容编码数据中，政策内容各维度编码在综合性政策样本中频率较高，这符合综合性政策的特征——即涉及人才管理的各个方面，包括培养、规划、评价、激励以及引进等。数据还表明，水利人才规划政策日益注重水利人才的素质与结构，倾向于构建具有水利特色的人才开发体系；同时不断对人才管理体制、人才工作机制进行改革创新，着力打造党政人才、专业技术人才、高技能人才、基层人才、经营管理人才的“五位一体”的水利人才队伍。具体情况见表 3-13。

表 3-13 水利人才政策内容编码数量占比表

政策内容维度类型	数量（条）	占比（%）
人才规划	30	22.56
人才引进	11	8.27
人才培养	46	34.59
人才激励	21	15.79
人才评价	25	18.80

① 人才规划涉及的人才对象趋于具体

人才规划维度频数占比较高,三个阶段均发布了水利人才规划的指导性政策文件,不仅涉及了对水利人才的整体统筹规划,也突出强调了水利人才的重点发展方向。

水利人才规划既在方向上与国家保持了一致,又结合自身需求制定了具有水利特色的人才规划。第一阶段的人才规划政策样本《关于深入实施水利人才战略,进一步加强人才工作的意见》(水人教〔2005〕378 号)和《水利部关于印发"十一五"水利人才规划纲要和干部教育培训规划的通知》(水人教〔2006〕582 号)属于系统的人才规划,为适应新时期水利事业改革与发展需要,培养和造就一支规模宏大的、高素质的水利人才队伍,全面推进现代水利和可持续发展水利;第二阶段的人才规划已经初步显现出具体化趋势:为解决全国县级及以下水利基层单位人才匮乏的问题,出台了《印发关于实施基层水利人才文化和专业素质提升工程的意见的通知》(办人事〔2011〕441 号),对基层人才的结构、数量和质量三方面提出要求;第三阶段人才规划的对象进一步精细化,针对基层人才、贫困地区人才和创新人才分别制定相应的规划政策。如在认真贯彻落实中央扶贫攻坚战略和水利部党组扶贫工作部署的基础上,把人才队伍建设作为水利扶贫的优先领域,制定贫困地区人才队伍建设规划,并就人才数量、结构、素质和人才培养机制提出要求[《水利部关于推进贫困地区水利人才队伍建设的指导意见》(水人事〔2014〕227 号)]。

② 人才引进政策逐步完善

水利人才引进维度的编码频数最少、占比最低,涉及水利人才引进的仅有 5 个政策,且第三阶段人才引进政策出现断层,说明我国水利人才引进相关的政策体系亟待完善、效果有待改进。

与国家人才政策中的人才选拔引进政策不同,水利人才政策的海外人才引进政策文本缺失,专门针对人才引进选拔机制建立和完善的政策文本较少,大部分人才引进维度的政策内容编码存在于阶段性人才规划中。其中第一阶段的水利人才引进政策注重建立和完善党政干部、专业技术人才、企业管理人才的人才选拔引进制度。第二阶段强调创新人才选拔引进制度,在观念、手段、方式、保障措施等方面加大改革创新力度。第三阶段在中央扶贫攻坚战略和水利部党组水利扶贫工作部署的指导下,引导人才向基层、西部、贫困地区流动。

③ 人才培养对象日益多元化、学风建设要求逐步加强

人才培养作为人才发展环节上的重要内容,一直被国家以及各个部门所重点关注并持续投入,在内容维度体现为其编码的频数、占比居于领先地位。人才培养主要通过干部培训和人才培养工程教育等方式,但第一阶段教育培训投入严重不足,培训的供给还不能满足广大干部的培训需求。为全面落实大规模培训干部、大幅度提高干部素质的战略任务,在《干部教育培训工作条例》(水党〔2006〕8 号)制定的基础上,水利部结合实际制定了一系列贯彻《干部教育培训工作条例》的具体措施。第二阶段结合第一阶段关于人才培训的一系列要求,把提高水利干部教育培训质量和效益摆在更加突出的位置,注重加强学风建设和培训的监督管理[《水利部关于在干部教育培训中进一步加强学风建设的实施意见》(水人事〔2009〕351 号)]。第三阶段人才培养注重推进各级各类干部的教育培训和培训管理,教育培训的

针对性和实效性不断加强，出台了针对基层人才、青年人才、贫困地区人才、专业技术人才和高技能人才的人才培养政策[《水利部关于印发全国水利人才队伍建设“十三五”规划的通知》(水人事〔2016〕208 号)]。

④ 政策逐步完善人才评价机制

在职称制度改革的背景下，水利人才评价维度的政策编码内容主要体现为工程师、监理人员和安全生产管理人员三类水利人才的资格考核，但针对水利人才整体性考核以及考核改革的政策编码较少，少数体现在各阶段系统性的水利人才规划政策中。

第一阶段强调水利人才评价体系的健全，指出要完善干部考核制度、深化专业技术人员职称制度改革，建立健全符合企业特点，以绩效为核心的经营管理人才考核评价制度和有效的监督制约机制(水人教〔2005〕378 号)。第二阶段的人才评价强调改革评价方式，建立和完善评价标准，规范评价程序。除了党政人才的考核评价制度外，进一步建立完善水利专业技术人才评价标准、高技能人才评价体系和水利企业负责人考核评价办法(水人事〔2011〕611 号)。第三阶段的人才评价针对性进一步增强，突出了专业技术人才、高层次人才、急需紧缺人才、基层人才评价的政策导向(水人事〔2016〕208 号)。

⑤ 政策给定的激励机制趋于灵活

水利人才激励维度的政策编码内容主要表现在对优秀杰出人才的表彰通知、规划性政策文本中与培训结果挂钩的激励机制，但水利人才激励机制的专项政策较少。第一阶段逐步建立重公平、重实绩、重贡献，向优秀人才、关键岗位和基层倾斜的分配制度，建立体检、休假和安全等人才保障制度；第二阶段对一线人才、水利专业技术人才、技能人才的晋升制度更加灵活，完善休假、体检和风险防范等人才保障制度；第三阶段针对高层次人才、急需紧缺人才、基层一线的选拔晋升制度更加灵活，如在国家《关于实行以增加知识价值为导向分配政策的若干意见》政策的指导下，针对科技人才的激励制度更加注重发挥经济利益和社会荣誉价值的双重激励作用。

(2) 水利人才政策对不同类别人才重视度的变迁分析

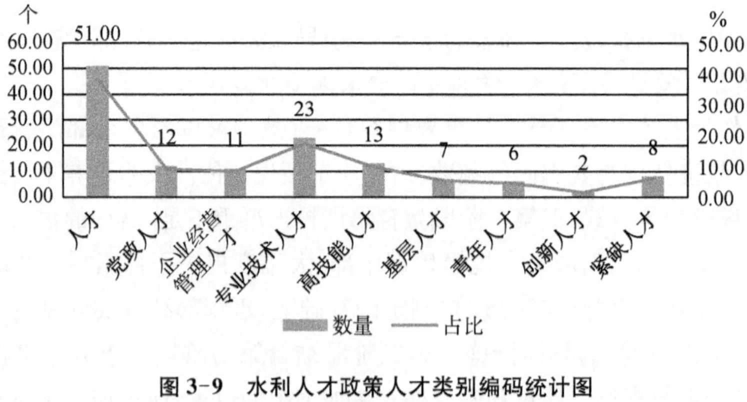

图 3-9 水利人才政策人才类别编码统计图

如图 3-9 所示，“人才”一词的占比最高，与国家人才政策角度的分析结果相一致。从整体上分析，各类人才在人才政策中都有涉及，覆盖面广。

专业技术人才、高技能人才、党政人才和企业经营管理人才的政策编码频数较多,且主要集中在前两个阶段,这与前两个阶段的人才规划政策具有极强的关联性,如第一阶段《关于深入实施水利人才战略,进一步加强人才工作的意见》(水人教〔2005〕378 号)中指出以高层次人才培养为重点,紧紧抓住人才培养、吸引和使用三个环节,创新机制,完善体制,提高素质,坚持党政人才、企业经营管理人才和专业技术人才三支队伍一齐抓;《国家发展改革委、水利部、建设部关于印发水利发展“十一五”规划的通知》(发改农经〔2007〕1181 号)指出大力引进、培养、选拔各类管理人才、专业技术人才、高技能人才,完善人才评价、流动、激励机制。

创新人才、紧缺人才、青年人才、基层人才的政策编码频数相对较少且所属发布时间主要处于后两个阶段。如第二阶段《关于印发全国水利人才队伍建设“十二五”规划的通知》(水人事〔2011〕611 号)提出以高层次专业技术人才、高技能人才和基层人才为重点,以体制机制改革创新为动力,统筹推进各类水利人才队伍建设,为水利跨越发展提供有力的人才保障和智力支持;第三阶段《水利部关于印发全国水利人才队伍建设“十三五”规划的通知》(水人事〔2016〕208 号)提出以高层次创新型人才、急需紧缺人才、基层人才、贫困地区人才为重点,着力提升人才队伍素质和能力,协调推进各类人才队伍建设,为水利改革发展提供强有力的人才保障和智力支持。

二、2018 年人才政策内容维度分析

(一) 2018 年基于关键词的水利人才政策关切点分析

1. 关切点分析的政策抽样

为深入探讨我国人才政策尤其是水利人才政策的变化趋势以及关注重点,本研究进行了政策关切点的词频分析。由于部分政策文本中涉及人才发展的内容多以辅助性和标准性为主,尚未深入对人才发展做出实质性的指导和说明,故此剔除此类政策样本。最后从 27 条国家人才政策样本中选取了 3 条由中共中央与国务院发布的重点综合性、规划性人才政策;对水利人才政策而言,从为数不多的 6 条政策中遴选出 2 条关于水利人才发展的重点综合性、规划性人才政策。具体政策见表 3-14。

表 3-14　2018 年水利人才相关重点政策一览表

文件名称	发布时间	类别	发布部门
《国务院关于全面加强基础科学研究的若干意见》	2018 年 1 月 19 日	培养	国务院
《中共中央办公厅 国务院办公厅印发〈关于分类推进人才评价机制改革的指导意见〉》	2018 年 2 月 26 日	规划	中共中央办公厅、国务院办公厅
《中共中央办公厅 国务院办公厅印发〈关于深化项目评审、人才评价、机构评估改革的意见〉》	2018 年 6 月 29 日	规划	中共中央办公厅、国务院办公厅
《水利部关于印发加快推进新时代水利现代化的指导意见的通知》	2018 年 2 月 12 日	规划	水利部
《水利部关于印发水利扶贫行动三年(2018—2020 年)实施方案的通知》	2018 年 8 月 10 日	规划	水利部

2. 2018 年国家人才政策关切点分析

(1) 政策样本概况

在 2018 年国家 3 条重点人才政策样本中得出了 4 个共同的关切点以及它们的词频表(表 3-15)。通过数据对比分析发现,“创新”、“科技”、“人才”和“评价”四个关切点与 2003—2017 年国家重点人才政策联系密切,并包含于 2003—2017 年的关键词组。2018 年的国家人才政策更多的是延续之前的人才政策方向,力求从创新、科技、人才和评价这四个方向保持政策实施的稳定性,以培养科技创新型人才并加大对科技人才、技术人才、创新型人才的支持。同时通过建立健全导向明确、精准科学、规范有序、竞争择优的科学化社会化市场化人才评价机制进一步激发人才创新活力,促进人才发展。

表 3-15　国家重点人才政策关切点

关切点	文件		
	《国务院关于全面加强基础科学研究的若干意见》	《关于分类推进人才评价机制改革的指导意见》	《关于深化项目评审、人才评价、机构评估改革的意见》
创新	73	25	24
科技	43	12	49
人才	20	122	38
评价	12	167	72

(2) 关切点分析

为更加具体观察四个关切点之间的关系,我们将表格的数据转化为关切点堆积柱形数量图,具体情况见图 3-10。由图可知,“评价”在 4 个关切点中的数量与占比最多,这与 2018 年出台的中共中央办公厅、国务院办公厅印发《关于分类推进人才评价机制改革的指导意见》与中共中央办公厅、国务院办公厅印发《关于深化项目评审、人才评价、机构评估改革的意见》密切相关,保持内容主题的一致,体现了 2018 年国家对人才评价机制方面的重视,为打造科学合理的人才评价机制,支撑新时代人才发展提供政策保障。

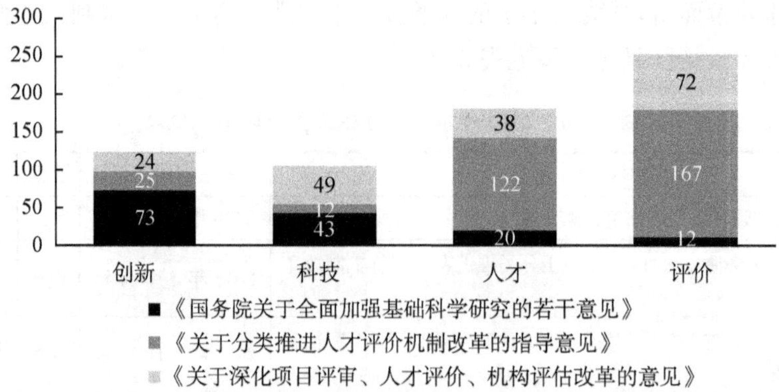

图 3-10　国家重点人才政策关切点堆积柱形数量图

"创新""科技""人才"3 个关切点在总体数量上保持相对一致的水平,体现了 2018 年我国人才政策在人才结构和人才重点发展方向的调整,也体现了我国全面贯彻落实新时期人才强国战略、创新驱动发展战略、科教兴国战略,加大对于科技人才、创新型人才的培养,为决胜全面建成小康社会、开启全面建设社会主义现代化国家新征程的宏伟目标提供强大的人才队伍保障。

2. 2018 年水利人才政策关切点分析

(1) 水利人才政策样本概况

2018 年水利人才政策以政策的稳定延续替代了新政策的出台。2018 年在党的十九大和十三届人大的审核通过下,对水利部进行了机构的调整与改革,着眼优化协同高效,以推动水利治理体系和治理能力现代化的深刻变革。因此,政策的延续性和水利机构改革使得 2018 年水利人才政策的数量有所减少。最终我们通过词频统计与分析在 2018 年重点水利人才政策样本中挑选出 8 个关切点:"水利""建设""水利工程""农村""安全""强化""保障""技术",但这些关切点与 2003 年以来在国家和水利人才政策中分析得出的关切点有不相一致的情况,2003—2017 年政策内容维度研究所得出的关切点直接体现了水利人才培养的方向,而 2018 年水利人才政策中的关切点更多体现对水利事业发展的关注。具体情况见表 3-16 与图 3-11。

表 3-16 重点水利人才政策关切点

关切点	文件	
	《水利部关于印发加快推进新时代水利现代化的指导意见的通知》	《水利部关于印发水利扶贫行动三年(2018—2020 年)实施方案的通知》
水利	123	99
建设	68	43
水利工程	24	17
农村	17	20
安全	21	18
强化	18	12
保障	22	12
技术	11	7

(2) 关切点分析

虽然重点文件得出的关切点更多的是对水利事业发展的反映,但我们仍可从中挖掘水利人才政策的发展方向,详见图 3-11。《水利部关于印发加快推进新时代水利现代化的指导意见的通知》(水规计〔2018〕39 号)和《水利部关于印发水利扶贫行动三年(2018—2020 年)实施方案的通知》(水扶贫〔2018〕200 号)这两个文件指导着未来水利事业重点工作方向和工作内容,而水利人才作为水利政策实施的重要支撑力量,要贯彻落实水利政策,则对水利人才队伍和人才结构提出新要求。由"水利""建设""水利工程""农村""安全""强化""保障""技术"8 个关切点分析可知,农村水利发展以及加快推进新时代水利现代化是今后的工作重点，要实现对农村水利工程的技术升级，着力解决水利改革发展不平衡不充分问题，要求加强水利创新人才、科技人才队伍建设，实施水利人才创新行动计划，面向全国建立部级统一创新人才库，精准开展水利创新团队建设，培养具有国际水平的创新人才和创新团队，从而为推进水利现代化提供重要的人才保障。

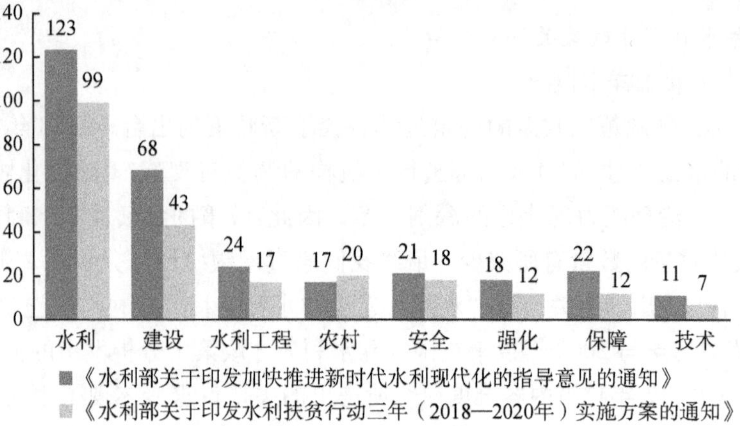

图 3-11　重点水利人才政策关切点频数图

（二）2018 年水利人才政策内容分析

本部分以 2018 年中国人才政策尤其是水利人才政策作为基本分析单元，政策内容为分析对象，对相关的政策内容进行编码形成编码表，并将国家人才政策与水利人才政策进行对比分析。

表 3-17　2018 年国家人才政策内容维度编码表

政策内容维度类型	编码	数量/占比(%)
人才规划	2-3、4-1、6-1、13-1、17、18-1、22-2、23-1、25-14、26-1	10/13.70
人才引进	2-5、6-2、9-2、18-2、20、22-3、25-4、25-15、26-3、27-3	10/13.70
人才培养	2-1、3、5、6、7、8-1、9-1、12、14、15-3、16、21-1、22-1、23-2、25-2、25-5、25-9、25-10、26-6、27-2	20/27.40
人才激励	1、2-4、8-2、10、15-2、18-2、21-2、22-4、25-1、25-7、25-8、25-12、25-13、26-5、27-1	15/20.55
人才评价	2-2、4-2、8-2、11、13-2、15-1、19、21-3、22-5、23-3、24、25-3、25-6、25-11、25-16、26-2、26-4、27-4	18/24.65

1. 2018 年国家人才政策内容分析

(1) 国家人才政策内容编码频数描述

根据统计结果分析(表 3-17)，2018 年在国家人才政策上共发布了 27 条人才政策，根据划分的政策内容维度共得出 73 条编码。从整体数据分析，2018 年国家人才政策在人才规划、人才引进、人才培养、人才激励和人才评价五个内容维度上都有涉及且频数较高，覆盖相对全面。体现在人才政策上,国家将人才规划、引进、培养、激励和评价这一完整的人才发展环节相串联,把握整个环节的平衡与综合发展。

在频数统计上,人才培养维度频数最多,有 20 条、占比 27.40%,体现了国家对人才培养的重视程度最高;人才评价维度次之,共有 18 条、占比 24.65%,体现了人才评价在当前人才工作中的重要位置;再次是人才激励维度,共计 15 条、占比 20.55%;最后是人才规划和人才引进维度,各有 10 条、各占比 13.70%,人才激励、人才规划和人才引进的数量和比重稍显落后,但仍然占据较高的比例。

(2) 政策要求人才培养要坚持高端引领、整体开发

创新驱动实质上是人才驱动,我国要在创新上实现新的飞跃,必须在创新型人才培养上下功夫。因此,2018 年国家更加注重创新型人才和科技人才的培养,不断加强国家创新体系建设,强化战略科技力量,以培养造就一大批具有国际水平的战略科技人才、科技领军人才、青年科技人才和高水平创新团队,这是我们在新时代新要求下的人才发展目标,也是加快建设创新型国家的重要支撑。国家在人才培养方面不仅仅关注高端人才的开发,而且也开展大规模高质量的职业技能培训,努力培养造就规模宏大的高技能人才队伍和数以亿计的高素质劳动者,建设知识型、技能型、创新型劳动者大军。

(3) 政策对于人才激励与人才评价机制的表述更加全面

人才激励和人才评价维度在编码数量中有较高的比重,分别有 15 条和 18 条、位居第三和第二位,体现对人才激励机制和人才评价机制完善的重视,以焕发人才活力,释放创造潜能。在人才激励方面,尤其强调对科技人才、创新型人才以及高技能人才的激励,提高各类人才成果转化收益分享比例,让各类主体、不同岗位的创新人才都能在科技成果产业化过程中得到合理回报,全面激发科研机构、高等学校和企业的科技人才创新创业的积极性,以推动形成体现知识价值的分配与激励机制。

人才评价维度方面,位居第二的编码频数则反映了国家在 2018 年期间以及未来对人才评价的重视。人才评价是人才发展体制机制的重要组成部分,是人才资源开发管理和使用的前提,尤其体现在 2018 年 2 月份中共中央办公厅、国务院办公厅印发的《关于分类推进人才评价机制改革的指导意见》和 2018 年 6 月份中共中央办公厅、国务院办公厅印发的《关于深化项目评审、人才评价、机构评估改革的意见》这两个政策上,国家正在对分类评价不足、评价标准单一、评价手段趋同、评价社会化程度不高、用人主体自主权落实不够的人才评价机制进行改革,以建立科学的人才分类评价机制,进而促进树立正确用人导向、激励引导人才职业发展、调动人才创新创业积极性、加快人才强国建设。

(4) 强调人才规划与人才引进科学性和合理性

在人才规划和人才引进维度,国家的政策举措更加科学合理,深刻把握到新时代下对人才发展的新需求,构建科学规范、开放包容、运行高效的人才发展治理体系,形成具有国际竞争力的人才政策。人才规划方面,明确了人才工作在实现决胜全面建成小康社会和建设社会主义现代化国家的新目标新征程中的战略地位,以优化人才结构为重点、以创新人才体制机制为手段、以提升人才创新能力为核心进行全局规划。同时在布局规划上,鼓励引导人才

向边远贫困地区、边疆民族地区、革命老区和基层一线流动，为这些地区发展提供人才保障。

人才引进方面，积极构建具有国际竞争力的引才用才机制，不断完善海外人才引进方式，实施更积极、更开放、更有效的人才引进政策，以更大力度实施海外高层次人才引进计划，从而打造高素质人才队伍、推动人才结构战略性调整，促进人才结构与经济社会发展相协调。同时扩大人才对外交流，鼓励支持人才更广泛地参加国际学术交流与合作，完善国际组织人才培养推送机制。

2. 2018 年水利人才政策内容分析

表 3-18　2018 年水利人才政策内容维度编码表

政策内容维度类型	编码	数量/占比(%)
人才规划	1-1、3、4-1	3/18.75
人才引进	1-2、2-1、4-3	3/18.75
人才培养	1-3、4-2、5-2、6-1	4/25.00
人才激励	1-4、4-4、6-2	3/18.75
人才评价	2-2、5-1、5-3	3/18.75

(1) 水利人才政策内容编码频数描述

2018 年水利人才政策共 6 条，同样基于内容分析法对政策内容进行深入解读并编码，根据政策内容维度的划分得出 16 条编码。从整体数据分析看(表 3-18)，2018 年水利人才政策在人才规划、人才引进、人才培养、人才激励和人才评价这五个内容维度几乎保持同等水平，同样保持较广且均匀的覆盖面。水利部在人才政策上，很好地延续了国家在人才政策上的做法，以“五维一体”的政策协同为水利人才队伍的建设提供政策保障，促进水利人才队伍的发展。

(2) 强调水利人才培养要关注时效性与目的性

在全面建成小康社会的决胜阶段，建造一支具有“献身、负责、求实”的水利行业精神，数量充足、布局合理、结构优化、富有活力、勇于创新的水利人才队伍是推进水利现代化进程、提升水安全保障能力的重要基础。新时代水利现代化要求以高层次创新型人才、急需紧缺人才、基层人才、贫困地区人才以及监管类人才为重点(水规计〔2018〕39 号)，着力提升人才队伍素质和能力，协调推进各类人才队伍建设，为水利改革发展提供强有力的人才保障和智力支持。同时不断加强水利创新人才队伍建设，实施水利人才创新行动计划，面向全国建立部级统一创新人才库，以研究国家重大战略、重大工程涉水重大科技问题为导向，精准开展水利创新团队建设，培养具有国际水平的创新人才和创新团队，为推进水利现代化提供人才保障。

(3) 指出水利人才规划和人才引进要注重整体布局

水利人才政策规划维度中，坚持在把握重点人才培养的同时也注重水利人才整体素质与结构，统筹规划，整体推进，促进各类人才队伍全面协调可持续发展，并着力打造党政人才、专业技术人才、高技能人才、基层人才、经营管理人才的“五维一体”的水利人才队伍结构,补强基层水利人才、贫困地区水利人才、急需紧缺人才等薄弱环节。进一步健全完善人才引进机制,充分发挥用人主体在人才培养、吸引和使用中的主导作用,畅通机关、企事业单位人才流动渠道,引导人才向基层一线、中西部、艰苦边远地区流动。

(4) 明确水利人才激励和评价要以激发创造活力为目标

水利人才激励方面,强调充分发挥用人主体在人才评价激励中的主导作用,改进事业单位岗位管理模式,注重发挥经济利益和社会荣誉价值的双重激励作用,使人才在创新创造中有收益、有荣誉、有地位。实施技能人才培养激励计划,完善基层水利人才文化素质提升激励机制,进一步实现激励方式的多元化,多方位满足人才的需求,调动人才创新创造的积极性。在水利人才评价维度上,充分借鉴中共中央办公厅、国务院办公厅颁布的《关于分类推进人才评价机制改革的指导意见》和《关于深化项目评审、人才评价、机构评估改革的意见》,强调加强水利人才评价体系建设,健全以能力为导向、以工作业绩为重点、注重职业道德和职业素质的人才评价体系。并不断深化职称制度改革,提高评审科学化水平,探索高层次人才、急需紧缺人才直聘办法,注重向基层一线人才倾斜。

第四章　水利人才政策工具维度的变迁分析

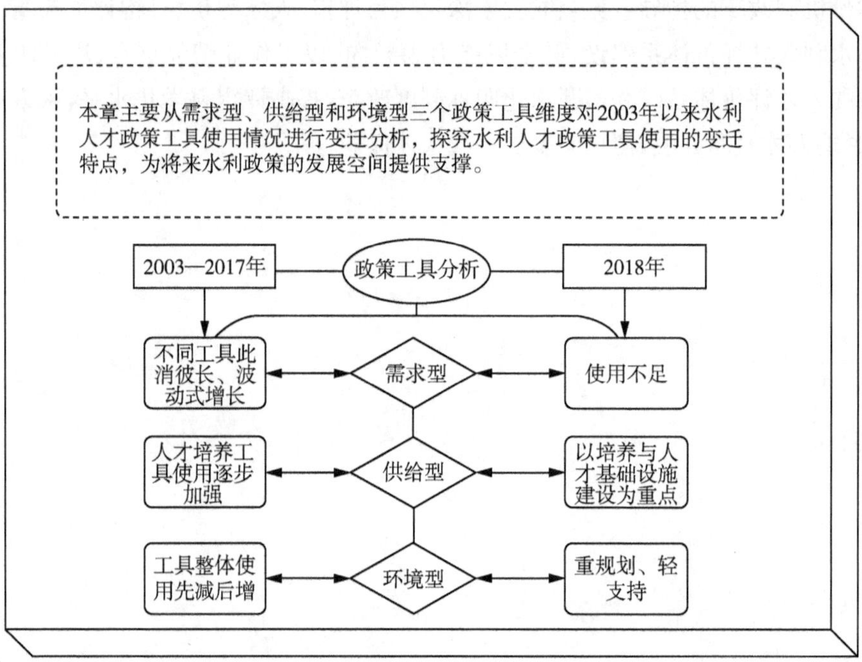

一、2003—2017 年水利人才政策工具维度变迁分析

通过对国家和水利人才政策进行编码和分类，探究我国水利人才政策工具使用情况与变迁特征，并从政策工具角度总结水利人才政策发展的重点方向。根据 Roy Rothwell、Walter Zegveld 的政策工具理论，本研究以需求型、供给型和环境型 3 种基本政策工具为分类维度，对 2003—2017 年国家人才政策和水利人才政策文本进行编码分析。

（一）国家人才政策工具变迁分析

1. 国家人才政策工具编码频数分析

2003—2017 年国家人才政策综合运用了供给型、需求型和环境型政策工具。然而，这 3 种政策工具的应用程度明显不同：应用较多的是供给型和环境型政策工具，而需求型政策工具应用较少,三个阶段的占比均在 12%至 15%之间。目前我国政府主要依靠环境型和供给型政策工具推动人才事业的发展,编码内容详见附录七、八、九。

2. 供给型政策工具:整体使用数量上升

供给型政策工具在三个阶段的使用均较多,整体呈现上升趋势。其中人才培养政策占比较高,体现了我国政府期望通过合适的方式培养出不同领域的优秀人才;人才发展基础设施建设和人才信息支持等方面投入力度较小,在信息化时代,人才信息的获得和通畅在人才工作中具有关键作用,这两个方面的政策还有待于强化。详见图 3-12。

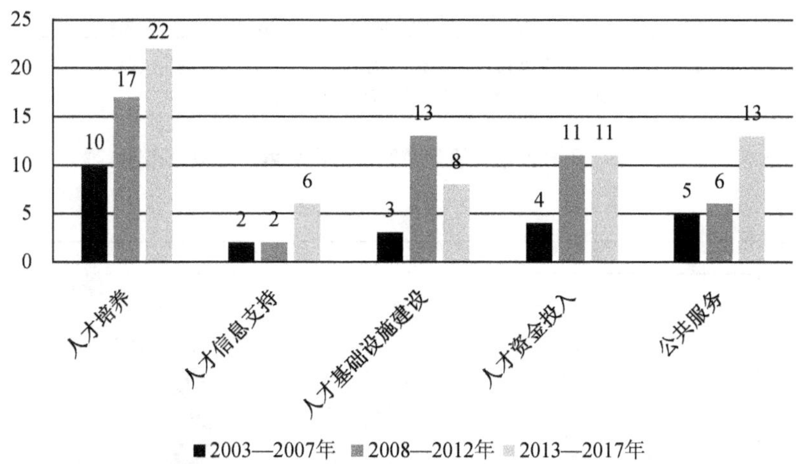

图 3-12 国家人才供给型政策工具维度编码频数图

3. 环境型政策工具:保持较高的增长速度

2003 年以来,国家人才政策较多地使用了环境型政策工具,这符合我国的基本国情:我国人才事业大发展起步于改革开放,早期人才政策在思想认识、策略体系及行动方案等方面都处于探索阶段,导致在政策上使用了较多的策略性措施,意在通过政策引领,构建和谐的人才发展环境。

具体来看,在环境型政策工具中,人才规划、人才法规管制、策略性措施占比相对较高;金融政策工具和税收政策工具相对短缺,没有得到应有重视;在法规管制上,措施较多,但仍存在真空地带,如怎样保障公平的人才发展环境、高层次人才引进后的后续工作如何有效开展等。随着社会的进步,女性人才数量、质量都在不断提升,其发展保障应是人才规划政策中一个重要方面。详见图 3-13。

4. 需求型政策工具:不同政策工具波动式增长

需求型政策工具从某种程度上确保了人才发展的持续性,拓宽了人才来源渠道且比环境型政策工具更为直接和快捷,有助于提高人才质量,优化人才结构。统计结果表明,人才政策中需求型政策工具应用相对不足,仅占到政策工具总体的 12%至 15%,特别是服务外包较少涉及。后续人才政策制定时,需求型人才政策的补充与完善应该成为工作重点。详见图 3-14。

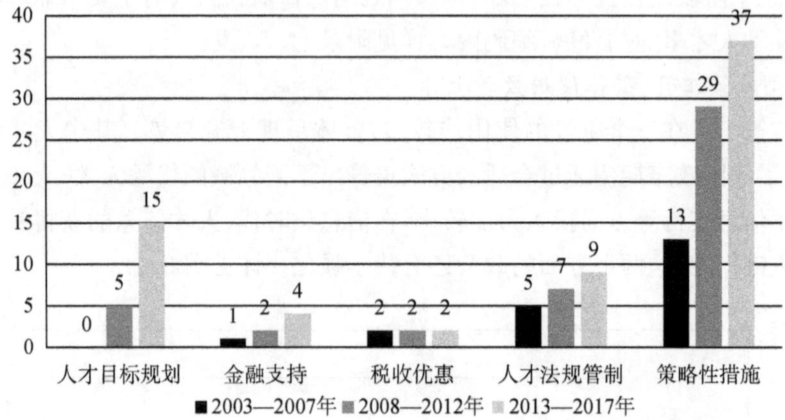

图 3-13 国家人才环境型政策工具维度编码频数分布图

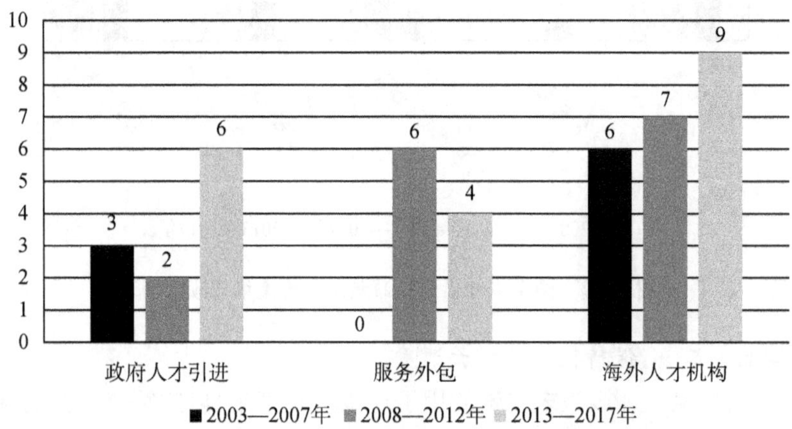

图 3-14 国家人才需求型政策工具维度编码数量分布图

（二）水利人才政策工具变迁分析

1. 水利人才政策工具编码频数总体分析

我国 2003—2017 年水利人才政策综合运用了供给型、需求型和环境型政策工具。与国家人才政策工具编码分布情况一致，水利人才政策中这 3 种政策工具应用较多的是供给型政策工具，其次是环境型政策工具，需求型政策工具应用最少。目前我国水利行业主要依靠供给型和环境型政策工具推动人才事业的发展，具体编码内容见附录十、十一、十二。

2. 供给型政策工具：人才培养工具使用逐步加强

人才培养政策工具占比较高，与国家人才政策工具情况基本一致。人才资金投入政策工具频数逐年提高，体现了国家对水利人才的重视逐步提高。人才信息支持维度的数量出现递减趋势，与国家人才政策工具情况相一致，且在第二阶段缺失，人才信息支持政策工具应得到更多重视。详见图 3-15。

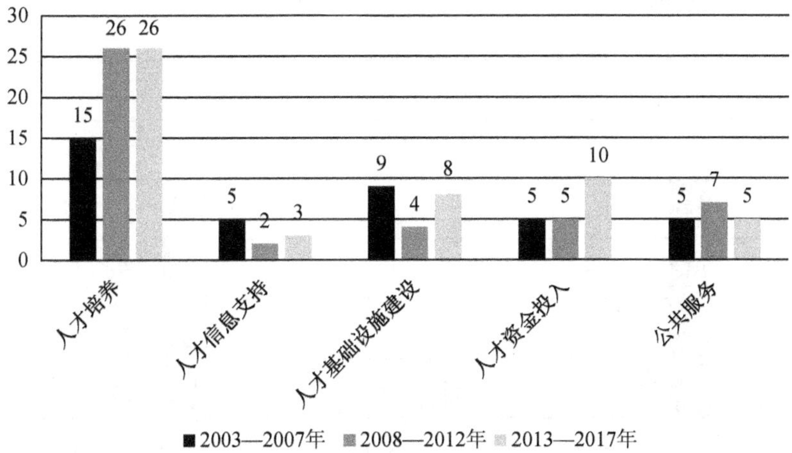

图 3-15 水利人才供给型政策工具维度编码频数分布图

3. 环境型政策工具:不同工具此消彼长、波动式增长

环境型政策工具可以为水利人才的发展提供良好的政策环境和经济环境,促进水利人才队伍建设。环境型政策工具的五个子政策工具中,人才规划和人才法规管制政策工具的占比较高,金融支持和税收优惠政策工具编码的数量较低。与国家人才政策工具不同的是,人才目标规划和人才法规管制在第二阶段达到顶峰,第三阶段有所下降,为创新人才和科技人才提供了发挥空间,减少了政策对人才发展的束缚。详见图 3-16。

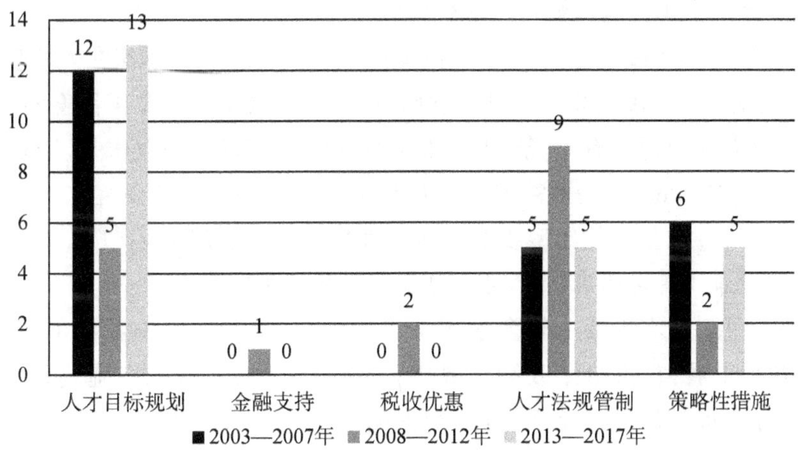

图 3-16 水利人才环境型政策工具维度编码频数分布图

4. 需求型政策工具:工具整体使用先减后增

从整体编码数量分析,需求型政策工具在三个政策工具维度中数量最少、占比最低,四个阶段的占比均在 10%左右,整体使用呈先减后增的趋势,与国家人才政策工具分析结果保持一致;且服务外包维度的政策编码几乎缺失。由此可见,对需求型政策工具的"拉动"作用

认识不足,因此增加需求型政策工具将是未来水利人才政策的重要关注点,只有供给、环境、需求三者协同推进,才能保证政策高效运行。详见图 3-17。

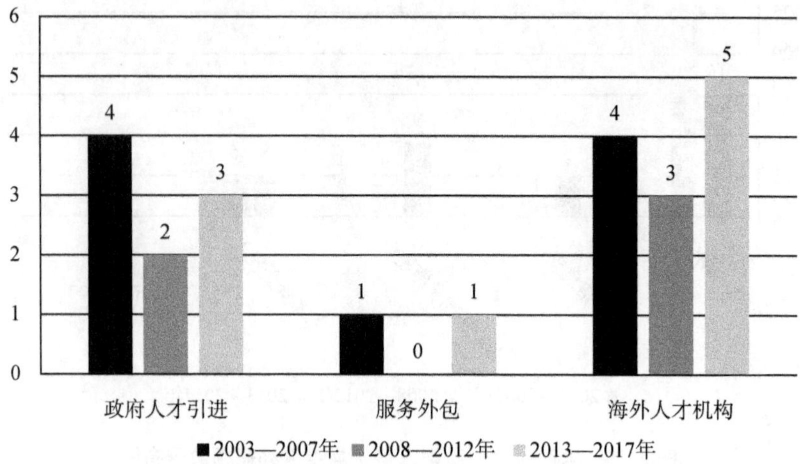

图 3-17　水利人才需求型政策工具维度编码频数分布图

二、2018 年水利人才政策工具维度分析

(一) 国家人才政策工具分析

1. 国家人才政策工具编码数量总体分析

由 2018 年国家人才政策工具编码可知(见附录十三),2018 年国家在人才政策上综合运用了供给型、需求型和环境型政策工具。然而,这 3 种政策工具的应用程度明显不同:应用最多的供给型政策工具总计有 66 条,占政策工具整体的 57.89%;其次是环境型政策工具,数量共计 32 条,占比 28.07%;而需求型政策工具在数量上仅有 16 条,占 14.04%。由此可见,我国在 2018 年主要依靠供给型政策工具推动人才事业的发展。

2. 供给型政策工具占比高,但人才信息支持政策工具不足

整体看来,国家人才政策上较多使用了供给型政策工具,这与我国的基本国情相符合。从具体数量上看,在供给型政策工具中,人才培养、人才基础设施建设、人才资金投入、公共服务分布水平几乎相差不大,分别占据了供给型政策工具的 25.76%、19.69%、22.73%、22.73%,人才信息支持在数量和占比上则比较少,分别为 6 条和 9.09%。详见图 3-18。

人才信息支持政策工具相对短缺,没有得到应有的重视。各类人才信息库是实现科技创新人才供需信息有效对接的支撑和依托,同时也能够为人才的交流发展提供更加完备的服务,就我国目前的人才信息建设现状来看,该领域的工作还有待于强化。人才培养、人才基础设施建设、人才资金投入、公共服务上虽然使用的政策工具数量多,但仍存在许多不足

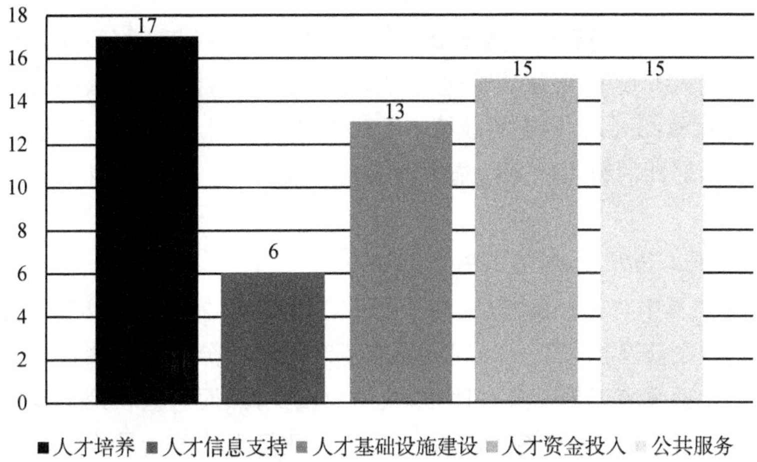

图 3-18 国家人才供给型政策工具维度编码频数分布图

之处,例如 2018 年水利人才政策问题分析中指出人才培养机制不完善,搭建体系化、全方位的人才培养平台和开发专项人才培养项目经验不足等问题,部分原因在于人才资金投入政策工具运用不足,人才公共服务及人才发展基础设施未能有效发挥其应有作用。详见图 3-18。

3. 环境型政策工具不足,金融支持与税收优惠政策工具短缺

整体而言,环境型政策工具使用不足,共计 32 条,约为供给型政策工具的二分之一。环境政策工具使用不足以及各政策使用不平衡,没有真正发挥其为人才提供有利于发展环境、推动实现人才自身价值以及人才强国目标的作用。详见图 3-19。

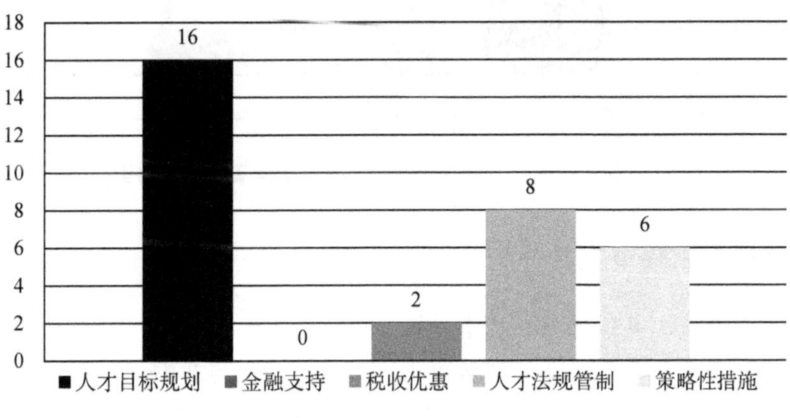

图 3-19 国家人才环境型政策工具维度编码频数分布图

就具体数据而言,人才目标规划在环境型政策工具中有着很大的优势,占整体的 50%。究其原因,是我党在十九大明确了决胜全面建成小康社会、开启全面建设社会主义现代化国家新征程的宏伟目标,对新时代推进中国特色社会主义伟大事业作出全面部署和战略安排,所以更加注重人才目标规划的科学设计,发挥人才作为第一资源的重要推进作用。人才法

规管制和策略性措施政策工具的占比则更低，分别为 25%、18.75%，说明政府未能有效通过设定法规标准、合同关系、违规处理等措施来加强市场监管、规范市场秩序，以及通过制定区域政策、产业政策、科技政策，鼓励人才进行创新性发展。统计分析还表明，税收优惠政策工具的数量占比仅为 6.25%，金融支持政策工具几乎没有使用，融资、特许、信用、贷款保证等政策手段以及有针对性的税收优惠措施未能得到有效利用，人才的积极性和创造力未能得到有效激发。

4. 需求型政策工具短缺，利用不充分

2018 年政策工具中，需求型政策工具总数量仅有 12 条，占比 13.95%，尤其是服务外包和海外人才机构较少涉及。2003—2017 年需求型政策工具分析也表明，长久以来在国家和水利部层面上需求型政策工具一直占比小，使用数量少，然而这些政策工具指向明确，是促进人才事业发展最直接的方式。它们的缺失弱化了政策整体的指导作用，但这种缺失为后续政策的制定提供了进步空间。需求型人才政策的补充与完善应该成为近期政府人才政策工作的关注重点。详见图 3-20。

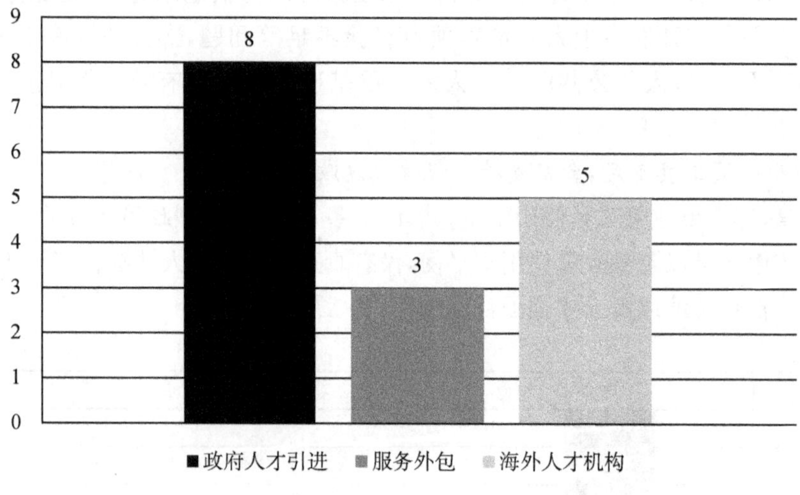

图 3-20　国家人才需求型政策工具维度编码频数分布图

（二）水利人才政策工具分析

1. 水利人才政策工具编码频数总体分析

供给型、环境型和需求型政策工具数量占比的分布情况与 2018 年的国家人才政策上的分布水平基本保持一致，很明显受到了国家人才政策的影响。其中需求型政策工具共计 17 条、占比 53.13%，环境型政策工具共计 13 条、占比 40.62%，需求型政策工具共计 1 条，占比 6.25%。（见附录十四）

2. 供给型政策工具以人才培养与人才基础设施建设为重点

在供给型政策工具上，人才培养、人才基础设施建设、人才资金投入、公共服务分布水平及分布结构与 2018 年在国家人才政策上大体保持一致，仅在数量上有所不同。其中人才培养和人才基础设施建设政策工具占据了较大比例,分别占比 35.29%、29.41%,人才资金投入和公共服务政策工具有所减少,分别占比 17.65%、11.76%,人才信息支持方面一如既往地占比小,为 5.88%。详见图 3-21。

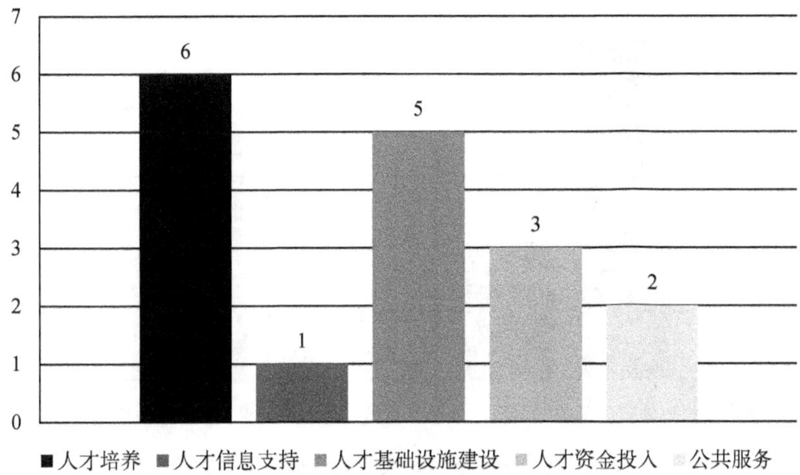

图 3-21　水利人才供给型政策工具维度编码数量分布图

水利部在整体上延续了国家在人才管理上的政策方向,但在具体运用时有所区别,更加强调人才培养和人才基础设施建设政策工具的使用,并依托国家重点工程、重大科研项目、重点实验室、工程技术中心、研发中心等,通过专业拓展、教育培训、实践锻炼等途径,推进各类人才队伍建设。信息支持政策工具在水利人才政策和国家人才政策中均保持着低占比,但其作用是不可忽视的,各类水利人才数据库和信息库是实现水利人才尤其是水利创新人才供需信息有效对接的支撑和依托,同时也能够为人才的交流发展提供更加便捷的服务;人才资金投入和公共服务政策工具可为水利人才发展提供良好环境支持,不可忽视。

3. 水利人才环境型政策工具重规划、轻支持

2018 年水利人才目标规划政策工具与 2018 年国家人才政策有着相似的使用情况,占比最大达 38.47%,体现了国家和水利人才政策对人才规划政策工具的重视,水利人才政策规划紧跟国家战略步伐。具体而言,水利人才政策利用年度性工作任务规划纲要和人才发展意见拟定系统化的规划方案,以打造新时代水利人才队伍,加快推进新时代水利现代化发展。详见图 3-22。

频数图表明,税收优惠、金融支持、人才法规管制以及策略性措施政策工具的使用率较低,影响了其作用的发挥。其中人才法规管制和策略性措施政策工具的使用以法规标准和区域政策、产业政策、科技政策为主,频数较小,仅有 4 条和 2 条;金融支持工具也仅有两条,税收优惠政策工具更加缺失,对于水利人才政策的制定应该更加重视通过融资、特许、信用、贷款保证以及税收优惠等支持性工具以推动人才工作。

4. 水利人才需求型政策工具使用不足

需求型政策工具在我国人才政策中使用一直偏少,尤其在 2018 年水利人才政策上,人

才引进、服务外包和海外人才机构方面的政策工具的使用严重不足，人才引进和服务外包政策工具分别仅有 1 条。详见图 3-23。

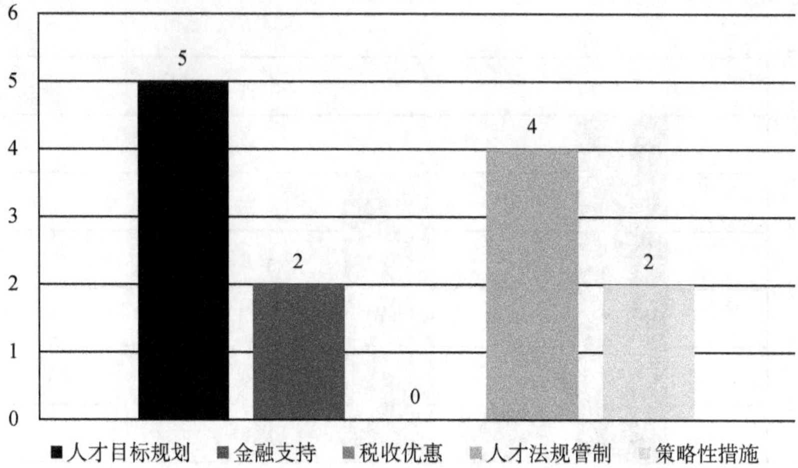

图 3-22 水利人才环境型政策工具维度编码频数分布图

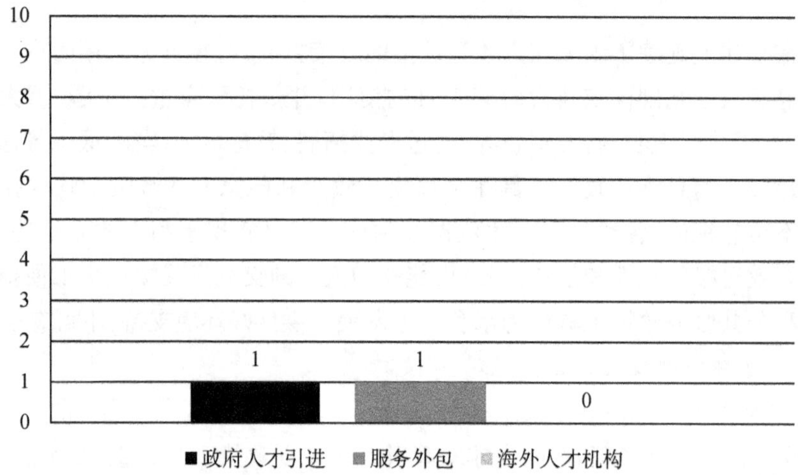

图 3-23 水利人才需求型政策工具维度编码频数分布图

水利部门的人才政策制定应该在国家人才政策的指引下，走出具有“水利特色”的道路，利用需求型政策工具的拉力作用，通过人才引进、服务外包、海外人才机构等政策工具，鼓励水利人才的交流、引进。

第五章　水利人才政策变迁特征总结与发展空间分析

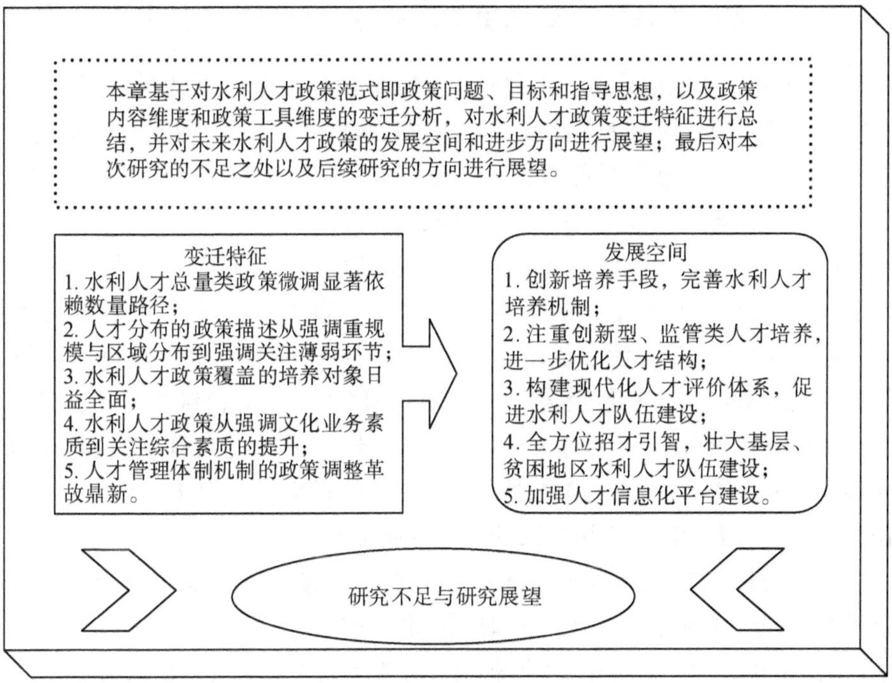

一、水利人才政策变迁特征分析

渐进性制度变迁与断裂性制度变迁是制度变迁的两大类型，其又表现为制度微调、制度置换、制度转换与制度断裂四种具体制度变迁形式。通过对我国水利人才政策的变迁状况进行梳理分析，发现我国水利人才政策主要是通过制度微调实现的，即针对不同时期的政策问题，提出相应政策目标，在人才总量、分布、结构、素质和机制五个方面进行制度微调。

(一) 水利人才总量类政策微调式变迁显著依赖数量路径

第一阶段，水利人才资源总量不足。该阶段全国人才的总量、素质和结构还不能满足经济社会发展的需要，党中央、国务院在认真分析国际国内形势，全面贯彻“三个代表”重要思想的基础上，提出了人才强国战略。这一阶段，水利系统须应对干旱缺水、洪涝灾害、水土流失、水污染四大挑战，全国水利系统人才资源面临着总量不足的问题。

第二阶段，水利人才总量稳步提升。进入第二阶段，即"十一五"期间，水利部门落实国家人才战略，将水利人才工作纳入水利事业发展的总体规划和布局，水利人才队伍建设取得了显著成就，水利人才总量稳步提升，各类水利人才规模不断发展壮大。

第三阶段，水利人才总量进一步增长。在国家创新驱动发展战略和人才优先发展战略的指引下，水利部党组高度重视人才工作，在"十二五"期间大力实施水利人才优先发展战略，统筹推进各类水利人才队伍建设，实现水利人才总量进一步增长，其中"十二五"时期末党政人才 9.1 万人，专业技术人才 36 万人，高技能人才 18.3 万人，经营管理人才 6.8 万人。

（二）人才分布政策从强调重规模与区域分布到强调关注薄弱环节

第一阶段，水利人才区域分布与水利事业发展要求不一致，人才规模和区域分布均不合理。第一阶段水利系统须应对干旱缺水、洪涝灾害、水土流失、水污染四大挑战，水利人才在该阶段的主要问题是人才总量不足和职工队伍总体上文化业务素质还不高，人才分布不合理的问题尚未成为影响水利事业发展的主要问题。

第二阶段，水利人才队伍规模分布有所改善，但结构分布仍不合理。水利部所属单位人才分布密度大，平均每百人中有 36 人为本科以上学历、33 人具有中级以上专业技术职务；地方水利系统每百人中仅 17 人为本科以上学历、15 人具有中级以上专业技术职务（水人教〔2006〕582 号）；从区域分布来看，经济发达的东部地区人才密度相对较大，经济欠发达的西部地区人才密度相对较小。《水利部关于印发"十一五"水利人才规划纲要和干部教育培训规划的通知》（水人教〔2006〕582 号）特别指出在"十一五"时期末要力争使每个县以下水利基层单位至少有一名大专以上学历层次的水利专业技术人才。

第三阶段，水利人才规模和区域分布进一步满足水利改革发展的新要求。《全国水利人才队伍建设"十二五"规划》提出"十二五"时期应着力解决中、西部地区和水利基层单位专业技术人才缺乏的问题。到"十二五"时期末，中、西部地区人才队伍素质大幅度提高，具有高级专业技术职务的水利专业技术人员占专业队伍比例由"十一五"时期末的 8%提高到 10%，具有高级工以上职业资格的高技能人才占技能人才总量的比例基本达到全国平均水平。

（三）水利人才政策覆盖的培养对象日益全面

第一阶段以高层次人才培养为重点。第一阶段水利人才发展在队伍结构上总体面临着人才队伍结构不合理，高层次人才缺乏，高技能、创新型、复合型人才紧缺，基层单位人才短缺等问题。第一阶段的水利人才政策以人才结构调整为主线，以高层次人才培养为重点，进一步加强水利专业技术人才队伍建设。其中水利部依据《水利部 5151 人才工程实施意见》组织制订实施了"5151 人才工程"，以及依据《专业技术人才知识更新工程（"653 工程"）实施方案》制定了水利专业技术人才知识更新工程等重点人才工程项目，围绕水利重点工程和科技攻关项目，引进紧缺专家和技术骨干，解决高层次专业技术人才结构性短缺问题。通过联合培养、项目合作研究和传、帮、带等多种形式,充分发挥高校和科研机构以及老专家在水利高层次人才培养中的作用,不断扩大高层次人才的培养规模,提高人才培养质量。

第二阶段突出重点、整体开发,以高层次专业技术人才、高技能人才和基层人才为重点,统筹推进各类水利人才队伍建设。第二阶段水利人才发展存在着高层次专业技术人才、高技能人才,创新型人才偏少;基层单位水利人才匮乏、流失严重等问题。"十一五"期间,通过一系列的重点工程项目培养遴选了一批两院院士、全国工程勘察设计大师、新世纪百千万人才工程国家级人选、省部级学术技术带头人、全国技术能手、优秀党政人才和经营管理人才等水利领军人才。

第三阶段人才结构进一步优化,初步形成人才优先发展的战略布局。《水利人才"十二五"规划》中提出按照人岗相宜的原则,进一步优化水利人才队伍能级结构、专业结构的政策目标。在此基础上,水利高层次专业技术人才、高技能人才的比例明显提高,高、中、初级人才协调发展,合理的人才梯队逐步建立;水利人才专业结构趋于合理,水利勘测设计、建设管理、水行政执法、水旱灾害应急管理、水资源管理与水生态保护、水文水资源分析评价、水利信息化等急需紧缺专业和领域的人才规模稳步增长,法律、环境、经济等非水利专业人才规模进一步增加,门类更加齐全,基本满足水利发展的需要。

(四) 水利人才政策从强调文化业务素质到关注综合素质的提升

第一阶段人才素质不高。第一阶段人才素质总体面临着职工队伍文化业务素质不高的问题,为此《关于深入实施水利人才战略 进一步加强人才工作的意见》(水人教〔2005〕378号)提出了以人才资源能力建设为核心,加强教育培训,构建符合行业特点的终身教育体系,提高人才队伍素质。

第二阶段水利人才队伍文化和专业素质大幅度提高。"十一五"期间,水利部坚持以能力建设为核心,以中国特色社会主义理论体系和职责所需的各类科学文化知识为主要内容,大力实施部管领导干部和公务员培训工程、地方水利领导干部专业能力建设工程、干部初任培训、任职培训制度,完善干部教育培训激励约束机制,积极推动干部教育培训改革创新,形成了大规模培训水利干部职工的新格局,整体素质明显提高,为水利事业发展提供有力保障。

第三阶段人才素质进一步提高,各项素质全面提升。该阶段水利人才的政治素质、能力素质、文化素质、心理素质得到全面提升,学历结构、能级结构、专业结构进一步优化。"十二五"时期末,学历层次、等级结构不断优化,具有中专及以上学历的人员、副高级以上专业技术人才和高技能人才比例明显提高。领军人才数量显著增加,国家级高级专家数量较"十一五"时期末增长近8%,达到1 020人。

(五) 人才管理体制机制的政策调整革故鼎新

第一阶段,建立健全阶段。时任水利部副部长周英在全国水利人事劳动教育会(2006,广州)的讲话中提出水利人才工作不同程度存在着人事人才管理的机制不活,管理体制改革、人事制度综合配套改革与事业发展的速度不匹配等问题，因此第一阶段发布了一系列如《关于贯彻落实〈事业单位公开招聘人员暂行规定〉的实施意见》（水人教〔2006〕231号）等政策，重点在于建立健全各类水利人才的引进政策，完善人才评价机制，建立健全水利人才激励和保障机制。

第二阶段，完善创新阶段。第二阶段发布了《水利部机关事业单位贯彻落实〈职工带薪年休假条例〉的实施意见》（人事综〔2008〕40号）、《关于进一步完善干部教育培训激励约束机制的意见》（水人事〔2011〕116号）等政策，重点完善各类人才的培养开发机制、人才评价方式、各类人才选拔使用方式，完善符合水利特点、激发人才创新创造活力的激励机制；在人才引进观念、激励手段、引进方式、保障措施等方面，加大完善力度。

第三阶段，改进提升阶段。第三阶段发布了《水利部教育部关于进一步推进水利职业教育改革发展的意见》（水人事〔2013〕121号）、《水利部办公厅关于印发〈进一步加强和改进培训办班工作的意见〉的通知》（办人事〔2014〕157号）等政策，进一步创新人才教育和培养机制，加大培训内容、方式、考核激励等方面的改革，探索建立以创新创业为导向的人才教育培训新机制；进一步改进人才评价和激励机制，深化职称制度改革。

二、水利人才政策的发展空间分析

本研究梳理了2003年以来党中央、国务院、中组部、财政部、水利部、人社部发布的人才政策尤其是水利人才政策中的目标要求，以及各年人才政策关注的问题及其指导思想，从政策内容和政策工具二个维度分析了水利人才政策的变迁特征。在上述研究基础上，下面进一步展望未来水利人才政策的重点内容和发展空间，以期为加快推进水利人才队伍和推进新时代水利现代化建设提供人才保障。

（一）创新培养手段，完善水利人才培养机制

把服务水利事业发展作为人才工作的根本出发点和落脚点，深入实施人才优先发展战略，以水利人才体制机制改革创新为动力，进一步创新人才教育培训机制，加大培训内容、方式、考核激励等方面的改革，探索建立以创新创业为导向的人才教育培训新机制，不断强化人才的创新意识和创新能力。同时充分利用高校的教育资源，建立资源共享平台，进行国内外合作培训，按照“送出去”和“请进来”原则，采取与国内外知名水利机构、科研院所、大学等合作的方式，积极引进国内外智力，有计划地选派优秀水利人才进行深造，培养高层次人才。

（二）注重创新型、监管类人才培养，进一步优化人才结构

随着水利工作重心转到“水利工程补短板、水利行业强监管”上，要通过解放监管思想、提高监管标准、提升监管能力等措施培养高素质监管人才队伍，确保水利人才依照政府规则和市场规律办事。在具体人才队伍建设时，要加强水利创新人才队伍建设，实施水利人才创新行动计划，面向全国建立部级统一的水利创新人才库，并以研究国家重大战略、重大工程、

涉水重大科技问题为导向,精准开展水利创新团队建设,培养具有国际水平的水利科技创新人才和创新团队;要实施水利领军人才培养计划,加强水利行业后备人才培养,加大水利青年科技人才培养选拔力度,以造就一支高层次的中青年学术技术带头人梯队。另外,还要全面提升技能人才的职业能力和素质,加强高技能人才选拔培养,推进高技能人才培养基地建设,引领高技能人才培养;开展水利技能大奖、技术能手选拔,采取精神奖励和物质奖励结合的方式,激发技能人才岗位成才的内在动力。

(三)构建现代化人才评价体系,促进水利人才队伍建设

健全以职业能力为导向、以工作业绩为重点、注重职业道德和职业素质的技能人才评价体系,完善职业资格评价、职业技能等级认定、专项职业能力考核等多元化评价方式,深化水利职称制度改革,完善专业技术人才评价办法和评价标准,推行职业技能鉴定与综合评审相结合的技师、高级技师评价方法,并构建国家职业标准、水利行业工种岗位要求、专项职业能力考核规范等多层次职业标准。加快形成导向明确、精准科学、规范有序、竞争择优的科学化社会化市场化人才评价机制。

(四)全方位招才引智,壮大基层、贫困地区水利人才队伍建设

鼓励和引导人才向边远贫困地区、边疆民族地区、革命老区和基层一线流动,提高这些地区的人才保障水平。指导贫困地区加强水利人才队伍建设,以提高贫困地区水利管理人才、专业技术人才、技能人才的业务能力和综合素质为重点,对贫困地区水利人才开发与培养精准发力,做到智力帮扶精准、技术支持精准、人才培训精准。组织制定贫困地区素质好、潜力大的水利人才培养清单,有计划、有针对性地选派到各级水利部门和相关单位学习研修、交流锻炼。

(五)加强人才信息化平台建设

人才信息化平台能有效实现人才供需信息有效对接,也能够为人才成长和发展提供更加完备的服务。为适应人才工作信息化发展需求,水利人才工作部门要不断加强人才引进、培训、评价等方面信息化建设,加大对人才信息的支持力度,建立和完善水利人才统计和人才状况定期发布制度以及水利高层次专业人才、高技能人才等各类人才信息库,系统地整理发布人才发展所需的相关信息,为水利人才队伍提供完善的信息支持服务。同时要加强人事部门基础资料积累、基本制度建设,提高水利人才工作者的基本管理技能,建设高素质的水利人才工作者队伍以促进水利人才管理信息化建设,提高人才管理工作信息化水平。

三、研究展望

本研究梳理了 2003 年以来党中央、国务院、中组部、财政部、水利部、人社部发布的人才政策尤其是水利人才政策中的目标要求,以及各阶段人才政策关注的问题及其指导思想,从

政策内容和政策工具二个维度分析了水利人才政策的变迁特征，充分把握了 2003 年以来水利人才政策的关注重点和发展方向。但本研究在研究过程中仍存在不足，后续可进一步进行相应的研究。

（一）不足之处

① 本部分主要以理论为基础进行政策变迁研究。中国水利人才政策变迁是一项历时长、影响大的事件，海量的史实难以面面俱到，对水利人才政策调整过程中的一些细节问题缺乏深入挖掘。

② 政策样本选择存在局限性。因我国近年来水利人才相关政策领域发布的政策文本众多，发布渠道广泛不一，涉及多个部门，同时我国未建立完善的政策文本发布目录，在样本收集过程中可能存在遗漏政策的现象，造成样本统计不足。

③ 本部分在政策范式-政策内容-政策工具的三维框架建立上，尽管已经尽可能地通过框架构建来避免理论出现的不足，但还没有完全达到政策文本变迁研究的分析要求，在对框架的修正和补充上还需要进一步提升各维度细分指标的合理性，如纳入政策环境、政策主题、政策价值等要素。

（二）研究展望

① 在后续的研究过程中，应不断补充新出台的政策样本，增强政策样本的支撑性，特别是十九大以后的政策样本可进行全样本收集和全样本分析，以更加准确地把握新时代水利人才政策的特点，更切实地推进新时代水利人才工作。

② 未来研究可以根据政策样本和水利人才政策的建设状况，不断完善分析框架，加强分析深度，各维度的具体分析内容或子维度应根据社会发展的实际需要进行相对应的调整，如纳入政策环境、政策主题、政策价值等政策范式要素。

附录

附录一:2003—2018 年国家人才政策一览表

(一) 2003—2007 年国家人才政策一览表

2003—2007 年国家人才政策一览表

继承发展阶段(2003—2007 年)					
序号	类别	发布时间	文件名称	文件号	发布部门
1	规划	2003 年 12 月 26 日	《中共中央 国务院关于进一步加强人才工作的决定》	中发〔2003〕16 号	中共中央、国务院
2	规划	2006 年	《2006—2010 年全国干部教育培训规划》	中发〔2006〕21 号	中共中央办公厅
3	规划	2006 年 2 月 6 日	《国务院关于印发全民科学素质行动计划纲要(2006—2010—2020 年)的通知》	国发〔2006〕7 号	国务院
4	规划	2006 年 2 月 7 日	《国务院关于印发实施〈国家中长期科学和技术发展规划纲要(2006—2020 年)〉若干配套政策的通知》	国发〔2006〕6 号	国务院
5	引进	2005 年 3 月 22 日	《关于在留学人才引进工作中界定海外高层次留学人才的指导意见》	国人部发〔2005〕25 号	人事部、教育部、科技部、财政部
6	培养	2005 年 9 月 27 日	《人事部专业技术人才知识更新工程(“653 工程”)实施方案》	国人部发〔2005〕73 号	人事部
7	培养	2006 年 1 月 21 日	《中共中央关于印发〈干部教育培训工作条例(试行)〉的通知》	中发〔2006〕3 号	中共中央
8	培养	2007 年 1 月 5 日	《关于印发〈关于在重大项目实施中加强创新人才培养的暂行办法〉的通知》	国科发计字〔2007〕2 号	科技部
9	培养	2007 年 6 月 30 日	《关于加强专业技术人员继续教育工作的意见》	国人部发〔2007〕96 号	人事部、教育部、科技部、财政部
10	培养	2007 年 8 月 6 日	《关于进一步加强国家重点领域紧缺人才培养工作的意见》	教高〔2007〕16 号	教育部、人事部、科技部
11	激励	2003 年 12 月 20 日	《国务院关于修改〈国家科学技术奖励条例〉的决定》	国令第 396 号	国务院

续表

继承发展阶段（2003—2007 年）					
序号	类别	发布时间	文件名称	文件号	发布部门
12	激励	2004 年 2 月 14 日	《国务院关于 2003 年度国家科学技术奖励的决定》	国发〔2004〕4 号	国务院
13		2005 年 3 月 24 日	《国务院关于 2004 年度国家科学技术奖励的决定》	国发〔2005〕6 号	国务院
14		2006 年 3 月 28 日	《国务院关于 2005 年度国家科学技术奖励的决定》	国发〔2006〕2 号	国务院
15		2007 年 1 月 16 日	《关于动员和组织广大科技工作者为建设创新型国家做出新贡献的若干意见》	科协发办字〔2007〕6 号	中组部、教育部、科技部、人事部
16		2007 年 2 月 15 日	《关于建立海外高层次留学人才回国工作绿色通道的意见》	国人部发〔2007〕26 号	人事部、教育部
17		2007 年 3 月 28 日	《国务院关于 2006 年度国家科学技术奖励的决定》	国发〔2007〕5 号	国务院
18		2007 年 12 月 14 日	《职工带薪年休假条例》	国务院令第 514 号	国务院
19	评价	2007 年 1 月 4 日	《公务员考核规定（试行）》	中组发〔2007〕2 号	中组部、人事部
20	监管	2003 年 6 月 19 日	《党政领导干部选拔任用工作监督检查办法（试行）》	中办发〔2003〕17 号	中组部
21		2007 年 3 月 15 日	《关于进一步加强和完善机构编制管理严格控制机构编制的通知》	厅字〔2007〕2 号	中共中央办公厅、国务院办公厅

（二）2008—2012 年国家人才政策一览表

2008—2012 年国家人才政策一览表

积极推进阶段（2008—2012 年）					
序号	类别	发布时间	文件名称	文件号	发布部门
1	规划	2009 年 12 月 3 日	《2010—2020 年深化干部人事制度改革规划纲要》	中办发〔2010〕43 号	中共中央办公厅
2		2010 年 6 月	《国家中长期人才发展规划纲要（2010—2020 年）》	中发〔2010〕6 号	中共中央、国务院
3		2010 年 6 月 17 日	《中共中央办公厅关于印发〈2010—2020 年干部教育培训改革纲要〉的通知》	中办发〔2010〕18 号	中共中央办公厅
4		2010 年 7 月 29 日	《国家中长期教育改革和发展规划纲要（2010—2020 年）》	中发〔2010〕12 号	国家中长期教育改革和发展规划纲要工作小组办公室
5		2010 年 12 月 31 日	《中共中央 国务院关于加快水利改革发展的决定》	中发〔2011〕1 号	中共中央、国务院
6		2011 年 6 月 1 日	《国务院关于进一步做好普通高等学校毕业生就业工作的通知》	国发〔2011〕16 号	国务院

续表

积极推进阶段(2008—2012年)					
序号	类别	发布时间	文件名称	文件号	发布部门
7	规划	2011年8月16日	《国家中长期科技人才发展规划(2010—2020年)》	国科发政〔2011〕353号	科技部
8	引进	2008年2月29日	《公务员职务任免与职务升降规定(试行)》	中组发〔2008〕7号	中组部、人事部
9	引进	2009年4月13日	《关于印发〈关于建立选聘高校毕业生到村任职工作长效机制的意见〉的通知》	组通字〔2009〕21号	人社部
10	引进	2010年3月7日	《中共中央办公厅关于印发〈党政领导干部选拔任用工作责任追究办法(试行)〉的通知》	中办发〔2010〕9号	中共中央办公厅
11	引进	2010年3月9日	《党政领导干部选拔任用工作有关事项报告办法(试行)》	中组发〔2010〕8号	中组部
12	引进	2010年12月8日	《关于进一步规范事业单位公开招聘工作的通知》	人社部发〔2010〕92号	中组部、人社部
13	引进	2012年9月28日	《中组部、人社部等五部门关于为外籍高层次人才来华提供签证及居留便利有关问题的通知》	人社部发〔2012〕57号	中组部、人社部
14	培养	2008年3月28日	《国务院办公厅转发人事部"十一五"行政机关公务员培训纲要的通知》	国办发〔2007〕8号	国务院办公厅
15	培养	2008年6月27日	《公务员培训规定(试行)》	中组发〔2008〕17号	中组部、人社部
16	培养	2008年8月11日	《中央组织部关于2008—2012年大规模培训干部工作的实施意见》	中组发〔2008〕22号	中组部
17	培养	2011年	《国家高技能人才振兴计划实施方案》	人社部发〔2011〕109号	人社部、财政部
18	培养	2011年1月1日	《创新人才推进计划实施方案》	国科发政〔2011〕538号	科技部、财政部、人社部
19	培养	2011年3月22日	《国务院办公厅关于转发人社部国家公务员局2011—2015年行政机关公务员培训纲要的通知》	国办发〔2011〕14号	国务院
20	培养	2011年7月6日	《中组部、人力资源和社会保障部关于印发〈高技能人才队伍建设中长期规划(2010—2020年)〉的通知》	中组发〔2011〕11号	中组部、人社部
21	培养	2011年11月8日	《关于加强女性科技人才队伍建设的意见》	国科发政〔2011〕580号	科技部、中华全国妇女联合会
22	培养	2012年6月13日	《国务院办公厅关于转发人社部、财政部、国资委关于加强企业技能人才队伍建设意见的通知》	国办发〔2012〕34号	国务院办公厅
23	激励	2008年1月4日	《公务员奖励规定(试行)》	中组发〔2008〕2号	中组部、人事部
24	激励	2008年2月15日	《机关事业单位工作人员带薪年休假实施办法》	人事部令第9号	人事部
25	激励	2008年3月28日	《国务院关于2007年度国家科学技术奖励的决定》	国发〔2008〕2号	国务院
26	激励	2009年1月9日	《国务院关于2008年度国家科学技术奖励的决定》	国发〔2008〕38号	国务院

续表

积极推进阶段(2008—2012 年)					
序号	类别	发布时间	文件名称	文件号	发布部门
27	激励	2010 年 1 月 11 日	《国务院关于 2009 年度国家科学技术奖励的决定》	国发〔2010〕3 号	国务院
28		2010 年 4 月 27 日	《国务院关于表彰全国劳动模范和先进工作者的决定》	国发〔2010〕11 号	国务院
29		2011 年 1 月 14 日	《国务院关于 2010 年度国家科学技术奖励的决定》	国发〔2010〕43 号	国务院
30		2011 年 12 月 15 日	《教育部关于印发〈"长江学者奖励计划"实施办法〉的通知》	教人〔2011〕10 号	教育部
31		2012 年 2 月 14 日	《国务院关于 2011 年度国家科学技术奖励的决定》	国发〔2012〕7 号	国务院
32	监管	2008 年	《中组部关于在干部教育培训中进一步加强学风建设的若干意见》	中组发〔2008〕23 号	中组部
33		2009 年 6 月 30 日	《关于实行党政领导干部问责的暂行规定》	中办发〔2009〕25 号	中共中央办公厅、国务院办公厅

(三) 2013—2017 年国家人才政策一览表

2013—2017 年国家人才政策一览表

深入推进阶段(2013—2017 年)					
序号	类别	发布时间	文件名称	文件号	发布部门
1	规划	2013 年 5 月 30 日	《国务院关于印发"十二五"国家自主创新能力建设规划的通知》	国发〔2013〕4 号	国务院
2		2013 年 9 月 23 日	《中央组织部印发〈2013—2017 年全国组工干部教育培训规划〉》		中组部
3		2013 年 9 月 28 日	《2013—2017 年全国干部教育培训规划》	中发〔2013〕8 号	中共中央办公厅
4		2014 年 7 月 1 日	《中办印发〈2014—2018 年全国党员教育培训工作规划〉》	中办发〔2014〕38 号	中共中央办公厅
5		2014 年 7 月 3 日	《中共中央办公厅印发〈2014—2018 年全国党政领导班子建设规划纲要〉》		中共中央办公厅
6		2016 年 3 月 20 日	《中共中央印发〈关于深化人才发展体制机制改革的意见〉》	中发〔2016〕9 号	中共中央办公厅、国务院办公厅
7		2016 年 7 月 28 日	《国务院关于印发"十三五"国家科技创新规划的通知》	国发〔2016〕43 号	中组部
8		2016 年 12 月 27 日	《关于深化职称制度改革的意见》	中办发〔2016〕77 号	国务院
9		2016 年 12 月 30 日	《中共中央办公厅 国务院办公厅印发〈关于进一步引导和鼓励高校毕业生到基层工作的意见〉的通知》	中办发〔2016〕79 号	中组部

续表

深入推进阶段(2013—2017年)					
序号	类别	发布时间	文件名称	文件号	发布部门
10	规划	2017年1月19日	《国务院关于印发国家教育事业发展"十三五"规划的通知》	国发〔2017〕4号	国务院
11		2017年1月25日	《教育部办公厅关于坚持正确导向促进高校高层次人才合理有序流动的通知》	教人厅〔2017〕1号	国务院
12		2017年2月6日	《国务院关于印发"十三五"促进就业规划的通知》	国发〔2017〕10号	教育部
13		2017年4月	《中长期青年发展规划(2016—2025年)》	中发〔2017〕12号	中共中央、国务院
14		2017年4月13日	《科技部关于印发〈"十三五"国家科技人才发展规划〉的通知》	国科发政〔2017〕86号	人社部办公厅
15		2017年4月19日	《国务院关于做好当前和今后一段时期就业创业工作的意见》	国发〔2017〕28号	人社部
16		2017年6月28日	《科技部办公厅关于印发〈落实《中长期青年发展规划(2016—2025年)》实施方案〉的通知》	国科办党委〔2017〕53号	科技部办公厅
17		2017年7月21日	《国务院关于强化实施创新驱动发展战略进一步推进大众创业万众创新深入发展的意见》	国发〔2017〕37号	国务院
18		2017年7月31日	《中共教育部党组关于加快直属高校高层次人才发展的指导意见》	教党〔2017〕40号	中共中央办公厅、国务院办公厅
19		2017年9月15日	《国务院关于印发国家技术转移体系建设方案的通知》	国发〔2017〕44号	中共中央办公厅、国务院办公厅
20		2017年11月1日	《人社部办公厅关于在部分职称系列设置正高级职称有关问题的通知》	人社厅发〔2017〕139号	人社部
21		2017年12月25日	《人社部办公厅关于2018年度专业技术人员资格考试计划及有关问题的通知》	人社厅发〔2017〕157号	中组部、人社部
22	引进	2013年1月24日	《公务员公开遴选办法(试行)》	中组发〔2013〕3号	中组部、人社部
23		2014年1月14日	《党政领导干部选拔任用工作条例》		中组部
24		2015年1月24日	《中组部、人社部、国家外专局印发〈关于为外籍高层次人才来华提供签证及居留便利备案工作有关问题的通知〉》		中组部、人社部、国家外专局
25		2017年9月19日	《中共中央办公厅、国务院办公厅关于印发〈聘任制公务员管理规定(试行)〉的通知》	厅字〔2017〕40号	中共中央办公厅、国务院办公厅
26	培养	2013年5月13日	《人社部办公厅关于印发〈国家级技能大师工作室建设项目实施管理办法(试行)〉的通知》	人社厅发〔2013〕51号	人社部办公厅
27		2015年5月28日	《中共中央办公厅印发〈事业单位领导人员管理暂行规定〉》		中共中央办公厅
28		2015年10月18日	《中共中央关于印发〈干部教育培训工作条例〉的通知》	中发〔2015〕29号	中共中央

续表

深入推进阶段（2013—2017 年）					
序号	类别	发布时间	文件名称	文件号	发布部门
29	培养	2016 年 3 月 22 日	《中组部、中宣部、司法部、人社部联合印发〈关于完善国家工作人员学法用法制度的意见〉》	司发〔2016〕4 号	中共中央办公厅、国务院办公厅
30	培养	2016 年 3 月 14 日	《国务院办公厅关于印发全民科学素质行动计划纲要实施方案（2016—2020 年）的通知》	国办发〔2016〕10 号	国务院
31	培养	2016 年 8 月 11 日	《人社部财政部关于深入推进国家高技能人才振兴计划的通知》	人社部发〔2016〕74 号	人社部、财政部
32	培养	2016 年 10 月 26 日	《人社部教育部关于实施高校毕业生就业创业促进计划的通知》	人社部发〔2016〕100 号	人社部、教育部
33	培养	2017 年 9 月 19 日	《人社部办公厅关于持续开展离校未就业高校毕业生技能就业行动的通知》	人社厅发〔2017〕127 号	人社部办公厅
34	培养	2017 年 12 月 19 日	《国务院办公厅关于深化产教融合的若干意见》	国办发〔2017〕95 号	国务院办公厅
35	激励	2014 年 1 月 10 日	《国务院关于 2013 年度国家科学技术奖励的决定》	国发〔2014〕2 号	国务院
36	激励	2015 年 1 月 14 日	《国务院关于机关事业单位工作人员养老保险制度改革的决定》	国发〔2015〕2 号	国务院
37	激励	2015 年 4 月 6 日	《国务院办公厅关于印发机关事业单位职业年金办法的通知》	国办发〔2015〕18 号	国务院办公厅
38	激励	2016 年 1 月 1 日	《国务院关于 2015 年度国家科学技术奖励的决定》	国发〔2016〕2 号	中共中央办公厅
39	激励	2016 年 1 月 22 日	《关于进一步加强和改进离退休干部工作的意见》	中办发〔2016〕3 号	中组部、中宣部、司法部、人社部
40	激励	2016 年 11 月 7 日	《中共中央办公厅 国务院办公厅印发〈关于实行以增加知识价值为导向分配政策的若干意见〉的通知》	厅字〔2016〕35 号	国务院
41	激励	2016 年 11 月 29 日	《人社部关于表彰第十三届中华技能大奖和全国技术能手的决定》	人社部函〔2016〕285 号	财政部
42	激励	2016 年 12 月 17 日	《中组部人社部关于表彰全国老干部工作先进集体和先进工作者的决定》	人社部发〔2016〕129 号	财政部、中组部、国家公务员局
43	激励	2017 年 1 月 9 日	《国务院关于 2016 年度国家科学技术奖励的决定》	国发〔2017〕2 号	国务院
44	激励	2017 年 1 月 12 日	《人社部财政部关于机关事业单位基本养老保险关系和职业年金转移接续有关问题的通知》	人社部规〔2017〕1 号	人社部、财政部
45	激励	2017 年 4 月 14 日	《人社部中国科协科技部国务院国资委关于评选全国创新争先奖的通知》	人社部函〔2017〕47 号	人社部
46	激励	2017 年 6 月 9 日	《国务院办公厅印发关于深化科技奖励制度改革方案的通知》	国办函〔2017〕55 号	国务院
47	评价	2017 年 12 月 8 日	《人社部办公厅关于印发 2017 年度国家职业技能标准制定修订计划的通知》	人社厅函〔2017〕306 号	人社部
48	监管	2013 年 3 月 20 日	《关于在干部教育培训中进一步加强学员管理的规定》	中组发〔2013〕8 号	中组部

续表

深入推进阶段(2013—2017年)					
序号	类别	发布时间	文件名称	文件号	发布部门
49	监管	2014年7月20日	《中组部印发〈关于在干部教育培训中加强理想信念和道德品行教育的通知〉》	中组发〔2014〕15号	中组部
50		2016年9月7日	《关于印发〈国家社会科学基金项目资金管理办法〉的通知》	财教〔2016〕304号	国务院
51		2016年12月27日	《财政部、中组部、国家公务员局修订印发〈中央和国家机关培训费管理办法〉》	财行〔2016〕540号	教育部
52		2017年1月16日	《中组部会同有关部委印发5个办法 加强和改进行业事业单位领导人员管理》		科技部
53		2017年1月18日	《人社部办公厅关于印发〈机关事业单位基本养老保险关系和职业年金转移接续经办规程(暂行)〉的通知》	人社厅发〔2017〕7号	人社部办公厅
54		2017年2月8日	《中共中央办公厅 国务院办公厅关于印发〈领导干部报告个人有关事项规定〉和〈领导干部个人有关事项报告查核结果处理办法〉的通知》	中办发〔2017〕12号	国务院

(四) 2018年国家人才政策一览表

2018年国家人才政策一览表

全面创新治理阶段(2018年)					
序号	类别	发布时间	文件名称	文件号	发布部门
1	规划	2018年2月26日	《中共中央办公厅 国务院办公厅印发〈关于分类推进人才评价机制改革的指导意见〉》	中办发〔2018〕6号	中共中央办公厅、国务院办公厅
2		2018年6月29日	《中共中央办公厅 国务院办公厅印发〈关于深化项目评审、人才评价、机构评估改革的意见〉》	中办发〔2018〕37号	中共中央办公厅、国务院办公厅
3		2018年8月9日	《中共中央办公厅 国务院办公厅关于印发〈水利部职能配置、内设机构和人员编制规定〉的通知》	厅字〔2018〕57号	中共中央办公厅、国务院办公厅
4		2018年8月31日	《人社部印发〈打赢人力资源社会保障扶贫攻坚战三年行动方案〉的通知》	人社部发〔2018〕54号	人社部
5		2018年11月1日	《2018—2022年全国干部教育培训规划》	中发〔2018〕37号	中共中央
6	引进	2018年9月20日	《人社部办公厅关于加快推进流动人员人事档案信息化建设的指导意见》	人社厅发〔2018〕102号	人社部
7	培养	2018年1月19日	《国务院关于全面加强基础科学研究的若干意见》	国发〔2018〕4号	国务院
8		2018年2月5日	《人社部办公厅关于公布技能人员职业资格实施部门(单位)信息的通知》	人社厅函〔2018〕39号	人社部
9		2018年3月7日	《人社部办公厅关于印发〈国家职业技能标准编制技术规程(2018年版)〉的通知》	人社厅发〔2018〕26号	人社部

续表

全面创新治理阶段（2018 年）					
序号	类别	发布时间	文件名称	文件号	发布部门
10	培养	2018 年 3 月 14 日	《国务院关于印发积极牵头组织国际大科学计划和大科学工程方案的通知》	国发〔2018〕5 号	国务院
11		2018 年 4 月 13 日	《人社部办公厅关于印发专业技术人才知识更新工程 2018 年高级研修项目计划的通知》	人社厅发〔2018〕34 号	人社部
12		2018 年 5 月 8 日	《国务院关于推行终身职业技能培训制度的意见》	国发〔2018〕11 号	国务院
13		2018 年 5 月 17 日	《财政部关于印发〈国际化高端会计人才培养工程实施方案〉的通知》	财会〔2018〕12 号	财政部
14		2018 年 6 月 26 日	《人社部办公厅 财政部办公厅关于 2017 年国家级高技能人才培训基地和国家级技能大师工作室项目单位备案的通知》	人社厅函〔2018〕166 号	人社部
15		2018 年 6 月 29 日	《中组部 中共中央宣传部关于在广大知识分子中深入开展"弘扬爱国奋斗精神、建功立业新时代"活动的通知》	中组发〔2018〕11 号	中组部、中共中央宣传部
16		2018 年 10 月 12 日	《人社部 财政部关于全面推行企业新型学徒制的意见》	人社部发〔2018〕66 号	人社部
17		2018 年 10 月 17 日	《人社部印发〈技能人才队伍建设实施方案（2018—2020 年）〉》	人社部发〔2018〕65 号	人社部
18	激励	2018 年 1 月 1 日	《国务院关于 2017 年度国家科学技术奖励的决定》	国发〔2018〕2 号	国务院
19		2018 年 4 月 20 日	《关于提高技术工人待遇的意见》	人社部发〔2018〕24 号	人社部
20		2018 年 12 月 18 日	《事业单位工作人员奖励规定》	人社部规〔2018〕4 号	中组部、人社部
21	评价	2018 年 6 月 7 日	《人社部办公厅关于印发 2018 年度国家职业技能标准制定修订计划的通知》	人社厅函〔2018〕138 号	人社部
22		2018 年 7 月 18 日	《国务院关于优化科研管理提升科研绩效若干措施的通知》	国发〔2018〕25 号	国务院
23		2018 年 11 月 28 日	《中共中央办公厅印发〈干部人事档案工作条例〉》	中办发〔2018〕60 号	中共中央办公厅
24	监管	2018 年 5 月 20 日	《关于进一步激励广大干部新时代新担当新作为的意见》	中办发〔2018〕29 号	中共中央办公厅
25		2018 年 8 月 3 日	《人社部关于贯彻落实〈国务院关于推行终身职业技能培训制度的意见〉精神的通知》	人社部发〔2018〕45 号	人社部
26		2018 年 9 月 14 日	《人社部办公厅关于 2018 年度机动车检测维修专业技术人员职业水平考试合格标准有关问题的通知》	人社厅发〔2018〕101 号	人社部
27		2018 年 9 月 29 日	《中共中央办公厅、国务院办公厅印发〈中央企业领导人员管理规定〉》		中共中央办公厅、国务院办公厅

附录二:2003—2018 年水利人才政策一览表

(一) 2003—2007 年水利人才政策一览表

2003—2007 年水利人才政策一览表

继承发展阶段(2003—2007 年)					
序号	类别	发布时间	文件名称	文件号	发布部门
1	规划	2005 年 10 月 8 日	《关于深入实施水利人才战略,进一步加强人才工作的意见》	水人教〔2005〕378 号	水利部
2	规划	2007 年 1 月 5 日	《水利部关于印发"十一五"水利人才规划纲要和干部教育培训规划的通知》	水人教〔2006〕582 号	水利部
3	规划	2007 年 5 月 31 日	《国家发展改革委、水利部、建设部关于印发水利发展"十一五"规划的通知》	发改农经〔2007〕1181 号	国家发展和改革委员会、水利部
4	规划	2007 年 7 月 17 日	《关于印发〈流域机构各级机关非领导职务设置办法〉的通知》	人教机〔2007〕2 号	水利部
5	引进	2003 年 7 月 10 日	《水利部关于水利事业单位试行人员聘用制度有关问题的通知》		水利部
6	引进	2003 年 12 月 8 日	《水利部关于 2003 年度专业技术人员职称考试工作有关事项的通知》	〔2003〕职改办函字第 22 号	水利部
7	引进	2006 年 6 月 9 日	《关于贯彻落实〈事业单位公开招聘人员暂行规定〉的实施意见》	水人教〔2006〕231 号	水利部
8	引进	2007 年 1 月 12 日	《关于做好事业单位新进人员公开招聘工作的通知》	人教综〔2007〕4 号	水利部
9	引进	2007 年 5 月 25 日	《关于印发〈水利部在京直属事业单位高校毕业生接收工作规则(试行)〉的通知》	人教综〔2007〕20 号	水利部
10	培养	2003 年 7 月 15 日	《水利部关于全面实施干部教育培训登记制度的通知》	水人教〔2003〕3 号	水利部
11	培养	2003 年 10 月 30 日	《水利部建设与管理司关于开展首批水利工程造价工程师再注册工作的通知》	建管综〔2003〕7 号	水利部
12	培养	2004 年 3 月 11 日	《水利部关于公布水利部第八批水利工程设备制造监理工程师名单的通知》		水利部
13	培养	2006 年 3 月 21 日	《中国共产党水利部党组关于深入学习贯彻〈干部教育培训工作条例(试行)〉的通知》	水党〔2006〕8 号	水利部
14	培养	2006 年 3 月 29 日	《关于印发〈水利专业技术人才知识更新工程("653 工程")实施办法〉的通知》	国人厅发〔2006〕32 号	人事部、水利部
15	培养	2006 年 12 月 12 日	《关于印发〈水利部 5151 人才工程实施意见〉的通知》	水人教〔2006〕564 号	水利部
16	激励	2006 年 8 月 3 日	《关于调整水利部援藏人员的有关待遇的通知》	人教劳〔2006〕40 号	水利部

续表

继承发展阶段（2003—2007 年）					
序号	类别	发布时间	文件名称	文件号	发布部门
17	评价	2003 年 3 月 4 日	《水利计量认证评审员管理细则》	水国科〔2003〕60 号	水利部
18		2003 年 11 月 3 日	《水利行业技师和高级技师考评聘任与管理办法》	水人教〔2003〕548 号	水利部
19		2004 年 6 月 3 日	《水利部关于印发〈水利水电工程施工企业主要负责人、项目负责人和专职安全生产管理人员安全生产考核管理暂行规定〉的通知》	水建管〔2004〕168 号	水利部
20		2005 年 7 月 14 日	《人事部、建设部、水利部关于印发〈注册土木工程师（水利水电工程）制度暂行规定〉、〈注册土木工程师（水利水电工程）资格考试实施办法〉和〈注册土木工程师（水利水电工程）资格考核认定办法〉的通知》	国人部发〔2005〕58 号	水利部
21		2005 年 11 月 4 日	《水利部关于水利工程建设监理人员资格管理有关问题的通知》	中水协〔2005〕04 号	水利部
22		2006 年 1 月 10 日	《关于印发水利部享受教授、研究员同等有关待遇的高级工程师评审条件的通知》	水人教〔2006〕8 号	水利部
23		2007 年 5 月 30 日	《关于印发水利部培训质量评估暂行办法的通知》	水人教〔2007〕20 号	水利部
24		2007 年 7 月 5 日	《关于专业技术人员职称外语考试工作有关问题的意见》	职改办〔2007〕19 号	水利部
25	监管	2006 年 12 月 22 日	《关于进一步加强水利安全生产监督管理工作的意见》	水人教〔2006〕593 号	水利部
26		2007 年 6 月 29 日	《水利部关于进一步加强培训收费管理的意见》	水人教〔2007〕246 号	水利部
27		2007 年 11 月 19 日	《关于印发〈水利部事业单位岗位设置管理工作实施方案〉的通知》	水人教〔2007〕468 号	水利部

（二）2008—2012 年水利人才政策一览表

2008—2012 年水利人才政策一览表

积极推进阶段（2008—2012 年）					
序号	类别	发布时间	文件名称	文件号	发布部门
1	规划	2009 年 9 月 21 日	《关于印发水利部机关各司局主要职责内设处室和人员编制规定的通知》	水人教〔2008〕383 号	水利部
2		2010 年 10 月 10 日	《关于印发〈中共水利部党组贯彻《2010—2020 年深化干部人事制度改革规划纲要》的实施意见〉的通知》	水党〔2010〕33 号	水利部
3		2010 年 12 月 31 日	《中共中央 国务院关于加快水利改革发展的决定》	中发〔2011〕1 号	中共中央、国务院
4		2011 年 11 月 21 日	《印发关于实施基层水利人才文化和专业素质提升工程的意见的通知》	办人事〔2011〕441 号	水利部

续表

积极推进阶段(2008—2012年)					
序号	类别	发布时间	文件名称	文件号	发布部门
5	规划	2011年11月23日	《关于印发全国水利人才队伍建设“十二五”规划的通知》	水人事〔2011〕611号	水利部
6		2012年6月6日	《国家发展改革委、水利部、住房城乡建设部印发水利发展规划(2011—2015年)的通知》	发改农经〔2012〕1618号	发改委、水利部
7	引进	2008年2月2日	《关于印发〈水利部干部选拔任用工作议事规则(试行)〉和〈水利部干部交流工作实施办法(试行)〉的通知》	水党〔2008〕8号	水利部
8		2008年6月16日	《关于印发〈水利部部管干部档案接收标准〉的通知》	办人教〔2008〕149号	水利部
9		2010年10月10日	《关于印发〈水利部竞争选拔领导干部工作办法(试行)〉的通知》	水党〔2010〕29号	水利部
10		2010年10月10日	《关于印发〈水利部差额选拔领导干部工作办法(试行)〉的通知》	水党〔2010〕30号	水利部
11		2010年10月10日	《关于印发〈水利部干部选拔任用工作办法(试行)〉的通知》	水党〔2010〕31号	水利部
12		2010年10月10日	《关于印发〈水利部干部选拔任用工作有关事项报告实施办法(试行)〉的通知》	水党〔2010〕32号	水利部
13		2010年12月29日	《转发关于进一步规范事业单位公开招聘工作的通知》	人事综〔2010〕58号	水利部
14	培养	2008年1月8日	《关于印发〈中共水利部党组关于加强领导班子建设的意见〉》	水党〔2008〕3号	水利部
15		2008年3月7日	《关于加强水利专业技术人员继续教育工作的实施意见》	水人教〔2008〕70号	水利部
16		2009年7月1日	《水利部关于做好新一轮大规模培训干部工作的实施意见》	水人事〔2009〕350号	水利部
17		2009年7月1日	《水利部关于在干部教育培训中进一步加强学风建设的实施意见》	水人事〔2009〕351号	水利部
18		2009年11月20日	《关于印发水利部贯彻〈中央人才工作协调小组关于建立“特聘专家”制度的意见〉的通知》	人事培〔2009〕13号	水利部
19		2009年11月30日	《关于印发水利部流域机构参照公务员法管理人员日常登记管理办法的通知》	水人事〔2009〕581号	水利部
20		2010年9月	《水利部关于印发〈第一次全国水利普查普查员和普查指导员工作细则〉的通知》	国水普办〔2010〕55号	水利部
21		2010年9月3日	《水利部办公厅关于举办水利安全生产监督管理培训班的通知》	办安监函〔2010〕698号	水利部
22	激励	2008年12月3日	《关于印发〈水利部机关事业单位贯彻落实《职工带薪年休假条例》的实施意见〉的通知》	人事综〔2008〕40号	水利部
23		2008年12月15日	《印发关于全国水利行业技能人才评选表彰办法的通知》	水人事〔2008〕578号	水利部

续表

积极推进阶段(2008—2012年)					
序号	类别	发布时间	文件名称	文件号	发布部门
24	激励	2008年12月18日	《水利部、共青团中央关于评选表彰水利系统2008年度全国青年文明号的通知》	水人〔2008〕599号	水利部、共青团中央
25		2010年5月10日	《关于印发〈水利部表彰奖励管理办法〉的通知》	水人事〔2010〕165号	水利部
26		2010年5月31日	《关于进一步规范水利部表彰奖励工作的通知》	办人事〔2010〕172号	水利部
27		2010年9月26日	《水利部办公厅关于开展全国水利技术监督工作先进集体和先进个人通报表扬工作的通知》	办人事〔2010〕383号	水利部
28		2010年11月19日	《水利部关于表彰参加中央国家机关第三届职工运动会先进单位和个人的决定》		水利部
29		2011年	《水利部关于组织推荐水利系统"群众满意的好党员"先进典型的通知》		水利部
30		2011年3月21日	《关于进一步完善干部教育培训激励约束机制的意见》	水人事〔2011〕116号	水利部
31		2011年	《印发〈全国水利行业首席技师选拔管理暂行办法〉的通知》	水人事〔2011〕516号	水利部
32		2011年	《印发〈水利部人才奖励管理办法〉的通知》	水人事〔2011〕554号	水利部
33		2011年4月12日	《水利部关于表彰第七届全国水利技能大奖获得者全国水利技术能手和全国水利行业技能人才培育突出贡献奖获奖单位的决定》	水人事〔2011〕166号	水利部
34		2012年	《关于做好全国水利行业首席技师工作室建设工作的通知》	办人事〔2012〕560号	水利部
35		2012年8月30日	《水利部办公厅关于开展全国水利科技工作先进集体和先进个人通报表扬活动的通知》	办人事〔2012〕384号	水利部
36	评价	2008年11月18日	《关于印发水利部公务员考核办法(试行)的通知》	水人事〔2008〕503号	水利部
37		2009年3月8日	《关于印发水利行业技师和高级技师考评办法的通知》	水人事〔2009〕146号	水利部
38		2009年12月31日	《关于印发〈水利部领导班子和领导干部年度考核办法(试行)〉的通知》	水党〔2009〕32号	水利部
39		2011年	《印发〈水利部专业技术职务任职资格证书管理暂行办法〉的通知》	水人事〔2011〕104号	水利部
40		2011年	《印发关于水利行业职业技能鉴定质量督导管理办法的通知》	水人事〔2011〕517号	水利部
41		2011年	《印发〈水利部职称评审管理暂行办法〉和〈水利部职称考试管理暂行办法〉的通知》	水人事〔2011〕613号	水利部
42		2011年5月12日	《水利部办公厅关于公布水利部第十八批水利水电工程施工企业管理人员安全生产考核合格人员名单的通知(一)》	办安监〔2011〕220号	水利部

续表

积极推进阶段(2008—2012年)					
序号	类别	发布时间	文件名称	文件号	发布部门
43	评价	2011年5月13日	《水利部办公厅关于公布水利部第十八批水利水电工程施工企业管理人员安全生产考核合格人员名单的通知(二)》	办安监〔2011〕220号	水利部
44		2011年5月14日	《水利部办公厅关于公布水利部第十八批水利水电工程施工企业管理人员安全生产考核合格人员名单的通知(三)》	办安监〔2011〕220号	水利部
45		2011年5月15日	《水利部办公厅关于公布水利部第十八批水利水电工程施工企业管理人员安全生产考核合格人员名单的通知(四)》	办安监〔2011〕220号	水利部
46		2011年5月16日	《水利部办公厅关于公布水利部第十八批水利水电工程施工企业管理人员安全生产考核合格人员名单的通知(五)》	办安监〔2011〕220号	水利部
47		2011年12月22日	《水利部关于印发〈水利水电工程施工企业主要负责人、项目负责人和专职安全生产管理人员安全生产考核管理办法〉的通知》	水安监〔2011〕374号	水利部
48		2012年2月15日	《水利部办公厅关于公布水利部第二十批水利水电工程施工企业管理人员安全生产考核合格人员名单的通知》	办安监〔2012〕21号	水利部
49		2012年3月	《水利部关于印发水行政执法、水资源管理、水利工程管理、农村水电、水文、水利勘测设计专业从业人员行为准则(试行)的通知》	水精〔2012〕6号	水利部
50	监管	2008年2月27日	《关于修订〈中共水利部党组管理的干部职务名称表〉的通知》	水党〔2008〕11号	水利部
51		2008年7月25日	《关于印发〈水利部所属单位领导干部工资收入管理暂行办法〉》	水人教〔2008〕286号	水利部
52		2008年8月4日	《关于印发〈水利部领导干部因私出国(境)管理暂行规定〉的通知》	水党〔2008〕28号	水利部
53		2008年12月12日	《关于印发水利部所属单位领导干部工资收入申报审批实施意见的通知》	办人事〔2008〕332号	水利部
54		2008年10月28日	《印发〈关于加强水利部干部选拔任用工作监督检查的意见〉的通知》	水党〔2008〕37号	水利部
55		2009年3月16日	《关于进一步规范备案干部任免审批程序的意见》	水人党〔2009〕12号	水利部
56		2009年3月19日	《部管干部任职前人事司听取部监察局意见和驻部监察局回复人事司意见试行办法》	人事干〔2009〕19号	水利部
57		2009年4月27日	《关于进一步加强培训办班管理的通知》	人事培〔2009〕17号	水利部
58		2009年12月30日	《关于进一步做好公务员登记信息系统建设工作的通知》	人事公〔2009〕30号	水利部
59		2010年9月8日	《关于进一步规范因私出国(境)管理工作的有关事项的通知》	水党〔2010〕25号	水利部

续表

积极推进阶段（2008—2012 年）					
序号	类别	发布时间	文件名称	文件号	发布部门
60	监管	2011 年	《关于规范奖励工作有关问题的通知》	人事公〔2011〕28 号	水利部
61		2011 年	《印发水利部干部教育培训学时制管理暂行办法的通知》	水人事〔2011〕96 号	水利部
62		2012 年	《转发〈行政机关机构编制违法违纪行为政纪处分暂行规定〉的通知》	人事机〔2012〕17 号	水利部

（三）2013—2017 年水利人才政策一览表

2013—2017 年水利人才政策一览表

深入推进阶段（2013—2017 年）					
序号	类别	发布时间	文件名称	文件号	发布部门
1	规划	2013 年 2 月 1 日	《水利部 教育部关于进一步推进水利职业教育改革发展的意见》	水人事〔2013〕121 号	水利部、教育部
2		2015 年 11 月 6 日	《水利部关于大力加强水利智库建设的实施建议》	水办〔2015〕428 号	水利部
3		2016 年 6 月 2 日	《水利部关于印发全国水利人才队伍建设“十三五”规划的通知》	水人事〔2016〕208 号	水利部
4		2017 年 5 月 8 日	《科技部、国土资源部、水利部关于印发〈“十三五”资源领域科技创新专项规划〉的通知》	国科发社〔2017〕128 号	科学技术部、国土资源部、水利部
5	引进	2014 年	《关于开展水文首席预报员选拔工作的通知》	水人事〔2014〕293 号	水利部
6		2014 年	《印发水利行业高技能人才培养基地遴选管理暂行办法的通知》	水人事〔2014〕441 号	水利部
7		2014 年	《印发贯彻〈党政领导干部选拔任用工作条例〉实施意见和选拔任用干部工作议事规则的通知》	水党〔2014〕27 号	水利部
8		2015 年 7 月 2 日	《水利部建设管理与质量安全中心关于选聘水利工程建设质量监督人员的公告》		水利部
9	培养	2013 年	《水利部办公厅关于举办第十期全国水文局领导干部理论培训班的通知》	办水文函〔2013〕785 号	水利部
10		2013 年 3 月 29 日	《水利部人事司印发〈关于进一步加强水利干部教育培训管理工作的意见〉的通知》	人事培〔2013〕5 号	水利部
11		2013 年 6 月 6 日	《水利部办公厅关于做好 2013 年度基层水利职工读书读报提升素质活动的通知》	办宣〔2013〕145 号	水利部
12		2013 年 6 月 14 日	《水利部国科司关于推荐“中韩青年科学家交流计划”2014 年中国青年科学家赴韩进行学术交流工作的通知》		水利部
13		2014 年 7 月 7 日	《水利部关于推进贫困地区水利人才队伍建设的指导意见》	水人事〔2014〕227 号	水利部

续表

深入推进阶段(2013—2017年)					
序号	类别	发布时间	文件名称	文件号	发布部门
14	培养	2014年7月31日	《水利部办公厅关于印发〈进一步加强和改进培训办班工作的意见〉的通知》	办人事〔2014〕157号	水利部
15		2014年10月24日	《水利部办公厅关于举办水利专业技术人才安全生产知识更新高级研修培训班的通知》	办安监函〔2014〕1142号	水利部
16		2015年9月30日	《水利部办公厅关于举办第十二期全国水文局领导干部理论培训班的通知》	办人事函〔2015〕1430号	水利部
17		2015年10月21日	《水利部办公厅关于进一步加强水利水电工程施工企业主要负责人、项目负责人和专职安全生产管理人员安全生产培训工作的通知》	办安监函〔2015〕1516号	水利部
18		2016年5月19日	《水利部办公厅关于举办全国水利系统司局级领导干部法治专题培训班的通知》	办政法函〔2016〕547号	水利部
19		2016年6月20日	《水利部办公厅关于举办2016年全国水利工程档案管理技术培训班的通知》	办档函〔2016〕682号	水利部
20		2016年8月18日	《水利部规划计划司关于举办2016年面向西藏水利规划计划管理培训班的通知》		水利部
21		2016年8月25日	《水利部办公厅关于举办2016年全国水利系统普法骨干培训班的通知》	办政法函〔2016〕1040号	水利部
22		2017年4月11日	《水利部办公厅关于公布全国水利行业首席技师担任技能导师的通知》	办人事〔2017〕59号	水利部
23		2017年6月7日	《中共水利部直属机关委员会关于规范党员干部网络行为的倡议》		水利部
24	激励	2014年	《印发〈关于进一步落实干部教育培训激励约束机制意见的实施细则〉的通知》	人事培〔2014〕1号	水利部
25		2014年6月30日	《人力资源和社会保障部、水利部关于评选全国水利系统先进集体、先进工作者和劳动模范的通知》	人社部函〔2014〕112号	人社部、水利部
26		2015年11月20日	《水利部国际合作与科技司关于开展2016年度国家科学技术奖励推荐工作的通知》	〔2015〕国科科函字第118号	水利部
27		2016年11月17日	《水利部国际合作与科技司关于开展2017年度国家科学技术奖励推荐工作的通知》		水利部
28		2017年11月29日	《水利部国际合作与科技司关于开展2018年度国家科学技术奖提名工作的通知》		水利部
29	评价	2013年	《印发〈规范水利部事业单位所属企业负责人薪酬管理指导意见〉和〈规范水利部事业单位所属企业负责人经营业绩考核指导意见〉的通知》	水人事〔2013〕224号	水利部
30		2015年7月2日	《水利部关于取消水利工程建设监理工程师造价工程师质量检测员等人员注册管理的通知》	水建管〔2015〕267号	水利部
31		2015年9月30日	《水利部关于对水利工程建设监理工程师造价工程师质量检测员取消注册管理后加强后续管理的通知》	办建管〔2015〕201号	水利部

续表

深入推进阶段（2013—2017 年）					
序号	类别	发布时间	文件名称	文件号	发布部门
32	监管	2013 年	《关于进一步加强职称认定管理工作的意见》	职改办〔2013〕19 号	水利部
33		2013 年 1 月	《转发〈关于进一步规范党政领导干部在企业兼职（任职）问题的意见〉的通知》	人事干〔2013〕72 号	水利部
34		2014 年	《转发〈中共中央组织部 中央编办 国家公务员局关于严禁超职数配备干部〉的通知》	水党〔2014〕1 号	水利部
35		2014 年	《印发〈中共水利部党组关于加强部属单位处级干部备案管理的意见〉的通知》	水党〔2014〕5 号	水利部
36		2014 年	《转发〈领导干部个人有关事项报告抽查核实办法（试行）〉的通知》	人事干〔2014〕13 号	水利部
37		2014 年	《转发〈中共中央组织部关于加强干部选拔任用工作监督的意见〉的通知》	人事干〔2014〕14 号	水利部
38		2014 年	《关于严格执行〈关于进一步规范党政领导干部在企业兼职（任职）问题的意见〉有关问题的通知》	人事干〔2014〕45 号	水利部
39		2014 年	《关于严格落实组织人事工作重要事项请示报告制度的通知》	人事干〔2014〕47 号	水利部
40		2014 年	《关于进一步严肃机关工作纪律的通知》	人事公〔2014〕11 号	水利部
41		2015 年	《印发〈关于进一步加强部属单位纪检监察组织建设的意见〉的通知》	水党〔2015〕12 号	水利部
42		2015 年	《关于在淮河水利委员会等五个流域管理机构全面实施纪检监察机构直接管理的通知》	水党〔2015〕41 号	水利部
43		2015 年	《关于规范水利社团收费行为进一步整治乱摊派的通知》	人事机〔2015〕8 号	水利部

（四）2018 年水利人才政策一览表

2018 年水利人才政策一览表

全面创新治理阶段（2018 年）					
序号	类别	发布时间	文件名称	文件号	发布部门
1	规划	2018 年 2 月 12 日	《水利部关于印发加快推进新时代水利现代化的指导意见的通知》	水规计〔2018〕39 号	水利部
2		2018 年 7 月 30 日	《中共中央办公厅、国务院办公厅关于印发〈水利部职能配置、内设机构和人员编制规定〉的通知》	厅字〔2018〕57 号	中共中央办公厅、国务院办公厅
3		2018 年 8 月 10 日	《水利部关于印发水利扶贫行动三年（2018—2020 年）实施方案的通知》	水扶贫〔2018〕200 号	水利部
4	引进	2018 年 7 月 20 日	《住房城乡建设部、交通运输部、水利部、人力资源社会保障部关于印发〈造价工程师职业资格制度规定〉〈造价工程师职业资格考试实施办法〉的通知》	建人〔2018〕67 号	住房和城乡建设部、交通运输部、水利部、人力资源和社会保障部

续表

全面创新治理阶段(2018年)					
序号	类别	发布时间	文件名称	文件号	发布部门
5	培养	2018年10月18日	《水利部国科司关于转发科技部组织申报2019年度发展中国家技术培训班项目的通知》		水利部
6	评价	2018年8月16日	《水利部办公厅关于公布第五十一批水利水电工程施工企业管理人员安全生产考核合格人员名单的通知》	办监督函〔2018〕1326号	水利部

附录三:2003—2007年国家人才政策内容维度编码表

2003—2007年国家人才政策内容维度编码表

2003—2007年	人才	党政人才	企业经营管理人才	专业技术人才	留学、海外人才	基层人才	青年人才	创新人才	技能紧缺型人才	科技人才	高层次人才
人才规划	3-10										
人才选拔与引进	3-6、3-8、3-9、12、16	1	3-7		3-17、3-18、5、10-4、14-4、15-1、				1-24、		
人才培养	3-1、9、	3-16、3-1、8-1、	3-16、8-3、	3-16、7、8-4、18-1、18-3、		3-19、8-2、10-3、	3-20	10-1、13-1、18-2、	19-1、19-3、19-4、		
人才激励	2、3-10、3-15、4、6、11、13-2、17、20、		3-13、3-14、18-4	3-12、3-14、3-11	15-2						
人才评价	3-2	3-3	3-4	3-5、14-2				10-2、10-5、14-3	19-2		

附录四:2008—2012年国家人才政策内容维度编码表

2008—2012年国家人才政策内容维度编码表

2008—2012年	人才	党政人才	企业经营管理人才	专业技术人才	留学、海外人才	基层人才	青年人才	创新人才	技能紧缺型人才	科技人才	高层次人才
人才规划	38-1、38-23、40-1、42			48-1、						49-1、	

续表

2008—2012 年	人才	党政人才	企业经营管理人才	专业技术人才	留学、海外人才	基层人才	青年人才	创新人才	技能紧缺型人才	科技人才	高层次人才
人才选拔与引进	24、26-4、31-1、38-14、41、51-1、	33-1、33-5、33-8、39-1	33-9、35、36	38-3、38-5、38-17、38-20、48-5、						49-3、49-7	
人才培养	27-1、28、29-1、38-12、31-2、38-2、40-2、51-2、	21-1、26-2、29-2、33-2、33-4、38-7、46-1、	29-3、38-8、38-19	38-9、38-21、43-1、48-2、	38-10、54	26-1、27-2、29-5、38-11、38-16、38-22	38-18	29-4、38-4、38-17	29-6、38-6	49-4、49-5、50-1	
人才激励	23、25、26-3、30、34、37、51-3、52、54	21-2、22、29-6、36-7、39-3、46-2、		48-3						49-2、49-6、49-8、50-2	
人才评价	38-13、53	32、33-3、33-6、39-2		48-4、						50-3	

附录五：2013—2017 年国家人才政策内容维度编码表

2013—2017 年国家人才政策内容维度编码表

2013—2017 年	人才	党政人才	企业经营管理人才	专业技术人才	留学、海外人才	基层人才	青年人才	创新人才	技能紧缺型人才	科技人才	高层次人才
人才规划	73-1、74、75-1、90-1、92、97-1、100-1、102-1、108						94-1、99-1	58-1、76-1		95-1、98-1	
人才选拔与引进	55、73-8、73-12、91-1、76-4、95-3、107	62-1、69-1			73-6、73-11、76-5、95-4、99-3、100-2、102-4	62-3、85-1	62-2	76-4、95-3		95-4、95-7	

续表

2013—2017 年	人才	党政人才	企业经营管理人才	专业技术人才	留学、海外人才	基层人才	青年人才	创新人才	技能紧缺型人才	科技人才	高层次人才
人才培养	56、59	60-1、64-2	60-2、70	60-3、75-2、73-4、77、106-2	67、102-3	60-5、85-3	60-4、73-5、94-2、99-2、101-2	58-2、73-3、76-2、95-2、106-1		76-3	101-1
人才激励	61、66、68、71、73-9、78、80、81、82、86、87、89、91-2、97-2、100-2	69-3			100-3	85-2		58-3、73-1		76-6、95-6、96、98-2	102-6
人才评价	73-7、104	69-2、88、93		57-2、84		85-4				76-7、95-5、98-3	102-5

附录六:2003—2017 年水利人才政策内容维度编码表

2003—2017 年水利人才政策内容维度编码表

政策内容维度类型	人才	党政人才	企业经营管理人才	专业技术人才	高技能人才	基层人才	青年人才	创新人才	紧缺人才
人才规划	17-1、18、37、42、50-1、58、67-1	11-1、17-2、38-1、61-1	11-6、17-5、28-2、38-5	11-11、16-2、17-4、28-1、38-2、45-1、61-2	11-16、17-3、28-2、38-3	11-21、38-4	11-26		11-31
人才选拔引进	2-1、15-1、17-7、54	11-2	11-7	11-12	11-17	11-22	11-27		11-32
人才培养	17-8、17-11、24、25、29、46、47、48、51、55、57、60、62、63、64、66、68	3-1、11-3、21-2、22、23	11-8、13-1、50-3	1-1、4-1、11-13、12-1、14-1、16-1、21-2	11-18、17-6、50-4、61-3	11-23、61-4	11-28、61-7	61-6、67-2	11-33、14-2、61-5、61-8

续表

政策内容维度类型	人才	党政人才	企业经营管理人才	专业技术人才	高技能人才	基层人才	青年人才	创新人才	紧缺人才
人才激励	17-10、19、20、26、27、30、43、49、59、61-6、65、69	11-4	11-9	1-2、11-14	11-19、31	11-24	11-29		11-34
人才评价	6-1、17-9、32、33、34、35、36、39、40、53、56	11-5	9-1、11-10	1-3、7-1、8-1、9-2、10-1、11-15	5-1、11-20	11-25	11-30		11-35

附录七：2003—2007 年国家人才政策工具编码表

2003—2007 年国家人才政策工具编码表

政策工具类型	政策工具名称	2003—2007 年内容编号	数量	总数	占比(%)
供给型	人才培养	7-1、8-1、9、10-7、13-1、14-3、18-1、18-5、19-1、19-6	10	24	44.44
	人才信息支持	13-4、14-5、	2		
	人才基础设施建设	10-9、18-4、19-5、	3		
	人才资金投入	7-3、8-3、10-1、18-7、	4		
	公共服务	1、7-2、12、14-2、15-2、	5		
环境型	人才规划		0	21	38.89
	金融支持	10-3	1		
	税收优惠	10-2、15-4	2		
	人才法规管制	10-6、14-1、14-6、18-2、20	5		
	策略性措施	2、4、6、8-4、11、13-3、14-4、14-7、16、17、18-3、19-3、19-4	13		
需求型	政府人才引进	5、10-4、15-3	3	9	16.67
	服务外包		0		
	海外人才机构	8-2、10-5、13-2、15-1、18-6、19-2	6		

附录八:2008—2012 年国家人才政策工具编码表

2008—2012 年国家人才政策工具编码表

政策工具类型	政策工具名称	2008—2012 年内容编号	数量	总数	占比(%)
供给型	人才培养	21、26-7、28-1、29-3、31-2、33-5、38-3、38-6、39-1、40-2、43-1、46、48-3、49-4、50-2、51-1、53-1	17	49	44.95
	人才信息支持	38-2、50-3	2		
	人才基础设施建设	26-2、26-4、27-3、29-2、31-4、38、39-2、39-3、43-2、44-1、49-4、49-7、49-18	13		
	人才资金投入	26-6、27-4、29-6、38-2、43-3、44-3、48-6、49-2、49-17、51-2、53-2	11		
	公共服务	38-13、47-2、49-9、49-13、50-4、54-2	6		
环境型	人才规划	26-1、33-1、38-1、40-1、49-1	5	45	41.28
	金融支持	38-11、49-14	2		
	税收优惠	38-12、49-15	2		
	人才法规管制	26-5、32、35、36、38-8、38-13、41	7		
	策略性措施	22、23、24、25、27-1、27-2、29-1、29-5、30、31-1、33-4、33-5、34、37、38-4、38-7、42、44-2、45、47-1、48-1、48-4、48-5、49-3、49-8、49-12、50-1、52、53-2	29		
需求型	政府人才引进	38-10、38-14	2	15	13.76
	服务外包	29-5、31-3、38-9、48-2、49-6、49-10	6		
	海外人才机构	26-3、29-4、38-5、49-5、49-11、49-16、54-1	7		

附录九:2013—2017 年国家人才政策工具编码表

2013—2017 年国家人才政策工具编码表

政策工具类型	政策工具名称	2013—2017 年内容编号	数量	总数	占比(%)
供给型	人才培养	56、59-2、60-2、63-2、65、70-1、72-3、73-3、74、75-1、77-1、83、85-3、90-2、94-2、95-2、97-3、99-2、101-1、102-2、103-2、106-1	22	60	41.10
	人才信息支持	58-2、58-5、75-5、78-2、95-10、97-4	6		
	人才基础设施建设	58-1、59-3、63-2、64-3、70-3、75-2、76-4、95-9	8		
	人才资金投入	58-9、59-4、60-4、72-4、73-7、75-5、77-2、78-1、85-5、94-3、101-2	11		
	公共服务	67-1、72-1、73-6、75-4、76-3、76-6、85-4、94-4、95-4、95-8、97-3、99-6、100-6	13		

续表

政策工具类型	政策工具名称	2013—2017 年内容编号	数量	总数	占比(%)
环境型	人才规划	58-3、59-1、60-1、63-1、64-1、73-1、76-1、90-1、92、94-1、95-1、97-1、99-1、100-1、108	15	67	45.89
	金融支持	76-8、97-2、100-4、102-3	4		
	税收优惠	76-10、100-5	2		
	人才法规管制	57、58-6、76-9、76-11、93、100-2、102-4、105、107	9		
	策略性措施	55、58-8、60-3、61、62、63-3、64-2、66、68、69、70-2、71、72-5、75-3、75-6、76-2、76-5、79、80、81、82、84、85-1、86、87、88、89、90-3、91-2、96、98、99-5、100-3、101-5、102-1、103-1、104	37		
需求型	政府人才引进	67-3、73-4、91-1、95-3、99-3、101-4	6	19	13.01
	服务外包	58-4、73-2、85-2、106-2	4		
	海外人才机构	58-7、67-2、70-4、73-5、76-7、91-2、95-5、99-4、101-3	9		

附录十:2003—2007 年水利人才政策工具编码表

2003—2007 年水利人才政策工具编码表

政策工具类型	政策工具名称	2003—2007 年内容编号	数量	总数	占比(%)
供给型	人才培养	1-1、2-2、3-1、4-1、5-1、7-1、9-1、10-1、11-2、12-1、13-2、14-2、17-5、17-12、17-14	15	39	54.93
供给型	人才信息支持	1-2、3-2、8-1、9-2、10-2	5	39	54.93
	人才基础设施建设	2-3、6-1、11-6、14-3、17-4、17-9、17-20、18-4、18-8	9		
	人才资金投入	11-10、17-6、17-13、17-16、18-5	5		
	公共服务	11-9、16-3、17-3、17-18、18-3	5		
环境型	人才目标规划	2-1、11-1、13-1、14-1、16-1、16-2、17-1、17-2、17-14、18-1、18-2、18-6	12	23	32.39
	金融支持	—	—		
	税收优惠	—	—		
	人才法规管制	1-4、11-3、16-4、17-5、17-10	5		
	策略性措施	1-3、5-2、11-7、17-11、17-19、18-7	6		
需求型	政府人才引进	11-8、15-1、17-8、18-10	4	9	12.68
	服务外包	11-5	1		
	海外人才机构	11-4、17-7、17-17、18-9	4		

附录十一:2008—2012 年水利人才政策工具编码表

2008—2012 年水利人才政策工具编码表

政策工具类型	政策工具名称	2008—2012 年内容编号	数量	总数	占比(%)
供给型	人才培养	19-2、20、21-3、22-2、23、24-1、25、26、27、28-9、29、30-1、31、32、33、34、35、36、37、38-1、38-7、38-10、40、41-2、42-8、43	26	44	64.71
	人才信息支持	38-13、42-7	2		
	人才基础设施建设	22-4、38-2、38-11、42-3	4		
	人才资金投入	21-4、21-9、28-3、38-8、42-5	5		
	公共服务	19-1、22-5、28-8、38-5、38-6、42-4、42-6	7		
环境型	人才目标规划	21-1、21-8、22-3、24-2、28-1	5	19	27.94
	金融支持	28-6	1		
	税收优惠	28-2、38-12	2		
	人才法规管制	19-3、21-2、21-7、22-1、28-4、28-7、30-3、28-9、39	9		
	策略性措施	21-6、38-6	2		
需求型	政府人才引进	38-3、38-4	2	5	7.35
	服务外包	—	—		
	海外人才机构	21-5、28-5、42-9	3		

附录十二:2013—2017 年水利人才政策工具编码表

2013—2017 年水利人才政策工具编码表

政策工具类型	政策工具名称	2013—2017 年内容编号	数量	总数	占比(%)
供给型	人才培养	44、45-2、45-4、46、47、48-2、49、50-2、50-4、51-1、52、55、57-1、58-6、58-9、59-1、60、61-3、62、63、64、65-1、66、67-4、68、69-1	26	52	61.90
	人才信息支持	45-3、61-13、67-3	3		
	人才基础设施建设	45-5、45-11、50-3、58-2、61-5、61-6、61-10、67-2	8		
	人才资金投入	45-10、45-12、50-5、51-2、58-3、58-8、59-2、61-11、65-2、69-2	10		
	公共服务	45-8、50-7、61-4、61-12、67-7	5		

续表

政策工具类型	政策工具名称	2013—2017 年内容编号	数量	总数	占比(%)
环境型	人才目标规划	30-2、38-1、38-2、41-1、41-2、42-2、45-1、50-1、57-2、58-1、61-1、61-8、67-1	13	23	27.38
	金融支持	—	—		
	税收优惠	—	—		
	人才法规管制	45-9、53、56、57-3、58-5	5		
	策略性措施	45-9、50-6、61-2、61-7、67-8	5		
需求型	政府人才引进	45-7、54、61-9	3	9	10.71
	服务外包	58-4	1		
	海外人才机构	45-6、48-1、58-7、67-5、67-6	5		

附录十三:2018 年国家人才政策工具编码表

2018 年国家人才政策工具编码表

政策工具类型	政策工具名称	2018 年内容编号	小计	总计
供给型	人才培养	2-1、6-5、7-1、8-1、9-1、10、12-1、13-2、18-3、21-2、22-1、23-2、25-12、25-13、25-18、26-4、27-1	17	66
	人才信息支持	3、20-1、20-2、21-5、22-7、25-14	6	
	人才基础设施建设	2-5、3-2、5-1、7-3、8-2、12-3、15-5、19、20-3、22-4、23-3、25-8、25-19	13	
	人才资金投入	1、2-2、6-4、7-2、8-3、9-2、12-2、15-2、16-3、18-4、21-4、22-2、23-5、25-20、27-5	15	
	公共服务	2-8、4-2、8-4、14、16-2、18-5、20-4、21-3、22-5、23-4、25-2、25-3、25-11、26-2、27-2	15	
环境型	人才目标规划	2-3、2-4、4-1、6-1、8-5、13-1、15-1、16-1、18-1、20-1、21-1、22-3、23-1、25-1、26-1、27-4	16	32
	金融支持	—	—	
	税收优惠	2-7、25-17	2	
	人才法规管制	3-1、5-2、11、17、24、25-9、25-16、26-3	8	
	策略性措施	13-3、15-3、18-2、25-4、25-6、25-7	6	
需求型	政府人才引进	2-9、4-3、6-6、9-4、18-4、22-8、25-13、27-3	8	16
	服务外包	6-2、15-4、25-10	3	
	海外人才机构	2-6、6-3、9-3、22-6、25-15	5	

附录十四:2018 年水利人才政策工具编码表

2018 年水利人才政策工具编码表

政策工具类型	政策工具名称	2018 年内容编号	小计	总计
供给型	人才培养	1-7、2-2、4-6、4-7、5-2、6-1	6	17
	人才信息支持	2-4	1	
	人才基础设施建设	1-3、1-11、1-13、2-3、4-2	5	
	人才资金投入	1-4、4-3、6-2	3	
	公共服务	1-8、6-3	2	
环境型	人才目标规划	1-1、1-2、1-12、4-1、4-5	5	13
	金融支持	1-5、4-8	2	
	税收优惠	—	—	
	人才法规管制	1-9、2-1、4-4、5-1	4	
	策略性措施	1-14、4-9	2	
需求型	政府人才引进	4-10	1	2
	服务外包	1-10	1	
	海外人才机构	—	—	

分报告（四）

水利行业人才发展实践与理论研究成果选编

这一部分选编了 10 项来自水利相关单位的人才发展实践和研究成果，内容涉及人才发展的方方面面，主要包括组织职责与形态（成果 1 和成果 2）、人才队伍规划（成果 3）、人才评价与选拔（成果 4 和成果 5）、培训与开发（成果 6 和成果 7）、薪酬与激励（成果 8）以及特定类型人才队伍管理（成果 9 和成果 10）。当然，各项成果事实上涉及人才管理的多个方面，上述划分只是反映了它们聚焦的主要领域。

成果一：新形势下水行政管理职责研究

为了进一步优化水行政主管部门履行职责的制度环境，进一步提高水资源管理和水行政管理的效能，2013 年水利部发展研究中心开展了“新形势下水行政管理职责研究”。研究主要包括以下四个方面的内容：

一、水行政管理职责现状

2013 年新一轮国务院机构改革结束后，涉及水资源及其他涉水事务行政管理的部门，除水利部之外，主要还有国家发展和改革委员会、国土资源部、环境保护部、住房和城乡建设部、交通运输部，以及国家林业局、国家气象局、国家海洋局、国家能源局 9 个部门。各部门依据有关的法律法规、政策文件及国务院授权承担相应的水资源管理和涉水事务管理有关职责。

二、水行政管理职责存在的问题及原因

（一）存在的主要问题

通过对现行水行政管理职责的梳理，对照科学管理理论上所提倡的科学性、效率性、专业化等观点主张以及公众对高水平服务的期望来看，水行政管理职责配置主要存在部分管理职责分散或交叉、审批职责还有进一步调整空间、职责转变还需要进一步完善、社会管理服务职责相对较弱等问题。在具体职责履行过程中，水资源管理、水环境保护、水能开发、供水节水排水、河道采砂、河口管理、水文监测、河道管理等方面均不同程度存在需要进一步完善的方面。

（二）主要原因分析

一是部门职责调整不到位。在某些方面仍然囿于传统的分工限制或部门职责配置，对于水资源统一管理利用和涉水管理职责的科学配置考虑得不够，行政、市场、社会等方面的关系调整还没有到位。二是经济社会发展阶段特征。我国正处于经济社会的转型期，政府的职能也还处于转变过程之中。三是有关部门协调管理缺失，有些方面缺乏联动协调机制，

行业管理的思维方式还在起作用。四是法律法规依据的不健全。现行法律法规由于出台时间不一，对一些事情的规定和表述有不一致的地方，一些交叉的、有多重属性的事务，法律依据仍然存在缺位，一些规定没有及时根据现实情况作出调整。

三、新形势下水行政管理工作的任务和要求

（一）面临的新形势

从经济社会发展的总体情况来看，当前正是国家发展的重要战略机遇期，加强和创新社会管理，全面深化经济体制改革，加强生态文明制度建设，需要水行政管理紧跟形势发展，实时调整完善。从政府行政管理体制的改革发展来看，我国正在积极推进政府机构改革和职能转变，政府宏观调控体系逐步健全，市场监管、社会管理和公共服务职能进一步得到加强，水行政管理职责调整完善是应有之义。从水利建设和发展来看，新中国成立以来，特别是改革开放以来，我国的水利建设取得了举世瞩目的巨大成就，但人多水少，水资源时空分布不均是我国基本水情，水污染严重、水生态环境恶化等问题依然突出，洪涝灾害频繁仍然是中华民族的心腹大患，水资源供需矛盾突出仍然是可持续发展的主要瓶颈，农田水利建设滞后仍然是影响农业稳定发展和国家粮食安全的最大问题，水利设施薄弱仍然是国家基础设施的明显短板，加快水利建设刻不容缓。

（二）面临的新要求和新任务

① 新的要求。第一，要以职能转变为核心，创新水行政管理方式，提高行政效能和服务水平。第二，要处理好政府和市场、政府和社会、中央和地方的关系，真正做到向市场、社会放权，减少微观事务管理，充分发挥市场在水资源配置中的基础性作用，更好发挥社会力量在涉水事务中的作用。第三，要坚持以人为本、执政为民，着力把握水行政管理的工作规律、创新水行政管理的工作理念、破解水行政管理的难题，在服务中实施管理，在管理中实现服务，统筹兼顾，充分调动各方面积极性，实现人与自然和谐发展。

② 新的任务。第一，要把生态文明建设放在突出位置，融入水行政管理各方面和全过程，努力建设美丽中国，实现中华民族永续发展。第二，要建立权威、高效、协调的水资源统一管理体制，促进水资源优化配置，有效保护和利用水资源。第三，要做到节约水资源和保护水生态环境并举，推动水资源利用方式根本转变。第四，要加大水利基础设施建设，为经济社会发展提供更好的保障，发挥水利基础设施建设在拉动经济增长中发挥重要作用。第五，要提高水行政管理工作水平，改进政府提供水利公共服务方式。

（三）水行政管理职责调整的必要性和可行性

水行政管理职责调整是贯彻落实中央加快水利发展改革重大决策部署的有力保障，是建设服务型政府的重要内容，是社会主义市场经济体制深入发展的客观要求，是深化水行政

管理体制改革的基础要素,是建设社会主义和谐社会的重要条件。水行政管理职责调整具有合理的理论基础,与政府管理体制改革目标契合,符合社会发展趋势,有必要的政策和法律法规依据以及国内外有益经验可以借鉴,可行性很强。

四、新形势下调整水行政管理职责的对策建议

(一)水行政管理职责调整的思路和原则

水行政管理的职责配置应适应新形势的需要,统筹区域、城乡水资源事务的管理,合理界定职责内容和履行方式,处理好政府、市场和社会的关系,突出水资源的综合管理和水利部的水行政主体地位,切实加强部门间涉水事务的交流与合作,提高涉水事务的行政管理效率,提升公共服务质量。要按照有限政府、合理分工、效率至上、为民便民、权责一致等原则,积极做好水行政管理职责调整,实现水行政职责的优化配置。

(二)水行政管理职责调整的设想

方案一:构建“大水利”体制。由水利部指导、监督全国水行政管理工作,推进涉水事务一体化管理。在职责调整上,以水利部现有的职责为基础,将其他部门承担的水行政管理职责划入水利部。优势:减少了部门职责的重叠和交叉,加强了水资源和涉水行政事务的统一管理,有利于提高行政管理效果,符合改革思路和潮流,有利于机构的精简、统一、效能。劣势:需要对现行水行政管理体制和职责配置进行比较大幅度的调整,容易引起其他部门的抵制,协调难度较大。

方案二:加强部门间沟通协调机制建设。基本维持现行水行政管理体制和职责配置,适当增强水利部的现有职责,并增加部分当前水行政管理面对新形势需要承担的新职责,重点解决部门间的职责交叉问题和相互协调配合问题,进一步划清部门间的职责分工,并建立行之有效的部门协调配合机制。优势:基本维持现行的职责配置,避免了职责调整引起的利益分配,协调工作量小,方案比较容易实施。劣势:体制没有变动,水行政管理的效能难以有明显的提高。

方案三:对水利部职责进行调整组合。对水利部的现行职责进行调整,在增强重点、主要职责的同时,划出部分交叉职责,交由其他部门管理。优势:不触及其他部门的职责调整,外部阻力小;有利于重点管理职责的履行,增强管理效果。劣势:内部阻力大,涉水职责更加分散,不利于突出水利部的国家水行政主管部门的职责与地位。

> 对于水行政管理职责调整的三种设想兼顾了实施的有效性和可行性。如果把设想的时间线拉长,那么,它们可能并非非此即彼的关系,而可能成为从属于一个更大设想的阶段性方案。比如,构建“大水利”体制的方案一反映了最终目标,而方案二和方案三反映了阶段性目标。

（三）水行政管理职责调整的建议

由于水行政管理职责调整触及我国水行政管理体制的深层次矛盾，牵涉面广，涉及多方利益，需要权衡各种因素，综合考虑上述三种方案的优缺点，提出相应对策建议。要以实现水资源统一管理为目标，在强化水利部主要职责的同时，对现有的涉水职责配置进行局部调整，最大限度地整合分散在各部门的相同或相近职责，减少部门间的职责交叉和重叠，加强部门间沟通协调机制建设，提高水行政管理效能，进一步加强公共服务和市场监督管理相关职责，继续推进行政审批制度改革。

（资料来源：水利部发展研究中心；主要完成人：王海、岳恒、韩宁、白红莉、王燕池）

成果二:淮委创新团队建设模式探讨

一、研究背景与意义

人才是第一资源,创新是第一动力,创新团队作为人才培养的有效方式之一,逐渐被各个国家放在战略地位考虑。为贯彻党的十八大提出的人才强国战略和创新驱动发展战略,进一步做好淮河治理工作,开创治水、节水、管水、兴水新局面,全面深化水利改革发展,推动中国特色流域水利现代化事业发展,提供更加有力的智力支撑和保障,开展"淮委创新团队建设模式探讨"研究十分必要。

2014 年是全面深化改革的开局之年,也是全力推进新一轮治淮的关键一年。但新形势下,流域机构的职能不能仅仅体现在专项业务水平的提高方面,更要加强全流域综合管理,协调各个部门工作,加强科技创新,提高科技成果转化和推广。淮委正处于用人之际,在认真做好各项治淮工作的同时,迫切需要立足于淮委发展全局,吸引和培养更多优秀水利人才,为治淮工作的全面实施提供更加有力的人才保障。创新团队建设可以为淮委加强流域综合管理提供新的思路,对推动淮委水利科技创新进程、提升干部职工工作积极性、突破体制机制限制、形成知识集聚等方面具有重要意义。同时,作为人才培养工作的一项重要内容,淮委创新团队建设势在必行。因此,淮委、河海大学和水利部人力资源研究院对淮委创新团队建设模式进行探讨,为淮委建设富有持续创造力的创新团队提供指导依据。

二、研究过程简介

本项研究紧扣国家相关政策,历时一年多,借鉴理论成果和实践经验,在深入调研的基础上,主要围绕淮委需要组建哪些创新团队、怎样建设创新团队和如何管理创新团队三个方面的内容展开研究。研究覆盖淮委全委,累计发放问卷 2 253 份,回收有效问卷 1 563 份。

本项研究试图从流域科学治理的全局出发,调查分析了淮委创新团队建设的现状,提出了淮委待克服的主要问题;研究淮委创新团队建设的必要性,并基丁前期团队方面的研究成果和淮委的调研结果，设计淮委创新团队建设的具体流程；分析淮委干部职工的激励要素，通过数据分析大致掌握淮委现阶段组建创新团队的基本条件，再通过座谈和专家咨询等方式，提出了淮委创新团队的激励模式；为保证并维持淮委创新团队建设能够朝着预期目标方向前进，从淮委创新团队评价指标体系构建、系统评价设计和诊断与反馈机制建设三个方面构建了淮委创新团队评价机制，并就如何有效管理创新团队提出了建议，为淮委建设和管理创新团队提供依据和参考。

三、研究主要成果

（一）设计了“三轨并行”的建设模式

1. 组建的三个形式

一是由淮委或淮委所属某一单位确定科研项目/课题，在淮委系统内部抽调合适人选组建创新团队；二是在淮委前期已有的学术技术带头人、基地导师等工作成果的基础上，由学术技术带头人、基地导师等淮委系统内部杰出人才带头申请组建创新团队；三是由淮委广大干部职工自行组队申报组建创新团队。

> 按照什么逻辑组建创新团队是一个值得深思的问题。可以以人为纲——让那些富有创新、攻关经验的杰出人才，或者富有冲劲的年轻人担纲；也可以以任务为中心——把创新团队当作一种特殊的任务团队，一旦任务完成，创新团队的使命即告结束。

2. 组建的三个层次、五个专业领域

三个层次是指淮委与外单位合作建设跨单位跨行业的、淮委系统内跨部门/单位的、淮委系统内各单位内部的三个层次的创新团队。五个专业领域则是指水生态文明建设、水资源管理、防洪减灾、工程建设与管理、水利信息化建设，在创新团队建设过程中可根据具体情况和需求对团队研究专业领域进行适当调整。

3. 组建流程及注意事项

淮委创新团队的组建应遵循申请、初选、通讯评审、专家评审、最终结果确定、结果公示与申诉的流程。需要注意的是，此组建流程适用于所有专业领域和组建方式的创新团队，但是不同团队层次的组建流程区分如下：第一层次创新团队的建设工作须严格按照此流程进行；第二层次和第三层次创新团队的申请、初选、结果确定和公示按照此流程进行，通讯评审和专家评审则可根据团队实际情况决定进行两项评审或只进行其中一项评审或两项评审均不进行。

（二）构建了激励机制模型

1. 激励机制模型

淮委创新团队激励机制模型是以创新团队动力来源为基础，以创新团队运行机制为支撑，以创新团队成果为引导的综合型激励模式。

淮委创新团队动力来源包含团队使命和研究力量两方面,其决定着创新团队的前进动力。淮委创新团队运行机制是创新团队正常运转的充分条件,是创新团队高效运转的必要条件,决定着创新团队运行的持久力。淮委创新团队建设成果表现在三个方面:可接受的成果、团队未来能力和个人满意度,这将是创新团队一切科研活动的最终指向,对创新团队建设起引领作用,从根本上激励创新团队发展。

2. 分阶段激励措施

创新团队前期激励是基础,团队使命设定和团队人才队伍的组建对后期团队发展空间大小与产出成果价值高低产生直接影响;创新团队过程激励是动力,该阶段以前期激励为根底,进一步展开提升创新团队科研能力、促进创新团队成长的更加具体、更加细化的激励措施;创新团队成果激励是对前两个阶段激励效果的检验,是对本轮科研工作周期内取得成果的奖励与总结,也是为新一轮科研工作的开展做准备。

(三) 构建了评价指标体系

本研究构建了包括淮委创新团队投入指标(I)、过程指标(P)和产出指标(O)三个一级指标和十五个二级指标在内的评价指标体系。

其中,投入指标又分为个人投入和组织投入,分别从个体能力、态度和组织系统建设衡量团队投入;过程指标则关注团队运行过程中的成员和团队的动态变化;产出指标不局限于对团队成果的评价,还要将团队的未来能力和成员个人满意度纳入考核范围。

(四) 构建了诊断与反馈的 IPO 系统模型

淮委创新团队诊断与反馈的 IPO 系统模型(详见图 4-1)为监督和客观分析评价淮委创新团队运行状况提供了一种方法,同时能够得到团队过程和团队成果反馈。通过诊断与反馈机制,首先识别出有效的团队需要什么,通过对投入 I(个人、团队、组织)、过程 P(一个人观察工作中的团队,所看到的部分)、产出 O(团队在多大程度上完成了目标)系统的诊断与反馈,以指出阻碍团队的障碍或者有何种方法使团队比现在更有效。淮委创新团队建设的主要工作在于确定团队面对的需要是什么,并接下来照顾这些需要。

> 不管是对于个人还是团队,有效激励的一大难点在于产出的衡量。“业务项目化”是新近出现的一种管理思想,被认为有助于解决上述难题。有兴趣的读者可参看子报告五中的“文献 16:人才管理的投行逻辑”。

诊断与反馈的 IPO 系统评价模型是将淮委创新团队系统评价指标流程化,组织投入和个人投入结合为淮委创新团队组建提供动力,将创新团队推向“过程”阶段;在团队规范、团队认同、团队权力和团队士气的支持下完成团队过程;最终完成团队成果产出。淮委创新团队评价机制依据投入、过程和产出三阶段不同指标体系分别进行阶段性评价,并及时将评价结果反馈回创新团队以提高创新团队绩效。

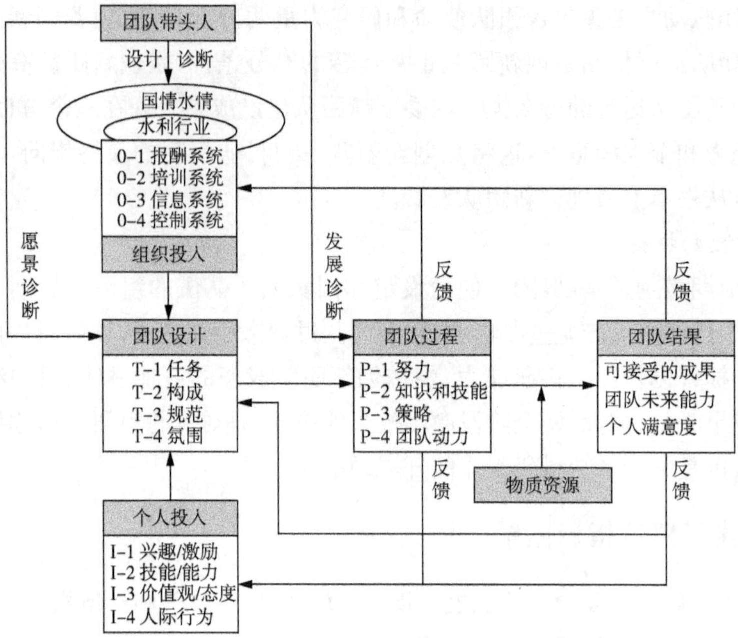

图 4-1　淮委创新团队诊断与反馈的 IPO 系统模型

四、研究建议与展望

（一）创新团队培育与重点工程建设相结合

充分依托国家重大科技专项、重大工程、重大科研计划，培养创新团队及创新人才；选好带头人，凝聚创新人才；加强创新团队管理，形成高水平研究成果。

（二）创新团队发展与人才工程相结合

大力引进和培养高层次人才，尤其是高水平创新团队带头人；营造支持、鼓励、崇尚创新创优的良好制度和文化环境；搭建创新团队创新创业的支撑平台；探索创新人才的多种分配方式，在政策上优先、在项目上支持、在经费上保障、在薪酬待遇上有所倾斜。

（三）以创新团队建设推动水利人才创新行动

创新团队在锻炼高层次创新人才、带动培养后备梯队人才、激发干部职工创新积极性等方面具有重要作用，水利系统亟须以创新团队建设突破体制机制的限制，打通人才在行业内科学使用和充分发挥作用的通道，确保高质量地完成重大科技攻关任务和水利重点领域的科技创新，推动新时代水利人才创新行动。

（资料来源：河海大学、水利部人力资源研究院、淮河水利委员会；主要完成人：王济干、张旸、樊传浩、王薇薇、张彦奇等）

成果三:浙江省水利现代化人才需求趋势及队伍建设动态研究

一、浙江省水利人才队伍及其建设现状

(一)人才队伍的特点

与2012年相比,2013年浙江省水利人才规模总数有所上升,增加了8 008人,增长了17.16%。结构上,系统内人才数量、水利建设企业人才数量及集体和民营农村水电人才数量的比例为1.95∶1.96∶1。素质上,浙江省水利人才学历层次有所提高,截止到2013年底,浙江省水利人才大专及以上学历人才增加了6 749人,占比59%。

浙江省水利公共部门人才规模上,2013年数量较2012年有所下降,党政人才总数基本保持不变;专业技术人才队伍进一步壮大,增长了6.84%;技能人才大幅下降,减少了9.58%。结构上,年龄结构方面,技能人才队伍年龄结构老化趋势明显,党政人才队伍年龄结构呈纺锤形,专业技术人才队伍较为年轻;职称结构方面,截止到2013年年底,专业技术人才高、中、初级职称结构比例为2∶4∶3;专业结构方面,水利水电、水资源、经济、管理、法律、信息类专业人才得到充实,初步形成了涵盖水利主要业务的人才专业布局。但新领域如涉海类、环境类、信息类的人才还比较缺乏。素质上,高学历人才占比逐步提高,高层次人才占比逐渐提高,技能人才等级进一步提高。

浙江省水利企业人才规模上,2013年与2010年相比增加了11 623人,增长了83.22%,其中水利建设企业人才数量逐年递增。截止到2013年底,水利建设企业人才21 856人;结构上,浙江省水利系统内企业人才50岁及以下人员占比93%;素质上,浙江省水利系统内企业人才的学历层次持续提高,高级职称大幅增长,初级、中级、高级职称人数绝对数均有所增加。

> 这项研究的一大亮点是较为翔实地报告了浙江省水利人才队伍的基本状况。即便如此,相关数据在很大程度上止步于常规的人口统计特征。而为了获取这些"基本"的数据,研究小组和浙江省水利部门付出了大量的努力。这印证了我们的一个判断:水利行业和组织对于人才基本数据的掌握存在缺陷,在数据收集手段上亟待改进。

浙江省基层水利人才规模上，2013年与2012年相比，浙江省基层水利人才增加了60人，达26 724人，增长了0.23%；2013年农村水利从业人员中，39个县（市、区）建立了12 724名村级农民水务员队伍。素质上，农村水利从业人员队伍学历层次均在中专及以上（该统计结果不含村级农民水务员）。

（二）浙江省水利人才建设工作成效

主要体现在四个方面：初步构建了人才建设体制；建立健全了人才建设机制；形成了系统化的人才培养体系，提高了水利人才的素质；初步形成了在全国及全省行业中领先的局面。

二、浙江省水利人才队伍及其建设的问题及原因

（一）人才结构有待优化

具体体现在：各类人才占比有待进一步合理化；水利公共部门中专业技术人才占比为47.02%，偏少，新领域专业占比为7.19%，与"五水共治"、水生态文明建设等要求相比严重不足；党政人才本科及以上占比为44.83%，与国家中长期人才发展规划设定的85%的要求有较大差距；基层人才占比为48.87%，偏少。

（二）专业背景与岗位要求匹配度有待提高

据课题组调查问卷的统计结果显示，44.65%的人认为浙江省水利人才队伍当前最大的问题是专业背景与岗位要求匹配度不够。

> 水利行业人岗匹配的问题由来已久。但是，在解决匹配问题之前，事实上必须解决两个更为基本的问题：一是培养什么样的人；二是搞清楚岗位要求。前者涉及人才招聘、选拔和培养等；后者对扎实的岗位管理提出了要求。有兴趣的读者请参看本子报告中的"成果4：防汛防旱抢险专业队伍能力评价探索"。

（三）地区分布不合理

高学历、高职称、青年人才更愿意到发达地区发展，从而导致欠发达地区的人才队伍相对比较薄弱，地区分布不合理。

（四）基层水利队伍相对薄弱

基层人才占比为48.87%，偏少，同时课题组调查问卷的统计结果显示46.25%的人也认为基层人才总量不足。基层领导干部水利系统内培养的低于30%，具有水利专业背景的低于20%，专业素养较低。

（五）水利人才的生态环境有待健全，水利人才市场有待进一步发展

水利人才建设工作会受到国家相关政策（如工资政策、招聘政策、培养规定等）的影响和限制，而市场化机制又尚未健全，因此，需要进一步健全水利人才的生态环境，促进水利人才

的健康成长。

(六) 人才建设的问责机制尚未建立

目前,浙江省水利人才建设工作未明确分解和落实工作任务、责任要求和时间进度,指导、协调、评估和监督检查力度不够,问责机制尚未建立,不能保证人才建设的规范运作。

三、新形势下浙江省水利人才队伍建设面临的机遇与挑战

主要表现在四个方面:水利转型带来新理念、简政放权带来新手段、管理改革带来高效能、农村水利发展带来新契机。

四、浙江省水利人才队伍建设对策建议

(一) 建设目标

总体目标:创建最优水利人才生态环境,打造一支具有"献身、负责、求实"的水利行业精神,数量充足、结构优化、分布合理、素质优良的水利人才队伍,为全面推进浙江省水利现代化建设提供强有力的组织和人才保障。

子目标1——人才生态环境目标:树立正确的用人导向,建立科学的用人机制,注入创新的文化基因,努力营造一个"引得进、留得住、用得活、流得动"的人才生态环境。

> "人才生态环境"是一个富有启发性的概念。在热衷于人才头衔和项目的环境中,退而致力于人才生态环境的培育,对于实现人才发展的长远目标应该是有益的。

子目标2——人才队伍目标:包括素质目标、结构目标、效能目标、农村基层水利人才建设目标。其中素质目标包括学历目标,技术职称、技能等级等能级目标。结构目标包括各类人才的占比目标和专业结构目标,其中水利公共部门的专业结构目标如表4-1、图4-2所示。

表4-1 2020年水利公共部门专业技术人才专业结构目标

	水利类专业		土建类专业		经管法类专业		新领域								其他专业	
							信息类专业		环境类专业		农学和农业工程专业		涉海类专业			
年份	2013	2020	2013	2020	2013	2020	2013	2020	2013	2020	2013	2020	2013	2020	2013	2020
人数	3 682	5 550	639	792	2 247	3 875	216	414	70	234	401	1 022	28	88	3 903	3 717
占比(%)	32.92	35.37	5.71	5.05	20.09	24.69	1.93	2.64	0.63	1.49	3.58	6.51	0.25	0.56	34.89	23.69
变化(%)	+50.7		+23.9		+72.5		+91.7		+234.3		+154.9		+214.3		−4.8	

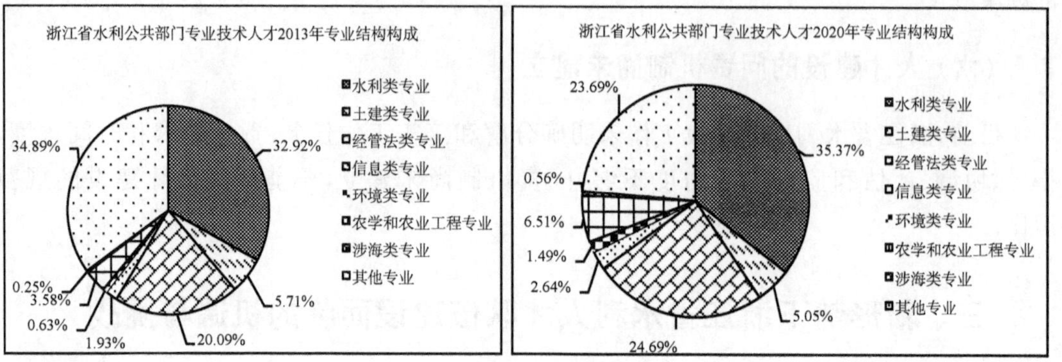

图 4-2　专业结构演变图

人才效能目标包括人岗匹配目标与敬业度目标。

农村基层水利人才建设目标主要是指数量与结构方面的目标，如表 4-2 所示。

表 4-2　2020 年农村基层水利人才数量及结构目标

<table>
<tr><th colspan="2">队伍</th><th>数量(人)</th><th>学历(中专及以上)(%)</th><th>技能等级(技师及以上)(%)</th></tr>
<tr><td rowspan="5">农村基层人才队伍</td><td>基层水利员</td><td>3 489</td><td rowspan="5">45</td><td rowspan="5">25</td></tr>
<tr><td>村级农民水务员</td><td>29 364</td></tr>
<tr><td>集体和民营农村水电人才</td><td>11 124</td></tr>
<tr><td>水政监察员</td><td>3 978</td></tr>
<tr><td>水库、山塘巡查员</td><td>4 000</td></tr>
</table>

（二）对策建议

在浙江省已有的水利人才建设举措基础上，从体制内、体制外两个维度提出相应对策建议。体制内依据依法治国的理念，无论是水利人才管理理念还是水利人才建设的体制机制均需要规范化和标准化。体制外通过培育和规范水利工程建设市场、物业管理市场、中介服务市场，从而引领水利人才市场，优化系统内人才素质与结构。同时需要利用先进智能手段夯实人才建设基础。

体制内，即“政府手”可做如下工作：

(1) 转变人才管理理念，适应水利发展转型。

包括：贯彻建管并重的理念、强化服务人才的理念、树立两手发力的理念、树立“不求所有，但求所用”的理念。

(2) 创新人才体制机制，服务水利人才发展。包括：理顺和规范人才建设职能，完善水利人才管理问责机制。

① 创新培养手段，完善水利人才培养机制：移动学习、构建 ZJMOOC、领导干部上讲台当老师、开展国际交流工程、充分利用两个学校、建立培训成果转化机制。

② 多渠道筹措培训经费，扩大经费来源：列入各级政府财政预算范畴、建立稳定的经费

投入渠道、充分利用政府购买政策。

③ 打通“双师”人才双通道,优化水利技能人才结构。

④ 创新人才内部选拔方式,提升水利人才能力素养:开展人才测评、构建人才能力清单。

⑤ 构建水利行业岗位胜任力模型,优化人才资源配置。

⑥ 全方位招才引智,壮大基层水利人才队伍:拓宽基层招才途径、实施基层引智工程。

⑦ 设置能级晋升通道,扩大水利党政人才发展空间。

⑧ 构建人才现代化评价体系,促进水利人才队伍建设。

⑨ 构建水文化人才队伍,促进人水和谐。

体制外,即“市场手”可做如下工作:

① 通过政府购买服务,培育发展市场。

② 通过水利社会服务组织,规范自律市场。

③ 通过人才准入,引领发展人才市场。

同时,可加强技术保障建设,从运用信息化的手段和运用智能化手段两个方面,把握智慧水利发展,夯实人才建设的技术基础。

最后,为了保障上述对策的顺利实施,从政策使用和政策开发的角度,对现有政策的未利用之处进行了梳理,对现有政策的空白之处进行了开发,形成了浙江省水利人才队伍建设过程中可出台政策目录表。

(资料来源:河海大学、浙江省水利厅、浙江省水利发展规划研究中心;主要完成人:邓玉林、李卉、汪群、范波芹、陈筱飞)

成果四：防汛防旱抢险专业队伍能力评价探索

一、研究背景

防汛防旱抢险专业队伍是指由我国各级政府相关部门领导的、具备防汛防旱抢险专业能力的专业团队。防汛防旱抢险专业队伍能力评价是在组织层次上对防汛防旱抢险专业队伍充分利用各种可得资源，计划、组织、实施、善后相关防汛防旱抢险工作的能力进行科学评价。

防汛防旱抢险专业队伍是我国应急管理队伍的重要组成部分。应急管理发端于军事和国家安全领域。随着社会、经济活动的多样化和复杂化，自然灾害、事故灾难、公共卫生事件和社会安全事件等民事领域的突发事件严重威胁着社会的繁荣稳定，应急管理因而成为政府的一项重要职能。

为了充实和加强应急管理职能，许多国家组建了应急管理体系，应急管理队伍则是其重要的组成部分。比如，美国针对自然灾害建立了国家-州政府-郡（县）政府三级管理体制，应急救援一般采用属地原则和分级响应原则。美国的灾害应急管理由国土安全部负责，具体由紧急事务管理局负责全面协调灾害应急管理工作。国家级灾害应急管理部门主要负责制定灾害应急管理方面的政策和法律，组织协调重大灾害应急救援，提供资金和科学技术方面的信息支持，组织开展应急管理的专业培训，协调外国政府和国际救援机构的援助活动等。州政府主要负责制定州一级的应急管理和减灾规划，建立和启动州级的应急处理中心，监督和指导地方应急机构开展工作，组织动员国民警卫队开展应急行动，重大灾害及时向联邦政府提出援助申请。地方政府（主要是县、市级）承担灾害应急一线职责，具体组织灾害应急工作。在日本，中央防灾会议是综合防灾工作的最高决策机构，会长由内阁总理大臣（首相）担任，下设专门委员会和事务局。中央防灾会议的办公室（事务局）是1984年在国土厅成立的防灾局，局长由国土厅政务次官担任，副局长由国土厅防灾局长及消防厅次长担任。各都、道、府、县也由地方最高行政长官挂帅，成立地方防灾会议（委员会），由地方政府的防灾局等相应行政机关来推进自然灾害对策的实施。许多地区、市、町、村（基层）一般也有防灾会议负责管理地方的防灾工作。各级政府防灾管理部门职责任务明确，人员机构健全，工作内容丰富，工作程序清楚。

我国在20世纪90年代以前没有组建专门的防汛机动抢险队,抗洪抢险主要依靠临时组织队伍,特别是解放军、武警部队和民兵预备役。由于是临时组织,缺乏专业技术和专用机具,抢险能力较低,难以胜任技术性强、抢险难度大的防洪抢险。1997年,我国在七大江河和重点海堤地区开展防汛机动抢险队建设。特别是中央补助投资的重点防汛机动抢险队建设起到了很好的示范作用。截至2018年,我国已建成由解放军抗洪抢险专业应急力量、武警部队应急救援力量、地方防汛抗旱抢险队伍、流域机构防汛抢险队伍构成的防汛防旱抢险专业队伍体系。国家级防汛抗旱应急保障力量由16支抗洪抢险专业应急部队以及武警部队应急救灾力量构成,分别由所在部队建设和管理;发生严重洪涝干旱灾害需要调动队伍时,按照动用军队参加地方抗洪抢险救援行动有关规定执行;地方各级防汛抗旱抢险力量由3 979支防汛抢险队伍和16 523支抗旱服务队伍组成,主要依托当地的水利工程管理和施工单位组建,所在地防汛抗旱指挥部实施调用。

各级防汛防旱抢险专业队伍实行快速反应军事化、抢险技术专业化、队伍装备现代化,在历次抗洪抢险抗旱减灾作战中发挥了主力军作用,成功应对了江河、水库等水利工程重大险情,紧急解救和转移危险区域人员,组织应急抗旱供水等,保护了人民生命财产安全,有效减轻了灾害损失。但是具体来看,还存在着诸多不足,比如,专业应急救援队伍数量和质量还有所欠缺,不能完全满足经济社会发展需要;应急救援队伍资金与装备投入不足;队伍建设有一定盲目性,应急救援队伍的人员缺乏一定的资质;救援力量分散,协同能力差;等等。要提高防汛防旱抢险专业队伍能力,一个必要的前提是全面、客观、科学地评价当前防汛防旱抢险专业队伍的能力。

二、防汛防旱抢险专业队伍能力评价实践案例

(一)江苏省防汛防旱抢险中心

2017年,在江苏省水利基金的支持下,江苏省防汛防旱抢险中心联合水利部人力资源研究院开发了本单位的防汛防旱抢险能力评价体系,并进行了初次应用。

评价体系开发团队深入研究了组织能力评价文献,对江苏省防汛防旱抢险中心内外部的相关专家进行了大量访谈和问卷调研,通过归纳总结,形成了适用于江苏省防汛防旱抢险专业队伍能力评价的指标体系。该评价指标体系包含4个一级指标(即抢险准备能力、抢险响应能力、抢险执行能力和抢险恢复能力),每个一级指标下设置了数量不等的二级指标(共计17个)和三级指标(共计60个)。

抢险准备能力反映的是为成功应对可能发生的险情,抢险专业队伍在多大程度上能够在相关方面进行充足的准备。抢险准备能力主要从人、财、物的角度进行评价,包括队伍建设、财务保障和物资储备,以及有助于提升抢险准备能力的其他方面,比如预警预案、培训开发和科技创新。抢险响应能力衡量的是面对险情,抢险专业队伍能够在多大程度上及时完成物资和人员的调配工作,进入投送状态,包括信息获取、预警准备、任务转换、快速投送和

并行处置等方面的能力。抢险执行能力评估的是抢险专业队伍能够在多大程度上成功完成抢险任务，包括专业技术、组织激励、指挥协调和综合保障等方面的能力。抢险恢复能力评判的是抢险结束后，抢险专业队伍能够在多大程度上恢复现场秩序、保证物资入库和维保设备，包括恢复秩序和总结提高两方面的能力。表 4-3 给出了各级指标的名称和对应关系以及三级指标的含义。

表 4-3　各级能力评价指标对应关系及三级指标含义

一级指标	二级指标	三级指标	三级指标含义
准备能力	预案预警	完备性	预案预警在多大程度上覆盖了已知险情的种类以及针对各种类型的险情是否制定了相应的措施。
		操作性	一旦发生险情，预案预警中所列出的原则、流程、方法、措施等在实际操作中能够落实的程度。
		科学性	预案预警在多大程度上符合抢险工作的客观规律，涉及的流程、方法、措施等是否准确、清晰、有效。
	队伍建设	任职资质	抢险专业队伍成员中通过相关资质认证或达到其要求的比例。
		人员数量	抢险专业队伍配备的人员数量在多大程度上符合预案要求。
		抢险经验	抢险专业队伍及其成员曾经承担抢险任务的类型和级别。
		协作能力	抢险专业队伍分工明确、角色清晰以及各司其职的程度。
		专业化水平	抢险专业队伍成员在多大程度上经过专业的教育和训练，具备工作所需的专业知识和专门的工作技能，并且按照一定的职业标准从事工作。
	财务保障	日常经费	抢险专业队伍日常运营资金的充裕程度。
		预备经费	抢险专业队伍执行抢险任务时的资金保障程度。
		培训经费	抢险专业队伍在多大程度上拥有充裕的资金，完成规划的培训。
		科研经费	抢险专业队伍在多大程度上拥有充裕的资金，完成规划的科研工作。
	物资储备	规格规模	储备的抢险物资在规格、规模方面符合相关要求的程度。
		采购管理	基于以往采购工作的经验，积极了解市场上抢险设备的制造动向和信息，向相关部门建议采购有助于更高效完成工作任务的物资和设备的能力。
		设计制作	设计抢险原型设备和制作简易设备的能力。
		维护养护	按照规定对设备进行保养，对物资存放进行维护，确保它们处于可用状态。
		巡查检视	按照规定对设备和物资进行定期巡视和检查，确保其安全、可用，按照规定处置不合要求的设备和物资。
	培训开发	个体培训	从思维认知、基本知识、技能以及体能等方面对个体进行培训，提高其抢险能力水平。
		团队培训	针对抢险专业团队进行培训，提高其适应、领导和协作能力，使其有能力作为一个整体更好地完成抢险任务。
		开发体系	抢险专业队伍是否构建了完备、科学的培训开发体系。
	科技创新	科研意识	抢险专业队伍对于抢险实践中遇到的以及将来可能遇到的难题主动进行研究、分析的能力。
		创新能力	抢险专业队伍对于抢险实践中遇到的以及将来可能遇到的难题提出创造性解决方案、形成科技创新成果的能力。
		调研能力	根据抢险任务需要，能够调查了解和分析研究客观实际问题的能力。
		整改落实	对通过抢险实践或其他方式发现的问题，进行相应整治和改进的能力。

续表

一级指标	二级指标	三级指标	三级指标含义
响应能力	信息获取	渠道建设	根据实际情况,建设信息传送媒介物,搭建信息传递通道。
		日常监测	密切关注所辖区域灾害性天气、水情信息的监测和预报,及时对相关信息进行评估,根据评估结果实时有效地监管与检测险情诱因的能力。
		特殊巡查	灾害多发季节,有效地组织人员对防汛设备、器材、物资等进行巡查,并根据巡查实际情况,及时记录和整理汇报的能力。
	预警准备	分级制度	对警情级别及其特征进行了明确合理划分的规章制度。
		管理职责	针对各级预警明确了相关抢险人员的组织分工。
		管理机制	针对各级预警设置了明确、可操作的响应和实施方法与流程。
	任务转换	任务识别	依据接收到的抢险命令,对相关的抢险任务进行性质判断,并转化成具体的抢险准备工作的能力。
		团队组建	统筹考虑可选人员的具体情况,快速组建高效完成抢险任务团队的能力。
		物资配备	统筹考虑抢险任务的需要和现场情况,规划、配备各类所需抢险物资的能力。
		装车效率	对计划运送的抢险物资进行快速调配和装车,并与抢险人员一起达到可出发状态的速度。
	快速投送	路线规划	接到抢险任务后,快速规划物资运送的最佳路线,并对可能出现的交通状况制定备选路线的能力。
		快速配置	利用在途时间对抢险物资和人员进行准备,使其到达现场后能够快速就位,并与现场提供的人员和物资达到匹配状态,从而可以有效地实施抢险的能力。
		援助获取	对于人员和物资运送途中遇到的意外,能够及时获得协助的能力。
	并行处置	路线应变	面对行进途中出现的意外事件,能够敏捷、准确地做出判断并随机应变的能力。
		方案推演	在人员和物资运送途中,根据掌握的信息,对抢险人员介绍险情,探讨抢险,从而在后续实际的抢险工作中提高效率,降低损失,避免灾害扩大化。
		远程咨询	运用先进的通信工具,对抢险现场的需求提供回应(比如技术咨询和指导)的能力。
执行能力	专业技术	预案执行	贯彻落实抢险预案,达到预期目标的能力。
		快速辅导	为参与抢险的非专业人员和队伍提供指导,使其快速掌握操作性强的方法、流程和注意事项,从而安全、有效地执行抢险任务的能力。
		安全作业	根据操作注意事项,及时有效地识别和控制作业中可能发生的危险,避免次生灾害(比如人身伤亡、财产损失、环境破坏和职业病等)发生的能力。
		人机配合	根据具体抢险工作的特点,人与机器各司其职,高效协同,完成抢险任务的能力。
		现场警示	抢险现场合理设置警示牌、横幅和警示灯等警示标志,以避免不必要损失或伤害的能力。
		运行保障	及时排除故障,保障机器高效运行的能力。
		险情预判	依据监测信息,对险情发展情况进行评估,进而制定有效处置方案的能力。
	组织激励	情绪管理	通过沟通、引导和控制现场情绪,使抢险人员冷静、积极,使群众保持有序的能力。
		团队激励	提高团队士气,使抢险人员和队伍更加积极地投入到抢险工作中的能力。
	指挥协调	资源配置	为了成功处理险情,合理调用和配置所需人员和物资的能力。
		决断建议	综合事态发展,协助领导科学决断的能力。
		组织执行	为实现预定的抢险目标,组织相关资源,执行领导决策的能力。

续表

一级指标	二级指标	三级指标	三级指标含义
执行能力	综合保障	后勤保障	为保障抢险工作顺利开展，而高效地提供物资经费、医疗救护、装备维修、交通运输等各项专业勤务的能力。
		现场应急	在抢险现场，对于物资、电力、避难、通信等方面出现的突发性需求，能够高效利用储备应急资源进行解决，或者获取、整合和利用其他可用资源进行应对的能力。
		宣传能力	借助可用的媒介资源宣传组织正面形象，传播抢险知识和技能的能力。
恢复能力	恢复秩序	安全撤离	抢险任务结束后，保障人员和物资设备安全、有序撤离所必备的能力。
		功能恢复	通过维修和保养，使抢险设备初步恢复的能力。
	总结提高	后评价	抢险任务结束后，对抢险工作的目的、执行过程、效益、作用和影响进行系统的、客观的分析和总结的能力。
		反馈能力	后评价结束后，将评价结果及时有效地与相关方沟通的能力。
		提高方案	根据后评价结果和反馈情况，总结规律性认知，提出改进方案，以进一步完善抢险工作的能力。

江苏省防汛防旱抢险中心初次应用上述评价指标体系的过程分三个步骤。第一步，自评。由江苏省防汛防旱抢险中心组织完成，并附自评等级证明材料。第二步，三级指标等级评价。7 位专家结合自评材料和实地考察情况独立评定江苏省防汛防旱抢险中心抢险能力三级指标的得分。第三步，综合评定。根据专家评价和指标权重，计算得到防汛防旱抢险能力综合得分。

通过应用上述评价指标体系，江苏省防汛防旱抢险中心较为全面地认识了本单位防汛防旱抢险能力和水平。这为进一步的队伍培训和开发提供了明确的目标与方向，对于统筹规划、系统建设江苏省防汛抗旱抢险中心抢险专业队伍的能力起到了显著的作用。

（二）深圳市大鹏新区

为保障社会、经济可持续发展，适应新时期三防队伍"两个坚持，三个转变"的变革要求，深圳市大鹏新区于 2017 年启动了三防队伍的专业化、规范化和效益化建设。对三防队伍能力进行客观、系统的评价是这项建设工程的基础。

深圳市大鹏新区三防指挥部办公室首先通过调研对本地区三防队伍能力现状进行了摸底，深入了解了三防工作体系的架构、三防工作人员的数量和结构以及三防现场专项小组的构成和运行机制，并分析了三防工作的人、财、物和组织保障情况。在此基础上，结合三防队伍"两个坚持，三个转变"的要求，明确了大鹏新区三防队伍能力建设的方向，即加强日常工作规范化、注重汛期备勤常态化、实现操作流程标准化、加强监控指挥信息化、强化战时工作军事化以及提升汛后整理系统化。这些能力建设方向最终体现在了大鹏新区三防队伍能力评价指标体系之中。

大鹏新区三防队伍能力评价指标体系由三防常态工作、应急响应和善后提高三个部分构成。这是因为大鹏新区的三防工作是一个涉及上述三个方面的循环过程：一旦出现灾害风险，三防队伍应立刻从常态工作状态进入应急响应状态，灾害风险解除后则需要进行善后处置和总结提高，而且有必要将整改落实的内容融入三防常态工作。具体说来，大鹏新区三防队伍能力评价指标体系包括 3 个一级指标、17 个二级指标和 90 个三级指标。不同级别指标之间的对应关系如图 4-3 所示。

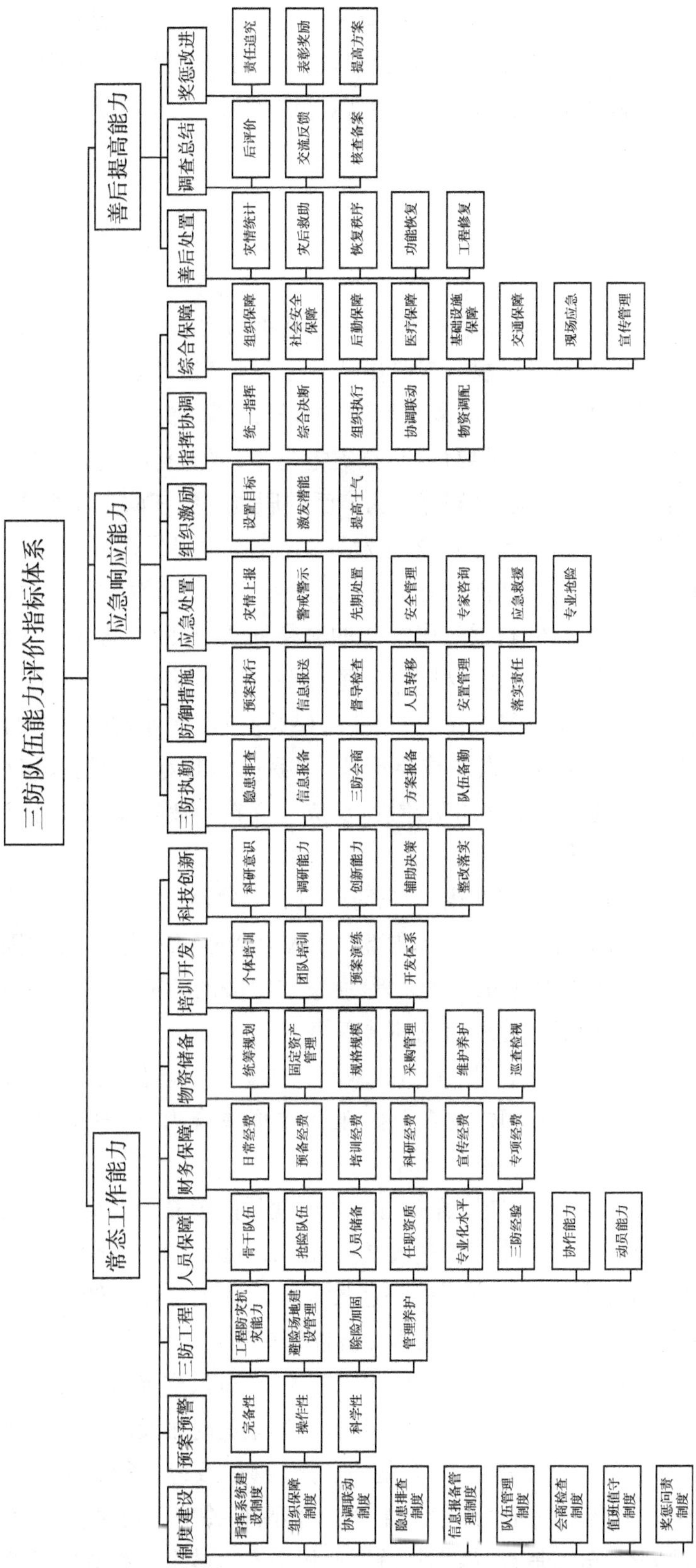

图 4-3 深圳市大鹏新区三防队伍能力评价指标体系

依据上述能力评价指标体系，深圳市大鹏新区三防办公室对于本地区三防队伍能力进行了较为全面的评价，并结合访谈、座谈和问卷调查，识别了大鹏新区三防队伍能力在常态工作、应急响应和善后提高等方面存在的主要问题。这些工作为大鹏新区改进三防队伍能力提供了方向和切入点。

三、发展建议

防汛防旱抢险队伍能力评价只是建设和开发高水平的防汛防旱抢险队伍的第一步。要促进防汛防旱抢险队伍能力的持续提高，需要在以下几方面开展扎实的工作。

第一，加强人才培养，构建高素质的复合型三防骨干队伍。深刻认识一支高素质、复合型的三防骨干队伍对于三防工作的重要性：在抗灾抢险中，他们是中坚力量；在常态化的三防工作中，他们需要承担指导、协调、管理等更为广泛的职责。把三防工作看作一种职业，通过提供职业生涯辅导帮助三防骨干设计、选择发展路径；通过提供多样化的培训和发展项目，促使三防骨干提高工作胜任力和能力；通过提供学习资料、交流机会、岗位轮换等方式，为三防骨干创造支持性的学习环境；通过多样化的途径补偿、奖励三防骨干的艰苦工作，激发其做好三防工作的责任感和自豪感。科学、合理、紧密结合救灾抢险工作的实际需要做好三防队伍的规划，逐步形成一支人员数量充足、年龄结构合理、专业技能全面的三防骨干队伍。建立、维护、更新新区三防骨干人才技能清单，掌握他们的专长、经验、培训、职称等情况。结合三防骨干和队伍的特点推进团队建设，形成一支在专业技能、领导协调、自我变革等方面能够胜任三防工作的队伍。

第二，推进高绩效人力资源管理实践，为三防队伍能力建设提供支撑。影响三防队伍能力建设是否成功的一个基础性因素，是其所在组织的人力资源管理实践，具体因素包括工作安全、新职员的选拔招聘、队伍管理方式和决策、业绩与报酬的相关性、培训和开发体系、管理级别之间的差距和障碍、财务和业绩信息的共享等。

第三，提高信息管理能力，加强三防工作的基础设施。三防队伍能力建设，人、财、物方面的措施固然不可少，但要使人、财、物在三防工作中形成合力，信息基础设施建设不可或缺。

第四，提供保障和激励，提高三防工作执行力。改变片面依靠行政命令推动抢险救灾工作的方式方法，推行适度补偿的原则。通过发放补贴、临时调整工作量等方式，鼓励非专职三防人员参与相关培训，逐步形成一支可以快速投入抢险救灾工作的储备力量。严格执行国家相关工资制度，发放值班、加班补贴，利用经济杠杆提高相关人员参与抢险救灾，特别是常态性三防工作的积极性。加强后勤保障，免除三防人员吃饭、交通等方面的后顾之忧。善用精神激励，充分认可三防人员的工作，并在抢险救灾结束的时候及时进行表彰。

第五，做好灾后修复工作，提高善后处置能力。及时、细致地进行灾情统计、核查，全面掌握灾害带来的影响。提高灾情统计的信息化程度，提高相关工作的便利性、准确性和全面性。建立受灾事项的分类、分级制度，根据轻重缓急积极实施救助。提高对社会性救助的重视程度,安排转移安置人群有序、文明地撤离安置场所,恢复安置场所原貌,通过正式和非正式的途径感谢社会机构、企业、个人提供相关资源;安抚群众,特别是被转移安置的渔民、游客、民工等受影响较大的人群。建立备勤的政策专家、社会学专家、心理学专家队伍,在需要情况下实施必要的干预。与卫生、公安部门建立联动制度,做好灾后卫生防疫、公共安全工作,确保受灾群众和区域从灾害中平稳恢复。分轻重缓急,保质按量地实施工程修复,发挥相关专家进行现场处置的长处;做好现场的警戒警示工作和相关区域的安全宣传工作,避免造成不必要的负面影响。认真、谨慎、及时做好三防工程认定工作,协助相关单位按照有关政策获得合理补偿。

第六,推行抢险救灾后评价机制,促进三防能力提升。抢险救灾任务结束后,对相关投入、产出、目标进行全面评估,确定抢险救灾任务的预期目标是否达到,主要效益指标是否实现,环境、社会和政治影响是否在可控范围内。尤其需要按照机会成本的思路评价灾害影响,在统计时纳入政府、社会、群众无偿投入的人、财、物资源,避免低估灾害带来的损失。总结经验教训,集思广益,重点对出现的问题进行思考、分析和上报,对取得的经验进行交流、评论和推广。形成整改方案,并落实到三防队伍能力建设实施方案或三防人员培训方案中,充分发挥抢险救灾实践对于三防队伍能力提升的促进作用。

> 这项成果从团队胜任力视角较为系统地探讨了防汛防旱抢险专业队伍的能力评价问题。对于水利人才发展而言,这项成果的启示在于,它不但展示了人岗匹配对于提高人才队伍效能的价值,而且从胜任力评价角度提供了提高人才队伍效能的一条路径。感兴趣的读者请参看樊传浩等的专著:《团队胜任力视角下的防汛防旱抢险专业队伍能力评价体系研究》(河海大学出版社,2018)。

(资料来源:江苏省防汛防旱抢险中心、深圳市大鹏新区城市管理与水务局、水利部人力资源研究院;主要完成人:樊传浩、王荣、张龙、郏庆等)

成果五：长江委水文局年轻干部选拔培养情况调研

> 人才分类管理是促进人才发展的一个重要途径，但是，按照什么标准将人才分类，则需要深入探讨，审慎决定。性别、年龄、才能乃至信仰是不是合适的分类标准，并不取决于其本身，而是在于按照它们进行分类之后是否有利于人才发展。从这个意义上说，本成果中"干部年轻化不等同于低龄化"的论点是很有深意的。

青年干部是党的各项事业不断向前发展的坚实基础和重要保障。2009年以来，长江委水文局党组根据上级有关精神，针对干部能上不能下、领导班子年龄结构日趋老化这一突出难题，在多方调研、广泛征求各方意见的基础上，先后制定了《关于加强年轻干部培养工作的意见》和《关于干部提前退出领导岗位的意见》，经过近年来的不断摸索和改进，进一步加大了年轻干部的培养使用力度，较好地保持了干部队伍的生机与活力。

然而面对治江事业的迅速发展，我局后备干部队伍建设和年轻干部培养选拔工作与新形势新需求还存在一定差距：一是优秀年轻干部的数量不足和分布不均。二是部分年轻干部的能力素质和管理水平有待进一步提高，应急处变和处理复杂矛盾的能力不足。三是年轻干部队伍结构亟须优化，相当一部分年轻干部缺乏基层和艰苦复杂环境的历练，工作经历单一。四是基层外业后备干部因上升渠道受限，容易触及职务晋升的"天花板"，影响工作积极性。五是年轻干部的培养锻炼、选拔任用和管理监督机制还不够健全。为此，对现有干部队伍开展成长发展调研是我局进一步做好年轻干部选拔培养和管理的决策需要。

一、长江委水文局干部队伍现状

年轻干部队伍建设是建设各级坚强领导班子的基础性工程。建设一支高素质领导干部队伍，就必须从源头抓起，切实抓好年轻干部选拔培养工作。此次调研以水文局机关干部为对象，范围主要包括局机关副总工及部门正职等处级干部共20人，40岁(含)以下的正科级及以上干部14人，35岁及以下副科级干部17人(表4-4)。

表 4-4　长江水文局机关干部的基本情况

项目	编制数	现任人数	女性	学历			政治面貌		年龄					
				研究生	本科	大专	中共党员	非党员	35 岁以下	36～40 岁	41～45 岁	46～50 岁	51～55 岁	56～60 岁
正处级	22	20	1	4	16		18	2			4	3	9	4
副处级	30	23	2	9	13	1	21	2		5	4	11	2	1
正科级	49	30	5	8	22		21	9	5	4	13	4	4	
副科级	34	26	6	9	16	1	22	4	17	1	2	3	2	1

二、长江委水文局领导干部成长基本情况分析

通过梳理在任领导干部的成长历程，课题组认为我局领导干部能够脱颖而出，个人素质、组织培养和成长环境都起着重要作用。

(一) 领导干部具有较强的个人综合能力

调查显示，我局的领导干部具有较强的学习能力，在调查的 20 名机关主要领导中，有 13 名领导干部通过在职或脱产教育提高了学历水平，硕士及以上学历约占 20%，全部具有大学本科学历。20 名领导干部中有 8 名是教授级高级工程师，占 40%，普遍具有高级职称，在我局改革发展中勇于担当，是水文事业发展的中坚力量。

(二) 组织培养教育对干部成长起着重要作用

调查显示，在作为调研样本的干部中，任副科时平均年龄为 31.5 岁，其中最年轻的为 25 岁，任正科时平均年龄为 33 岁；从副科到正处级干部平均用时 11 年，其中最短的 9 年。现有干部中普遍具有局属单位不同岗位交流经验。

三、长江委水文局当前年轻干部队伍建设中的薄弱环节

自 2009 年我局率先出台“两个意见”以后，一大批年轻干部凭借自身努力走上科级甚至处级领导岗位，然而要把年轻干部培养作为事关水文事业长远发展的战略任务，还需要在深入分析青年干部特点和成长规律的基础上，加强整体规划和组织培养。目前，我局青年干部队伍建设主要存在以下薄弱环节。

一是优秀年轻干部的数量不足和分布不均，特别是能够担任部门正职的优秀年轻干部数量偏少。大部分干部都一直从事生产业务工作，没有系统学过管理知识，也没有在管理岗位的历练，担任领导干部，从事管理工作，难免会出现业务能力强、管理能力弱的现象，缺乏大局意识、团队意识，缺少沟通协调能力等，因而加强这方面的学习、锻炼是每个干部尤其是年轻干部要注意的。

二是部分年轻干部的能力素质和管理水平有待进一步提高，应急处变和处理复杂矛盾的能力不足。个别青年干部理论素养不足，心态较为浮躁。具体说来，目前我局的激励体系中干部职工的工资、福利待遇的差别，关键区别在职务、职级上。这种薪酬福利体系也使少数年轻干部把职务晋升当成主要追求，而缺少了务实实干的工作责任感，事不关己高高挂起，对工作拈轻怕重，对任务挑肥拣瘦，缺少担当意识。

三是年轻干部队伍结构亟须优化，相当一部分年轻干部缺乏基层和艰苦复杂环境的历练，工作经历单一。干部年轻化不等同于低龄化，干部任用年龄"一刀切"，"任职年龄层层递减"，这是对干部年轻化的片面理解，会使大量具备丰富管理能力和经验的"大龄"骨干人才被无情忽视，这既打击了他们的工作积极性，同时也造成了人才资源的浪费。

四是基层青年干部因上升渠道受限，容易触及职务晋升的"天花板"，影响工作积极性。在青年干部的提拔任用环节开展公开竞赛、竞争上岗，通过竞争性选拔，为青年干部的职业发展提供空间，实现用当其时。对获得省部级个人荣誉称号的基层青年人才大胆破格，通过选调和公开竞聘等方式实现干部来源的多元化和经历多样化。

五是年轻干部的培养锻炼、选拔任用和管理监督机制还不够健全。年轻干部的选拔管理还需要完备的优胜劣汰的程序设计，做好后备干部竞争性平台建设。首先就是要确立任用的标准，设计标准化操作流程；其次就是要按照程序对候选年轻干部和空缺岗位的能岗匹配度做出评估；再次，搭建竞争性平台，让年轻骨干人才充分展示自身能力；最后结合组织考察和群众意见，确认最优人选，并按规定予以任用。严格按照公平、公正的程序公开选用，提高了干部任用的公信度，有利于年轻干部的健康稳定发展。

四、建立以胜任力为核心的后备干部选拔、培养和任用机制

执行力是组织战略得以有效贯彻的基础，反映了组织和个人贯彻落实组织战略决策的力度，是组织成功的必要条件，而胜任力是人员有效实施执行力的保证。对年轻干部的个性心理、能力倾向、管理风格和职业价值观等进行综合全面测量和评定，建立以胜任力为基础的年轻干部选拔、培养和任用机制，也是现代人力资源管理理论的有益探索与应用。

> 在干部选拔任用中，资历、能力和潜力都是需要考察的重要因素。资历包含很多有用信息，其中非常重要的包括经验、影响力等；能力和过往绩效紧密关联；潜力则是未来导向的，和本成果所言的胜任力关系密切。

① 从把好入口关做起，坚持不懈抓好理想信念教育和作风建设。一是抓好干部初任培训。帮助新任年轻干部树立职业道德规范、建立职业生涯规划、及时实现角色的转变。二是坚持实行青年干部到基层锻炼制度，使他们感受基层，培养服务人民的宗旨意识；感知责任，培养认真负责的职业操守；磨砺意志，培养吃苦耐劳的意志品质；锤炼作风，培养严谨务实的工作态度；思考人生，培养投身水文的奉献精神。

② 根据不同岗位不同层次干部的成长规律和特点，分类制定培养计划，逐人确定培养

方向。完善年轻后备干部档案管理制度,除了对干部常规资料有所记载外,还要有他们的个性分析、优劣势分析、工作能力评估等方面的内容。另外,打破干部的地方和部门所有制,避免画地为牢。健全交流更新制度,交流为青年干部能力历练创造了机遇和条件,更有利于盘活后备干部资源,实现人尽其能、各得其所。

③ 建立竞争性选拔平台,为青年干部的职业发展提供空间,实现用当其时。建立和推行年轻后备干部的公示制度,打破干部选拔任用神秘性,增强民主性。同时也在无形中增加被公示对象的工作压力、自我约束意识和责任心,促使他们自觉提高素质,把主要精力集中到干事创业和密切联系群众上来。

④ 坚持严管与关爱相结合,避免对优秀人才重选拔、轻培养。年轻干部通常缺乏领导经验和处理复杂局面的应对能力、面对的诱惑也较多,必须从严管理、从严监督,及时提醒、批评和制止出现的一些苗头性、倾向性问题。应该注重从激发年轻干部内在学习动力和增强实效性出发,开辟多种培训形式和渠道,及时了解其所思所想,通过组织的关心和帮助,使青年干部消除后顾之忧,始终保持旺盛的工作热情。

⑤ 推行轮岗制、试用期制和助理制。实行轮岗制,让年轻干部得到多个岗位的锻炼,学习更多的专业知识,掌握领导的方法与技巧,更重要的是可以在轮岗过程中发现自己的长处和不足,以便扬长避短,找到最适合自己的岗位。推行试用期制,这既是保持刚入职年轻干部工作积极性的有效之举,更是对干部能岗匹配情况的考察过程。推行助理制,让青年干部提前熟悉领导岗位的职责,并方便向在职领导“取经”,实现以老带新的良性循环。

干部年轻化制度的建立和有效应用不仅优化了各级领导班子的年龄、知识、能力、气质结构,而且有力地推进了党的执政能力建设。我们将继续加强对年轻干部的选拔、培养和任用管理体制,不断改进和完善年轻干部培养工作,为想干事、能干事、能干成事的青年干部成长开辟快速通道,永葆长江水文队伍的生机与活力。

(资料来源:长江水利委员会水文局;主要完成人:王静、侯春、高袁、陈驰)

成果六："订单式"水利人才培养

一、"订单式"水利人才培养的概念和渊源

"订单式"水利人才培养是水利人才培养单位(比如,高职院校)和用人单位合作培养水利人才的一种创新型人才培养模式。双方根据水利用人单位对于人才的要求共同制定人才培养方案,签订用人合同,并在师资、技术、办学条件等方面合作,共同负责招生、培养与就业等一系列教育、教学活动。

"订单式"人才培养模式的哲学基础是实用主义——借助人才"订单",用人单位可以得到了解本单位文化、掌握适用技能的人才;人才培养单位可以获得资源投入,提高学生就业率;学生则可以免除就业之忧。

"订单式"人才培养的实质是人才培养和使用单位开展合作教育(cooperative education)。一些国家在长期的教育实践中形成了各有特色的具体模式,比如,德国的"双元制"("一元"为企业,另"一元"为高职学校;企业和学校利用各自优势合作培养实用人才)、英国的"三明治"模式(即"理论-实践-理论"模式,基于理论进行实践,然后再根据实践发展理论)和加拿大的基于胜任力的教育模式(competency-based education,即由企业专家代表组成课程开发委员会,制定课程目标和内容,并进行考核)。

国内的"订单式"人才培养理念至少可以追溯到 2004 年教育部第三次全国高职高专产学研结合经验交流会。这次会上提出把"订单式"培养作为高职高专的一个发展方向。近年来,"订单式"人才培养模式已经广泛应用于各行业的技能人才培养,涉及诸多专业领域,比如,物流管理、原料药生产、农村基础教育、农村基层医疗卫生、化工生产、电力设施建设等。

二、"订单式"水利人才培养实践案例

(一) 青海玉树州实践

水利人才"订单式"培养近年来逐渐被了解、认可和实践。在各种形式的相关实践中,2016 年在青海玉树州水利系统试水,2017 年和 2018 年分别推广到果洛州和黄南州的水利

人才"订单式"培养系列实践在水利系统乃至全国范围内形成了较大的影响。这几个地区的水利人才"订单式"培养旨在解决基层水利人才的硬缺口,按照"本土化、民族化、专业化"的培养原则,打造"下得去、用得上、留得住"的基层水利骨干队伍。

根据玉树州实际参与"订单式"水利人才培养模式探索的工作人员的介绍,玉树州"订单式"人才培养的做法和特点主要体现在四个"精准"上。一是精准对象。"为了留住人才,'订单班'生源以当地农牧区的优秀高考生为主。学生在被录取时就与玉树州政府签订就业协议,明确学生毕业后以政府购买服务的方式到自治州水利系统工作;自治州水利系统面向社会考录(招聘)工作人员时,对'订单班'学生予以优先考虑,以保证学生毕业后能够返回生源地就业。"

> 在水利人才发展中,如果能够针对薄弱点奋力赶超,实现弯道超车,那么水利人才发展的劣势是有可能转变成后发优势的。在这一点上,水利人才"订单式"培养是一个典型的例子。水利人才"订单式"培养有两个基本特点:一是起步晚,二是成为全国范围内颇具影响力的"订单式"人才培养实践。

二是精准管理。"考虑到藏族学生与内地文化习俗的差异,'订单班'细化学生日常管理,实行生活、教学双班主任管理模式。从玉树教育部门选派熟悉藏区教育的教师担任生活班主任,学院选派教学经验丰富的教师担任教学班主任。"

三是精准专业。"'订单班'采用'合格+特长'的教学方式,在开设大学基础课程的基础上,结合玉树实际,设置以水利工程建设管理为主,农、林、牧等生态保护为辅的特色课程,帮助学生拓展专业领域,拓宽知识面。"

四是精准帮扶。"针对'订单班'学生大多数来自农牧区贫困家庭的实际,学费采取分担模式,即玉树州政府、学校、学生各承担 1 年的学费,这种方式有助于调动学生的积极性,增强责任感,同时可防止依赖思想。此外,还为 15 名特困生申请了国家贫困补助,进一步减轻了学生家庭负担。"

(二)湖南省水文水资源勘测局的实践

尽管青海玉树、果洛和黄南三州的实践影响较大,但它们并不是水利系统内最早实践"订单式"人才培养模式的单位。比如,早在 2012 年,湖南省水文水资源勘测局就开始和湖南水利水电职业技术学院联合开办水文水资源订单班。这一"订单式"人才培养实践具有四个特点。第一,持续时间短。"订单班"学习期限仅为一年。通过前期的水利大类专业学习,学生在是否参加"订单班"的决策上更加理性和成熟,有助于后期的人才保留。

第二,合作开发培养模式。双方共同制定了《水文订单班学生管理规定》等管理制度,确定了"2.25+0.75"的水文水资源订单式人才培养模式,即第一、二学年和第三学年的前十周参加水利大类专业学习,第三学年其余时间集中学习水文。

第三,合作教学。双方共同设计了水文课程体系,开设专业核心课程,制订课程标准,编写校本教材。双方共同组建了由湖南省水文系统专家、学院专业教师组成的"双师"教学团队。双方共建覆盖全省水文系统的实训条件,湖南省水文局将其管辖的相关单位确定为水文水资源订单班学生的实习实训场所。

第四，双方合力将水文行业文化贯彻于学生培养的始终。一方面将水文行业精神、水文规范、水文制度等融入专业教育中，另一方面组织学生全面参与省水文系统的相关文体活动，提高学生对水文事业的认同。

湖南省水文水资源勘测局和湖南水利水电职业技术学院联合开展的水文水资源人才订单培养实践取得了显著的成果。湖南省水文水资源勘测局相关领导对于订单班毕业生的评价颇高，认为他们业务水平高、综合素质强、安心留得住。该局人教处处长唐丰华提供的数据也为这一评价提供了有力的支撑："开展订单培养以前，面向社会公开招考的人员流失将近四分之一，而两届订单班培养出来的毕业生流失率为零。"

（三）水利企业实践

在上述两个案例中，用人单位都是政府。在水利行业的一些"订单式"人才培养实践中，用人单位是水利企业或其他组织。比如，湖北水利水电职业技术学院与湖北大禹水利水电建设有限责任公司、湖北水总水利水电建设股份有限公司开展了订单培养探索，力图建立"联合招生、联合培养、联合精准扶贫"的合作模式，开展现代学徒制试点。

再比如，2016 年，中国水电七局四分局与高级技工学校合作开启了"订单式"人才培养。培养在"精机械、懂土建、会管理"的目标上展开。专业基础课内容由四分局培训团队根据现场施工要求开发培训大纲，授课则由高级技工学校优秀讲师、高级讲师担任。专业课内容涉及钻机知识、喷车知识、安全生产、设备管理基础、企业文化以及修理厂认知教学，授课由工作经验丰富的高级技师、技师和工程师担任。

三、发展"订单式"水利人才培养实践的建议

目前，水利人才"订单式"培养尚处于探索阶段，并没有形成全行业的、规范的实践模式。要使这种新型的人才培养模式趋利避害，充分发挥潜力，需要从顶层设计到技术细节等方方面面对其进行仔细考量和改进。

第一，转变"订单式"人才培养的哲学基础——从实用主义到人本主义。"订单式"人才培养具有天然的实用主义倾向。在实用主义的指导下，"订单式"人才培养实践往往追求短、平、快，用人单位不但希望订单班的学员掌握相关的技能，还希望他们提前接受和融入组织文化；而培养单位往往会在实际利益的驱使下迎合用人单位的要求。殊不知，过强的实用主义倾向直接违背了高等院校的人才培养目标，即将学生培养成具有独立人格以及充分的生存和发展能力的个体。从现有的"订单式"人才培养实践，特别是用人单位为特定企业的"订单式"人才培养实践看，学生确实能够获得短期利益，比如，学习期间的经济补助和就业承诺，但是，这种利益的获取是以放弃长期的职业发展选择权为基础的。事实上，长此以往，利益受损绝不仅仅是学生——用人单位得到的员工会缺乏长期发展潜力，培养单位的声誉也会受损。针对这种情况，一些有识之士提出从"订单"角度入手破解：尽量避免针对特定企业或其他组织的"小"订

单,开发针对行业或地区的“大”订单;或者退而求其次,学生首先进入“大”订单班进行通识和基础课程的学习,完成这一阶段的学习后再进入更为专业的“小”订单班学习。

第二,夯实水利人才“订单式”培养的法律基础。美国、英国、德国、日本等这些拥有较为完善的合作教育体系的国家都有一个特点,即合作教育都在相对完备的法律框架内开展。反观我国,人才“订单式”培养目前总体上属于用人单位和培养单位开展的零散的人才培养探索,参与各方的行为缺少相关法律的规定和约束。这就容易产生一些问题,比如,参与各方应该具有怎样的权利和义务,如何保护参与方的权利,特别是其中相对弱势的参与方,等等。鉴于国家层面很可能在短期内不会出台相关的法律、法规,水利行政部门有必要研究出台相关行业规范,至少应针对当前水利人才“订单式”人才培养中的一些关键问题提供指导性意见,比如,“订单式”人才培养体系的开发和评审由谁负责,培养单位、用人单位和学生等各主体之间的法律纠纷该通过什么机制进行解决。

第三,强化水利行业组织在“订单式”人才培养实践中的作用。目前我国水利人才“订单式”培养实践通常涉及用人单位、培养单位和学生三方主体。但是,在职业教育发达国家,合作教育往往涉及更多主体。人才培养规格、培养方案及课程体系一般都是由教育主管部门、产业委员会、工会等组织专家来制定。对比起来,我国的合作教育人才培养规格及方案、课程体系的制定都是由合作院校的教师和用人单位共同制定的,有些情况下甚至更为随意。加强水利行业专业组织在“订单式”人才培养实践中的作用,可以直接促进水利人才培养规格、培养方案及课程体系建设的规范化,间接有助于更好地培养学生的职业精神和职业发展能力,从而帮助人才培养院校、用人单位和学生真正实现共赢。

> 对于水利人才发展来说,“订单式”人才培养有两个重要启示:其一,“外来”的人才管理理念和方法有潜力为水利行业的人才发展提供创新性解决方案,因此,识别、跟踪、解读人力资源/人才管理领域的研究进展和最佳实践对于提升水利行业的人才管理具有现实意义;其二,对于有潜力的人力资源/人才管理研究成果和最佳实践,如何建立一套科学而行之有效的试点和推广流程来加以应用,是值得水利人才发展部门探索的一个问题。

(根据相关资料进行整理。)

主要参考文献:

刘文胜.“订单式”人才培养模式的实践与思考[J].长江工程职业技术学院学报,2012,29(1):27-29.

童登峰.“订单式”人才培养模式的实践困境及冲突研究[J].华南理工大学学报(社会科学版),2014,16(3):141-146.

尕玛达杰,旦巴达杰,祁录守.玉树州“订单式”水利人才培养模式探索[J].中国水利,2018(3):64-65.

李付亮,李娟.行业参与推进职业教育产教融合模式的作用探析——以水利行业职业院校为例[J].职教论坛,2016(35):45-48.

成果七：海委干部教育培训现状及对策

干部教育培训是建设高素质干部队伍的先导性、基础性、战略性工程，在推进中国特色社会主义伟大事业和党的建设新的伟大工程中具有不可替代的重要作用。近年来，党中央从全面推进新时期党的建设新的伟大工程、加强党的执政能力建设和先进性建设的战略高度，对当前和今后一个时期的干部教育培训工作做出了一系列部署。2014 年水利部结合水利工作实际，制定了《2014—2017 年水利干部教育培训规划》。海委认真落实“大规模培训干部、大幅度提高干部素质”的战略任务，着力增强教育培训的实效性、统筹性和针对性，干部教育培训工作成效显著，为建设一支高素质干部队伍、推动流域水利事业发展提供了有力支撑和保障。

一、海委干部教育培训现状及主要做法

（一）干什么学什么，缺什么补什么，教育培训质量不断提升

长期以来，海委高度重视干部教育培训工作，在干部教育培训中突出理论武装、强化党性教育，始终把学习掌握马克思主义中国化最新成果作为中心内容，推进党的创新理论进课堂、进头脑。

按照中央和水利部党组关于理论武装和党性教育有关要求，近年来，海委先后组织了党的十八大精神和习近平总书记系列重要讲话精神轮训，开展了学习党的十八届三中、四中、五中和六中全会精神学习活动，完成基层党组织书记集中轮训，组织海委局级干部到延安干部学院集中学习，选派局处级干部参加中组部或水利部调训等一系列教育培训活动，使各级领导干部思想政治素质不断提高，“三个自信”不断增强。

积极实施社会主义核心价值体系教育，大力开展党员干部党性党风党纪和党史国史教育，不断强化干部职工的群众路线意识。2014 年创办海委机关“道德讲堂”，有力推进了海委机关文明创建工作，提高了干部职工的道德素养和单位文明程度。同时不断加强反腐倡廉教育，定期组织干部职工观看廉政警示教育片，参观廉政教育基地，学习指定书目。

与此同时，海委从满足广大干部履行岗位职责的需要出发，在干部教育培训中侧重加强

干部的能力和素质培养,着力提升广大干部的统筹谋划能力、政策把握能力、沟通协调能力、改革创新能力和破解难题能力。先后重点开展了处级干部任职培训、公务员和专业技术人员知识更新培训、基层领导干部和技术骨干培训,进一步推动了海委广大干部对新理论、新知识、新规则、新技能的学习掌握,有力提高了各级干部推动水利科学发展的能力和水平。

(二)拓宽培训渠道,完善培训方式,教育培训改革加快推进

培训工作的组织模式直接关系到干部教育培训工作的实际效果。海委积极推动干部教育培训改革,拓宽培训渠道,创新培训方式方法,干部教育培训工作的实施成效得到明显提升。

为切实提升培训质量,2011 年海委专门下发《关于实施海委干部教育培训学时制管理的通知》,在干部教育培训中实施学时制管理,实行学时分解制度,建立人事部门、干部所在部门(单位)和干部本人共同分担培训任务的工作制度,进一步明确人事部门、业务部门和干部本人职责分工,调动了各方参与和支持干部教育培训工作的积极性。

按照中央建立组织调训为主、自主选学为辅的干部参训机制要求,海委努力把组织需求、岗位需求和干部个人需求有机结合起来,制定年度干部自主选学方案,依托中国水利教育培训网开展干部网络选学。2016 年干部人均网络选学达到 61 学时,在线学习人数及人均培训学时均在水利部直属单位中名列前茅,得到上级主管部门的充分肯定。同时,开展书目选学、集体学习、专题讲座、学习成果展示、拓展训练等内容丰富、形式多样的学习培训活动,有效缓解了工学矛盾和教育培训资源短缺等问题,满足了干部个性化、多样化、高层次培训需求,激发了干部的学习动力。

(三)健全长效机制,严格培训管理,教育培训效果显著增强

为充分调动广大干部职工的学习积极性,海委深入落实水利部关于完善干部教育培训激励约束机制的有关要求,全面推行干部教育培训与新录(聘)用干部上岗、领导干部任职、专业技术干部技术职务评聘和干部年度考核评优评先相结合。加强对激励约束机制的学习宣传,加大对落实激励约束机制情况的监督检查力度。

与此同时,海委采取多种有效措施,严格干部教育培训工作监督管理。开展培训需求调研,健全以需求为导向的培训计划生成机制,科学编制培训计划,不断增强培训的实效性和针对性。建立完善培训档案备案管理制度、培训班计划落实督促机制和日常培训申请登记管理制度。完善培训质量评估制度、培训质量评估档案管理制度,逐步实现培训质量评估工作的规范化、制度化和科学化。

各项工作的有效开展使海委干部教育培训工作进一步规范,培训数量、质量持续提升。据统计,"十二五"期间海委共举办培训班 1 000 多期,累计培训 8 万多人次,干部教育培训达标率和人均培训学时逐年上升,大规模培训干部工作取得显著成效。

> 海委的干部培训至少有两个特色:一是建立了相对完备的培训体系;二是具体的培训工作扎实且内容丰富。

二、存在的问题

海委干部教育培训工作虽然取得了一定成绩，但仍然存在着一些问题，制约了工作的进一步深入。

（一）教育培训方式方法有待于进一步创新，培训内容设置有待于进一步改进

主要表现在培训方式方法较为单一传统，往往局限于讲授式教学，创新性新颖性不够，尚未充分运用现代信息技术支撑培训，培训的针对性和实效性有待于进一步加强。

> 一种很受欢迎的培训评估方法是Kirkpatrick模型。该模型认为，一个特定的培训项目的效果体现在四个方面：第一，反应——学员喜欢这个培训项目吗？第二，学习——学员在多大程度上吸收了培训中提供的知识和技能？第三，行为——培训后，学员行为在多大程度上发生了预期的改变？第四，结果——培训是否转变成了组织产出？

（二）教育培训师资力量和精品课程建设有待于进一步加强

主要表现在尚未建立完善的干部教育培训师资库和精品课程库，在组建培训班选择课程和授课教师时往往带有一定的随机性，缺乏系统性、科学性。

（三）教育培训评估体系有待于进一步完善

主要表现在培训评估的方法欠缺，有时难免生搬硬套，缺乏切合实际的方法，往往导致很多评估流于形式，不能充分运用评估结果指导和改进教育培训工作。

三、相关对策

> 培训的出发点，除了干部学习需要，更重要的是组织需求。组织目标和战略需要与干部能力之间的差距决定了培训需求。培训工作如果能够结合员工发展和职业生涯管理，那么有利于提高干部对于培训的投入感和承诺感，最终改善培训效果。

针对上述存在的问题，下一步应该着重加强以下三方面的工作：

（一）注重培训需求调研，改进教学方式

把干部学习需求调研放在首要位置，根据不同的培训对象确定培训内容，采取灵活的培训形式，综合运用各种教学方法，用好大数据、“互联网＋”等技术手段，努力提高培训效果，充分调动干部参训的积极性。

（二）建立完善培训师资库，打造精品课程库

及时关注时事和行业动态，收集优秀讲师资料，健全领导干部上讲台制度，逐步建立完善培训师资库；善于发掘马克思主义中国化最新成果及反映水利行业各领域理论和实践创

新的精品课程,努力打造精品课程库,进而避免培训课程设置和授课教师选择上的随意性和盲目性。

(三) 借鉴成熟经验,完善培训评估体系

进一步加强对培训评估重要性的认识、注重做好培训评估总结。建立起完备的跟踪反馈机制,对于效果好的培训课程予以保留;对于没有效果的课程及时撤销,对于培训效果不显著的课程可以进行重新设计和调整,对于某些领域欠缺的课程可以新增。对于大家反映好的授课教师予以重用,对于反映不够好的授课教师及时考虑更换。

今后,海委将继续深入贯彻落实水利部有关部署,严格执行《干部教育培训工作条例》,以干部教育培训工作为抓手,真正把培养造就高素质干部队伍的任务落到实处,为水利中心工作开展提供坚实保障。

(资料来源:水利部海河水利委员会;主要完成人:王苗娣、张扬)

成果八：尼尔基公司薪酬改革研究

为增强公司薪酬水平在同业人才市场的竞争力，规范公司薪酬、福利管理，为员工薪酬的确定和变动提供依据，激励员工高绩效地完成工作，确保公司发展战略和目标的实现，尼尔基公司进行了企业薪酬改革，下面将此次改革的有关情况及经验进行总结分析。

一、尼尔基公司基本情况

尼尔基公司成立于 2001 年，负责尼尔基水利枢纽工程的建设及运行管理。尼尔基水利枢纽是以防洪、城镇生活和工农业供水为主，结合发电，兼顾改善下游航运和水环境，并为松辽流域水资源的优化配置创造条件的大型控制性工程。目前，公司内设 10 个二级单位和 1 个全资子公司，正式员工 140 余人。

二、薪酬改革情况

（一）公司薪酬沿革

2001 年公司成立之初，经松辽委同意，执行事业单位工资体系。2006 年参加了事业单位工资改革，同年 7 月，首台机组发电后，实行了安全生产奖励，2009 年开始，建立了绩效考评体系，增加了绩效工资，一直执行的是"事业＋企业"混合制薪酬体系。

（二）存在的主要问题

① 尼尔基枢纽建设竣工后，公司完全按照企业运行管理，而执行的事业、企业混合薪酬体系显然不符合建立现代企业制度的基本要求。

② 不同层级人员薪酬差距过小，薪酬与不同层次员工的贡献、责任不匹配，无法充分发挥应有的激励作用。

③ 中层(副处级)以上员工收入水平偏低，公司骨干流失严重，影响了公司正常管理。

④ 工资构成过于零散，给日常管理带来不便，事业企业工资体系混合，工资科目共计 18

项,结构过于复杂,不便于管理。

(三) 改革总体思路

改革总体思路是转换、调整、规范。

转换:将基本工资部分由事业单位体系转换为企业体系,即将原来事业单位的岗位工资+薪级工资+各种津补贴转换为水利企业岗位工资。

调整:体现在两个方面,一是加大绩效工资比例,减少其他收入比重;二是加大不同层级的收入差距,充分体现薪酬在责任、贡献方面的激励作用。

规范:将过于零散的工资构成进行合理归并,简化工资构成,完善薪酬管理制度,量入为出、规范考评。

(四) 改革后的薪酬构成

改革后的薪酬包括岗位工资、工龄工资、绩效工资(含岗位绩效和奖励绩效)、津补贴、奖励、福利。具体构成如下:

1. 基本工资(岗位工资、工龄工资)

岗位工资按照水利部确定的岗位工资标准,本着"尊重历史、平稳过渡"的原则,根据原来事业单位的岗位工资、薪级工资之和就近就高套入相应企业岗位工资等级。

工龄工资,每工作一年按照10元/月标准计发,工作年限依据国家有关职工工龄方面的规定确定。

2. 绩效工资

绩效工资分为岗位绩效与奖励绩效两部分。绩效工资由绩效基数和系数两个因素决定,即基数×系数=绩效工资。绩效基数由公司经营收入(主要年度发电量)决定,系数根据员工资历、业绩、岗位层级等因素确定。

3. 津补贴

津补贴主要是根据国家和地方政府规定,企业员工应该享有的津补贴,包括艰苦边远地区津贴、采暖补贴等。

4. 奖励工资

奖励是公司针对专项工作所设的对员工或团队奖励的工资单元,包括安全生产奖、特别奖、其他特殊奖等。

(五) 工资总额确定

实行工资总额与公司经营收入(年发电量)挂钩的机制,工资总额随年发电收入上下浮动,合理确定工资总额增减幅度。枢纽设计年发电量6.0亿度(公司首台机组发电至今,年平均发电量为5.3亿度),因此可确定年发电量6.0亿度为基准发电量,年发电量低于6.0亿度,适当核减工资总额,高于6.0亿度,适度核增工资总额。当年发电量低于5.0亿度时,按5.0亿度核算工资总额。

（六）经济可行性分析

尼尔基公司以防洪、供水等公益性职能为主，由于体制问题，这部分职能并没有取得收入，目前经营收入主要为发电收入，随着公司贷款展期的实现、国家贷款利率的调整、税收政策营改增的推进，公司运行成本大幅度降低，这些使公司具备了推进薪酬改革，适度提高员工收入水平，保持员工队伍稳定的能力，公司发电量能够达到 5.0 亿度以上，即可保证公司正常运转及员工收入的稳定。发电量在 5.0 亿度以下，靠压缩项目经费、日常管理经费及利用往年结余解决。

（七）改革实施

经上级单位批准、职代会通过之后，薪酬改革方案于 2015 年 8 月正式实施，改革时间自 2015 年 1 月 1 日算起。实施后，根据职工反映情况，经公司研究，对部分实施细则进行了调整，力争做到让大多数职工满意，共享改革成果。

三、薪酬改革效果

本次薪酬改革，是公司成立以来薪酬体系根本上的转变，完全由事业单位工资体系转变成了现代企业管理体系，取得了不错的效果。

（一）职工收入大幅增加

薪酬改革完成后，各个层级的收入均有一定的增加，在发电量为 5 亿度及以下时，维持改革前的工资水平。在发电量达到设计年均发电量 6 亿度时，各个层级收入增加 8%～40% 不等，平均收入增加约 20%。

（二）各层次收入差距更趋合理

适当拉开职工收入差距，增加了中层以上干部收入，体现出岗位重要性的差异，增强了职工队伍的稳定性，通过薪酬改革增加收入留住关键人才，有利于公司持续稳定发展。

（三）调动了职工工作积极性

通过减少固定工资部分的比例，增加了绩效工资的占比，充分体现了多劳多得、按劳分配的原则，提高了广大干部职工工作的积极性、主动性。

（四）工资总额增加科学合理

薪酬总额与发电量进行挂钩，效益增加总额增加，效益降低总额减少。但是增减都需要有个限度，高不能高于国家规定的涨幅，低不能低于保证职工稳定的需要。

(五) 精简了工资项目

原有体系工资科目繁多,基本工资及各月津补贴、绩效、奖金达18项,日常工资管理工作非常不便,经常职工拿到工资条,却看不明白自己的工资构成。改革后分为岗位工资、工龄工资、绩效工资、奖金四项,简单明了,易于管理,职工也容易了解个人工资情况。

(六) 收入分配更加倾向基层

薪酬分配上进一步向一线生产岗位倾斜,公司发电厂一线职工工资水平高于机关职工,对发电厂一线员工实行浮动奖励绩效政策,按比例提取一定工资总额,由发电厂根据自身情况提出分配方案,经公司审核同意后按月发放,调动了一线职工工作积极性,体现了工资分配的公平性。

四、试运行期间存在的问题

虽然薪酬改革顺利实施了,并取得了显著的成果,但是经过一段时间的试运行,也出现了一些问题。

(一) 公司领导薪酬和中层干部工资可能会出现倒挂

公司领导班子实行年薪制,由于受增长幅度低于职工平均工资增长幅度的限制,在发电量超过6.0亿度时,会带来公司领导班子副职薪酬低于中层的情况。

(二) 在整体转换套级套档时考虑的因素会造成部分岗位同岗不同酬

因个人学历、职称、工作经历、工作年限上的差异,导致部分岗位因为微弱的差异产生了同岗位绩效工资系数在不同的档位的问题,部分职工认为有一定的不合理。

(三) 整体薪酬倾向行政管理岗位,技术岗位增幅较少

公司属于工程运行管理企业,行政管理占主导,在本次薪酬改革中,对行政职级,如科级以上干部的增长幅度相对较大,技术岗位的增幅相对小一些,容易导致干部队伍向行政岗位集中。

> 尼尔基公司的薪酬改革具有目标明确、思路清晰、调整依据合理、策略得当、成效显著的特点。薪酬调整兼顾公平与效率。但是,该报告总体上是对于薪酬水平、结构、组成的技术性描述,并没有提供充分的信息来阐述相关的战略性问题,比如,收益按照什么比例在职工和股东之间分配、薪酬成本和预算等。这些战略问题不但事关企业发展,而且会影响职工长期收入能否正常增长。

(四) 需要加强对部门的自主分配收入部分的监管力度

新的薪酬体系下,部门具有了一定的收入分配权限,各部门分配的办法是否科学合理,是否公平公正,具体效果如何,干部职工反响如何都是需要我们进一步深入了解的;如果有不合理的、不公正的,需要及时整改。

(资料来源:嫩江尼尔基水利水电有限责任公司;主要完成人:魏宁宸、石磊)

成果九：四川基层水利人才队伍建设存在的困难及对策研究

2017年3月8日，习近平总书记在四川代表团参加审议时提出，改进脱贫攻坚动员和帮扶方式，扶持谁、谁来扶、怎么扶、如何退，全过程都要精准，有的甚至需要下一番“绣花”功夫。脱贫攻坚，关键在人才，而基层水利人才是水利一线的骨干力量，是“绣花”的针，是绣好水利扶贫“这朵花”的关键。因此，加强基层水利人才队伍建设，不仅是水利改革发展的需要，更是打赢脱贫攻坚战、全面建成小康社会历史使命的要求。

一、四川水利人才总体保持了较快增长

“十二五”期间，在四川省委、省政府的坚强领导下，涉及水利系统的各项人才引进、管理及职称评定等相关政策发挥了积极作用，有效提升了四川水利人才队伍整体素质和能力水平。四川水利人才队伍各年龄阶段从业人员占比基本稳定，其中35～55岁年龄阶段人群占比较“十一五”期间提高1.5个百分点，56岁及以上年龄阶段人群占比较“十一五”期间同比下降0.5个百分点；学历结构进一步优化，研究生及以上学历提高0.55个百分点，本科学历提高4.36个百分点，专科学历提高3.33个百分点；职称结构进一步合理，中高级专业技术人员增量保持了较快增长，占比较“十一五”末期提升1.5个百分点。四川水利人才队伍的年龄结构和职称结构与全国平均水平大体相当，学历结构优于同期全国平均水平。一批拔尖人才脱颖而出，正高级专业技术人员达到59人，5151人才工程部级人选、国务院政府津贴专家、西部访问学者、省级学术和技术带头人及其后备人选等高层次人才达到30人。

二、四川基层水利人才队伍建设存在的困难

（一）人才匮乏，结构不合理

总量不足是四川基层水利人才队伍的突出问题。在人才结构上，技术人才匮乏，老龄化问题突出，中高级职称人员明显偏少。人才分布不均衡。成都平原经济区人才密度较大，民

族地区、盆周山区人才密度较小;高学历、高技能、高职称人才和专业技术人才、经营管理人才在厅直属单位和经济发达地区分布较多,在基层单位和民族地区分布较少,尤其是经营管理人才在民族地区和边远艰苦地区更少。

(二) 招人难、留人难

地方经济生活条件较差或地处偏远的基层水利单位在人才来源上,因人才发展渠道偏窄、待遇偏低、地位偏弱,外部人才引进难,留人更难;内部教育水平低,本地人员在高考或者人事考试中都存在"难考上"的情况。招人难、留人难在水利厅所属的基层水利站、水文站普遍存在,在少数民族地区和贫困地区情况更为严重。目前,四川县级行政区域水利事业单位空编比例为10%,乡镇区域空编比例为13.3%。

(三) 人才培养水平低

基层特别是少数民族地区和贫困地区教育资源少、教育水平低,接触和学习先进科技和管理手段的机会较少,理念较为落后,学历层次远低于全国平均水平。能够适应现代科技发展、运用现代手段进行工作的人才比例更低,大大制约了贫困地区水利现代化的进程和水利服务保障经济社会的能力。一些水利部门和单位对职工在职教育培训重要性认识不足,尤其是基层水利干部职工培训力度不够,干部职工参加学习培训的动力不足,培训针对性、实效性不强,专门性知识内容更新培训开展较少,培训工作多头管理,培训方式相对单一,现代化、信息化培训手段的应用不够广泛,培训经费短缺,培训实施体系的支撑功能相对薄弱等。

(四) 等靠要思想严重

等靠要的现象在经济物质发展水平较为滞后的地区普遍存在,特别是少数民族和贫困地区,过度依赖下派支援干部人才和直接的资金支持。等靠要思想严重限制了少数民族和贫困地区的创造力和发展后劲。

三、政策措施及对策建议

(一) 放宽基层事业单位人员招聘和引进政策

针对三州、88个贫困县、乡镇、省属事业单位(或派驻、分支机构)中驻地(或实际经常工作地)在上述地区的,适当降低招考门槛。

1. 公开招考事业单位工作人员方面

将开考比例放宽到2∶1(民族地区形成差额即可);针对留人难问题严重的基层水利站、水文站最低学历门槛降低到高中(中专),并可设置县域的户籍限制;对驻地在民族地区的基层站点,可设置性别限制。

2. 考核招聘事业单位工作人员方面

考核招聘是基层水利人才引进的重要渠道，但由于适用的专业较少，考核招聘实际能发挥的作用受到了限制。建议将事业单位考核招聘专业限制放宽到水利专业大类，以更大程度地发挥考核招聘在基层水利人才引进中的作用。

3. 设置最低服务年限

对享受上述放宽政策的考生设置5年最低服务年限。服务年限内不得参加公招、遴选、考核招聘等人事招录考试，不得调动、流动。上级单位一般不得借调，因工作特殊需要短期借调的，应征得借调单位主管单位人事部门同意并明确借调时间。

（二）通过院校定向培养基层水利人才

1. 在高考中设置定向委培计划

针对三州、88个贫困县、乡镇、省属事业单位（或派驻、分支机构）中驻地（或实际经常工作地）在上述地区的，在普通高等学校招生全国统一考试或自主招生中，由用人单位主管部门与水利院校或开设水利专业的院校合作，设置大学本科和专科层次的定向委托培养计划名额，采取人力资源社会保障部门、用人单位、院校三方联合培养的模式，培养经费由财政予以保障。考生毕业后到定向单位工作，本科层次考生设置5年最低服务年限，专科层次设置8年最低服务年限。

2. 借鉴"政法干警考试"培养模式

针对三州、88个贫困县、乡镇、省属事业单位（或派驻、分支机构）中驻地（或实际经常工作地）在上述地区的，借鉴政法干警招录培养体制改革试点招生考试，由省人社部门、教育部门组织具有入学考试、入职考试双重性质的统一考试，培养院校与用人单位在职位表中一对一设置，考生毕业后到考录单位工作，本科层次考生设置5年最低服务年限，专科层次设置8年最低服务年限。招录及培养经费由财政予以保障。

3. 扩大藏区学生"1+2"计划

加强对贫困学生减免学费等帮扶政策。积极协调省内有水利类专业的院校面向藏区、彝区开设少数民族班。

（三）通过政府购买服务解决部分用人问题

目前政府购买服务解决用人问题已普遍在法院、公安、环卫等部门施行，并已形成较为成熟的可借鉴经验。一些地处偏远、条件艰苦的基层测站，对专业知识、文化程度要求较低，仅需要承担一些看守、记录等工作的岗位，可采取政府购买服务的方式引进社会化工作人员。

（四）落实基层水利人才待遇

一是落实现有的艰苦偏远地区人员待遇。目前，国家已有一些艰边津贴、高海拔补贴等方面的特殊政策，对艰边地区"留人"发挥了积极作用。但一些注册地不在艰边地区，但实际工作地在艰边地区的单位,因为政策执行标准等方面的问题,不能享受国家政策,职工形成强烈的心理落差与不满,对单位“留人”形成了反作用。建议在相关政策的执行中以“实际工作地”为标准。二是出台人才引进待遇政策。对于急需引进的人才,给予“安家费”、住房等待遇吸引人才。三是在职称评聘上,进一步向基层倾斜,适当提高基层高、中级人员的聘用比例。

(五)分类强化水利人才培训

按照人才类别分类开展针对性、实用性更强的各类培训。培训项目向贫困地区重点倾斜,对贫困地区自办培训,在资金和师资上予以支持。结合贫困地区水利职工培训实际需求,以水利院校及开设水利专业的院校为平台,深入开展“送教上门”、“送培下乡”以及“网络培训”等多种形式的培训,通过水利信息化、农村饮水安全等专业技能培训,提高贫困地区水利职工的实操能力。出台学历(学位)教育鼓励政策,落实各类保障条件,鼓励和支持水利干部职工参加各类学历(学位)教育。协调有关院校在贫困地区设立函授、电大开放教育等水利专业在职教育,不断提升干部职工学历层次。

> 如果认为人才在职业、工作选择上符合工具理性,那么推行人才待遇均等化可能是解决基层水利单位人才招聘难、不好用、保留难等问题的一个长效机制。待遇均等化是指水利人才,不论职位高低、工作性质、所在区域,都有平等的机会获得人力资源服务,享有发展空间,以及分享工作成果。均等化意味着在待遇达到基本标准的前提下,对相关类型的人才进行恰当补偿。人们从事一项工作,选择一项事业,往往会考虑其总体报酬。既然如此,要吸引人们去从事具有突出限制的工作,比如,工作困难、有危险、地点偏远,就必须从其他方面进行补偿。这些补偿不一定是现金,但必须是补偿对象需要的。

(资料来源:四川省水利厅;主要完成人:牟春、黎定华)

成果十：加强水利信息化人才队伍建设的思考

> 信息化是水利工作变革面临的一项关键任务。信息化水平不但影响水利业务的效率和效能，也影响水利行业和组织人才发展工作的效率和效能。

水利信息化是转变新时期治水思路，实现水利现代化发展的先导因素。然而，我国水利信息化建设起步较晚，与其他行业相比存在一定差距，尤其是在人才储备和人才培养方面差距明显。水利信息化人才匮乏已经成为制约水利信息化发展的“绊脚石”，因此探讨和研究我国水利信息化人才队伍建设相关问题，对于推动水利信息化进程具有重要意义。

一、水利信息化人才队伍建设存在的主要问题

（一）缺少既具备水利专业知识又精通计算机技术的复合型人才

水利行业有其自身的特殊性和复杂性，它涉及的领域多、专业性强。同样，水利信息化建设的内容也具备广泛性和专业性，其中融合了计算机科学、水利专业知识和水利行业管理等多方面的知识。这一特点决定了水利行业中的信息化人才应当是既具备水利专业知识又精通计算机技术的复合型人才。然而，目前这类人才不仅严重匮乏，而且后继无望。一方面，现有在岗的水利信息化人员绝大部分毕业于计算机相关专业，基本不具备水利专业知识；另一方面，在我国水利类高校中，计算机课程历来只是作为一门基础性课程，没有更高的专业要求。“专才”过剩，“通才”难找，这是困扰各个行业的普遍问题。

（二）结构失衡，呈两头小中间大的“梭形”结构

信息化人才主要由三类构成，一是高精尖人才，他们是信息化的领导者和推动者；二是管理类和技术应用类人员，他们是信息化建设的中坚力量；三是执行层人员，是信息化工作的基础人员。目前水利信息化人才队伍呈现两头小中间大的“梭形”结构，即高精尖人才及执行层人员较少，而管理类和技术应用类人员较多，这种结构不利于发挥人才队伍的效率。

主要表现如下:一是水利信息化建设决策者们大多缺乏信息化知识,从而导致信息化建设项目决策效率降低。二是处于"金字塔"顶端的"高精尖"专业人才"一将难求",领军人物的缺乏无疑会使项目的推进大打折扣。三是缺乏大批素质较高的执行层人员。

> 水利行业信息化人才发展问题的根源并不在于人才本身或者人才发展部门,而在于更高的组织发展和战略层次。既然存在大量的中间层人才(管理类和技术应用类人员),他们为什么没法脱颖而出,成为懂信息技术的信息化领导者和推动者?如果把信息化看作水利工作的基本方式,而非仅仅是一种辅助手段,那么水利组织的决策团队中必定需要,而且也会包含专司信息化的高层管理者。

(三) 培养滞后,培养模式不尽合理

水利信息化人才的培养对水利信息化建设发展具有深远的影响。没有建立规范化、制度化、系统化的培训体系是造成水利信息化人才培养滞后的原因之一。目前针对信息化人才的培训多是为完成某项信息化项目而专门举办的单一的、专项培训,参训者可以顺利地完成某项信息化工作,但是培训所得的知识都是零散的,不成体系,无法做到触类旁通,缺少系统培训。另外,缺乏针对高层决策者的信息化培训。水利行业的领导干部中信息化工作出身的较少,而这部分人员恰恰是信息化工作的领导者和决策者,针对他们的信息化培训,不仅有助于推动单位信息化工作的开展,更有助于推动全员信息化的实现。

(四) 职业生涯发展前景不明,人才流失严重

良好的职业生涯发展前景是吸引人才的重要因素。在水利行业,信息化人才队伍的成长通道不畅、职业发展前景不明,导致人才流失严重。从行业内部看,在水利企事业单位中信息化部门的地位和受重视程度普遍较低,职务晋升存在"玻璃天花板"现象,也没有专门的职称评审系列,这些都影响着信息化人才的自我实现。从行业外部看,水利行业属于基础性行业,从业人员人均收入较低。较大的收入差距、不明朗的职业发展前景,这些都是水利信息化人才流失的重要因素。

二、加强水利信息化人才队伍建设的思考

(一) 以水利高校为依托,培养复合型信息化人才

培养复合型信息化人才,是水利信息化建设的当务之急。高等院校,尤其是水利类院校应当肩负起培养水利信息化专业人才的重任。目前,我国大部分水利高等院校基本都开设有计算机专业,而且师资力量、科研水平和教学设施都较为充足和完备。建议各高校根据水利信息化建设的需要调整人才培养目标,加大课程改革力度,在教学计划中增加信息技术和信息化课程的比重;积极呼吁在本科生教育中开设水利信息化专业,在研究生教育中增设水利信息化研究方向;积极鼓励水利类专业学生选学计算机类课程,申请信息技术类第二学

位。通过专业方向上的变化和课程体系的改革，加快水利院校信息化人才培养模式的变革，培养出水利信息化建设真正需要的复合型人才。

（二）制定水利信息化人才规划，打造“金字塔”形人才结构

“梭形”人才队伍结构已经不能适应水利信息化的发展。水利各级部门，应当充分认识水利信息化人才队伍结构失衡对今后信息化发展的影响和制约。在今后的工作中，各级部门首先应加强对现有信息化人才的调查和分析，定期研究水利信息化发展的现状、前景以及对各类人才的需求，清楚掌握信息化人才的供需动向。另外，要在此基础上，制定合理的、动态化的信息化人才规划，做到引才用才有的放矢。既不片面追求“高精尖”人才，或者非“千人计划”“万人计划”人才不引，也不能“过度”求才若渴，没有原则地降低用人门槛。人才结构的调整非一朝一夕，要找准目标，合理规划，徐徐图之。

（三）建立继续教育制度，打造信息化人才分层次培养模式

信息技术瞬息万变，通过学历教育所获得的知识显然不能满足实际工作的需要，因此不断加强学习是全体水利信息化从业人员更新、补充、拓展和提高专业知识，完善知识结构，适应信息化建设要求的重要手段。水利信息化建设的任务重、时间紧，大部分从业人员是没有时间到高校进行系统学习的，而零散的、个别的培训课、培训班显然无法做到全员化、制度化和系统化，因此建立类似会计从业人员的强制性继续教育制度是水利信息化人才队伍建设的必然要求。应构建分层次的人才培养模式，对高精尖人才、管理和技术类人才、执行层人才分别制定不同的学习内容，因材施教，以有利于提高人才培养的针对性。

（四）优化人力资源配置，建立水利专业和计算机专业人才相结合的工作模式

人才培养不是一蹴而就的，在当前水利信息化人才匮乏的环境下，应当积极探索和创新工作方式方法，充分利用现有的人才资源实现效益最大化。将水利专业和计算机专业人员相结合的工作模式，得到了大多数信息化部门的认可。这种工作模式以项目小组或项目团队的形式存在，以计算机专业人才为主，配备相应领域的水利专业人才。这样既可以发挥人员自身的专业优势，又可以通过互补，形成团队合力，弥补各自在非专业领域上的不足。但是，必须指出的是，这些新颖的工作模式，仅仅是权宜之计，最根本的解决办法还是大力培养复合型专业人才。

> 这里提出的各项措施无疑有助于破解水利行业的信息化难题。但是，如果跳出水利单位的视角，从整个行业的角度进行审视，那么首先需要回答的问题是，是否需要构建专门的“水利”信息化人才队伍？如果需要，那么这个队伍的规模应该有多大？水利行业今天碰到的信息化问题，税务、银行、电力、制造等各个行业都碰到过，它们的解决方案对于水利行业应该有所启示。特别是民营组织在推进信息化的过程中，通常面临生存、发展的硬约束，它们的经验和教训对于水利行业构建健康而有效的信息化体系应该具有切实的参考价值。

综上所述,随着信息化与传统水利行业的深度融合,水利信息化建设迅猛发展,同时也对水利信息化人才提出了更高的要求。加强水利信息化人才队伍建设,培养和造就一支熟悉水利信息化知识的多层次、高素质的人才队伍,对于打破水利信息化建设过程中的"瓶颈",早日实现水利信息化建设的宏伟目标具有重要意义。

(资料来源:水利部水利水电规划设计总院;主要完成人:朱振晓)

分报告（五）

人才发展理论研究与政策热点

第一章　人才发展理论研究热点选编

这一子报告旨在呈现人才发展研究热点,并通过热点文献介绍的方式展示出来。为此目的,我们首先通过专家提名的方式,确定了五种高水平专业刊物(《管理世界》、《中国行政管理》、《哈佛商业评论》、《中国人力资源开发》和《商业评论》)和一系列人才发展专著。对于这些出版物的基本要求有如下几个方面:一是时效,出版时间为 2016—2018 年间;二是质量,专著应由国家级出版社出版,连续出版物则应具备良好的声誉;三是跨界,相关刊物和专著应在理论和实践领域均受重视。在刊物和专著遴选的基础上,主题专家对相关论著进行了主题编码,按照其核心关注点的差异,将相关论著按照其核心关注点(即人、工作、组织和基础体系)分成四类,并列出了若干项代表性论著(表 5-1)。有必要注意到,这些论述在主题上突破了传统的人力资源管理范畴,广泛涉及了领导力和组织发展这两个广义上的人力资源管理范畴。

表 5-1　人力资源管理研究热点文献

关注点	文献题目	核心主题
人	1. 好奇心的商业价值	激励
	2. 全方位领导力	领导力
	3. 工匠精神	胜任力
	4. 员工绿色行为	绩效管理
工作	5. 应急管理专业人才胜任力模型	胜任力
	6. 是什么让工作有意义	工作设计
	7. 设计思维	绩效管理
	8. 思维定势影响创意质量	绩效管理;培训与开发
组织	9. 人力资源三支柱转型	组织设计
	10. HR 大变革:由三支柱模式到钻石型模式	组织设计
	11. 组织形态变革与雇佣关系	组织变革;雇佣关系
	12. 建立使命型组织	组织变革
	13. 赋能:创智时代的组织原则	组织变革
基础体系(哲学、技术、战略)	14. "互联网+"与人力资源服务业创新	技术
	15. 大数据在人才评价中的应用	技术

续表

关注点	文献题目	核心主题
基础体系（哲学、技术、战略）	16. 人力资源管理的投行逻辑	管理哲学
	17. 利益冲突管理	管理哲学
	18. 构建人才强国战略的人才管理基础设施	人才管理基础设施
	19. 国外公职人员行为及道德准则比较	职业伦理
	20. 新时代干部队伍建设的行动指南	制度建设

文献1　好奇心的商业价值

> 好奇心指的是个体热衷于寻求新体验和新知识，并对变革保持开放的一种心态。

纵观历史，很多突破性发现和重要发明都是好奇心的产物。寻求新信息和经验、探索新可能性是人类的天性，好奇心对创新和创意具有重要意义。在商业领域，实践证明，好奇心也有重要价值。最高效的领导者会寻找培养员工好奇心的方法，促进持续学习和探索。

好奇心内涵丰富，从不同视角来看，好奇心可以分为五个不同的方面，即五个维度：第一个维度为被剥夺感，指人们意识到自己缺少需要的知识，而填补缺失的信息有助于舒缓紧张的神经；第二个维度为快乐探索，指对大千世界的种种奇妙感到惊奇不已；第三个维度为社交好奇，指通过与他人谈话、倾听和观察，了解对方的想法和行为；第四个维度为抗压能力，指愿意接受和应对由新鲜事物引发的焦虑；第五个维度为寻求刺激，指愿意承担身体、社会和财务风险，追求不同、复杂和强烈的体验。不同维度的好奇心有不同的效果，比如，快乐探索与积极的情感体验有最直接的关系；抗压能力与满足、寻求归属和认可需求有最直接的关系；而社交好奇与善良谦虚、乐于助人的品质有最直接的关系。在职场中，快乐探索、被剥夺感、抗压能力和社交好奇这四个维度有助于提升工作业绩，其中后两个维度的作用尤为重要。

员工好奇心是如何帮助企业提升绩效的呢？一方面，好奇心能提升决策质量，因为它让我们从不同视角思考问题，避免轻易受到刻板印象的影响。另一方面，好奇心有助于提高员工参与度和合作默契度，因为它鼓励团队成员换位思考并关心彼此的想法。此外，好奇心还能帮助公司适应市场的不确定性和外部压力，因为员工一旦好奇心被激发，就会在思考决策时变得更加深刻理性，并想出更具创意的解决方案。

虽然领导者和员工都清楚好奇心对企业的积极价值，但是高管往往不鼓励甚至压制好奇心。多数组织中都存在一条隐性信息：提问是对权威的挑战。领导者和员工都受到规训：学会只关注自己的工作，不要去推敲和质疑流程中的细节或整体目标。在实际工作中，领导者会因为两种习惯而抑制员工好奇心：一是认为满足员工的好奇心会使组织陷入混乱，增加管理难度和经营成本；二是过分追求效率，妨碍了探索活动的开展。

要避免好奇心受限并促进其发展，思考和训练必不可少。领导者应采取有效措施来激发自己和他人的好奇心。可供领导者借鉴的策略有:将好奇心作为重要招聘要求;领导者以身作则,通过提问和倾听等方式表现出求知欲,从而增强整个组织的求知欲;强调学习的重要性,关注学习目标和业绩背后的学习过程;允许员工探索和拓展兴趣,并为其提供资源;组织"为什么"主题日,给面对挑战的员工一整天的时间问为什么。

不过,好奇心并不必然意味着高胜任力。为了帮助员工实现从好奇心到胜任力的跨越,组织可以为员工提供正确类型的延伸任务和轮岗方式。这些措施之所以会有效,是因为有好奇心的人如果获得更复杂而广泛的工作经验,就更容易出类拔萃。这类有益的经历包括在多个公司工作过,接触过更多元化的客户与同事,或经历过更多商业场景等。

实践启示

好奇心对组织、领导者和员工都大有裨益。领导者在员工和自身好奇心上的投资能够获得高回报:员工会提供更具创意的方案,领导者也更能得到追随者的尊重和信赖。因此,领导者应调整组织设计和员工管理方式,从而为好奇心的培育创造土壤。这一点对于水利行业改进人才管理具有特别的启示。由于水利行业的使命和任务面临转型,过去粗放式、指令式的管理和运作方式已经走到尽头。无论是对于水利灾害的"防",对于水利工程的"补",还是行业监管的"强",都需要相关工作人员发掘自己对于本职工作的"好奇"。只有这样,他们才会在工作中做到"探究",才能发现完好的表面下隐藏的问题或改进的机会,也才能真正做好上述工作。

【知识链接】 Gino, F. 好奇心的商业价值[J]. 哈佛商业评论,2018(9):46-55.

文献 2　全方位领导力

> 全方位领导力指的是领导者能够在不同的层级和领域发挥领导力,包括向上影响上司及其同事,横向影响同层级的人员,向下影响下属及其同事。

在社会或组织中,绝大多数的领导者并不处在金字塔的顶端,他们既有老板,又有下属。也就是说,绝大多数的领导者属于所谓的"中层"领导者。

居于中层,也能领导。领导力的本质是影响力。影响力固然可以源自职位,但是它只是影响力来源中最为初级的一种。按照五层领导力理论,要获得更大的影响力,领导者需要发展人际关系,获得认可,使人们愿意追随他;需要展示能力和业绩,为团队做出贡献;需要愿意为追随者付出,培养他们,使他们不断进步;需要通过努力展示人格魅力,使自己成为团队的代表。

因此,即便职位不够高,中层领导者也可以发挥领导力。事实上,中层领导者特别需要发展全方位领导力,原因在于他们面临所谓的中层困境。比如,可能因为上司平庸而遭受强烈的挫败感;往往身兼数职,面临多重角色挑战;要超越职位去影响他人确实困难重重;优秀表现可能无法引起足够的重视而埋没于中层;等等。

那么,如何发展和发挥全方位领导力呢?首先,要影响老板,需要出色地管理自己。在此基础上，少抱怨，勤练习，多交流，不断进步。心甘情愿做别人不愿意做的事，不但帮助上司减负，在每次占用上司的时间之前做好充分准备；而且投资于与上司的人际关系，懂得进退。努力成为组织骨干，能够在士气低落、时间紧迫、缺乏上司指导等不利境况下为组织做出贡献。

其次，要发挥横向领导力。领导者可以基于领导力圆环来影响同事。这一实践框架告诉领导者，通过关怀（关心他人的喜怒哀乐）、了解（加深对他人的了解）、欣赏（尊重他人）、贡献（为他人增值）、表达（肯定你的同事）、领导（影响他人）和成功（与人共赢）七个步骤，人们可以逐步获取、强化和扩大横向领导力。

最后，要向下领导下属及其同事。领导力建立在善意的基础上，这一点对于发展向下领导力尤其重要——中层领导者的出发点应该全心全意帮助下属。为此，首先需要关心、了解下属，警惕下属对你敬而远之；只有关心下属，下属才会关心组织。其次，积极看待每个下属，培养每个团队成员，为他们找到匹配的岗位，从而使他们各尽所长。当然，领导者需要以身作则；还要能有力地传递愿景，根据工作结果进行奖励。

实践启示

践行全方位领导力的人，即便职位低微，也会发挥主观能动性，通过各种渠道影响同事、下属乃至上司。对于在等级森严的科层组织中工作的人员来说，这一点具有独特的价值。此外，全方位领导力理论也提供了各种模型、方法和工具，中层领导者可以利用它们来切实有效地发展自己的全方位领导力。

【知识链接】约翰 · C. 马克斯维尔. 中层领导力[M]. 上海：文汇出版社，2017.

文献 3　工匠精神

> 工匠精神是一种职业精神，其突出表现是对所有产品都精益求精，其支柱是对技艺精进的不懈追求，其内核是对精工细作的信仰。

当下的时代有很多标签：全球化、互联网＋、人工智能……所有这些标签都表明，喧嚣是这个时代的一个重要特征，求大，求快，求曝光率……然而，正是在这样的背景下，工匠精神显得弥足珍贵。为什么？因为，喧嚣已然见顶。从国家层面看，依靠重复式、规模化谋求快速增长的时代即将过去；从市场看，小众消费时代已经来临；从消费群体看，中产阶层将成为主流消费群体，他们更加挑剔，需求更加个性化。要有效应对下一个时代的挑战，必须牢牢树立产品为王的理念。如何打造卓越的产品？工匠精神不可或缺。

工匠精神有可能帮助中国企业抵达前所未有的高度。在二十世纪五十年代，物美价廉仍然是日本产品的主要特征。然而，到了二十世纪六七十年代，日本在现代艺术、服装、建筑、电子等行业涌现出了一大批创新者，他们用自己的力量引领了日本文化的崛起。中国现在正处于日本当年那样的时代：在制造业领域已经具备了相当程度的基础；很多中产者在物质上已经获得了基本满足转而提出了更高的要求;甚至,互联网革命、人工智能、新能源等为中国制造业的崛起和超越提供了更多的可能。

那么,中国工匠应该具备哪些特质?第一,做到纯粹。拥有匠心的人一生只做一件事,坚持初心,不为外界名利所诱惑。第二,勇于创造。工匠劳动的基础是重复,但是出色的匠人能够将自己的想法融入作品之中,推陈出新,创造出独一无二的佳品。第三,做到极致。匠人的制作工艺都经过长年累月的打磨,非常纯熟。但是,他们不满足于现状,希望可以获得更大的成就。因此,拥有匠心的匠人选择"慢"——慢意味着精致和完美,意味着可以投入更多的时间和精力来打磨自己的成果。第四,要有一颗虔诚、自由的心。只有发自内心地热爱自己的工作,匠人才可能在工作中感到幸福;只有内心自由,不受牵绊,匠人才可能全心投入。第五,要能静下心来。匠人的工作大多数是枯燥、重复的,如果缺乏顽强的毅力和坚守本心的态度,是不可能打造出完美的产品的。

匠人群体的培育是一项系统工程,离不开组织、教育体系乃至国家的投入和参与。对于组织来说,需要围绕匠心构建五大管理体系。第一,通过程序化管理来明确职责范围,规范员工行为,进而调动员工工作积极性,提高管理效率,为战略管理和人本管理创造条件。第二,借助精细化管理来有效配置组织资源,实现组织管理由粗放型向集约化的转变。第三,通过人性化管理创造宽松和谐的环境,增强员工的归属感;通过搭建沟通交流的平台,增强员工的责任感;进而提供充分发展的空间,增强员工的成就感。第四,推行透明化管理,在目标、薪酬、经营者财产、企业信息等方面做到透明,提升组织内的信任程度。第五,通过制度化管理提高企业管理水平,特别是提高对于人才的服务水平。

工匠和工匠精神的培育显然也离不开教育体系的助力。首先,高校教育不仅要关注学生的理论知识,也要重视实践训练。其次,高校教育不能只把目光放在知识讲授和成功案例的宣扬上,而是要始终贯穿"工匠精神",把实现学生自我价值和促进国家发展放在首要位置。事实上,高校教师不仅要有扎实的理论知识,还要具备一定的工匠精神,能够言传身教,把精益求精、追求卓越、耐心专注的工匠精神融入教学过程。

最后,国家的角色在于建立和发展工匠体系。古今中外,"工匠"都是一种组织化的职业,工匠精神本质上是一种职业精神。工匠不同于普通雇工,他们把握工作的所有权,对自己掌握的技艺负有教育、传承、创新的责任。因此,国家需要通过法律来保障工匠对于自身所创造知识的所有权和收益权。只有这样,工匠权益才能得到有效维护,工匠精神才能得到永续传承。

实践启示

"匠心独运"这个词很好地体现了当代工匠精神的本质——不但强调"拙",也重视"巧"。对于水利行业的人才管理来说,工匠精神可谓正当其时。不管是"水利工程补短板"还是"水利行业强监管",其关键都在于把工作做细做巧。只有这样,水利工程才不会出现"短板",而只会有百年工程乃至千年工程;水利行业的监管也才会真正"强"起来。

【知识链接】付守永. 工匠精神:国家战略行动路线图[M]. 北京:北京大学出版社,2018.

文献4 员工绿色行为

> 员工绿色行为指的是作为组织成员的个体在工作情境中实施的特定积极行为，这些行为对环境质量有益或有助于减少对环境造成不利影响。

国家对环保越来越重视，对企业的环境规制强度也在不断提升。除了这些外部压力，企业作为社会公民也意味着它需要积极履行生态环境保护职责，在经济活动中落实绿色发展理念。企业环境目标的实现最终将落实到具体的个人，因此，员工能否积极践行绿色行为对于改善生态环境至关重要。

员工绿色行为形式多样，按照是否和工作任务相关，可以将其分为两大类：一是志愿型绿色行为，即员工在工作任务以外不受正式制度约束、自愿采取的环境友好型行为。二是任务相关型绿色行为，即员工自愿采取环保方式完成任务的行为。

员工绿色行为对员工自身和组织都有积极影响。对员工个人而言，绿色行为能够帮助满足工作任务的要求或满足员工自身环保意愿，还有助于获得任务奖励、增强工作满意度，从而对员工的职业和身心健康发展都能产生积极作用。对企业而言，员工绿色行为能间接为企业带来积极的经济和非经济影响。其中，经济影响主要体现在给组织带来物质回报，比如，组织的环保措施以及提供给员工的环保培训会激发员工的志愿型绿色行为，从而帮助组织降低能源成本。非经济影响主要表现在提升组织形象。这样，绿色行为不但能帮助企业创造更多潜在价值，而且有利于企业的长远发展。

员工是否采取绿色行为主要受三个方面因素的影响：一是社会环境，良好的社会环保文化氛围能够提升员工的环保意识，从而促使其采取绿色行为；二是组织内部环境，具体包括组织的环保态度及政策、工作团队内部成员的相互影响以及领导者的风格、态度和绿色行为；三是员工个体因素，如果员工对环保具有积极的态度和情绪，那么他们就会更多地采取环保方式处理工作任务。

对组织来说，可以通过绿色人才管理实践来激发员工的环保积极性。比如，对员工开展绿色行为培训可以有效增强员工实施绿色行为的技能、经验，从而对员工绿色行为产生积极影响；将环保绩效纳入绩效评估体系，有效衡量员工的绿色行为并提供反馈，也将提升员工采取绿色行为的动机。

实践启示

员工绿色行为议题与我国的可持续发展路径具有紧密关联，与构建资源节约和环境友好型社会的发展理念相吻合。更具体地来说，绿色行为理念与“从改造自然、征服自然转向调整人的行为、纠正人的错误行为”的水利工作转型思路不谋而合。对于水利组织来说，践行绿色发展，意味着在水利工作中注重人与自然的和谐。落实到人才管理中，需要将绿色人才管理作为人才管理的重要内容，而激励员工绿色行为是实现企业环境目标的重要途径。

【知识链接】刘欢鑫，唐贵瑶，袁硕. 员工绿色行为研究述评与展望[J]. 中国人力资源开发，2018(7)：6-19.

文献 5　应急管理专业人才胜任力模型

> 胜任力是个体具有的能力素质特征,这些特征直接决定了任职者能否在特定岗位上取得出色的业绩。某一岗位要求的胜任力特征总和即为该岗位的胜任力模型。

提升公共部门的应急管理水平对于保证国家公共安全极为重要,而提高应急管理水平的一个关键环节就是加强专业人才队伍建设,打造一支高素质的应急管理专业人才队伍。由于应急管理具有突发性、公共性、专业性、复杂性和协同性等特征,因而对从业人员的素质提出了较高的要求。应急管理专业人才胜任力模型有助于明确应急管理岗位需要具备何种素质的专业人才,告诉组织应从哪些方面有效提升应急管理专业人才的胜任力。

应急管理专业人才胜任力模型包含知识、能力、个人特质和价值观念 4 个维度,共计 28 项胜任力特征。其中,知识维度包括应急管理相关法律法规、专业知识、心理学知识以及应急处置方法程序这 4 项知识要求;能力维度对于应急管理专业人才胜任力影响最大,包括风险识别能力、环境适应能力、团队协作能力、执行力、组织协调能力、快速反应能力、果断决策能力、分析判断能力、学习能力和沟通表达能力 10 项能力特征。扎实的专业知识和丰富的专业实践能力是可靠、有效地进行应急处置的保障。值得注意的是,现代应急管理已从以往"救火式"的紧急应对转型为全过程的持续管理,这对任职者的专业知识和综合能力都提出了更高的要求。

相比于能力和知识,个人特质和价值观念更为含蓄而不易观察和培训。但是,它们是个体内驱力的重要组成部分,也是人格的核心成分,可以有效预测个体在应急管理工作方面的长期表现。突发事件的复杂性意味着,只有具备某种/某些个人特质的应急管理专业人才才能够胜任应急管理工作岗位。应急管理专业人才胜任力模型的个人特质维度包括沉着冷静、耐心、灵活性、思维严谨、主动性、勇敢、自信和关注细节 8 项特征。此外,价值观念维度中的各因素对应急管理专业人才的胜任力也有较大影响。特别是在一些风险大、危险程度高的紧急事件处理过程中,应急管理专业人才要对国家忠诚,要有服务人民的愿望,要有奉献精神。相应地,在胜任力模型中,价值观念维度包括爱岗敬业、忠诚、责任感、服务人民的意识、奉献和大局意识 6 项特征。

实践启示

公共部门时常需要处理各类突发事件。紧急事件若能处理得当,那么事件的潜在危害就有可能得到有效控制乃至避免。对于水利部门而言,应急管理专业人才胜任力模型明确了应急管理专业人才的胜任力特征,为选拔、培养应急管理专业人才提供了科学依据。

【知识链接】唐华茂,林原. 应急管理专业人才胜任力模型实证研究[J]. 中国行政管理,2018(6):116-121.

文献 6　是什么让工作有意义

> 工作意义感指的是人们在社会主流价值体系和自身价值观的作用下，对工作有意义程度的认知。它反映了人与工作的关系，体现了工作之于人的价值，本质上是一种积极的工作体验。

寻求意义是人类的本能。在职场中，意义感对于员工的重要性超过任何其他因素，有意义的工作具有强大的激励作用，能够大幅提升员工绩效、工作满意度和工作热情。由于意义感是一种根据自身生活背景解读、带有强烈个人色彩的情感体验，职业意义感主要依靠员工在工作中自行发现，但无意义感却能由组织和领导人主动制造，糟糕的管理是阻碍意义感产生的首要原因。领导者面临的挑战在于，如何创建一种有助于产生意义感的工作环境。

有意义的工作具有五个特质：一是自我超越，人们往往是在发现工作不仅是对自己而且对其他人也很重要时开始体验到其中的意义；二是刻骨铭心，意义感并不总是在正向积极的心理状态下产生，人们常常在内心复杂、压抑甚至痛苦等刻骨铭心的情绪状态下体验到工作意义；三是阵发性，人们对意义感的体验不具有持续性，它只是在员工职业生活的某一特别时刻出现，又旋即消退；四是反思性，人们极少在事情发生的当下体验到意义感，而总是在工作完成后，通过回顾反思，才把自己所做的事情与更广泛层面上的人生意义联系起来；五是个人性，人们对职业意义的理解并不限于工作环境，而是牵涉到更广泛的个人生活经历。由此可见，帮助员工发现工作意义的任务复杂而深奥。

个人在工作中发现的意义非常珍贵，但糟糕的管理能够轻易地摧毁意义感。其中最为甚者，是领导人对待下属的不当方式。七种领导行为会在员工心中引发工作无意义感：① 管理层做法与个人价值观脱节，员工个人价值观和所在工作群体的价值观存在分歧和冲突；② 满不在乎地对待员工，缺乏对员工辛勤工作的认可和赏识；③ 经常给员工安排无谓的任务，这些任务通常是机械重复并与核心工作任务无关；④ 待人不公；⑤ 凌驾于员工的良好判断之上，员工缺乏话语权，意见和经验被忽视；⑥ 孤立或边缘化员工，断绝其人际支持关系网络；⑦ 将员工置于肉体或者心灵受伤害的危险境地。这七种因素都会严重破坏个人对职业意义的体验，当其中的几种因素共同出现时，员工的职业意义感更是会大幅下降。

管理者应在避免毁灭意义感的同时，培育产生意义感的生态系统。因为个人可以从组织目标、自身工作、工作任务、人际互动等源头发现职业意义感，所以，组织可以从组织意义感、工作意义感、任务意义感和人际意义感四个方面下功夫，创建一种孕育高度意义感的工作环境。当人们能从其中的两个或更多源头汲取意义感时，工作意义感便更加丰富厚重。

实践启示

意义感对于员工而言至关重要，有意义的工作可以起到强大的激励作用。领导者应该避免那些会摧毁员工意义感的管理行为，创建有助于意义感产生的工作环境。有意义的工作环境也能使组织更有能力吸引、激励和保留符合组织需要的员工,建设可持续的未来。

【知识链接】Bailey C., Madden A. 是什么让工作有意义[J]. 哈佛商业评论,2016(10):78-89.

文献 7　什么才是设计思维

> 设计思维是一种创造性解决问题的思维模式。这种思维模式利用设计人员使用的方法来解决问题,其目的在于破除阻碍创新的人类偏见,从而让每个人都可以创新。

现实中,人们普遍对自己有偏见,认为自己创造力不足。自然而然地,人们在工作中安于现状,既不愿意提出新思路,也不愿意尝试更好的方法。其结果是,人们对工作的投入度不高,企业的产出因而也就低于应有水平。

要想充分释放员工的创造力,激励他们全身心投入工作,设计思维值得一试。灵活地运用设计思维,需要注意五个方面。一是采用不同的视角来看待挑战或机会。对同一个问题的不同解读,可能会导致截然不同的解决方案。尝试用不同的方式看待某个问题,不仅可以突破单一角度思考问题对员工思维的限制,还有助于通过多重思考找到问题的本质并创造性地解决问题。

二是站在利益相关者的立场上思考。当不同的人可能使用不同视角看问题时,员工需要换位思考。只有站在利益相关者,尤其是顾客的立场上看待当前问题,员工才能真正了解后者的真实想法。这为员工创新提供了更多空间,启发其提出新想法。

三是了解用户和其他利益相关者的故事。员工要认识到,产品只是帮助用户在他们的旅途中实现更广泛目标的工具,产品本身并不是用户的目标。当员工超越产品或服务本身的功能,倾听用户的故事并帮助其实现梦想时,好创意自然会从其脑海中涌现。

四是为潜在解决方案制作原型并迭代尝试。当想法变成有形的实物,并被展示给用户等利益相关者时,员工可以从他们的反应中得到启发。这些反馈会提示想法是否可行,员工可以据此进一步完善解决方案。

五是在整个过程中调动集体好奇心。当企业允许并鼓励多元化时,员工的创造力会被大大激发。只有企业重视好奇心、鼓励员工了解他人视角,领导者保持好奇心、静观其变,员工才会满怀激情、带着好奇心、全身心地投入到工作中。

实践启示

宝洁公司最早开发并运用设计思维,确保其员工思维保持灵活性。到如今,设计思维已被企业广泛运用,并被证实能有效推动创新。组织是人的集合,组织中的人受不同视角和情感驱动。设计思维强调各方的参与、对话和学习。通过让客户和其他利益相关者参与问题的定义和解决方案的开发,设计思维能够以微妙的方式破除人们的思想窠臼,激发员工产生新想法,提出创造性解决方案,从而助力组织创新。

【知识链接】Tripp C. 什么才是设计思维[J]. 哈佛商业评论,2016(2):98-105.

文献 8　思维定势影响创意质量

随着"大众创业、万众创新"不断引领和推动中国经济的发展，创新在为组织乃至产业创造价值的同时，也对组织及其中个人的持续创新能力提出了更高的要求。一个重要的原因在于，创新过程存在诸多困难和挑战，甚至创新的成功本身也会反过来让人们陷入思维定势——思维定势不仅会限定人们的思维，还会降低创意的质量。

思维定势是指阻碍回忆、解决问题、产生新创意等各种类型的认知运作的固化思维。思维定势来源于自己或他人的成功经验；在创新情境下，它是获取不同领域的相关知识和信息并产生有质量创意的普遍性障碍。对创造力的评判，即创意质量，包含两个维度，即独创性与适宜性。独创性是指创意的原创性、唯一性及与其他创意的差异性；适宜性是指创意的有效性和合理性。

思维定势源于以往的成功或经验。在现实中，人们的创造行为和过程不仅可以在竞争中得以展现，而且会被记录下来。因此，人们不仅会形成自己的成功经验，还可以观察和习得别人的成功经验。

要了解不同来源的思维定势如何影响创意质量，我们可以首先把人们的创作生涯划分为不同阶段。第一阶段，人们刚进入创新情境、没有任何成功经验，来源于自己的思维定势尚未形成。第二阶段，人们有了成功经验，形成了来源于自己经验的思维定势。

那么，思维定势究竟如何影响创意质量呢？在第一阶段，对于没有创新经验的人来说，他人的高质量(高独创性与适宜性)创意会让他们了解到什么程度的创意属于成功的创意。新人据此产生的来源于他人成功经验的思维定势会让其自动过滤掉那些印象中质量低下、不符合美学和规范的元素组合，继而在元素选择以及对元素的重新组合上更加规范、成熟。在这过程中，经过修正、扩充的初始创意在适宜性维度上会得到显著的提升，取得创意初次成功的概率也会大大提高。

当人们跨越了创作生涯的第一阶段，就进入了拥有自己成功经历的第二阶段。此时，人们在适宜性维度上已经成熟，不会再有明显的提高。他们对自己的成功创意最为熟悉，来源于自己经验的思维定势也最强烈，并且这种思维定势的影响通常不容易被察觉。这种思维定势使人们在素材选择上更偏好与自身成功经验吻合的领域，因而会阻碍其充分挖掘其他不同领域的元素、知识和可供重新组合的素材。类似地，这种思维定势也限制了人们对其他可替代组合方案的探索，使他们趋向于创作出与之前成功创意相似的作品。因此，人们在这一阶段虽然在适宜性维度已经成熟，但后续创意仍不够新颖，独创性不高，创意仍然可能失败。

因此，在第二阶段，如果人们能够多关注竞争者不同的成功创意，那么，来源于自己成功经验的思维定势就有可能被打破。新的知识领域可能会得以激活和开拓，人们会重新探索和定义自己的知识体系，在产生创意时选择可供替代的知识和元素就更多，可供选择的替代性组合方式也更多。相应地，创意的独创性会获得大幅度提高，创意因而更有可能成功。

实践启示

在大多数创新环境中,人们会产生思维定势,而组织一直致力于消除其对创新活动的不利影响。来源于他人和自身的思维定势会在不同的职业生涯阶段以不同的方式影响人们的创新活动和过程。因此,组织首先需要识别成员所处的职业生涯阶段,然后有针对性地制定相关政策和策略来引导创新活动。比如,可以充分利用团队合作和孵化效应,从而长期保持高质量的创意供给,有效克服思维定势的负面作用。

【知识链接】杨光,汪立.思维定势如何影响创意质量.管理世界,2017(12):109-124,157.

文献9 人力资源三支柱转型

当前大企业常常面临三方面的人才管理问题。一是人才管理与现场业务需求脱节,无法为组织业务提供差异化、个性化、快速化的支持;二是人才管理部门和人员分散在组织的不同机构,人事管理成本较高;三是由于人力资源机构的分散和重复设置,人才管理无法形成合力,而且工作标准、服务标准不统一,不利于人力资源管控。

为了提高人才管理效能,人力资源三支柱转型的基本思路是:厘清人才管理的三类事务,重新界定人才管理实施者的角色,设计和变革人力资源机构,并赋予其相应的职责和权力。

从人才管理活动的性质看,人力资源部门有三类工作:一是事务性工作,主要是基础性管理工作,重点是识别和满足个体层次的需要。二是策略性工作,主要是根据组织或业务部门的具体目标开展项目性活动,本质上是为了识别并满足工作群体层次的需要。三是战略性工作,为满足组织整体、长远目标服务。

> 人力资源三支柱指的是人力资源业务伙伴、人力资源共享服务中心和人力资源专家中心。人力资源业务伙伴是进驻业务部门的人才管理者,是人力资源部门和业务部门沟通联系的桥梁,提供符合业务需要的人力资源支持。人力资源共享服务中心借助现代化信息技术平台,整合人力资源流程,将组织中不同地域或业务单位中与人才管理有关的基础性、操作类行政工作合并。人力资源专家中心根据组织的战略目标,基于需求或问题,通过构建战略、策略、政策或机制,为组织人力资源领域或领域内的细分项提供解决方案。

在人力资源三支柱转型中,人力资源共享服务中心旨在改善人才管理在行政事务工作中的角色。驱动大型组织建立人力资源共享服务中心的因素主要有两类:一是成本(因为员工多,工作地点分散,因而建立统一的服务中心能够取得规模效应);二是质量和一致性(按照统一的标准提供人力资源服务,提升客户满意度)。当然,要使人力资源共享服务中心成功运营,信息技术的支撑不可或缺。就提供的具体服务而言,人力资源共享服务中心聚焦于人员招聘、薪资核算、社会保险缴纳、劳动合同管理等事务性工作。为了提高服务的效率和质量并降低成本,共享服务交付采用分层服务的策略——根据服务的性质通过网络自助服务、人力资源共享服务呼叫中心/服务代表、人力资源共享服务专员、人力资源共享服务专家或人力资源业务伙伴进行解决。

不同于人力资源共享服务中心，人力资源业务伙伴不但是人才管理专业人员，而且深度卷入组织业务。他们配合业务战略；在业务线推行人才管理工作；扮演业务现场的变革催化剂和变革推动者；在经理和员工之间建立联系。根据职责重心的差异，人力资源业务伙伴可能是业务型的（把满足现场业务放在首位），也可能是文化型的（侧重于通过文化管理使业务单元的成员凝聚成一个整体）。不管属于哪种类型，人力资源业务伙伴的核心工作是和客户合作，围绕业务相关的绩效、行为、能力和环境需求开展工作。因此，一个合格的人力资源业务伙伴不但需要具备人力资源专业工作能力，而且需要具备商业敏感性、咨询诊断能力和人际影响力。

人力资源专家中心是第三个人力资源支柱。它是组织人力资源政策、流程、评价指标的建立者；为人力资源业务伙伴、人力资源共享服务中心提供专业支持、服务和咨询；是人才管理过程及其风险的监督者和管控者；也是组织内外部知识经验的传递者。很显然，人力资源专家往往需要具备很高的任职要求：一个合格的人力资源专家不但需要具备精深的人力资源管理专业知识，还需要具备高超的咨询能力。人力资源专家通常来源于资深人力资源从业者、企业高管或外部顾问。

鉴于人力资源三支柱的理论价值和实践效果，越来越多的组织在人才管理上向三支柱模式转型。这种变革的核心在于在人才管理中实践“业务导向”的思路。由于企业各有差异，人力资源三支柱转型不应该是整齐划一的。在实践中，固然有一些组织全面实行了三支柱模式，但是也有一些组织只是配备了人力资源业务伙伴，或者只设置了人力资源业务伙伴或人力资源共享服务中心。

实践启示

人力资源三支柱转型意味着对人才管理组织进行再设计；对人才管理人员的角色进行重新定位和分类，赋予其相应职权，并进行分类管理。这一变革的实践价值在于使人才管理融入组织业务，提高人才管理为组织创造价值的能力。

【知识链接】张正堂. HR 三支柱转型：人力资源管理的新逻辑[M]. 北京：机械工业出版社，2018.

文献 10　人力资源大变革：由三支柱模式到钻石型模式

三支柱模式是伴随着人力资源部门职能细化和升级而出现的，该模式借助人力资源共享服务中心改善人才管理在行政事务工作中的角色；依靠人力资源业务伙伴深度卷入组织业务；而人力资源专家中心则提供专业支持服务和咨询，是组织人力资源政策、流程、评价指标的建立者。三支柱模式为人力资源组织设计提供了指引，在很多企业中促进了人才管理的转型。

然而在现实中，人力资源业务伙伴一家独大，人力资源专家中心和人力资源共享服务中心的作用则没有得到充分发挥。同时，由于缺乏首席人力资源官的统领，三支柱模式面临着“支不住”的困境。因此，越来越多的公司尽管完成了三支柱转型，却依然没有将人才管理提升到组织战略层面。可见，为完成人才管理战略转型的内在需求，人才管理组织结构需要进一步优化设计，构建视角更为全面、服务对象更为明确、职责更为清晰的“钻石型模式”。

> 人力资源三支柱指的是人力资源业务伙伴、人力资源共享服务中心和人力资源专家中心。三者共同组成现代人才管理组织体系内的“三驾马车”。
>
> 人力资源钻石型模式指由首席人力资源官统领全局，人力资源全员伙伴、人力资源业务伙伴、人力资源组织伙伴、人力资源共享研究中心、人力资源共享服务中心五个角色相互衔接配合的模式。

在解释钻石型模式如何实施之前，必须先了解人才管理中的三视角和三角色。要想实现战略级的人才管理，必须具备三个视角：全员视角、业务单元视角和首席执行官视角。它们是“钻石型模式”发生作用的基础。全员视角指了解不同员工面临的痛点和问题，关注全员的期盼；业务单元视角指站在业务单元的角度思考问题，满足需求；首席执行官视角指站在整个组织的角度思考问题，满足组织需求。从企业长远发展的角度看，全员、业务单元和首席执行官这三个视角缺一不可。既然如此，在进行人才管理组织设计时，必须要有与各视角对应的服务角色，形成与人才管理三视角对应的、具有明确服务对象的、完整的人力资源三角色：在业务单元视角下有人力资源业务伙伴；在全员视角下有人力资源全员伙伴；在首席执行官视角下有人力资源组织伙伴。

上述三个角色需要与其他角色相链接。具体说来，首席人力资源官承担领导核心的角色，人力资源共享研究中心和人力资源共享服务中心是人才管理的内部基础平台，全员伙伴、业务伙伴、组织伙伴则是人才管理与外部之间的输出、输入端口。按照钻石型模式转型后，原三支柱模式中人力资源专家伙伴的职责由人力资源全员伙伴和人力资源组织伙伴承担，二者具有独立的角色并有明确的服务对象；新成立的人力资源共享研究中心承担原人力资源专家中心的研究分析职责，实现“职责归位”；人力资源业务伙伴和人力资源共享服务中心则保持不变。

在具体实践中，钻石型模型中的五个角色各司其职。首席人力资源官负责战略方向确定、重要的内外部协调和重大人力资源决策；人力资源全员伙伴负责全员激活度管理和组织竞争力诊断；人力资源业务伙伴负责业务发展支持和人力资源政策的落实；人力资源组织伙伴负责人力资源组织问题研究和核心工作推动；人力资源共享研究中心负责政策研究支持、同业调研分析和制度、标准制定；人力资源共享服务中心负责日常事务服务和执行运营支持。五个模块单独设置，有助于人才管理人员从不同的角度站在组织的高度解决组织问题。

当然，“钻石型模式”在企业运行时仍须注意一些问题：第一，人力资源组织伙伴不等于人力资源负责人。人力资源组织伙伴需要辅助人力资源负责人工作，成为人力资源负责人的“参谋长”。第二，中小企业需要专人但未必专职。钻石型模式为人才管理提供更为有效的管理模式，但是其宗旨强调的是结构和视角上的改变，而非人数上的增加，因此可专人兼岗。第三，对人力资源全员伙伴和人力资源组织伙伴的能力素质要求较高，二者需要在实际工作中站在组织的高度主动发起流程，锁定重大问题，形成解决方案。只有这样，才有可能实现战略级人才管理。

实践启示

企业要想重新定义人才管理的战略价值，就应当对人才管理的工作重心和职责内容进行重新梳理，并构建一套与之相匹配的组织机构。钻石型模式能够打破传统人才管理的困境，使人力资源管理成为组织战略伙伴，实现人才管理的战略价值。

【知识链接】谢克海. HR 大变革：由三支柱模式到钻石型模式[J]. 哈佛商业评论，2018(6)：123-128.

文献 11　组织形态变革与雇佣关系

技术的变革和人的创新思维催生了新的组织模式。原来科层式的、纵向的、职能式的乃至分布式的组织，都在慢慢消亡，取而代之的是新型的组织模式。

> 雇佣关系是指受雇人向雇佣人提供劳务，雇佣人支付相应报酬而形成的权利、义务关系。

目前形态初现的新型组织模式至少有网络组织、圈层组织、平台组织和团组组织四种。在网络组织中，相对独立的组织或团队，围绕特定客户而组合在一起，形成相互融通的复杂网络模式。对外部人而言，网络组织是模糊而混乱的，但是在网络内部，各节点上的成员具有共同的价值观，对客户需求有共同的理解，并且在内部不断进行优化重组。这样的组织可以最大限度地利用网络资源，从而满足客户的个性化需求。圈层组织由内圈的核心员工、通过平台连接的全职或非全职员工，以及外层的客户组成。其典型代表是优步和滴滴。这样的组织结构让所有的参与者受益。平台组织的基本成员是具有创业精神的个人或团队。大规模的支撑平台对他们进行赋能和提供支持，促使他们有机生长并催生多元的生态系统。团组组织是自我管理的赋能组织，原来的一个大型组织可能被切割成诸多自我经营、相对封闭的独立团队，团队成员一起对各种各样的生产经营问题进行决策，共同为团队和组织创造价值。

组织在变，个人也在变。在过去二三十年中，员工队伍已经发生了深刻的变革。今后，“90 后”“00 后”将成为员工队伍的主力。他们希望有参与感、存在感，他们中越来越多的人意识到，和企业建立长期的雇佣关系并非唯一的选择，和企业开展多元合作有可能给自己带来更大的自主性，并且为双方创造更大的价值。对于组织来说，如何利用他们的双手和大脑，如何吸引他们全心投入，共创价值，已然成为必须面对的挑战。

提高组织和个人适配程度的一个途径是根据人才的市场流动性、组织对人才的依赖度和人才的市场饱和度选择合适的雇佣模式。当组织对人才的依赖性强，人才的流动性比较低，而人才的市场饱和度也比较低时，组织不太容易找到这样的人，因此适合与他建立共生生长型的强连接关系。当组织对人才有依赖性，但人才的市场流动性非常大而且市场处于紧缺状况时，组织可以和他建立伙伴关系。相关人才可能是在大型组织内实现共享，也可能是长期合作的外部自由职业者。当组织对人才的依赖性不强，市场流动性很大，但是人才也不紧缺时，可以考虑建立市场交易型的关系——在需要时向他购买服务。最后，如果组织对人才的依赖性低,人才市场的流动性也不大,而且人才供给充裕时,可以采取派遣租赁的方式。

实践启示

组织和人才的关系不一定是雇佣关系,而可能具有多样性。究竟建立怎样的关系,既要考虑组织需要,也要考虑人才的稀缺性和流动性。对于组织来说,选择雇佣模式的最终准绳应该是价值的创造。具体到特定的水利单位,雇佣模式的灵活性对于解决招人难、留人难的问题可能具有现实的启示。比如,对于艰苦、边远地区的水文水资源检测站点工作人员,如果工作只是简单地观测和记录,那么并不需要招录全职工作人员,"购买"相关服务可能是更加低成本而行之有效的办法。

【知识链接】忻榕.再见,组织[J].哈佛商业评论,2018(1):38-42.

文献12 建立使命型组织

使命型组织是一种新型的组织形态,这种形态的组织强调与组织利益一致、可以指导决策的更高使命,认为它能够促使员工摆脱旧有的倦怠行为方式,从而在工作中发挥出潜力。使命型员工坚信自己服务的组织拥有一个高于经济利益的崇高使命,而自己的工作能够为实现这一使命做出非凡的贡献,因而在工作中更加主动和敬业。

在组织中提起使命,人们常常会把它和创造经济价值关联起来。不过,我们在这里所说的使命,是高于经济利益的更高使命,比如,为环境保护主动承担责任,对社会做出有意义的贡献。遗憾的是,大多数管理者倾向于运用传统的经济学逻辑,将员工看作自利的个体,并据此设计组织工作和文化。其结果是,员工变得更加关注奖励,因而也就容易忽略一些难以评估的活动,比如,指导下属,分享经验。而组织推崇的首要价值和使命就逐渐变成了空谈——员工只做自己必须做的事情,工作成果一再低于期望,管理者因而进一步施压,如此循环往复。

打破上述恶性循环的一套办法是建立使命型组织,培育使命型员工。让员工具有一种更高的使命感,就可以激励他们在工作中投入更多的精力和创意。原因在于,如果员工觉得自己的工作有意义,那么就会更加专注,愿意承担风险,加强学习,改善成果。具体说来,这套方法包括八个必要步骤。

第一步,设想精神抖擞的工作团队。按照委托-代理逻辑,代理方倾向于逃避责任,不会投入超越预期回报的精力;而委托方只能以激励和监督来对抗代理方的理性行为。在推崇这种模型的组织中,经理人不会拥有"全力以赴的团队"。但是,使命型员工确实是存在的。他们不像典型的代理人一样尽量减少投入,而是把握工作的所有权。对于管理者来说,如果能找到一个积极正面的例外——一个人、一个部门、一个团队,那么就可以用其来鼓励其他人。想象一下,你的团队充分领悟这种使命后会怎样?

第二步,发现使命。使命不必想象,它本来就存在。你可以通过共情找到它——要去理解和感受员工最深层次的共同需求，要提出启发式的问题，要倾听并思考。

第三步，满足对真实的需求。如果组织对其使命和价值的陈述未能规范高层行为，那么这些陈述就是空谈。设想一下，如果管理层认为员工行为受个人利益驱使，员工也这么看管理者，那么，管理者若提出其他动机，往往会被视为虚伪。在这一点上，组织无法欺骗员工，员工会知道组织给出的使命是否真实。真实的使命会影响组织的每一个决策，促使组织做出其他组织不会做的事情。特别是困难时期组织领导人的作为往往能够彰显组织使命的价值。

第四步，始终如一。当管理层将使命型组织的理念付诸实践时，使命型组织何时能够建成呢？答案是，建立使命型组织需要领导者始终如一的努力。构建使命之所以困难，是因为要让组织改变方向，而已有的文化具有惯性。因此，只有当领导人言行一致、一以贯之地传达使命时，员工才会看到领导人的投入，进而开始真正接受组织使命，给自己重新定位。改变是自上而下的。

第五步，促进个人学习。传统的经济学逻辑强调外部刺激对于员工的驱动作用，而使命型组织理念认为工作动力来自个体内部。员工一旦接受和理解组织使命，就会具有清晰的方向感，就会具有更强的适应力和主动性。为了实现组织使命所规定的战略意图，员工会努力利用手头的信息，主动采取行动。而为了做到这些，思考、学习和成长至关重要。

第六步，让中层管理者成为使命型管理者。要打造热情敬业的团队，你需要了解并贯彻组织使命、运用道德力量进行领导的中层管理者。只有有效地借助中层管理者，共同的价值观、使命和身份感才有可能在整个组织中有效扩散开来。

第七步，让员工与使命相连。中高层领导者深入理解组织使命之后，就必须帮助一线员工了解使命如何与日常工作相联系。不过，自上而下的要求效果不大，员工必须参与这个过程。只有这样，使命才更容易渗透进组织文化，塑造员工行为，使他们在没有管理者监督的情况下也能践行组织使命。

第八步，让正面激励因素发挥作用。每个组织都有一群未能充分发挥潜力的变革推动者，即所谓的正面激励网络。这些使命型人才成熟且抱有乐观的态度，散布在组织的各个层级，坦诚且主动。要建立使命型组织，需要把他们召集起来，请他们协助推动文化变革的每一步。这些人容易辨认，而且能获得他人信任。

实践启示

组织中的使命型人才就像久经战阵的军士，能够准确理解指挥官的意图——即使指挥官不在，也能很好地执行任务。使命型人才也像谙熟法理的法官——即使在法律条文不完备的情况下，也能按照法理公正断案。对于组织来说，使命型人才不但有想做得更好的动机，而且会为做得更好而付出不懈的努力。要建立使命型组织，培育使命型人才，组织需要在招聘中寻找志同道合的人才，需要在培训中宣导组织的崇高使命，需要在政策和实践中展现出道德感，需要在成果分配上体现员工作为组织成员的共同身份。

【知识链接】Quinn R E, Thakor A V. 建立使命型组织[J]. 哈佛商业评论，2018(7)：88-95.

文献 13　赋能:创智时代的组织原则

> 赋能,即赋予能力,指通过提供合适的环境和机制来最大限度地释放个体的创造性和主动性。创智革命是相对于工业革命、生产力革命和管理革命而言的,其核心特征是,知识不仅用于自身的再生产,而且作用于作为创新主体的人——知识与人的主动性和创造性相互激荡,知识的潜能和创新价值在螺旋迭代中以前所未有的速度放大和增值。

今天,大数据、云计算、物联网、人工智能等新兴技术正在催生一场深刻的、全方位的技术和社会大变革,即所谓的创智革命。其结果是,人的主动创新能力将成为社会的核心价值所在,赋能创新成为社会组织基础。

在创智时代,人的价值不是降低了。恰恰相反,人工智能将把人更彻底地推向富含创意、充满挑战也更具价值的工作中去。相应地,未来的工作对人的要求会发生转变,从业者不但需要具备复杂社交技能、团队合作、协作创新、文化敏感性以及管理多样化团队的能力。更重要的是,他们需要具备协同创新能力——善于沟通,能够快速理解和综合不同专业知识和技术,并激发、领导多元化创新团队。

协同创新也对"组织"提出了新的要求。由于物质资源流动阻碍的减少,人们将不再需要通过进入组织才能获得所需的创新资源。创智人才成为新的稀缺资源。聚合创智人才,形成创新协同的增值效应,将成为组织全新的价值基点。因此,组织的功能必然从内部化稀缺资源、有效整合资源、优化管理效率,转向激发创新、提升创新效率。

为了实现赋能创新,未来的组织模式需要营建平台、机制和环境,让创新者在组织内可以更好地协同和共创,以激发、实现和加速创新。尽管未来的赋能型组织尚未充分孵化,但它的一些重要特征已经初步显现。第一,使命、愿景和价值观将成为组织的基石。在工业时代,共同的使命、愿景和价值观只是最优秀企业的奢侈追求,但是在创智时代,它们从一开始就是凝聚组织创始人的火种。创新是难以规划和设计的:即使最出色的领导者,往往也只具有对未来的愿景和信念,而非清晰的创新路径。因此,只有创新者坚守一致的、内驱的价值观,才能跨越模糊愿景和创新实践之间的巨大鸿沟。

第二,强大的创新平台是赋能的基础设施。赋能和平台是同一个棱镜的两面:一为功能目标;另一为实现模式。平台是创新孵化者而非主导者。只有这样,创智人才的主观能动性才能被充分释放,创新才能在自由的空间中孕育和发展。平台的核心功能是提供赋能所需的基础设施和环境。平台运转必须透明:因为透明,每一个人都能清楚地知道平台其他参与者的工作,从而实现对协作规范一致的认知和恪守,每个人的贡献才能得到一致、透明、公平的评估,从而促进学习和竞争。可见,透明使共创成为可能。

第三,Metrics 体系保证组织的协同演进。Metrics 体系是由一批互联网组织充分利用互联网技术发展出的一套实时在线的、客户导向的、相对客观的绩效评估体系。该体系用可以度量的指标体系,以完全数据化的方式测量、评估和监控创新,并定义创新的价值目标,以及相应的优化方向。相比于传统的 KPI 方法,Metrics 体系能更加及时、准确地衡量每一个创新对产品的价值、每一个团队对组织的贡献,从而更加公平地分享成功的果实。

最后,在赋能模式下,创新组织结构的典型特征是,组织由小而多元的自组织协同网络组成。理想的网络结构应该具有全连接特点——每一个节点都与其他所有的节点实时连接,因而每一个节点上的任何脉动都会即时同步到整个网络。这有利于实现整个网络的优化和协同一致。要创造这样的组织模式,需要在机制、环境、文化等诸多方面做大量工作,不断促成新连接,从而提高结网的可能性。

实践启示

绝大部分的传统组织仍然在集权与分权之间摇摆。创智时代的到来意味着,价值的创造取决于组织能够在多大程度上发展和释放创智人才的巨大潜力。为此,组织需要建立在共同的使命、愿景和价值观之上,从而使创智人才不但能够自主创新而且目标一致;需要搭建平台,促进信息、知识和思想的共享和生长;需要有效测量创新绩效,实现对于成功果实的公平分享;还需要变革组织结构,促成联通一体、柔性结织的协同网络的形成。

【知识链接】曾鸣,杨疆.赋能:创智时代的组织原则[J].商业评论,2016(3):39-49.

文献14 "互联网+"与人力资源服务业创新

> "互联网+"是把互联网的创新成果与经济社会各领域深度融合的经济社会发展新形态,是实体经济与互联网虚拟经济相融合的"跨界经营"现象。

"互联网+"推动技术进步、效率提升和组织变革,提升实体经济创新力和生产力。在这样的背景下,人力资源服务业的产品和商业模式也发生了很大变化。2016年对全国31个省、自治区和直辖市人力资源服务机构的调查显示,大部分人力资源服务机构都在信息化建设方面进行了投入,信息化建设的资金主要用于购买硬件设备、相关软件和外部服务以及必要的人员培训;以网络和信息技术为服务手段的人力资源服务机构进行了最多的技术和产品创新;创新活动涉及各主要的人力资源服务业态,其中排在前五位的为招聘、劳务派遣、人力资源和社会保障事务代理以及人才管理咨询和职业指导。

不过,尽管基于"互联网+"提供人力资源服务的机构创新了企业运营模式,推进了人力资源服务与互联网的融合,但从全行业看,互联网与人力资源服务的融合目前仍停留在初级阶段——有巨大潜力,"互联网+"人力资源服务的商业规律仍有待探索。比如,创新活动形式主要停留在基于微信进行客户获取和宣传以及代理、外包等业务的网络化处理。

可见,一方面,信息化和互联网对人力资源服务经营发展产生了明显的效果,"互联网+"促进了人力资源服务业的经营效率、产品创新、服务模式的升级以及品牌建设的变革。另一方面,"互联网+"人力资源服务业的停滞也暗示着其中存在诸多问题,包括缺少专业人才、资金、政府的帮助与支持,现有技术的市场应用性差,等等。为此,需要在理论和政策层面进行研究、宣传和引导,帮助人力资源服务机构更好地把握产业发展规律,适应市场需求。

实践启示

“互联网＋”背景下的人力资源服务业发展表明,水利行业的人才管理需要引入“互联网＋”思维。为此,需要加大研发和专业人才队伍建设,探索如何提高水利行业人才管理的信息化和网络化水平;需要提升人力资源服务机构的技术和产品创新能力,有效对下层单位和个人赋能,提高彼此之间的协同工作能力;也需要科学开展监管,规范“互联网＋”背景下的水利人才激励、开发和流动。

【知识链接】田永坡.“互联网＋”与人力资源服务业创新发展状况:基于调查数据的研究[J].中国人力资源开发,2017(8):148-155.

文献 15　大数据在人才评价中的应用

> 人才评价指的是评价主体通过收集人才在主要活动领域中的信息,对其品德、知识、能力、技能、经验、业绩、发展潜力等多种特质进行测量与价值衡量的社会性评价活动,其中最主要的是对素质和业绩的评价。
>
> 大数据是传统数据分析方法无法高效处理的新型数据集,它具有规模性、多样性、高速性和变化性等典型特征。

目前,许多组织主要依据被评价者提供的信息进行人才评价。这种传统的评价思路并不能对人才的工作行为、素质、绩效及其潜在关系做出客观准确的评价,原因有三:一是素质具有隐蔽性与潜在性;二是个体行为具有独特性和复杂性;三是评价主客体之间信息不对称。

要提高人才评价的准确性,应用大数据是一个可行的思路。其基本做法是:全面收集、实时测评人才的个体行为信息数据,广泛应用借此获得的大数据,力求提升人才素质测评的准确性、时效性和预测效果。

从组织人才管理的角度看,与人才个体相关的信息可能来源于组织内部,也可能来源于组织外部。组织内部的人才数据通常是在组织日常工作中产生的各种结构化的行为数据,具体有人员数据、项目数据和绩效数据三类。组织外部的人才数据是个体在组织外部非工作时间产生的行为数据,通常是有关网络使用、消费、社交乃至出行、情感行为等的半结构化或非结构化数据。

上述两类数据在应用大数据进行人才评价时具有相互补充的价值。具体说来,基于组织内部产生的大量结构化的个体工作行为数据,可以用于对人才的工作相关特征进行全面、深入的系统分析,从而提高人才评价的准确性。而借助人才在非工作时间所产生的大量半结构化或非结构化的行为数据,人才评价可以真正做到客观真实、细致入微。

除了面向“过去”和“现在”进行传统的人才评价,大数据方法还可以通过预测未来的不确定性,有效帮助组织识别具备高发展潜力、最有可能取得高绩效的人才。比如,通过深入挖掘组织内部高绩效人才的相关数据,可以将高绩效和工作行为、胜任特征进行准确关联,建立绩效与某些特定行为、素质的内在联系。这样，在未来的人才招聘、选拔等过程中，组织可以根据自身对人才资源的具体需求，准确、高效地筛选出那些最有可能为组织创造预期价值的人才。再比如，大数据也是挖掘、甄选高潜力人才的利器，有助于深入发掘人才尚未展现出来的潜在胜任特征，即发现人才“还能做什么”。组织基于这些结果可以有针对性地对相关人才进行开发，从而进一步提升个人与组织绩效。

最后，大数据方法还可以科学、系统地对动态变化的行为数据进行实时分析。在数据持续产生的过程中，基于云计算技术，大数据方法可以对相关数据边分析、边利用。这显著区别于以往离线处理数据的方式，能够更加高效地处理人才信息，从而充分利用相关信息——特别是具有较高时效性的信息——的价值。

实践启示

目前，全球范围内有超过七成的受访企业认为，将员工数据分析应用于人才管理过程应列入企业的重要发展日程。遗憾的是，当前只有一些大型跨国公司，尤其像谷歌、腾讯这样掌握大数据、云计算技术以及数据资源的大型互联网企业，才有条件将大数据真正应用于包括人才评价在内的整个人才管理过程；更多的企业、高校以及咨询研究机构在这方面还处于数据分析模型与方案等的可行性论证和设计研发阶段。因此，对于国内的大多数组织而言，首先，要在战略上充分认识大数据对于人才管理的价值；然后，立足于组织特点，探索如何在具体的人才发展过程中有策略地应用大数据思想和技术。

【知识链接】萧鸣政，唐秀锋. 中国人才评价应用大数据的现状与建议[J]. 中国行政管理，2017(11)：6-11.

文献16 人才管理的投行逻辑

> 投行逻辑指充分利用现有的各类资源并将其注入优质项目中，从而实现资源资本化，通过激励和赋能使收益最大化。

互联网时代，越来越多的企业转型为平台组织。传统的人才管理活动不但无法适应、满足企业发展的需求，甚至会引起业务部门的埋怨。原因在于，当前人才管理面临一个两难困境：由于员工产出低，所以人才管理部门为了降低人工成本而减少人员投入，但是这种处理方式可能反过来加剧业务部门人员产出低的问题。

要改变这种状况，必须将人才管理活动当作重要的投资行为，采用人力资源效能（投入产出比）来衡量其价值。换言之，人才管理部门需要转型为企业内的“人力资本风险投资机构”，运用投行逻辑将人力当作资本运营并产生经营成果。为此目的，需要完成三项任务：

首先，搭建有效的组织平台，将业务项目化。要想锁定人才——特别是核心人才——的产出，必须设置相应的激励条款并落实到具体项目。把业务项目化之后，业务核算就落实到项目层面，而基于项目的对赌模式对项目承担者具有强大的激励作用。因此，基于项目的业务模式不但能够帮助企业筛选出真正的人才,而且能够将员工收益与项目成果紧密关联起来,使员工获得分享利润的资格,从而最终有可能获得更高的收入。

其次,设计平台型组织的激励模式,让员工收益与项目成果挂钩。在人才被锁定后,为了将人才高效配置到相应项目,需要将项目的投入产出比、损益与项目负责人的激励条款相联动,推动项目内人力资源的资本化。试想,如果人力资源效能直接影响项目参与者的收益,那么,项目负责人必定会认真考虑人力成本与产出,审慎提出用人申请。换句话说,他会将人力资源看作资本——资本固然有价值,但是要使用它就必须付出成本。

最后,设计平台型组织的赋能模式,实现个人与项目的共同成长。在实现了人力资源资本化后,企业的公共、闲置资源也应资本化。将这些资源打上标签进行定价,并依靠企业内部的市场机制进行配置。这会促使项目负责人理性选择资源,避免出现资源超配现象。其结果是,资源配置效率不但能够得到提高,人才也会有意识地提高选择和使用资源的能力。

实践启示

运用投行逻辑进行人才管理已经在海尔、万科等卓越企业中取得了成功。对于各种类型的组织来说,人才管理的投行逻辑意味着,人力资源对组织来说必须"有利可图"——其预期价值必须超过其成本。为此,组织在招聘、选拔、使用人员的过程中,关注的不应是人力资源的价格,而是"性价比"。为了切实掌握特定人才的"性价比",必须采取措施让人力资本的成本和收益可以核算,比如,将业务重组为可独立核算的项目,将项目需要使用的各种组织资源资本化后投入组织内部市场。当然,还有一点非常重要,人才应成为组织的"伙伴",从而能够分享项目成果。

【知识链接】穆胜.人才管理的投行逻辑.哈佛商业评论,2018(10):126-129.

文献 17　构建人才强国战略的人才管理基础设施

国家兴盛,人才为本。人才是未来最具竞争性的资源,为此,我国提出了人才强国战略。稳固灵活的人才管理基础设施是开展人才管理活动的基本条件,更是推进人才强国战略的重要支撑。构建完善的人才管理基础设施,是基于党管人才的原则,为人才强国战略提供社会经济和人才供求数据,有助于提高人才预测分析和供求匹配的准确性,是应对全球白热化人才竞争的积极措施。

> 人才强国战略是由党中央、国务院提出的一项基本战略,包括了人才战略、人才发展体制机制、人才管理基础设施等方面。人才管理基础设施指的是一个国家或地区为了实现人才战略,有效吸引、发展、使用和保护人才而构建的一系列物质、信息和组织基础。

人才管理基础设施由组织基础设施、数据基础设施、交付基础设施和情报基础设施构成。组织基础设施包含结构、规则和行动三部分。结构涵盖了机构设置、岗位设置与人员配备,为人才管理活动提供物质资源配置。我国目前已经具备较为完善的人才管理组织机构与岗位体系,应重点考虑建立能够提供决策咨询的人才战略委员会和协助培训的人才管理人员队伍。规则规定了人才管理的准则,包括人才管理法律、人才管理制度与人才管理流程。人才管理法律是针对我国所有人才管理活动及规范所制定的国家或地区法律法规,须兼顾保护人才和用人主体的权益,应当适时增删;人才管理制度是指人才管理的原则,在人才管理行动中应该依循制度、实践并完善制度;人才管理流程是具体化的制度和程序化的管理活动。行动对人才管理活动的时间做出安排,包括人才管理规划、人才管理计划与人才管理项目,是实现战略内容的落脚点。人才管理规划统筹布局管理活动,人才管理计划制定详细的目标、措施和项目,人才管理项目执行分解后的目标。

数据基础设施包括宏观数据库、人才数据库、岗位数据库和任务数据库。我国在采集和积累宏观数据上卓有成效,但整合、优化数据与决策应用尚有不足,各部门间交流不畅。应形成个体分散、整体联通的格局。人才数据库分为国内人才、国内人才团队和海外人才三类,可以依托专人进行开发、更新和管理,必要时联通使用。岗位数据库用于根据岗位责任与任职要求对(短期)人才供求做出预测。任务数据库则将工作细化为独立的任务,在此基础上可以整合全球人才资源来共同完成相关任务。这种做法打破了以往传统的工作模式,可以实现人才柔性管理。

交付基础设施由数据交付、匹配交付与工作交付三个部分组成。数据交付将来自上述四大数据库的数据进行不同的加工处理,形成不同的数据产品,进而高效地进行人才数据交易交付。匹配交付提供不同种类的资料满足用户需求,不仅需要复杂的计算机技术和人力资源理论作支撑,还要保证能够随时使用,是重点、难点所在。工作交付能够使全球人才和机构顺畅连接,因为它利用网络平台来完成工作的选择、参与、指导和交付,还提供远程维护和更新升级服务。

情报基础设施解决人才管理活动中监督、分析、预警、展示、传播、审计、报告、应急决策等问题。这个方面我国尚在起步阶段,尤其缺乏相关的人才管理审计系统,而严格的人才管理审计是检验人才工作执行情况和效果所必需的。

人才管理基础设施的建设要坚持党管人才原则,健全领导机制,充分调动全体力量来完成建设。在系统设计上应秉承整体设计、分步实施的思路,重视人才大数据基础设施,同时保证系统动态灵活,易于扩展。另外,还应注意,人才管理基础设施只是做好人才管理工作的手段,它不可能替代人才管理工作本身。

实践启示

尽管人才管理基础设施在一定程度上是针对国家或地区层次的实体而言的,但是,与之相关的一些理念、方法和工具可借鉴用于行业乃至特定组织。就水利行业而言,要有效实施人才战略,释放人才队伍潜能,必须构建扎实的人才管理基础设施,从而为相关的人才管理活动提供物质、信息和组织支持。

【知识链接】杨伟国.构建人才强国战略的人才管理基础设施[J].中国行政管理,2018(2):21-26.

文献 18　国外公职人员行为及道德准则比较

> 公职人员是指依靠国家财政全额或部分拨款运营的单位的工作人员。公职人员的行为和道德准则高于非公职人员:对后者来说属于道德规范的某些标准对前者而言属于具有法律强制性的行为准则,而前者的某些行为准则(如申报和公开财产状况等)不要求后者遵守。

因为国家公职人员掌握公共资源和权力,因此对他们的行为和道德进行规范显得尤为重要。目前,一些国家已经建立起了有力的公职人员行为规范,道德建设体制也日趋完善。不过,不同国家的相关制度和做法也不尽相同,具体说来至少表现在六个方面。

法律工具不尽相同。日本和韩国通过制定专门的法律对公职人员的行为和道德加以规范;澳大利亚和德国则依托公务员法等基础性法律来界定公职人员行为和道德准则;而以美国为代表的一些国家采用的方法是出台专门的规范准则,甚至还借助细则和文件来增强准则的操作性。

对行为和道德的规范力度有差异。相比于少数国家(如克罗地亚、波兰)采用较为粗放的方式对道德和行为准则进行分别管理,更多的国家对道德和行为准则进行统一管理,同时对核心价值观和道德原则做出清晰的界定。

结构基本一致,主要内容有所侧重。公职人员道德和行为规范的相关法律法规在结构上通常涵盖定义、原则、问题、相关权益、惩处措施以及与现有法律的联系等部分。在内容上,有些国家(如英国和波兰)对行为和道德准则的规定较为注重简洁性和通用性,另一些国家(如美国)则更为详细和严格。

核心价值观大同小异。公职人员的核心价值观涉及其个人道德原则和职业价值观两方面。各国对公职人员的核心价值观要求有所异同,但公正、合法、为公众服务、诚实和廉洁是各国公职人员核心价值观的主旋律。

特定行为的针对性。各国从本国国情和实际情况出发,对公职人员的特定行为——包括但不局限于利益冲突、职权滥用、收受礼物、再就业限制等——给出了或详或略的规范要求。

约束力和惩处措施各不相同。有些国家(如韩国和美国)侧重于对违规行为的处罚,详细规定了对公职人员违规行为的惩处措施,其中部分条款相当严厉。有些国家(如英国)则没有详细规定惩处措施,而是为恪守本职的模范公职人员提供各种形式的奖励。

可见,国外对公职人员行为和道德准则的规定虽然有所不同,但最终目的都是为了处理公共服务中的伦理危机和道德困境,从而让公职人员更好地为公众服务。

实践启示

国外的公职人员道德和行为准则建设实践与我国建立社会主义法治国家的理念不谋而合。一方面,我国应当在“有法可依,有法必依,执法必严,违法必究”的法律环境下,配合社会主义核心价值观教育,引导和提高公职人员道德水平;另一方面,应通过建立强有力的法律体系实现对国家公职人员行为的切实约束。

【知识链接】熊缨. 国外公职人员行为及道德准则比较. 中国行政管理,2018(1):133-137.

文献 19　新时代干部队伍建设的行动指南

> 新时代干部队伍建设指的是在中国特色社会主义新时代，充分调动广大干部积极性，建设一支高素质、专业化的干部队伍。

治国先治党，治党先治吏。党员干部是党和国家事业的中坚力量。要想夺取新时代中国特色社会主义建设的伟大胜利，实现中华民族的伟大复兴，就要充分调动党员干部的主动性和创造性，治理“为官不为”现象，推进新时代干部队伍建设。

习近平的干部队伍建设思想萌芽于河北正定，定型于党的十九大。其主要内容包括：一是坚定干部的理想信念，扎实推进改革；二是强化干部的政治责任，维护中央权威；三是激励干部实干，提升素质能力；四是改进干部作风，加强监督工作。在当前决胜全面建成小康社会，进而全面建设社会主义现代化强国的新时代背景下，这一思想已经成为干部队伍建设的指导思想和行动指南。

从习近平的干部队伍建设思想出发，切实推进新时代干部队伍建设，可以从理想目标激励与制度环境完善两方面入手。首先，在个体动机层面，新时代干部队伍建设要重视干部的主体性，充分发挥干部的主体作用，激发其为党和国家、为人民群众服务的热情。理想信念是“共产党人的精神之钙”。党员和干部务必坚定共产党人的理想信念，加强党性修养，不断学习和实践党章。全体党员，尤其是领导干部，要始终在思想上、政治上、行动上同党中央保持高度一致，身体力行，带领群众把各项工作落到实处。

其次，在组织制度方面，新时代干部队伍建设要推动干部人事制度改革，建设高素质、专业化的干部队伍。要想真正把那些想干事、能干事、敢担当、善作为的优秀干部选拔到各级领导班子中来，党组织不仅要为他们提供支持和条件，让他们发挥个人专长，成就个人的社会价值，也要为敢于担当、踏实做事、不谋私利的干部撑腰鼓劲。

为了落实新时代干部队伍建设，各级党组织要严格遵照中央精神，构建包括用人制度、考核制度、晋升制度、福利制度、激励制度、培训制度等在内的完善的干部人事制度体系。要明确干部的权力和职责并树立正确的用人导向，选拔出适应新时代中国特色社会主义发展要求的人才；要建立公平的考核和晋升机制，使党员干部的工作得到党和人民的认可，从而进一步提高其工作积极性；要建立激励机制和容错、纠错机制，全面激励广大干部在新时代锐意进取、改革创新。

实践启示

在崇高理想的激励下，在日趋完善的制度环境中，干部的积极性势必高昂，干部队伍势必更加优质化、专业化。习近平新时代干部队伍建设思想对干部队伍建设提出了全方位要求，涵盖从理想到实践、从信念到制度、从个人到组织等方方面面。这些要求不仅成为党在新时代做好干部工作的行动指南，更为打造引领新时代的中坚力量指明了方向。

【知识链接】陈振明，苏寻，慈玉鹏. 新时代干部队伍建设的行动指南[J]. 中国行政管理，2018(6)：13-17.

第二章　水利人才政策热点主题分析

该子报告以水利人才政策词频统计和水利人才政策关注的热点为基础,将创新、培训、评价、基层水利人才和水利精神作为研究的热点主题,从水利人才政策的视角深入探讨各主题背景下水利人才政策的变迁历程和变迁特征,并在此基础上展望其未来发展空间。

主题一:创新

创新是当今时代经济竞争的核心,是一个民族进步的灵魂,是一个国家兴旺发达的不竭动力。在党的十八届五中全会上,习近平总书记首次将创新上升为发展理念、首次提出“创新是引领发展的第一动力”论断,将创新确立为五大发展理念之首。

创新是指以现有的思维模式提出有别于常规或常人思路的见解,利用现有的知识和物质,在特定的环境中,本着理想化需要或为满足社会需求,而改进或创造新的事物、方法、元素、路径、环境,并能获得一定有益效果的行为。其概念最早是由美籍奥地利经济学家约瑟夫·熊彼特于1912年在其《经济发展理论》一书中提出,其后大量学者对“创新”的内涵和概念不断地丰富并加以深化。

“创新”作为关键词在25个水利人才政策样本中出现了366次,凸显出其在水利事业发展过程中的重要性。水利事业的发展离不开创新,科技创新是水利事业发展的重要引擎和关键动力,水利科技进步对水利事业发展做出了极大贡献,推动了水利事业再上新台阶,为水利改革发展提供了有力支撑。就对创新的重视而言,与国家所处的阶段和发展状况息息相关,在不同的时间阶段有着不同的特点。下面根据水利人才政策的阶段划分,以“创新”为主题、水利人才队伍建设为主体,围绕继承发展(2003—2007年)、积极推进(2008—2012年)、深入推进(2013—2017年)、全面创新治理(2018年至今)四个阶段进行变迁特征分析。

(一)水利人才政策关于创新的变迁

1. 继承发展阶段:重视程度逐步提高,但培养与支持机制不足

2003—2007年是中国经济快速发展的阶段,中国经济在三大产业特别是第二产业的引领以及外贸出口与投资的推动下,GDP保持着每年10%以上的高速增长。经济快速与高质

量增长加速了对人才的需求，特别是对高层次创新人才的需求。对于水利事业而言，要想快速和高质量发展，要高度重视创新的作用，水利创新人才自然成为重中之重。

在科教兴国和人才强国战略以及《中共中央 国务院关于进一步加强人才工作的决定》文件的深入指导下，2005年10月水利部发布了《关于深入实施水利人才战略，进一步加强人才工作的意见》，提出要深入实施水利人才战略，进一步加大复合型、创新型和实用技能型人才队伍建设。2006年水利部印发了《水利专业技术人才知识更新工程（“653工程”）实施办法》，文件指出要提高水利人才队伍的整体素质和创新能力，但该文件主要的实施对象是水利专业技术人才，其目标是不断提高学习能力、实践能力、创新能力和职业技术水平，建设一支数量充足、结构合理、门类齐全、素质优秀的水利专业技术人才队伍。这些文件虽然对创新人才和能力的培养都有所提及，但对于具体的培养内容和支持机制多是原则性要求、过于宽泛，如加大人才开发培养力度、积极构建终身学习体系、建立人才能力建设的长效机制，缺乏真正有效的措施和手段。

究其原因而言，该阶段水利事业在水利人才队伍建设的主要矛盾是：人才总量不足，人才队伍总体上文化素质偏低，高层次专业技术人才和高技能人才严重不足，人才工作机制还不健全；人才工作经费投入不足等问题，与水利面临的形势和任务要求不相适应。这决定该阶段水利事业的主要任务是建设一支规模宏大、结构合理、素质精良的水利人才队伍，以及健全水利人才培养的体制机制，所以对创新人才和创新能力的培养关注度不高。

2. 积极推进阶段：进一步加强创新培养，健全创新支持机制

第二阶段，国家经济GDP总体上仍保持着9%以上高速增长，工业生产能力不断增强，国内需求也稳定增长。但经济快速增长导致产业之间出现了不协调的状况，所以促进经济结构调整，加快转变经济发展方式是国家经济发展的首要任务。创新作为引领发展的第一动力，必须要发挥其重要推动作用，国家在该阶段重视对创新人才的培养，不断健全创新人才的培养与支持机制。水利事业作为国家经济发展的重要组成部分，对创新有着同样的需求，进而必须培养水利创新人才，推动水利事业发展。

在文件《国家中长期人才发展规划纲要（2010—2020年）》和《创新人才推进计划实施方案》指导下，水利事业也不断健全对创新型水利人才的培养。2007年水利部印发的《“十一五”水利人才规划纲要》指出要以为推进现代水利和可持续发展水利提供人才保障和智力支持为目标，以人才资源能力建设为核心，以人才结构调整为主线，以改革创新为动力，以高层次和创新型人才培养为重点，努力建设一支规模宏大、结构合理、素质精良的水利人才队伍。同年水利部发布的《水利发展“十一五”规划》当中提出要注重培养人才，增强水利人才的学习能力、实践能力和创新能力，努力培养造就具有创新精神和创造能力的人才队伍。

3. 深入推进阶段：以创新驱动为发展动力

该阶段我国经济发展进入新常态，传统发展动力不断减弱，粗放型增长方式难以为继，经济、产业的竞争已前移到科技进步和创新能力的竞争，特别是随着我国工业化迅速推进，劳动力、原材料和环境保护等成本持续上升，经济社会发展面临的资源能源和生态环境约束压力进一步加大，迫切需要依靠创新实现转型发展，依靠创新驱动打造发展新引

擎,培育新的经济增长点,持续提升我国经济发展的质量和效益,水利事业对创新的重视也随之提升。

以《“十二五”国家自主创新能力建设规划》和《关于深化人才发展体制机制改革的意见》作为该阶段水利人才队伍“创新”培养的指导性文件,2011 年水利部发布了《关于印发全国水利人才队伍建设“十二五”规划的通知》,明确了水利人才队伍当前的建设目标与任务是以高层次专业技术人才、高技能人才和基层人才为重点,把培养吸引领军人才、创新型人才摆到水利人才队伍建设更加突出的位置,以体制机制改革创新为动力,统筹推进各类水利人才队伍建设,培养和造就一支具有“献身、负责、求实”的水利行业精神,规模宏大、结构优化、分布合理、素质优良的水利人才队伍,为水利跨越发展奠定人才基础,初步形成人才优先发展的战略布局。

同时,在创新人才培养的支持机制上指出要创新人才培养开发机制、人才考核评价机制、人才选拔使用机制、人才激励保障机制以及人才引进机制,为创新人才培养提供有力支持。2012 年水利部在《水利发展规划(2011—2015 年)》的文件中也指出要加大力度实施和推进水利人才战略,完善人才引进、培养、使用三个环节,优化水利人才结构,加强创新型人才培养,并要求进一步优化环境,鼓励创新,造就一批具有国内领先水平、国际上有一定影响的学科带头人。

4. 全面创新治理:深化创新培养,以创新引领水利现代化

2017 年以来,中国的经济增长速度降缓,国家经济发展进入速度变化、结构优化和动力转换的新常态,该阶段经济工作重点是推进供给侧结构性改革,促进经济提质增效、转型升级,这就迫切需要依靠科技创新培育发展新动力,将“创新”作为国家经济发展的新引擎,作为实现水利现代化发展的核心动力。

该阶段国家以及水利部门对创新人才与创新能力的培养十分重视,加上前几个阶段的努力,已经形成了较为合理的创新人才与能力培养体系,创新型人才队伍建设已有所成就。该阶段主要关注点在于如何进一步深化创新人才和创新能力的培养,健全相关的培养和支持机制。在 2016 年的《水利部关于印发全国水利人才队伍建设“十三五”规划的通知》文件中,提出要全面实施创新驱动发展战略,强化人才优势,加快形成一支规模宏大、富有创新精神、敢于承担风险的创新型人才队伍,最大限度地激发人才创新创造创业活力。同时该文件对创新人才的培养机制进行了补充,提出要推进实施创新领军人才推进工程和创新人才培养计划,进一步加大水利高层次创新人才选拔培养力度,积极培育水利人才创新精神,提升创新能力,充分发挥创新团队效能,以带动高层次人才梯队建设,实现水利现代化发展。

2018 年 2 月水利部出台了《加快推进新时代水利现代化的指导意见》,指出要加强水利创新人才队伍建设,在培养机制上进一步实施水利人才创新行动计划,面向全国建立部级统一的水利创新人才库,以研究国家重大战略、重大工程涉水重大科技问题为导向,精准开展水利创新团队建设,培养具有国际水平的水利科技创新人才和创新团队,为推进水利现代化提供人才保障。

(二) 水利人才创新相关政策的发展空间

1. 加强原始创新,增强整体创新能力

坚持国家战略需求和科学探索目标结合,加强对关系全局的科学问题研究部署,增强原始创新能力,提升水利科学发现、技术发明和产品产业创新的整体水平。全面布局、前瞻部署,聚焦重大科学问题,提出并牵头组织国际大科学计划和大科学工程,力争在更多基础前沿领域引领世界科学方向,在更多战略性领域实现率先突破。同时建设一批支撑高水平创新的基础设施和平台,按功能定位分类推进科研基地的优化整合。

2. 抓住机遇,推进开放创新

抓住全球创新资源加速流动和我国经济地位上升的历史机遇,提高我国全球配置创新资源能力。坚持以全球事业谋划和推动创新,实施科技创新国际化战略,积极融入和主动布局全球创新网络,探索科技开放合作新模式、新路径、新体制,深度参与全球创新治理,促进创新资源双向开放和流动,全方位提升科技创新的国际化水平。积极参与全球水治理,加强水利对外交流合作,推动水利多边双边合作,培养具有国际水平的水利科技创新人才和创新团队。

3. 加快培育创新型水利人才队伍,提供人才支撑

要深入实施人才优先发展战略,坚持把人才资源开发放在科技创新最优先的位置,优化人才结构,构建科学规范、开放包容、运行高效的人才发展治理体系,形成具有国际竞争力的创新型水利人才制度优势。同时加强水利创新人才队伍建设,实施水利人才创新行动计划,面向全国建立部级统一的水利创新人才库,以研究国家重大战略、重大工程涉水重大科技问题为导向,精准开展水利创新团队建设,培养具有国际水平的水利科技创新人才和创新团队,为推进水利现代化提供人才保障。

主题二:培训

培训是给有经验或无经验的受训者传授其完成某种行为必需的思维认知、基本知识和技能的过程。对于水利事业而言,大力发展教育培训是提高水利行业人员素质的根本保证。对于完成新时期水利工作任务而言,培养和造就一支能够承担水利发展重任的高素质的水利人才队伍,是落实水利部党组治水思路、推进水利行业队伍建设的战略选择。

关键词“培训”在水利人才发展的36个政策当中一共出现了1 381次,其中与培训直接相关的政策有《关于全面实施干部教育培训登记制度的通知》《“十一五”水利干部教育培训规划》《水利部关于做好新一轮大规模培训干部工作的实施意见》《干部教育培训工作条例》等文件。本部分以“培训”为主题,对2003年以来水利人才培训的变迁特点进行探究和总结,为未来水利人才的培养提供经验借鉴、为水利现代化的实现提供动力支持。

(一) 水利人才培训政策的变迁

1. 人才培训对象重点逐步突出

教育培训是人才队伍建设的先导性、基础性、战略性工程,干部教育培训也是水利人才培训的重要内容之一,通过对其培训,不断提高广大干部马克思主义水平和政治理论素养,进一步强化广大干部理想信念、党性观念、宗旨意识,牢固信仰之基、从政之基、廉政之基,健全广大干部履职的基本知识体系、改善知识结构、综合素养,促进培养复合型领导干部,发挥其协调指导能力,带动整体人才队伍的建设与发展。

2003 年水利部发布了《水利部干部教育培训管理办法》,提出了加强水利干部教育培训管理,促进干部教育培训工作科学化、规范化、制度化,更好地提高水利干部队伍素质的培养目标。在干部培训规划层面,2006 年出台了《2006—2010 年全国干部教育培训规划》、2007 年出台了《"十一五"水利干部教育培训规划》、2010 年出台了《2010—2020 年干部教育培训改革纲要》以及 2013 年发布了《2013—2017 年全国干部教育培训规划》,这些文件根据各阶段不同的特点与需求,对干部培训的内容和形式提出了不同要求,培训目标也发生了重大转变,具体而言,原目标是进一步推进干部教育培训的科学化、制度化、规范化建设,健全管理体制和运行机制,完善分层次、分类别、多渠道、大规模、重实效的干部教育培训格局,现目标为进一步推进干部教育培训改革创新,努力形成更加开放、更具活力、更有实效的中国特色干部教育培训体系,提高干部教育培训科学化水平。

在干部教育培训的过程中,国家和水利部也在不断加强对各级各类干部的学风建设和思想管理,从而全面提升干部教育培训质量,努力培养信念坚定、为民服务、勤政务实、敢于担当、清正廉洁的好干部。2008 年印发的《关于在干部教育培训中进一步加强学风建设的若干意见》中,对参与教育培训的干部做出了要求,指出加强学风建设是党的优良传统和中央的一贯要求,是加强党的执政能力建设和先进性建设的客观需要,要坚持理论联系实际,严肃培训纪律并厉行勤俭节约。2014 年印发的《关于在干部教育培训中加强理想信念和道德品行教育的通知》提出要深入开展社会主义核心价值观教育,引导干部追求高尚情操,维护公平正义,忠实履行职责,坚守道德底线,远离低级趣味;同时强调应深入开展中华优秀传统文化教育,引导干部继承和弘扬传统美德,捍卫国家和民族的精神独立性,防止成为西方道德价值的"应声虫"。

2. 人员分类培训体系不断完善

经过长期的建设与发展,水利部门建立了符合实际的水利人才培训体系,即通过对水利系统在职人员进行科学的分类,制定一套科学合理的、符合水利事业发展需要的培训体系,从而规范培训项目名称,确定培训时间和要求,依法对水利系统职工培训提出刚性要求。通过周期性、持续不断的培训,不断提升广大水利人才的思想政治素质、科技文化水平和岗位任职能力。

2006 年出台的《2006—2010 年全国干部教育培训规划》文件中,将培训的对象分为党政干部、企业经营管理人员和专业技术人员等,提出要培养造就一支以发展着的马克思主义武装头脑，政治上靠得住、工作上有本事、作风上过得硬、人民群众信得过，善于治国理政的党政干部队伍；要培养造就一支具有战略思维能力和现代企业经营管理水平、具有开拓创新精神和社会责任感的企业经营管理人员队伍；以及要培养造就一支善于推动理论创新、科技创新和文化创新的专业技术人员队伍。2013 年印发的《2013—2017 年全国干部教育培训规划》在原有的基础上，添加了中青年干部和基层干部为培训对象，扩大了分类范围，促进分类培训更加精准。在《全国水利人才队伍建设“十二五”规划》和《全国水利人才队伍建设“十三五”规划》当中，进一步将水利人才的培养和培训划分为党政人才、专业技术人才、技能人才、基层水利人才、贫困地区水利人才五个部分，使得水利人才的培养对象更加清晰具体。

3. 培训机制不断丰富和优化

随着水利事业对水利人才发展需求的不断变化，水利人才的教育培训实施内容和机制也在不断地丰富。人才培训基地建设，教育培训方式和手段上不断地创新，做到了集中培训与经常性培训相结合、封闭式培训与开放式培训相结合、长期教育培训与短期教育培训相结合，通过灵活多样的培训形式，激发受训者的学习热情，达到提高培训效率的目的。

水利部发布的《“十一五”水利干部教育培训规划》文件中提出要完善干部教育培训管理体制和运行机制，进一步健全干部教育培训的激励和约束机制，建立干部教育培训质量管理机制，积极推进教育培训基地建设，加强教育培训师资和管理干部队伍建设。《全国水利人才队伍建设“十二五”规划》中，提出要建设一批职责明确、机构完备、人员充足、设施先进、具有高效执行力的水利人才开发示范基地；统筹推进培训师资队伍、教材及网络培训课程建设；创新教育培训方式，推行自主选学和学时制管理制度，完善教育培训激励约束机制；创新教育培训手段，以中国水利教育培训网为骨干，建立水利远程教育培训体系；拓宽教育培训渠道，进一步加强国际合作人才培训。

在《全国水利人才队伍建设“十三五”规划》中，又进一步指出要加强人才教育培训基地建设，建设一批功能完善、管理规范、特色鲜明的示范性培训基地，同时加强培训教材和课程建设，优化整合水利专业教材资源和课件资源，有针对性地开发实用性培训教材；加强教育培训网络基础建设，逐步建立兼容、开放、共享、规范的“互联网＋”人才教育培训体系；编制水利专业课程目录，开发水利精品培训课程；扩大网络培训覆盖范围，增强中国水利教育培训网络功能，打造网络学习中心、培训管理中心、远程互动中心，提高水利人才教育培训信息化水平。

（二）水利人才培训政策的发展空间

1. 全面深入开展习近平新时代中国特色社会主义思想教育培训

坚持把学习贯彻习近平新时代中国特色社会主义思想摆在干部教育培训最突出的位置；坚持集中培训与经常性教育相结合，坚持中长期系统培训与短期专题培训相结合；坚持理论学习与实践锻炼相结合，综合运用多种方式方法，深化习近平新时代中国特色社会主义思想学习培训。深刻把握习近平新时代中国特色社会主义思想的深邃理论源泉、深厚文化底蕴、丰富实践基础、强大真理和人格力量，深刻把握这一重要思想的时代意义、理论意义、实践意义、世界意义,深刻把握“八个明确”“十四个坚持”的科学体系和丰富内涵,深刻把握贯穿其中的马克思主义立场观点方法,不断提高马克思主义水平和政治理论素养,不断提高运用科学理论解决实际问题的能力,全面贯彻党的基本理论、基本路线、基本方略。

2. 进一步优化分类分层的培训体系,提高人才培养的针对性与有效性

分类培训结构按照分类分层和全员培训的原则,以党政干部为重点,有针对性地对党政干部、企业经营管理人员和专业技术人员进行教育培训,根据各类人员对培训的不同需求,突出重点,分门别类,按需施教,进一步激发参训人员的积极性和主动性,提高培训的针对性和有效性。

3. 加快促进教育培训和互联网的融合发展,优化提升人才培训质量

统筹整合网络培训资源,建设兼容、开放、共享、规范的全国水利人才网络培训体系。加强网络培训标准建设,形成较为完备的水利人才网络培训标准体系,实现各类各级干部网络培训平台资源共建共享、数据互联互通。积极探索适应信息化发展趋势的网络培训有效方式,推行线上线下相结合的培训模式;严把网络培训的政治关、质量关、纪律关;完善水利人才教育培训信息管理系统,建立全国统一、分级管理的水利人才教育培训电子档案信息系统。

主题三:评价

建立科学的人才分类评价机制,对于树立正确用人导向、激励引导人才职业发展、调动人才创新创业积极性、加快建设人才强国具有重要作用。科学的评价系统是建立在明确的评价指标、客观的评价标准、有效的评价方法、规范的评价程序等环节基础上的。然而,现有的水利人才评价系统存在人才分类不清晰、评价标准一刀切、评价方法不科学、评价程序不规范、评价社会化程度不高、用人主体自主权落实不够等问题,严重束缚了水利人才的成长发展和作用发挥。

“评价”一词在 21 个水利人才政策样本中出现,其中有 5 个与人才发展密切相关的政策样本,分别是 2003 年《水利部关于开展 2003 年度考核工作的通知》、2005 年《关于深入实施水利人才战略,进一步加强人才工作的意见》、2010 年《中共中央 国务院关于加快水利改革发展的决定》、2011 年《关于印发全国水利人才队伍建设“十二五”规划的通知》、2016 年《水利部关于印发全国水利人才队伍建设“十三五”规划的通知》。

(一) 水利人才评价政策的变迁

1. 评价标准趋于德才兼备

水利人才评价标准从注重实绩向德才兼备变迁。2003 年《水利部关于开展 2003 年度考核工作的通知》主要针对干部考核,提出了坚持客观公正、民主公开、科学有效和注重实绩的原则;2005 年《关于深入实施水利人才战略,进一步加强人才工作的意见》中指出坚持德才兼备、注重实绩的原则,创新和完善人才评价标准,构建以业绩为依据,由品德、知识、能力等

要素构成的水利各类人才评价指标体系；2016 年《水利部关于印发全国水利人才队伍建设“十三五”规划的通知》提出了深化水利职称改革，完善以品德、能力和业绩为导向，重在业内和社会认可、向基层适度倾斜的专业技术人才评价机制；2016 年《水利部关于印发全国水利人才队伍建设“十三五”规划的通知》指出人才评价应坚持德才兼备，注重凭能力、实绩和贡献评价人才，克服唯学历、唯职称、唯论文等倾向，引导各类人才潜心钻研业务，努力提升专业技术水平。

2. 分类评价体系日益健全

2005 年《关于深入实施水利人才战略，进一步加强人才工作的意见》指出对经营管理人才的评价重在市场和出资人认可，对专业技术人才的评价重在社会和业内认可；2011 年《关于印发全国水利人才队伍建设“十二五”规划的通知》指出以推动水利科学发展的能力为重点，建立突出德才素质要求的水利党政人才考核评价标准，完善党政人才评价机制。

3. 评价方法逐步科学化

2005 年《关于深入实施水利人才战略，进一步加强人才工作的意见》指出积极探索资格考试、考核和同行评议相结合的专业技术人才评价方法，完善技能人才的评价办法，推行技能人才职业资格证书制度，逐步建立统一标准、自主申报、行业鉴定、单位聘用的技能人才评价机制，以进一步加强职业技能鉴定工作。2011 年《关于印发全国水利人才队伍建设“十二五”规划的通知》提出深化水利职称制度改革，完善专业技术人才评价办法和评价标准；改革人才评价方式，根据人才类型和岗位特点，建立和完善量化评价标准，探索引入现代测评技术，创新评价方法，规范评价程序，提高水利人才评价科学化水平。

4. 评价机制逐步完善

水利人才评价机制经历了建立健全、完善、改进三阶段。健全：2005 年《关于深入实施水利人才战略，进一步加强人才工作的意见》建立以能力和业绩为导向、科学的社会化的人才评价机制，打破专业技术职务终身制，逐步建立统一标准、自主申报、行业鉴定、单位聘用的技能人才评价机制。完善：2010 年《中共中央 国务院关于加快水利改革发展的决定》提出完善人才评价机制；2011 年《关于印发全国水利人才队伍建设“十二五”规划的通知》提出企业经营管理人才以业绩为导向的考核评价机制，建立突出德才素质要求的水利党政人才考核评价标准，完善党政人才评价机制。改进：2016 年《水利部关于印发全国水利人才队伍建设“十三五”规划的通知》提出深化水利职称改革，完善以品德、能力和业绩为导向，重在业内和社会认可、向基层适度倾斜的专业技术人才评价机制；进一步改进人才评价和激励机制，充分发挥用人主体在人才评价激励中的主导作用。

（二）水利人才评价政策的发展空间

1. 遵循分类评价原则，提高人才评价的精准性

以职业属性和岗位要求为基础，健全科学的人才分类评价体系。根据不同职业、不同岗位、不同层次人才特点和职责，坚持共通性与特殊性、水平业绩与发展潜力、定性与定量评价

相结合,分类建立健全涵盖品德、知识、能力、业绩和贡献等要素,科学合理、各有侧重的人才评价标准。建立评价标准动态更新调整机制。

2. 注重知识价值与能力导向,提升评价标准的科学性与完备性

科学设置评价标准。坚持凭能力、实绩、贡献评价人才,克服唯学历、唯资历、唯论文等倾向,注重考察各类人才的专业性、创新性和履责绩效、创新成果、实际贡献。着力解决评价标准"一刀切"问题,合理设置和使用论文、专著、影响因子等评价指标,实行差别化评价,鼓励人才在不同领域、不同岗位作出贡献、追求卓越。

以不同类别水利人才的职业属性和岗位需求为基础,按照既坚持统一标准,又尊重类别差异原则,基于多元智能理论和知识价值理论,参照胜任力模型,建构水利人才"三位一体"测度模型,注重从职业道德、能力素质和业绩贡献三个维度细化分类评价标准,即将职业道德、能力素质和业绩贡献作为一级指标,并根据其内涵逐级分解和细化成二级、三级指标,以构建不同类型水利人才多元评价指标体系,突破僵化单一的成果量化考核的弊病,解决评价标准的明确化问题,以提高人才评价的科学性和完备性。

3. 创新评价方式方法,提高人才评价的合理性和公信力

针对水利人才的评价,既要注重参考和运用大数据、云计算等现代信息工具的分析手段,大力研发和应用各种现代化的人才评价技术和评价手段,如数量控制、模型分析、远程面试等,借助各种先进的评价模型和测评软件,逐步建立人才评价数据系统,创建具有中国特色、符合水利人才特点的测评方法体系,以解决评价方法的科学化问题,提高人才评价的针对性和实效性。同时又要强化评价机制设计,不断创新评价方式,根据评价对象的不同特点,坚持定性评价与定量评价相结合、当前评价和长远评价相补充、同行评价和社会评价相协调、过程评价与结果评价相衔接、个人评价与组织评价相配套,以解决评价方式的多样化问题,提高人才评价结果的科学性和公信力。

主题四:基层人才

一直以来,解决基层水利人才之渴,特别是专业人才之渴,不仅仅是民族地区的迫切需求,也是各地的普遍呼声。上面千条线,下面一根针,无论是当务之急的打赢脱贫攻坚战、实现乡村振兴,还是从根本上解决新老水问题、实现水治理体系和治理能力现代化的长远之计,都离不开基层单位的扎实落实。基层是水利事业的主战场,也是矛盾和焦点所在。以水利建设为例,近年中央持续加大水利投入力度,目前在建水利投资规模超过 1 万亿元,这些项目大多在基层。但受自然条件、经济条件及人员编制等因素制约,基层人才总量不足、结构失衡,与繁重任务之间的矛盾十分突出。因此,必须尽快补齐基层人才匮乏的短板,才能有效推动水利工作的开展,保证水利事业健康发展。

2011 年《关于印发全国水利人才队伍建设"十二五"规划的通知》中首次将基层人才纳入水利人才队伍建设的目标群体,把高层次专业技术人才、高技能人才和基层人才作为水利人才队伍建设的重点。2015 年《水利部关于印发全国水利人才队伍建设"十三五"规划的通

知》中强调坚持问题导向，补强基层水利人才、贫困地区水利人才、急需紧缺人才等薄弱环节。

（一）不同阶段基层水利人才发展面临的问题

"十二五"期间基层水利人才面临人才匮乏、流失严重、素质不高的问题，专业技术人才严重匮乏。2011 年《关于印发全国水利人才队伍建设"十二五"规划的通知》中指出基层单位水利人才匮乏，流失严重。县级及以下基层水利单位多年来一直面临接收优秀高校毕业生难、引进高层次人才难、留住人才难等问题，基层水利人才特别是专业技术人才严重匮乏，基层水利发展缺乏人才支撑。

"十三五"期间基层水利人才面临急需人才不足、专业人才短缺、贫困地区人才严重匮乏的问题，相较于"十二五"期间的基层水利人才状况而言，人才结构和分布问题更加突出。2016 年《水利部关于印发全国水利人才队伍建设"十三五"规划的通知》指出在"十二五"期间基层水利人才队伍建设成效突出，人才文化和专业素质显著提升，但在水生态文明建设等方面急需人才明显不足，基层水利专业人才尤为短缺，贫困地区水利人才严重匮乏。

（二）不同阶段基层水利人才发展的目标

2011 年《关于印发全国水利人才队伍建设"十二五"规划的通知》着力于提升基层水利人才素质，解决中、西部地区水利基层单位专业技术人才缺乏的问题。到"十二五"时期末，中、西部地区人才队伍素质大幅度提高，具有高级专业技术职务的水利专业技术人员占专业技术人才队伍比例由"十一五"时期末的 8%提高到 10%，具有高级工以上职业资格的高技能人才占技能人才总量的比例基本达到全国平均水平。基层水利人才短缺局面得到明显改善，县级及以下基层水利人才队伍中具有中专以上学历的人员比例由 33%提高到 45%，县（市）水利局领导班子中具有大学本科以上学历的人员比例由 49%提高到 60%，乡镇水利站等基层水利管理单位负责人中具有大专以上学历的人员比例由 54%提高到 65%。水利基层单位中具有高级工以上职业资格的高技能人才在现有基础上增加 10 000 名。

2016 年《水利部关于印发全国水利人才队伍建设"十三五"规划的通知》指出进一步提升基层水利人才素质。到"十三五"时期末，基层水利人才队伍中具有中专及以上学历人员的比例从 65%提高到 70%，具有中级及以上专业技术资格人员比例从 37%提高到 40%，县（市）水利局领导班子中具有大学本科以上学历的人员比例从 54%提高到 60%。

（三）基层水利人才政策的变迁

1. 基层人才选拔引进力度逐步加大

2011 年《关于印发全国水利人才队伍建设"十二五"规划的通知》要求通过实施积极的引进政策和选拔政策促进基层水利人才选拔和引进。具体措施有：落实国家引导人才向基层和艰苦边远地区流动的政策，积极吸引水利院校毕业生到水利基层单位和艰苦地区、边远地区就业，为基层和西部地区水利发展提供人才和智力支持；严把基层新进人员入口关，使新进人员受高等教育的比例达到60%以上;加大对新疆、西藏等西部地区基层水利人才开发的对口支援力度,促进西部地区基层水利人才队伍建设;注重从基层和生产一线选拔党政领导干部,加强水利后备干部队伍建设。

2014年《水利部关于推进贫困地区水利人才队伍建设的指导意见》要求通过扩大水利基层和贫困地区水利水电类专业招生规模,扩大基层水利人才数量。具体措施有:水利部积极协调国家有关部门,在水利被纳入国家“三支一扶”计划范围基础上,推动政策落实,完善配套措施,畅通水利院校毕业生到基层单位就业服务渠道;水利部积极协调国家教育部门,推动国家开放大学水利水电类专业发展,坚持面向水利基层和贫困地区,完善教学资源,扩大招生规模,大力发展学历(学位)继续教育。

2016年《水利部关于印发全国水利人才队伍建设“十三五”规划的通知》要求加大从基层一线选拔优秀人才的力度,注重优化基层水利人才结构。具体措施有:加大从基层一线选拔优秀人才的力度,拓宽党政人才的来源,注重补充熟悉生态文明、法律法规、市场经济等方面的人才,配齐配强党建、纪检干部队伍;实施基层人才引进计划,鼓励水利基层单位探索实施“三定向”人才培养引进模式,加大对本土人才培养使用力度。

2. 基层人才培养机制日益多元化

2005年《关于深入实施水利人才战略,进一步加强人才工作的意见》要求开展多种形式的水利人才教育,重点解决专业技术人才紧缺问题。提出通过自学考试、函授教育、水利“电大”开放教育、在职研究生教育等多种形式,大力开展职工继续教育,全面提高水利职工的学历层次和业务技术水平,重点解决好基层专业技术人才紧缺的问题。

2010年《中共中央 国务院关于加快水利改革发展的决定》要求加大基层水利职工在职教育和继续培训力度。鼓励广大科技人员服务于水利改革发展第一线,加大基层水利职工在职教育和继续培训力度,解决基层水利职工生产生活中的实际困难。

2011年《关于印发全国水利人才队伍建设“十二五”规划的通知》要求建立和完善基层人才培养开发机制,实施基层水利人才队伍建设重点工程项目和基层人才文化和专业素质提升工程。

① 依据国家关于建立健全基层水利技术服务体系的有关要求,制定加强基层水利人才队伍建设的指导意见,实施基层水利人才队伍建设重点工程项目,按照分级负责的原则,对县(市)水利局领导班子成员、基层乡镇水利站所长、基层水利技术骨干和关键岗位工作人员实施重点培训,提高解决水利实际问题的能力。采取水利电大开放教育、函授和夜大教育、网络教育等多种形式,积极开展基层水利职工在职学历学位教育,提高水利基层职工学历文化水平。加大对基层水利技能人才的职业技能鉴定力度,着力培养高级工以上高技能人才,调整技术工人职业资格等级结构。

② 以提升经营管理人才素质为重点,以提高现代经营管理水平为核心,探索建立水利经营管理人才培养开发机制。以提高文化水平和专业素质为核心,以岗位开发为基础,建立和完善基层人才培养开发机制。

③ 实施基层人才文化和专业素质提升工程,按照分级负责的原则,以县(市)水利部门

领导干部为对象，组织实施万名县市水利局长培训计划；以乡镇水利站（所）等基层水利管理单位负责人为对象，组织实施万名乡镇水利站（所）长培训计划；以基层水利业务骨干和关键岗位人员为对象，组织实施基层水利业务骨干培训计划；以水利基层单位中青年职工为对象，组织实施基层水利职工学历文化水平提升计划；以高技能人才培养为重点，组织实施基层水利职工职业技能鉴定计划。通过上述五项计划的实施，着力提高基层水利职工的文化水平和专业素质，培养一批基层水利发展急需的实用技术和管理人才。

2014 年《水利部关于推进贫困地区水利人才队伍建设的指导意见》首次提出将贫困地区水利干部职工作为实施基层水利人才文化和专业素质提升工程的重点对象。水利部将贫困地区水利干部职工作为实施基层水利人才文化和专业素质提升工程的重点对象，每年组织编制和实施贫困地区水利职工培训对口支援计划，在水利部万名县市水利局长培训计划、万名基层水利站所长培训计划等重点培训项目中对贫困地区给予重点倾斜。承担水利定点扶贫任务的单位要结合定点扶贫县水利职工培训实际需求，组织开展定点扶贫县水利管理干部、专业技术人员和技能人才培训。充分发挥中国水利教育培训网等网络平台作用，积极组织开发基层水利业务培训课件，为贫困地区水利干部职工提供远程培训服务。组织为贫困地区水利部门（单位）建设一批水利书屋，为水利干部职工创造学习培训条件。组织水利院校和培训机构到定点扶贫县开展“送培下乡”活动。

2016 年《水利部关于印发全国水利人才队伍建设“十三五”规划的通知》提出通过委托培养、远程教育、组织培训等方式，鼓励基层水利人才参加各类教育培训，提升学历层次、文化素质和业务能力。实施基层人才素质提升计划，建立和完善基层水利人才文化素质提升激励机制，落实保障条件，通过委托培养、远程教育、组织培训等方式，鼓励基层水利人才参加各类教育培训，提升学历层次、文化素质和业务能力。实施基层人才培训计划，按照分级负责原则，有计划分批次集中培训县级防汛抗旱指挥长、基层水管单位负责人、基层水资源管理人员等人才，组织开展“送智送技、送培送教”活动，扩大网络培训覆盖面，多措并举，有效提升基层水利人才专业素质、管理能力。

2018 年《水利部关于印发水利扶贫行动三年（2018—2020 年）实施方案的通知》提出加强贫困地区基层水利部门警示教育，筑牢拒腐防变思想防线。

（四）基层水利人才政策的发展空间

1. 创新人才工作机制

补齐基层水利专业人才匮乏的短板，创新人才工作机制是关键。一方面，瞄准基层专业人才的硬缺口，培育人才“增量”是现实需求。这就需要创新人才引进机制，发挥好地方政府、行业部门、水利院校等各方作用，积极借鉴复制推广“订单式”人才培养模式和经验，并因地制宜进行再实践再创新，为水利事业注入源源不断的活水。另一方面，瞄准现有人才的提升空间，盘活人才“存量”是必由之路。这就需要健全完善基层人才评价、激励机制，注重在职培训，完善岗位聘用、工资待遇、艰苦边远地区津贴制度等政策，鼓励广大基层干部职工紧跟新形势新要求新需求，自觉强化岗位履职水平和能力，在实践中弘扬“献身、负责、求实”的水利行业精神,实现个人价值与国家梦想的深度融合。

2. 全方位招才引智,壮大基层水利人才队伍

(1) 拓宽基层招才途径

争取政策支持,通过解决编制的方式鼓励学生报考各水利基层定向培养生。采取"单考单招"方式录用基层水利农技人员。在应届水利专业毕业生中招募"三支一扶"志愿者等工作,畅通优秀水利专业毕业生招聘进入基层水利单位的渠道。

(2) 实施基层引智工程

基层水利单位每年向上级主管部门提出引智需求,建议上级部门选派一定数量具有中高级以上职称的人才,对基层水利系统提供人才对口支援,进行才智帮扶。

3. 工作方式智能化

弥补基层人才短缺问题,在基层水利建设与管理过程中,要充分引入各种智能化手段解决操作自动化和办公自动化的问题,从而提高单体人员的工作效能,减少对人员数量的要求,满足国家岗位(编制)管理的要求,提高基层水利服务的水平。

主题五:水利精神

行业精神是一种历史文化沉淀,凝聚着行业的灵魂,代表着行业的形象,彰显着行业的特色,引领着行业的未来,它以无形的渗透力对行业从业人员的思维方式、价值观念和行为规范产生重要影响。在长期的治水过程中,广大水利干部职工以自己的实际行动铸就了"献身、负责、求实"的水利行业精神,同时在三峡工程建设中形成了"科学民主、团结协作、精益求精、自强不息"的三峡精神,在南水北调工程建设中形成了"负责、务实、求精、创新"的南水北调精神。当前,中国特色社会主义进入了新时代,水利改革发展面临新形势新任务,要求以代表最大公约数的行业精神来凝聚力量,为把中国特色水利现代化事业不断推向前进提供精神支撑。

本部分以中国水利精神的发展历史,结合《关于印发新时代水利精神的通知》(2019 年)的要求,将水利精神划分为传统水利精神、早期水利精神和新时代水利精神,并对早期和新时代两种水利精神的产生和内涵进行具体解读,并发掘其在具体政策文件中的体现和倡导形式,展现水利精神对加强水利人才队伍精神文明建设、培养现代化的水利人才队伍的推动作用。

(一) 早期水利精神

1. 中国传统水利精神

在中华民族悠久治水史中,孕育了以奉献、创业、科学、律己、治法、团结为代表的传统水利精神——大禹精神。具体表现为:公而忘私、忧国忧民的奉献精神;艰苦奋斗、坚忍不拔的创业精神;尊重自然、因势利导的科学精神;以身为度、以声为律的律己精神;严明法度、公正执法的治法精神;民族融合、九州一家的团结精神。

2. 早期水利精神

新中国成立后，老一辈水利人在红旗渠的建设过程中，形成了“自力更生、艰苦创业、团结协作、无私奉献”的红旗渠精神，以及“万众一心、众志成城、顽强拼搏，坚忍不拔、敢于胜利”的九八抗洪精神等。这些优秀治水传统和宝贵精神财富，是我国早期水利精神重要组成部分，是水利精神的典型代表。1998 年，在总结“98 洪水”经验教训时，时任国务院副总理温家宝送给即将上任的水利部部长汪恕诚六个字:“献身、负责、求实”。1999 年初，水利部党组经过慎重研究，决定将“献身、负责、求实”作为引领全行业职工牢记使命、担当责任、推动工作的行业精神。

“献身”，就是水利人献身事业、服务人民、报效祖国的胸怀和情操。作为水利人必须在人民生命财产受到洪水、台风等自然灾害威胁的关键时刻勇于挺身而出，在遇到各种自然灾害的风口浪尖上敢于生死搏击，在建设水利、服务人民的平凡岗位上甘于默默奉献。“负责”，就是水利人对国家、对人民、对历史高度负责的态度和品质。作为水利人必须戒慎恐惧、如履薄冰，严谨扎实地勘测好每一个数据，设计好每一个项目，建设好每一项工程，干好每一件事情，履行好每一项职责，努力创造经得起历史检验、经得起大自然考验的业绩。“求实”，就是水利人实事求是、求真务实的工作作风。作为水利人必须深入基层，深入实际，了解国情，体察民情，熟悉水情，使水利永远造福于人民，为国民经济社会发展提供水资源保障。

3. 早期水利精神的政策体现

在对水利干部与党员的培养上，2009 年出台的《水利部关于在教育培训中进一步加强学风建设的实施意见》、2010 年出台的《中共中央 国务院关于加快水利改革发展的决定》和 2011 年出台的《关于组织推荐水利系统“群众满意的好党员”先进典型的通知》文件中都指出要树立正确的世界观、权力观、事业观，树立社会主义荣辱观，弘扬“献身、负责、求实”的水利行业精神，要更加贴近民生，更多服务基层，更好服务经济社会发展全局。在水利人才队伍的培养方向上，2011 出台的《关于印发全国水利人才队伍建设“十二五”规划的通知》和 2016 年出台的《水利部关于印发全国水利人才队伍建设“十三五”规划的通知》两个文件当中，都指出要培养和造就一支具有“献身、负责、求实”水利行业精神、素质优良、结构优化的水利人才队伍，对水利人才精神文明建设层面提出高要求。

4. 早期水利精神的现实意义

“献身、负责、求实”的水利行业精神是行业文化的核心价值观，它既始终保持着反映水利行业特征的相对稳定的文化取向，又要求逐步提升能切合时代脉搏的新的价值内涵。强调的是反映职业特征的行业价值取向和行为准则，也是整个社会道德风尚的重要组成部分，它继承了中华民族优秀文化传统，秉承了水利行业长期发展过程中积淀而成的优良传统和作风，累积了水利行业的宝贵精神文化财富，集中体现了水利职业道德的精髓，蕴含了治水思路、治水理念、治水精神和管理制度，已成为加强水利行业队伍建设的思想道德基础和水利行业凝聚力、向心力、感召力和动力的重要源泉，是引领和推动水利事业发展的基本思想准则和强大动力。

(二) 新时代水利精神

1. 新时代水利精神的产生及解读

党的十八大以来,在习近平总书记治水重要论述指引下的生动实践中,催生了具有新时代特征的水利精神品质。五千年精神传承、新时代实践创新,彰显了水利人"忠诚、干净、担当"的可贵品质,厚植了水利行业"科学、求实、创新"的价值取向。在治水矛盾发生深刻变化、治水思路需要相应调整转变的新形势下,迫切需要进一步传承和弘扬"忠诚、干净、担当,科学、求实、创新"的新时代水利精神,为不断把中国特色水利现代化事业推向前进提供精神支撑。2019 年 2 月 13 日,水利部正式印发了《关于印发新时代水利精神的通知》,将"忠诚、干净、担当,科学、求实、创新"作为新时代水利精神表述语。

新时代水利精神在做人层面倡导"忠诚、干净、担当"。其中忠诚是指水利人的政治品格。在新时代,倡导水利人忠于党、忠于祖国、忠于人民、忠于水利事业,胸怀天下、情系民生,致力于人民对优质水资源、健康水生态、宜居水环境的美好生活向往,承担起新时代水利事业的光荣使命。干净是水利人的道德底线。在新时代,倡导水利人追求至清的品质,从小事做起,从自身做起,自觉抵制各种不正之风,不逾越党纪国法底线,始终保持清白做人、干净做事的形象。担当是水利人的职责所系。水利是艰苦行业,坚守与担当是水利人特有的品质。在新时代,倡导水利人积极投身水利改革发展主战场,立足本职岗位,履职尽责,攻坚克难,在平凡的岗位上创造不平凡的业绩。

新时代水利精神在做事层面倡导"科学、求实、创新"。科学是水利事业发展的本质特征。水利是一门古老的科学,治水要有科学的态度。在新时代,倡导水利工作坚持一切从实际出发,尊重经济规律、自然规律、生态规律,坚持按规律办事,不断提高水利工作的科学化、现代化水平。求实是水利事业发展的作风要求。在新时代,倡导水利工作求水利实际之真、务破解难题之实,发扬脚踏实地、真抓实干的作风,察实情、办实事、求实效,以抓铁有痕、踏石留印的韧劲抓落实,一步一个脚印把水利事业推向前进。创新是水利事业发展的动力源泉。在新时代,倡导水利工作解放思想、开拓进取,全面推进理念思路创新、体制机制创新、内容形式创新,统筹解决好水灾害频发、水资源短缺、水生态损害、水环境污染的问题,走出一条有中国特色的水利现代化道路。

2. 新时代水利精神的现实意义

面对新形势新任务新要求,及时学习贯彻新时代水利精神,对于夯实干部职工开拓进取的思想基础,凝聚干事创业的智慧力量,建设忠诚、干净、担当的干部职工队伍具有十分重要的意义。

新时代水利精神充分体现了历史的传承性、发展的时代性、行业的独特性,充分彰显了水利人的奉献精神、科学精神、担当精神、创新精神、工匠精神和协作精神。开展新时代水利精神学习贯彻工作,是推进全面从严治党、加强干部队伍建设的重要抓手,是践行社会主义核心价值观、加强部风行风建设的重要举措,也是传承和弘扬中华优秀传统水文化的重要载体。

（三）小结

总之，水利精神是一种历史文化沉淀，代表着行业的形象，凝聚着行业的灵魂，彰显着行业的特色，引领着行业的未来，它以无形的渗透力对水利人的思维方式、价值观念和行为规范产生重要影响，对于水利事业发展、思想政治文化、水利干部队伍建设有着积极的推动和指引作用。相信新时代的水利精神定能成为新时代水利改革发展的思想引领和精神坐标，广大水利干部群众一定在其引领下，不断汇聚磅礴力量，为新时代水利事业的改革和发展提供坚实有力的支持和保障。

分报告（六）

水利人才大数据挖掘可视化综合服务平台开发研究

根据上述中国水利人才发展理论研究的成果，结合行业实际情况，构建了基于大数据挖掘的水利人才发展情况可视化综合服务云平台，集数据收集、挖掘、分析、展示等综合服务于一体，基于此对行业某典型单位的水利人才数据进行了结构化分析，并从建立面向全国的水利人才数据库的视角设计了数据表关系和总体描述数据表的信息。

第一章　水利人才大数据挖掘可视化综合服务云平台设计

数据的管理和利用离不开技术的支撑,服务质量的提高更离不开技术的保障。为此,我们构建了数据收集、挖掘、分析、展示于一体的水利人才大数据挖掘可视化综合服务平台,建立水利人才发展的数据库和人事管理信息系统,进行前期需求分析、数据库方案设计、评估和比较、选择方案以及实施和反馈,并且对这一系列流程进行控制和调整,逐年记录水利人才的基础信息以及结构化信息,包括全国和地方、部直属的水利人才的年龄、学历等,并在此基础上进行结构化的组合和进一步分析和预测,使对于水利人才发展数据的剖析具有针对性和预测性,突破原来泛泛而谈、简单的数据处理模式。

平台以数据挖掘流程为主线,实现了数据集管理、数据预处理、数据挖掘分析、数据可视化以及分析结果导出五大功能模块,在每一个模块中以 Web 界面的形式与用户进行交互,并提供了多种数据分析方法和丰富的数据可视化展现形式。平台设计采用云计算、Hadoop、MapReduce、并行、分布式、多线程、可视化等多项技术,实现了海量数据统计、分析、挖掘、预测的并行处理,处理结果的多方式多维度展示,直观易懂。设计的综合服务平台体系结构如图 6-1 所示。

平台包括物理层、虚拟化层、服务层、应用层四层结构。

物理层包括网络资源池、数据资源池(分布式数据存储节点群)和应用资源池(分布式计算节点群)。

虚拟化层是以 CloudStack 搭建的一个私有云环境,提供统一监控管理、统一用户管理、平台运维能力、数据交换能力,整合物理层资源,系统中虚拟出 5 台虚拟机用来搭建 Hadoop 集群。

服务层利用虚拟化层的虚拟机搭建起 Hadoop 集群,建立起高可靠性、高扩展性、高效性、高容错性的分布式计算平台;封装各数据挖掘构件,在每个节点都安装好 Java 和 R 语言环境,并安装 rhdfs、rmr2 等支持在 Hadoop 上运行 R 语言的相关附加包,为系统提供 RHadoop 分布式数据分析环境,在 Hadoop 上运行 R 语言程序进行数据分析;当有请求发送到服务层,首先将问题的处理过程过渡到 R 语言中,在 R 语言中,处理程序首先需要将待处理的数据上传到 HDFS,然后通过一系列在 R 语言中运行的 MapReduce 程序进行分布式

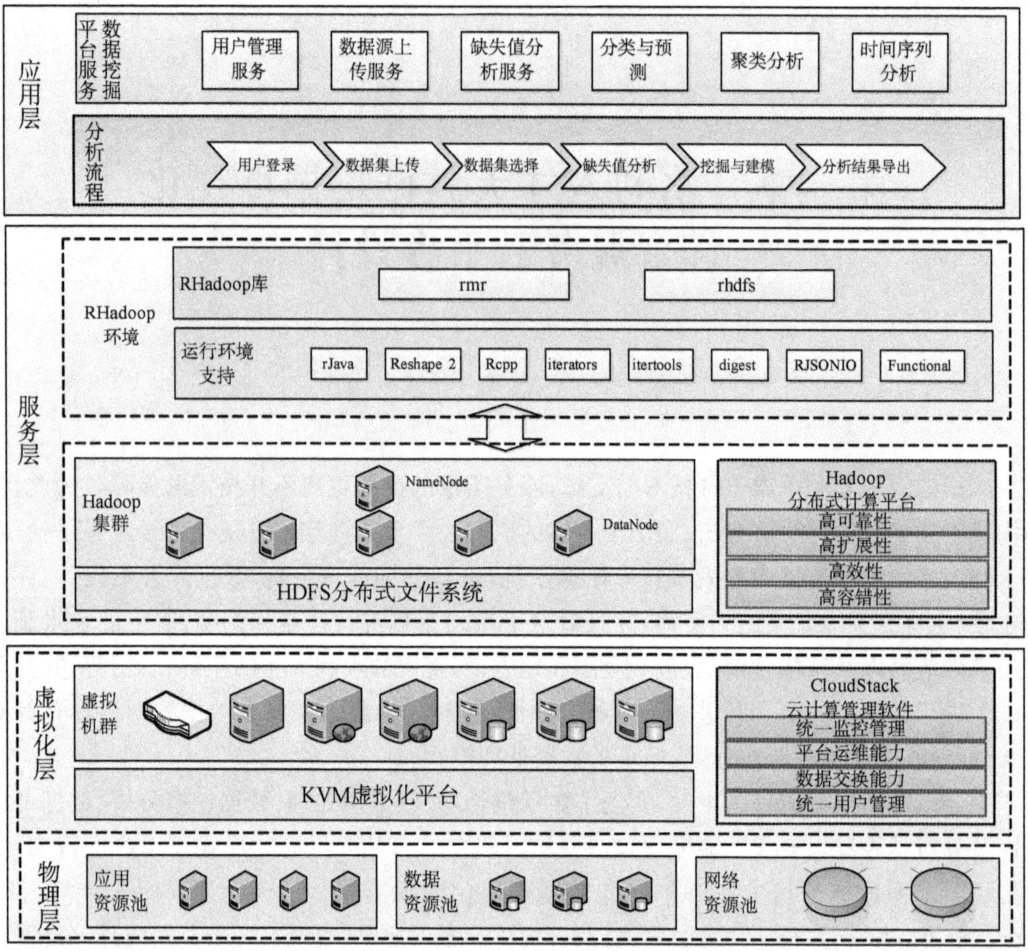

图 6-1　水利人才大数据挖掘可视化综合服务云平台体系结构

分析处理。

应用层是用户和系统进行直接交互的层次，以网页的可视化界面向用户提供各种数据分析处理服务。用户通过在工作空间建立分析流程，调用服务层提供的服务，完成数据挖掘任务。

为了丰富数据挖掘结果的表现形式，系统采用 D3(Data Driven Documents，数据驱动文档)作为数据挖掘结果可视化的技术支持。D3 的最大特性就是能把数据和文档对象模型(DOM)结合，从而对文档进行数据驱动的操作和交互。D3 的轻量级特性使它能够更好地利用 CSS3、HTML5 和 SVG 等底层技术。D3 性能出色，支持大数据集，可用它非常灵活地设计 Web 可视化应用。

第二章　大数据挖掘可视化关键技术

平台在数据处理和可视化方面采用了如下技术。

一、基于R语言的数据预处理技术

基于R语言的数据预处理将数据集加载、数据清理、数据集成、数据变换以及数据归约等模块有机地整合成一个统一整体,基于R语言提供丰富且有效的方法帮助用户恢复数据集的完整性与一致性,以便更好地进行后续数据挖掘工作。预处理流程如图6-2所示。数据集加载模块将待处理的数据集加载至内存中的用户空间,为后续的预处理工作奠定基础;数据清洗模块是数据预处理的核心模块(即数据预处理工作中最常使用的模块),待清洗的数据主要包括缺失数据;数据集成模块用于把多个数据源中的数据合并,并存放到一个一致的数据仓库中;在数据变换模块中,数据被变换为适应于数据挖掘需求的形式;数据归约模块主要是为了压缩数据量而设计,旨在归约的数据上进行挖掘并产生相同或几乎相同的分析结果。

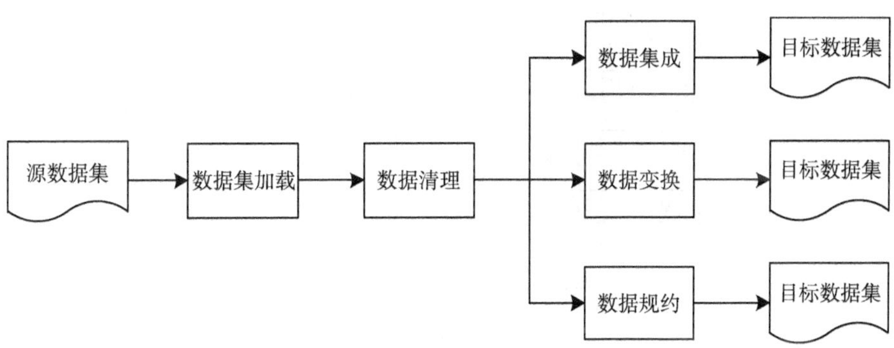

图6-2　数据预处理流程图

该预处理技术将数据预处理分为四层,分别是表现层、控制层、逻辑层和数据层。分层示意图如图6-3所示。表现层即客户端,主要用来收集用户数据,为用户选择方法、设置参数提供接口,与用户进行交互;服务器端分为控制层、逻辑层、数据层。控制层主要用来过滤用户的错误操作请求,避免造成系统不可修复的后果,同时控制层还担任着调度函数的职责；逻辑层主要用来处理复杂的业务逻辑，对 R 语言算法封装，调用 JRI 进行 Java 和 R 语言的连接；数据层主要用来存放用户的源数据集以及目标数据集。

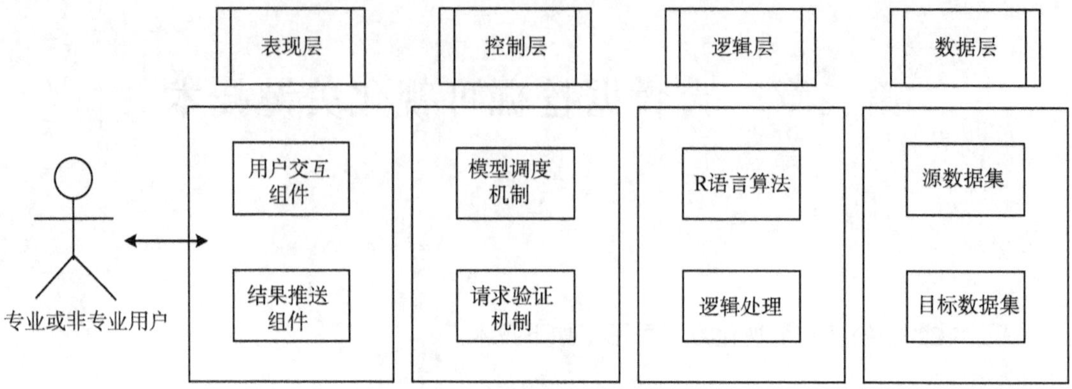

图 6-3 数据预处理分层示意图

该方法在加载数据集并清洗数据的基础上，同时设计了数据集成、数据变换与数据归约等预处理技术，尽可能地恢复数据集的完整性与一致性，大大提高了数据挖掘的效率，并极大地保证了挖掘结果的准确性与有效性。

二、基于动态平行坐标的关联规则可视化平台构建方法

该方法依赖 R 语言完成关联规则挖掘工作，转而借助 JQuery 的相关技术实现挖掘结果的可视化，生成的平行坐标图可以根据给定约束条件动态地部分显示。用户可以通过与图形的交互，过滤并显示感兴趣的关联规则，实现了动态的、交互式的可视化。

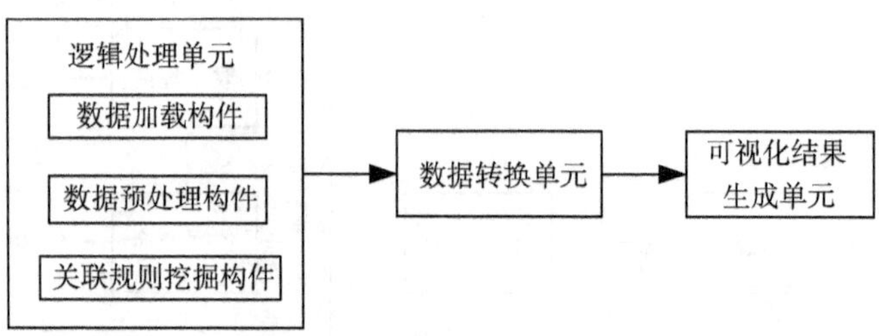

图 6-4 可视化平台结构图

基于动态平行坐标的关联规则可视化平台结构如图 6-4 所示，包括逻辑处理单元、数据转换单元、可视化结果生成单元。逻辑处理单元中基于 R 语言封装起数据加载构件、数据预处理构件、关联规则挖掘构件；数据加载构件将待挖掘的数据集加载至用户空间，并以数据框的形式保存；数据预处理构件将数据加载构件加载的数据集转换为关联规则挖掘模型支持的数据格式，即将加载的数据集的每个属性都转化为因子；关联规则挖掘构件结合数据集特点，调整关联规则挖掘模型的参数，将预处理后的数据集作为关联规则挖掘模型的输入文

件,从而得到挖掘结果。数据转换单元中设计第一、第二函数,其中,第一函数用于将逻辑处理单元中的挖掘结果导出,第二函数将第一函数导出的挖掘结果转换为 JQuery 能够识别的数据结构进行保存;可视化结果生成单元中基于 JQuery 技术将数据转换单元中保存的挖掘结果绘制成平行坐标图。

三、大规模数据集的聚类挖掘方法

该方法采用并行处理机制成功地提高大规模数据集的挖掘效率,并且基于 R 语言构建聚类的挖掘模型,完成子数据集的挖掘工作后将结果进行合并,从而实现大规模数据集的聚类挖掘工作。

基于 R 语言构建聚类挖掘模型,首先自行定制模型参数,完成所有子任务的聚类挖掘工作后将子任务的挖掘结果进行合并,即把得到的每簇的中心点重新组织作为挖掘模型的输入,如此迭代下去,直至结果满足预设的聚类簇数。

通过设计存储方式、扩展虚拟设备等方式有效地解决大数据挖掘时常见的内存限制和运行效率的问题。

四、可视化技术

大数据时代,通过数据挖掘,可以对水利人才数据库中的大量数据进行抽取、转换、分析和其他模型化处理,从而提取辅助决策的关键性信息。丰富而灵活的数据挖掘结果可视化技术使抽象的信息以简明的形式呈现出来,加深用户对数据含义的理解,更好地了解数据之间的相互关系和发展趋势。

数据可视化技术凭借计算机的强大处理能力、计算机图像和图形学基本算法以及可视化算法,把数据转换为静态或动态图或图形呈现在人们的面前,并允许通过交互手段控制数据的抽取和画面的显示,使隐含于数据之中不可见的现象成为可见,为人们分析数据、理解数据、形成概念、找出规律提供了强有力的手。可视化技术已经成为数据挖掘不可或缺的一部分。

平台中不仅实现了数据和挖掘结果的可视化,还实现了数据集管理及挖掘过程的可视化。

(一) 数据集管理可视化

1. 上传本地数据集

用户可以上传本地的文件型数据集(如 txt、csv 文件)到服务器端作为数据分析的数据来源。在上传文件的同时添加必要的数据集描述信息,包括数据集名称、数据分隔符、是否包含首行变量、是否包含缺失值以及缺失值符号等。

上传本地数据集的界面设计如图 6-5 所示。

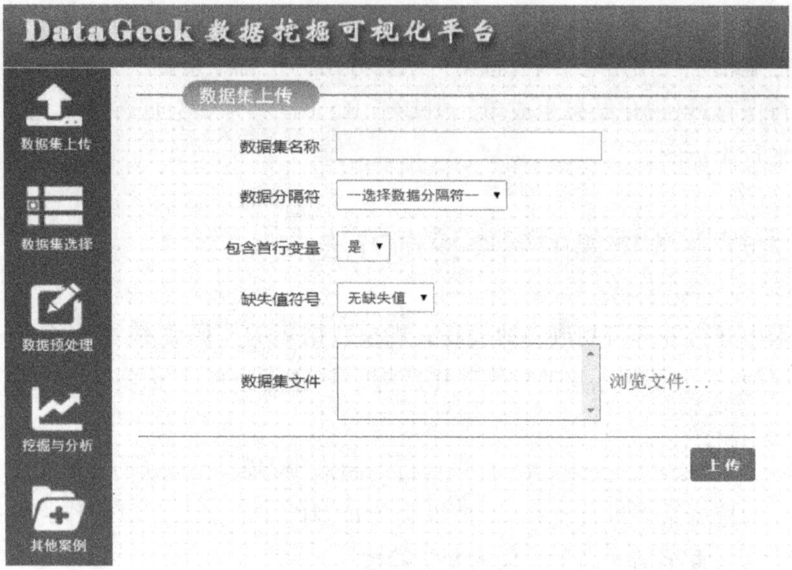

图 6-5　上传本地数据集

2. 选择文件型数据集

分页显示服务器端所有可供数据分析的文件型数据集信息，包括各数据集的名称、数据集规模、上传时间以及上传用户。用户选择待分析的数据集后，在后台进行数据集的预读取以及信息收集和显示，包括数据集的总行数、变量名、变量类型、每一列的缺失值数目、缺失值比例以及部分详细数据。

采用 R 语言的 read. table、read. csv 和 read. table. ffdf(分块读取大数据文件)等方法从带分隔符的文本文件中导入数据，此方法可以支持多种类型文件的导入，例如 txt、csv、xls 等。完成数据读取之后再通过分析数据框得到数据集的总行数、变量名、变量类型、每一列的缺失值数目、缺失值比例以及部分详细数据。

选择文件型数据集的界面如图 6-6 所示。

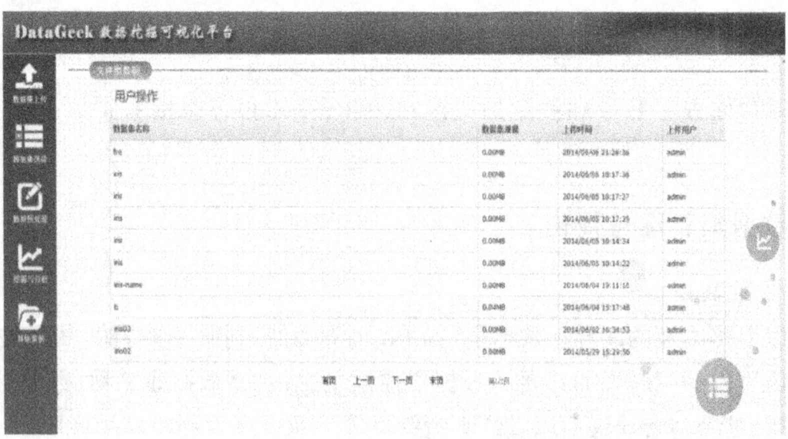

图 6-6　选择文件型数据集

(二)数据预处理可视化

1. 缺失值分析

在进行挖掘前,对数据的预处理可以提高数据挖掘的准确性、有效性和可伸缩性,分析数据之前一般要进行如下几种数据预处理。

▶数据清理:消除和减少数据噪声和处理缺失值的数据预处理。

▶相关性分析:数据中很多属性可能与分类预测任务不相关或是冗余的。

▶数据变换:数据变换主要有概念分层和规范化两种。概念分层就是把连续值属性概化为离散的区间,压缩了原来的训练数据,学习时可以减少输入输出操作。规范化是将给定属性的所有值按比例缩放,使它们落入较小的指定区间。

平台提供了三种基本的缺失值处理方法:临近点替换、序列均值替换、三次样条插值,并将其实现为可视化的操作界面(如图 6-7 所示)。

图 6-7　缺失值分析

2. 统计信息可视化描述

在数据分析的时候,一般首先要对数据进行描述性统计分析,以发现其内在的规律,再选择进一步分析的方法。描述性统计分析要对调查总体所有变量的有关数据做统计性描述,主要包括数据的频数分析、数据的集中趋势分析、数据离散程度分析、数据的分布,以及一些基本的统计图形。

▶数据的频数分析:在数据的预处理部分,我们利用频数分析和交叉频数分析来检验异常值。此外,频数分析也可以发现一些统计规律。

▶数据的集中趋势分析:数据的集中趋势分析是用来反映数据的一般水平,常用的指标有平均值、中位数和众数等。各指标的具体意义如下:

① 平均值:是衡量数据的中心位置的重要指标,反映了一些数据必然性的特点,包括算术平均值、加权算术平均值、调和平均值和几何平均值。

② 中位数：是另外一种反映数据的中心位置的指标，其确定方法是将所有数据以由小到大的顺序排列，位于中央的数据值就是中位数。

③ 众数：是指在数据中发生频率最高的数据值。

如果各个数据之间的差异程度较小，用平均值就有较好的代表性；而如果数据之间的差异程度较大，特别是有个别的极端值的情况，用中位数或众数有较好的代表性。

▶数据的离散程度分析：数据的离散程度分析主要用来反映数据之间的差异程度，常用的指标有方差和标准差。方差是标准差的平方，根据不同的数据类型有不同的计算方法。

▶数据的分布：在统计分析中，通常要假设样本的分布属于正态分布，因此需要用偏度和峰度两个指标来检查样本是否符合正态分布。偏度衡量的是样本分布的偏斜方向和程度；而峰度衡量的是样本分布曲线的尖峰程度。一般情况下，如果样本的偏度接近于 0，而峰度接近于 3，就可以判断总体的分布接近于正态分布。

▶绘制统计图：用图形的形式来表达数据，比用文字表达更清晰、更简明。描述变量常见的统计图形包括柱状图、饼图、折线图、气泡图等。

第三章　行业典型单位水利人才数据的结构化分析

本项目突破原有的简单直白的数据处理模式,进行有针对性的、点对点的数据分析,对于全国的水利事业人才按不同的依据划分成不同"版块",如按照地区、行业、人才类型等分类,分别剖析不同水利人群的相关信息,并在此基础上进行重新组合,对不同的组合进行预测,更细致地分析水利人才队伍的建设。以下是2个不同的行业典型单位数据分析结果与展现方式(可综合呈现)。

一、某水利单位数据分析结果与展现方式

针对已有数据的分析结果如图6-8至图6-15所示。

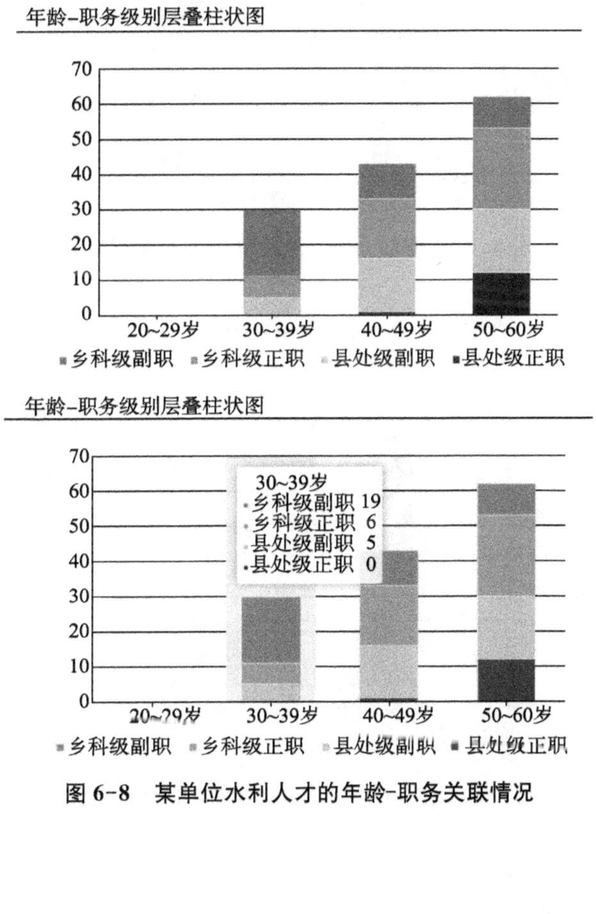

图6-8　某单位水利人才的年龄-职务关联情况

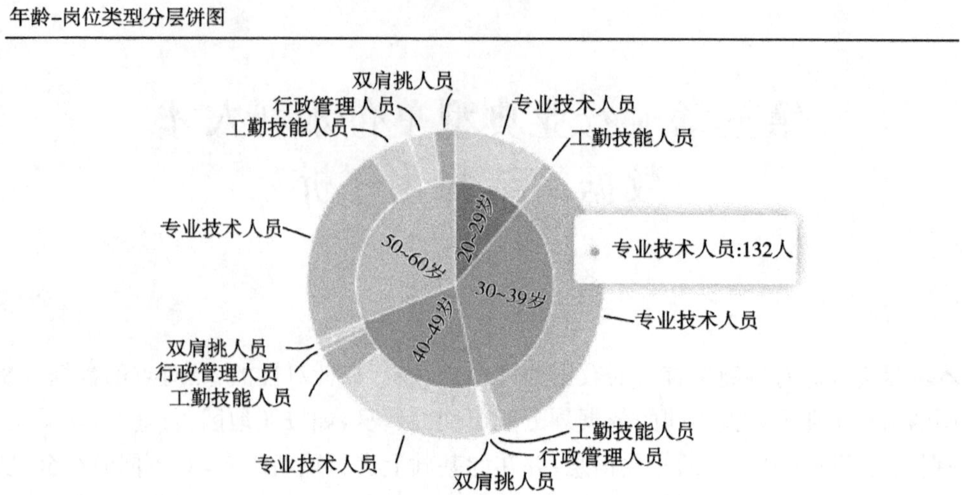

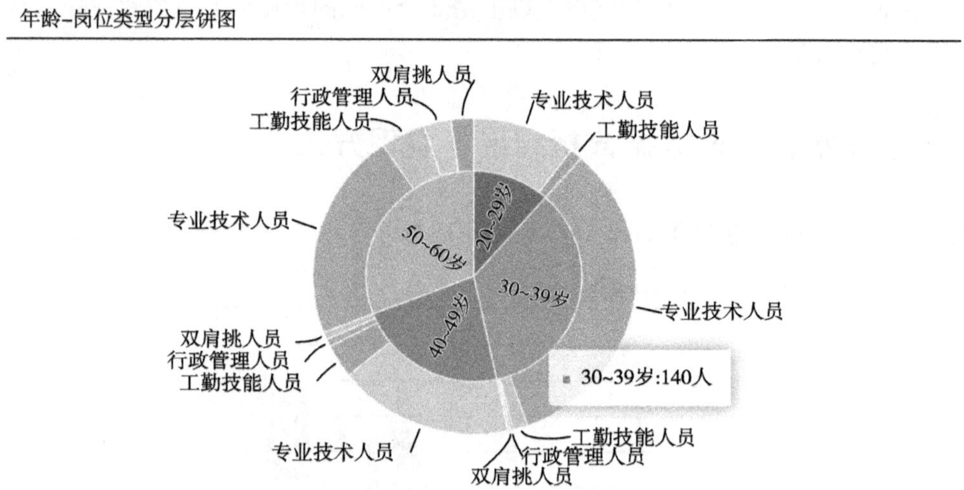

图 6-9 某单位水利人才的年龄-岗位关联情况

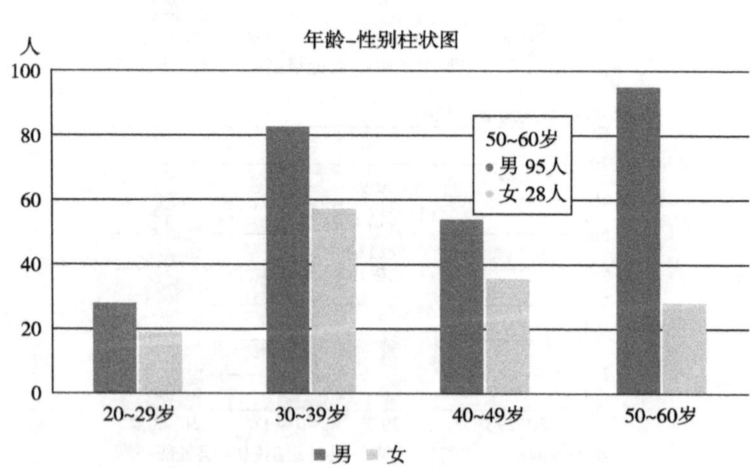

图 6-10 某单位水利人才的年龄、性别分布情况

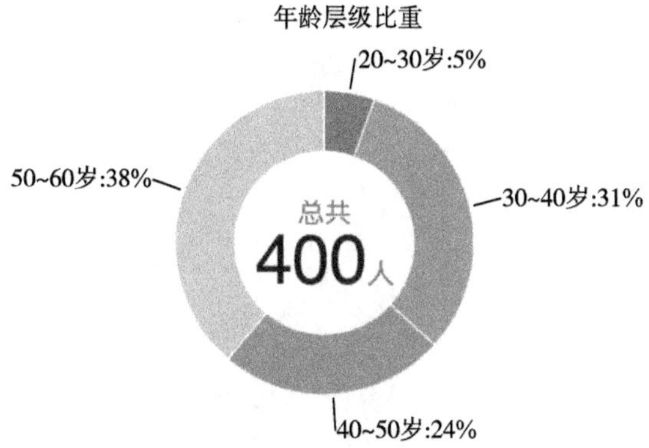

图 6-11　某单位水利人才的年龄分布情况

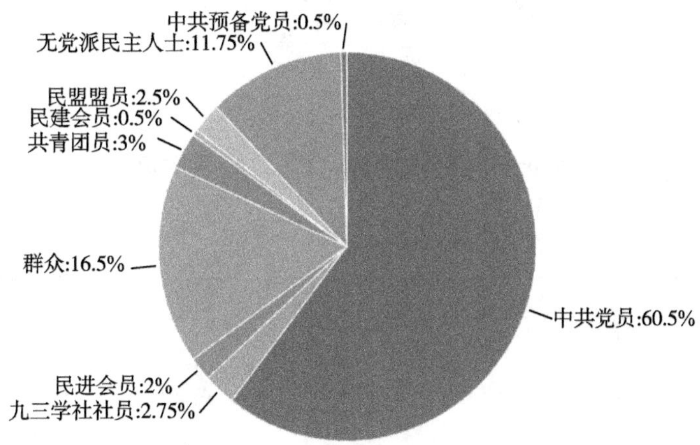

图 6-12　某单位水利人才的政治面貌情况

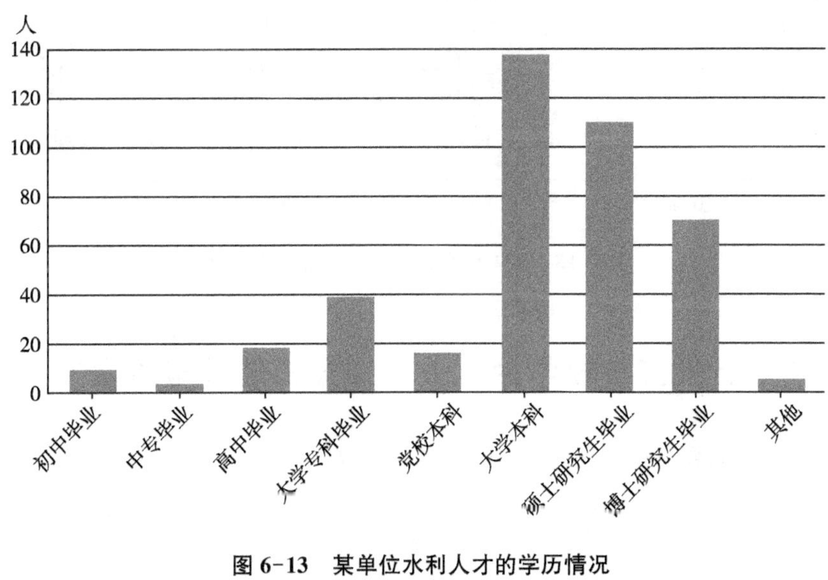

图 6-13　某单位水利人才的学历情况

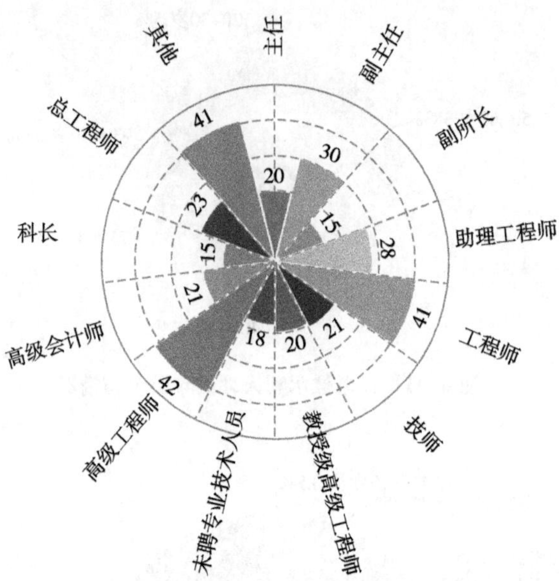

图 6-14　某单位水利人才的职务职称情况

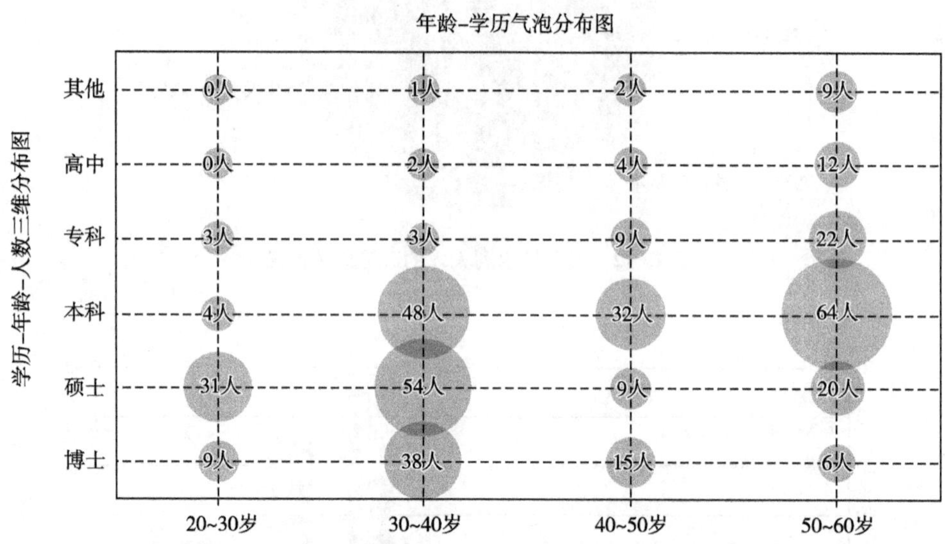

图 6-15　某单位水利人才的三维分布情况

二、水利行业某高校学生就业数据分析结果与展现方式

针对已有数据的分析结果如图 6-16 至图 6-20 所示。

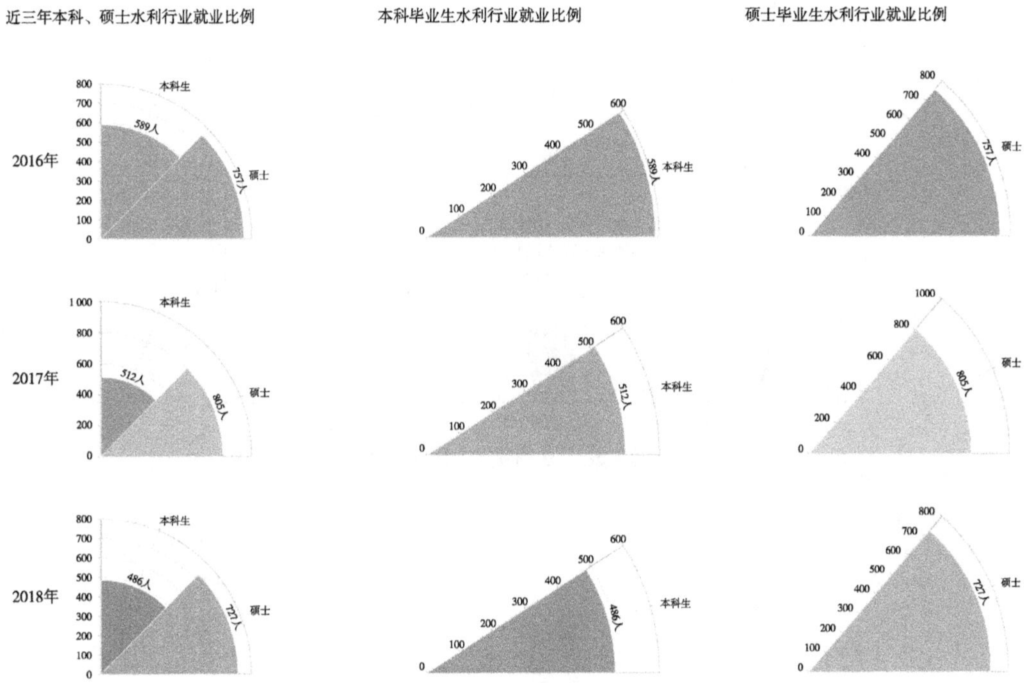

图 6-16　水利行业某高校近三年学生就业扇形分布图

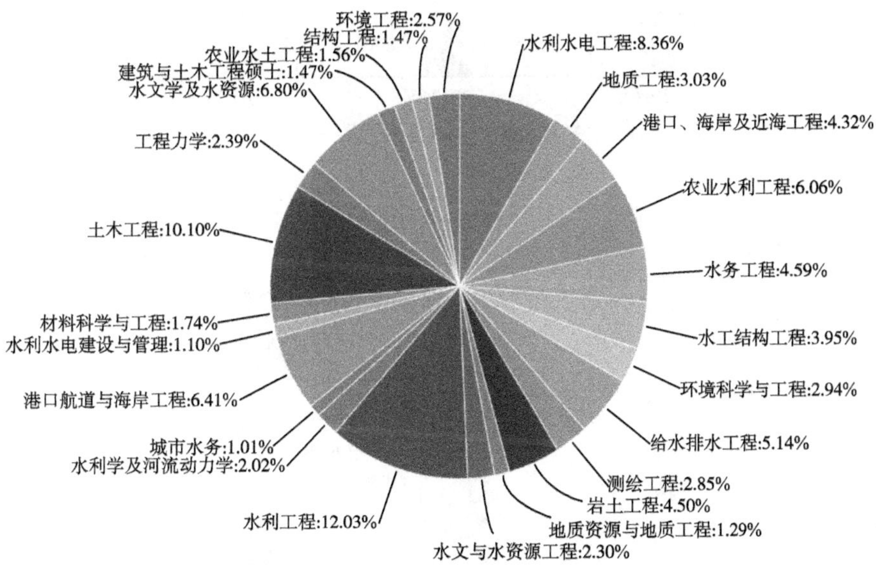

图 6-17　水利行业某高校专业分布情况图

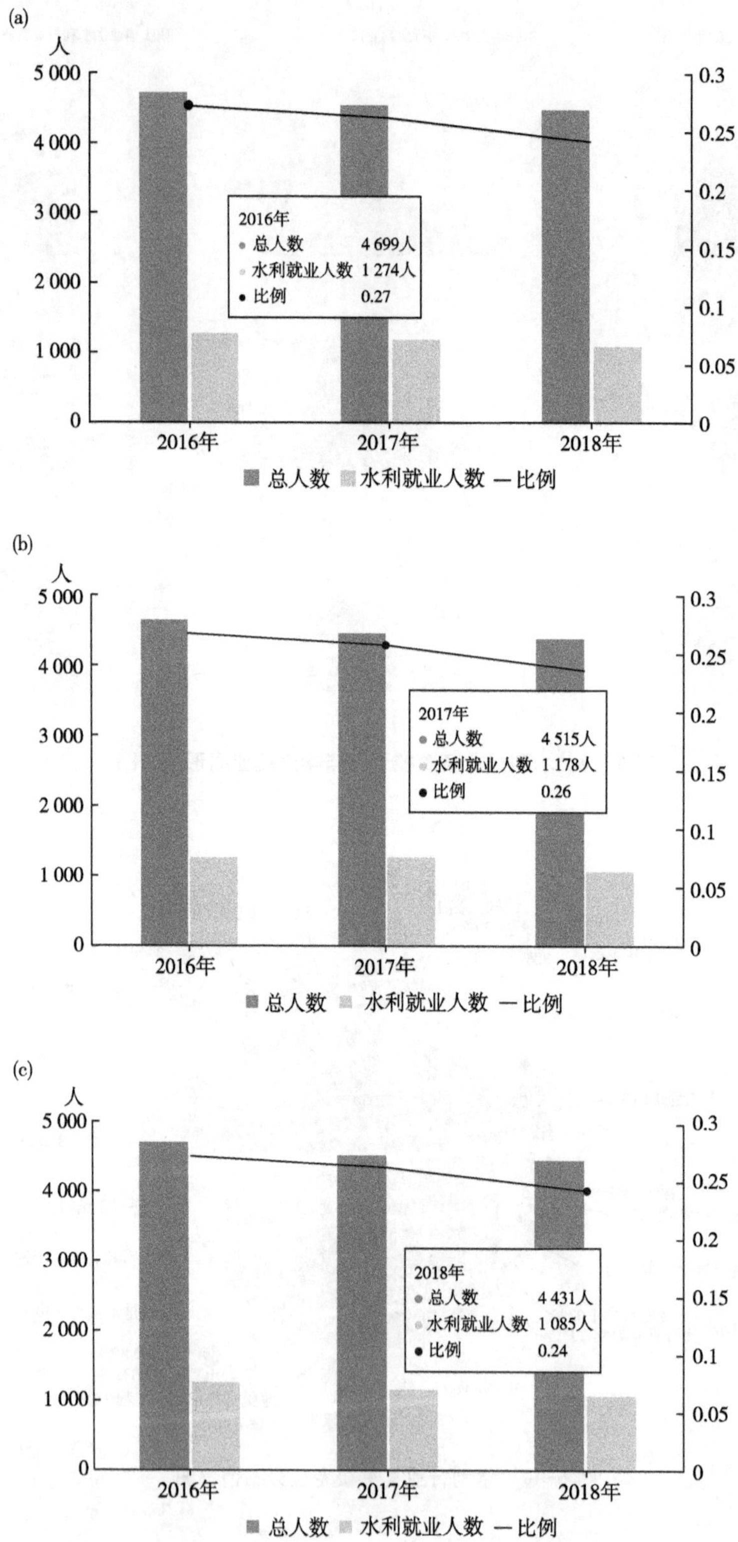

图 6-18　某高校近三年水利行业就业趋势柱状图

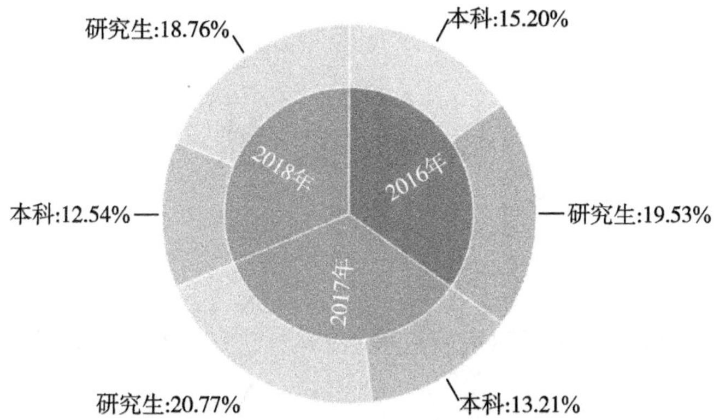

图 6-19　水利行业某高校近三年学生就业比例分布饼图

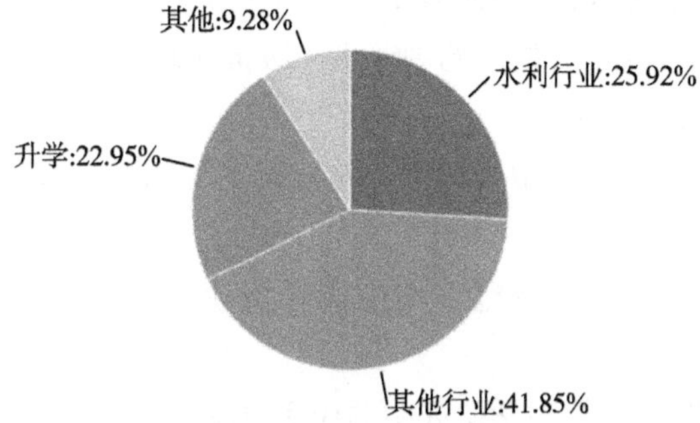

图 6-20　水利行业某高校近三年学生就业行业分布情况饼图

参考文献

[1] 陈振明,张敏.国内政策工具研究新进展:1998—2016[J].江苏行政学院学报,2017(6):111-118.

[2] 曹琦,崔兆涵.我国卫生政策范式演变和新趋势:基于政策文本的分析[J].中国行政管理,2018(9):86-91.

[3] 诺思.制度、制度变迁与经济绩效[M].上海:上海人民出版社,2014:89.

[4] 郭俊华,徐倪妮.基于内容分析法的创业人才政策比较研究——以京沪深三市为例[J].情报杂志,2017(5):58-65.

[5] 李方,张胜.基于文本分析的中国知识产权政策工具选择研究[J].中国科技论坛,2017(8):112-119.

[6] 李翠英.政策工具研究范式变迁下的中国环境政策工具重构[J].学术界,2018(1):122-287.

[7] 刘伟.内容分析法在公共管理学研究中的应用[J].中国行政管理,2014(6):95-100.

[8] 刘媛.西方政策工具选择理论的多途径研究述评[J].国外社会科学,2010(5):27-33.

[9] 卢章平,王晓晶.基于内容分析法的科技成果转化政策研究[J].科技进步与对策,2013,30(11):104-109.

[10] 卢现祥,朱迪.中国制度变迁40年:回顾与展望——基于新制度经济学视角[J].人文杂志,2018(10):18-25.

[11] 吕志奎.公共政策工具的选择——政策执行研究的新视角[J].太平洋学报,2006(5):7-16.

[12] 宁甜甜,张再生.基于政策工具视角的我国人才政策分析[J].中国行政管理,2014(4):82-86.

[13] 苏敬勤,李晓昂,许昕傲.基于内容分析法的国家和地方科技创新政策构成对比分析[J].科学学与科学技术管理,2012,33(6):17-23.

[14] 孙志建.政府治理的工具基础:西方政策工具理论的知识学诠释[J].公共行政评论,2011,4(3):67-103.

[15] W.理查德·斯科特.制度与组织:思想观念与物质利益[M].北京:中国人民大学出版社,2010:98.

[16] 王为民.论我国转型时期公共政策工具的选择——基于公共政策工具的结构分析[J].江西科技师范大学学报,2012,7(1):6-9.

[17] 约翰·L.坎贝尔.制度变迁与全球化[M].上海:上海人民出版社,2010:32-36.

[18] 赵筱媛,苏竣.基于政策工具的公共科技政策分析框架研究[J].科学学研究,2007,25(1):56-60.

[19] 曾照云,程安广.网络内容分析法抽样的局限性及对策[J].图书情报工作,2012,56(22):83-87.

[20] 周京艳,张惠娜,黄裕荣,等.政策工具视角下我国大数据政策的文本量化分析[J].情报探索,2016(12):7-10.

[21] 朱亮,孟宪学.文献计量法与内容分析法比较研究[J].图书馆工作与研究,2013,1(6):66-68.

[22] 张侃.新制度主义多元理论视野下的大学制度变迁研究[J].黑龙江高教研究,2018,36(10):56-60.

[23] Arthur W B. Increasing returns and path dependence in the economy[M]. Ann Arbor: University of Michigan Press, 1994:112.

[24] Heffernan G M. Path dependence, behavioral rules, and the role of entrepreneurship in economic change: the case of the automobile industry[J]. The Review of Austrian Economics, 2003,16(1):45-62.

[25] Hursen C. Evaluation in terms of content analysis of lifelong learning research[J]. Procedia-Social and Behavioral Sciences, 2011,28:972-976.

[26] Bos W, Tarnai C. Content analysis in empirical social research[J]. International Journal of Educational Research, 1999,31(8):659-671.

[27] Mahoney J. Path dependence in historical sociology[J]. Theory and Society, 2000,29(4):507-548.

[28] Mahoney J. The legacies of liberalism: path dependence and political regimes in Central America[M]. Baltimore: Johns Hopkins University Press, 2001:7.